# 法医学进展与实践

## 第八卷


四川省法医学会编委会

主编　侯一平

编委（以姓名拼音为序）

陈国弟　陈　猛　邓振华　黄贵琢　胡泽卿
孔　斌　李英碧　廖　进　廖　敬　廖林川
廖学东　刘　敏　卢建华　沈月华　宋明武
宋俊康　唐　杰　王庆红　张嘉陵　张　林
张先国　钟燕铃

秘书　诸　虹

四川大学出版社

责任编辑:毕　潜　韩　果
责任校对:成　杰
封面设计:墨创文化
责任印制:王　炜

**图书在版编目(CIP)数据**

法医学进展与实践. 第 8 卷 / 侯一平等主编. —成都：四川大学出版社，2013. 9
ISBN 978-7-5614-7160-9

Ⅰ. ①法…　Ⅱ. ①侯…　Ⅲ. ①法医学-进展-世界
Ⅳ. ①D919-11

中国版本图书馆 CIP 数据核字（2013）第 225913 号

书名　**法医学进展与实践(第八卷)**

主　　编　侯一平
出　　版　四川大学出版社
地　　址　成都市一环路南一段 24 号 (610065)
发　　行　四川大学出版社
书　　号　ISBN 978-7-5614-7160-9
印　　刷　郫县犀浦印刷厂
成品尺寸　185 mm×260 mm
印　　张　17. 75
字　　数　446 千字
版　　次　2013 年 9 月第 1 版
印　　次　2013 年 9 月第 1 次印刷
定　　价　70. 00 元



◆读者邮购本书,请与本社发行科联系。
电话:(028)85408408/(028)85401670/
(028)85408023　邮政编码:610065
◆本社图书如有印装质量问题,请
寄回出版社调换。
◆网址:http://www. scup. cn

# 前 言

四川省法医学会组织编写的《法医学进展与实践》已连续出版了7卷，受到广大法医学工作者的欢迎。按学会的学术论文出版计划，我们将近4年来的论文汇编为《法医学进展与实践》第8卷正式出版，供同行们参考。

本书继续保持了前7卷学术论文的特色，设有法医学进展、法医病理学、法医临床学、法医物证学、法医毒物分析、法医精神病学、交通医学、医疗纠纷、问题探讨9个栏目。这9个栏目汇集了法医学者们在各自研究领域的新进展和最新科研成果，交流了法医同行们在鉴定实践过程中的宝贵经验。随着司法鉴定体制改革的进一步深入，许多作者提出了自己的观点与建议，更有作者就法医学鉴定所涉及的范围，从不同的层面提出了新的思路，为广大法医工作者提供了新知识，开拓了新视野。

本书在编辑过程中，得到了来自公安、检察、法院、司法行政机关的同行们的大力协助，承蒙四川大学华西基础医学与法医学院大力合作。在此一并致谢!

由于编辑时间仓促，难免有疏漏之处，敬请广大读者指正。

编者

2013年9月

# 目 录

## 法医学进展（Advances in Forensic Medicine）



## 法医病理学（Forensic Pathology）

## 法医临床学（Forensic Clinical Medicine）



## 医疗纠纷（Medical Malpractice）



## 法医物证学（Forensie Grenetics）

## 交通医学（Traffie Medicine）



## 法医毒物分析（Forensic Toxicology）



## 法医精神病学（Forensic Psychiatry）



## 问题探讨（Question and Discussion）

# 法医学进展

## Advances in Forensic Medicine

Advances & practices in Forensic Medicine 8

# AQP－4与创伤性脑水肿的研究进展

许光亚[1,2] 刘 敏[1]

1. 四川大学华西基础医学与法医学院；2. 华大司法鉴定所

水通道蛋白，又称水孔蛋白（Aquaporins，AQPs）是近年来发现的一种与水通透有关的膜通道蛋白。其广泛分布于哺乳动物和植物细胞膜上，是水分子跨膜运动的主要分子基础，调节细胞内外环境平衡。脑组织中的水通道蛋白主要为水通道蛋白－4（Aquaporin－4，AQP－4），与脑组织水代谢关系密切，对脑水肿的形成、发展发挥着重要的调节作用。

## 1 AQP－4的分子结构

水通道蛋白家族成员之间的基因序列具有一定的同源性。1994年，Jung J S等利用水通道蛋白家族的同源性克隆分离出一种脑内水通道蛋白，即AQP－4。

1996年，Lu M等应用原位杂交免疫荧光技术研究发现，AQP－4基因位于人体染色体18q11.2与q12.1之间的连接处，由4个外显子及3个内显子组成。4个外显子分别编码127，55，27，92位氨基酸，序列较大的1个外显子编码AQP－4的氨基端，较小的3个外显子编码AQP－4的羧基端，AQP－4分子的氨基端和羧基端均位于细胞内。Kenichi N等研究发现AQP－4分子羧基端的第276～280的5个氨基酸对AQP－4在细胞膜上的固定起着重要的作用。每个AQP－4单体包含6个疏水性跨膜α螺旋结构和5个连接环（A，B，C，D，E），3个细胞外环（A，C，E），2个细胞内环（B，D）；其中B环、E环含有精氨酸－脯氨酸－丙氨酸基元（NPA），这2个NPA环从膜的两侧呈对称镜像结构吻合，B环、E环下沉至双分子层内，中心部分折叠形成狭窄的孔道，孔道大小约为一个水分子大小，周围被6条跨膜的螺旋所包绕，其为水通道蛋白家族成员所共有的特征性结构，是决定水选择性通透的重要结构。

## 2 AQP－4在脑组织中的分布与功能

AQP－4在脑内分布广泛，是中枢神经系统最为丰富的水通道蛋白，对维持脑内水平衡至关重要。Venero J L等研究显示，AQP－4主要分布于星形胶质细胞膜表面，其在神经细胞上的分布是有选择性的，主要分布于细胞体较集中的神经核团或神经细胞层的胞体上。Yoneda K，Yool A J等研究发现，AQP－4主要分布于脑实质内的星形胶质细胞、毛细血管内皮细胞、室管膜上皮细胞、邻近软脑膜的胶质细胞、脉络丛上皮细胞的细胞膜上，神经元、少突胶质细胞、小胶质细胞以及脑膜成纤维细胞未见表达。石向群等应用免疫组织化学检测方法研究发现，正常大鼠脑内AQP－4广泛分布于脑实质内的胶质细胞、毛细血管内皮细胞、各脑室系统内的脉络膜上皮细胞和室管膜上皮细胞，以邻近蛛网膜下腔和面向毛细血管内皮细胞的胶质细胞表现得更加突出。其中脉络膜上皮细胞和毛细血管内皮细胞的着色在整个细胞膜上，胶质细胞的着色主要在细胞膜上，但是 AQP-4 在胶质细胞上的分布表现出明显的极性现象，即主要分布于面向毛细血管内皮细胞、软脑膜和脑室室管膜一侧的细胞膜或足突上。AQP-4 在脑内分布广泛，在脑内水代谢、脑脊液的生成和重吸收、调节渗透压等过程中发挥重要的功能。目前 AQP-4 是脑水肿研究中的焦点。

## 3 AQP-4 与创伤性脑水肿

目前，关于水通道蛋白在颅脑损伤后脑水肿中的作用尚不清楚，国内外学者进行了许多相关研究，但是由于模型建立、研究方法等的不同，其研究结论并不一致。

Sun M C 等建立自由落体撞击致大鼠顶叶皮质挫伤模型研究中发现，损伤后 lh、4h，挫伤部位 AQP-4 的表达较对侧无明显变化；损伤后 24h，挫伤部位 AQP-4 的表达明显增加；在远处部位脑组织 AQP-4 的表达无明显变化。Hu H 等对人体颅脑损伤后 AQP-4 的表达研究发现，AQP-4 的表达在损伤后 6h～14h 内无明显改变，损伤后 15h，AQP-4 的表达明显增强，损伤后 192h 表达更加强烈。焦炎、耿艺等分别采用液压冲击及改进 Feeney 自由落体撞击法建立大鼠创伤性脑损伤模型，其研究发现，损伤后 4h 挫伤灶脑组织含水量增多，AQP-4 mRNA、AQP-4 蛋白表达开始增高并逐渐上升，至损伤后 24h 达到高峰，随后逐渐下降；损伤后 72h 仍维持在较高水平。唐忠、李俊驹等采用自由落体硬膜外撞击方法致重度脑创伤模型研究发现，脑损伤后 AQP-4 在脑组织中的表达逐渐上调，24h 达高峰，持续至 72h 后下降；损伤后 168h 接近正常水平。刘辉等采用改良加速冲击法制作脑外伤模型研究发现，双侧皮质 AQP-4 及其 mRNA 于损伤后 3h 增高，之后，先降低再升高，至损伤后 48h～72h 达峰值。刘伟、宋朝理等对人体颅脑损伤后挫伤灶周围脑组织 AQP-4 的表达研究发现，伤后 10h～24h 挫伤灶周围脑组织 AQP-4 表达明显升高，且 AQP-4 mRNA 和蛋白质的表达与颅脑损伤组织中脑水肿的严重程度呈高度正相关。楚燕飞等在成功建立大鼠颅脑爆炸伤模型的基础上研究发现，爆炸伤后损伤区脑组织 AQP-4 的表达明显增强，伤后 48h 达峰值，之后有所下降；损伤后 168h 表达仍高于假手术组，且与脑含水量呈正相关。

Kiening K L 等利用压缩气冲击建立颅脑损伤模型研究发现，损伤后 24h，双侧脑组织 AQP-4 的表达均呈下降趋势，在损伤侧降低更加显著。Ke C 等应用自由落体撞击制作颅脑损伤模型并予免疫组化及 RT-PCR 方法观测 AQP-4 的表达及分布规律，结果发现损伤后 24h，在血脑屏障完整性破坏的区域，AQP-4 mRNA 的表达水平下调；而在血脑屏障完整的区域，脑组织 AQP-4 mRNA 的表达无明显变化。孙爱刚等在自由落体撞击致颅脑损伤的基础上研究发现，损伤后 AQP-4 的表达呈下降趋势，至损伤后 24h 达到最低，48h 有所回升，与脑水肿的发生、发展呈负性相关。王大印等采用自由落体撞击方法建立颅脑损伤模型研究发现，脑损伤后 24h 伤侧脑组织 AQP-4 表达降低，至损伤后 48h 达低峰，伤后 72h 表达有所回升，AQP-4 的表达与脑组织水含量呈负相关。武弋、章翔、费舟等在研究犬颅脑火器伤后早期弹道旁 AQP-4 的表达时发现，损伤后 AQP-4

的表达迅速下降，12h 达到最低，24h 有所回升，与脑水肿的发生发展呈负相关性。

综上所述，虽然研究结果尚存在一定的分歧，但是可以肯定的是，AQP-4 的表达与颅脑损伤后脑水肿关系密切，其功能可能是双方面的，既可导致脑水肿的形成和发展，亦可能起到保护作用。

## 4 AQP-4 的法医学意义

目前，AQP-4 在法医病理学中的研究甚少，亦未见到相关应用报道。研究发现，脑内 AQP-4 与创伤性脑水肿相关一系列病理生理过程有着密切的联系，虽然由于各种因素的不同研究结论并不完全一致，但是各研究均显示颅脑损伤后脑内 AQP-4 的表达随着损伤时间的延长表现出显著的规律性变化。因此，颅脑损伤后脑内 AQP-4 表达的时间相关性在法医病理学中对颅脑损伤的诊断以及颅脑损伤时间的推断中具有较好的应用前景。

## 参考文献（略）

# C-FOS 蛋白与颅脑损伤的研究进展

许光亚[1,2]　刘　敏[1]

1. 四川大学华西基础医学与法医学院；2. 华大司法鉴定所

C-FOS 基因是即刻早期基因（Immediately Early Genes，IEGs）家族中最重要的成员之一，参与脑功能活动的信号转导和调控过程，是中枢神经系统有代表性的即刻早期基因。正常情况下，C-FOS 基因参与神经细胞的生长、分化等生理过程；在出现损伤、缺血缺氧等情况时，C-FOS 基因迅速被激活并表达，对刺激做出应答。国内外大量研究表明，C-FOS 基因及其表达蛋白与颅脑损伤后继发的一系列病理生理过程有着密切关系。

## 1 C-FOS 蛋白的分子生物学特征

C-FOS 基因在进化过程中高度保守，人类 C-FOS 基因位于人 14 号染色体长臂 14q21-31，其是由四个外显子及三个内含子所组成的一段长度为 3.5kb 的 DNA；其中第一个外显子编码第 1-47 位氨基酸，第二个外显子编码第 48-131 位氨基酸，第三个外显子编码第 132-167 位氨基酸，第四个外显子编码第 168-380 位氨基酸。C-FOS 基因在神经系统中的基础表达水平很低，不易检测到，但是在损伤、缺血缺氧等内外因素作用下，C-FOS 基因则可以迅速表达。C-FOS 基因的转录产物为长度 2.2kb 的 mRNA，C-FOS-mRNA 翻译产物经广泛磷酸化，形成一个分子量为 55KD~70KD 不稳定的核内磷酸化蛋白，即 FOS 蛋白。FOS 蛋白由 381 个氨基酸组成，其分子内部有 1 个高电荷中心及 1 个 C-末端锌脂样结构，其中高电荷中心包括 1 个酸性的、1 个强碱的及 1 个混合氨基酸串珠。高电荷中心区是 α 螺旋，每 3～4 个氨基酸环绕 1 圈，每隔 7 个氨基酸就有 1 个亮氨酸，形成亮氨酸拉链，为 FOS 蛋白的功能区域。

## 2 C-FOS 蛋白在神经系统的表达机制及作用

C-FOS 基因在神经系统基础表达水平很低，不易检测到，只有在神经系统受到刺激因子作用时，C-FOS 基因迅速被激活，转录形成 C-FOS-mRNA，继而翻译合成 FOS 蛋白。FOS 蛋白经磷酸化修饰后返回核内与 C-JUN 编码的 JUN 蛋白结合形成转录激活蛋白 1（Activator Protein-1，AP-1），与目的基因结合，激活目的基因的转录活性，从而对外界刺激做出应答。国内外研究显示，NMDA（N-甲基-D-天门冬氨酸）、GABA（γ-氨基丁酸）、NO、$Ca^{2+}$、多巴胺、生长因子受体等都与 C-FOS 基因的激活有关，其机制尚不十分清楚。有关研究表明，C-FOS 基因及蛋白的高表达与损伤后修复有关，亦与损伤后神经细胞的凋亡关系密切。此外，C-FOS 基因与学习记忆、运动、精神性疾病等也有密切联系。

## 3 C-FOS 蛋白与颅脑损伤

目前，关于 C-FOS 基因在颅脑损伤后的表达，国内外学者进行了许多相关研究，研究结果表明颅脑损伤后 C-FOS 基因均有不同程度的高表达。但是，由于损伤模型、研究指标、观测部位、观测时间等因素的不同，颅脑损伤后 C-FOS 基因表达的时序性并不完全一致。

汪枫等建立大鼠脑震荡实验模型，研究发现损伤后 15min 即在神经元和胶质细胞观察到 C-FOS-mRNA 的表达，30min 后 C-FOS-mRNA 的表达达到高峰，其后逐渐下降。秦丽娜等建立大鼠蛛网膜下腔出血模型研究发现大鼠蛛网膜下腔出血后 30min，尾壳核、苍白球、海马、背侧丘脑腹后外侧核、小细胞网状核、背侧旁巨细胞核等核团中 FOS 蛋白表达明显增多，6h 后仍持续表达，24h 后开始下降，7 天至正常水平。高俊玲等建立自由落体撞击致大鼠弥漫性颅脑损伤模型，研究发现对照组皮质无 FOS 蛋白阳性表达；创伤组皮质损伤后 10min 即见 FOS 蛋白阳性表达，6h 达高峰，持续至 24h，48h 阳性表达明显减弱。易林华等采用自由落体撞击方法制作大鼠弥漫性轴索损伤模型，其研究发现，正常对照组脑皮质及脑干仅见少数神经元呈阳性表达，模型组损伤后 30min 脑皮质、脑干部位可见 FOS 蛋白表达，24h 达高峰，随之表达减弱，至 12 天表达与对照组无明显差异。

Phillips L L，Raghupathi R 等采用液压冲击法建立大鼠脑挫裂伤模型，研究发现损伤后 5min 在损伤部位即检测到 C-FOS-mRNA，伤后 2h 亦持续表达，6h 已下降至对照水平；损伤后 15min 在海马区观察到阳性神经元，24h 后与对照水平无差别；损伤后 30min 在损伤区周围脑皮质中观察到 FOS 蛋白表达，伤后 24h 恢复至对照组水平。张永亮等建立侧位液压冲击致大鼠脑挫裂伤模型研究发现，损伤后 30min 双侧皮质 FOS 蛋白表达阳性细胞数明显增多，12h 达高峰。杭春华等建立自由落体撞击致大鼠脑挫裂伤模型，研究发现对照组仅见少量 FOS 蛋白阳性表达；模型组损伤后 3h 脑挫伤区即可见较多的 FOS 蛋白阳性表达，72h 达高峰，损伤后 7 天表达所下降但仍明显高于对照组。王占祥、吴淑华等建立自由落体撞击致大鼠脑挫裂伤模型研究发现，颅脑损伤后皮质损伤区C-FOS 基因的表达呈双峰特性，前者发现峰值分别出现在损伤后 1h、24h，而后者峰值则出现在损伤后 16h、48h。黄欣、张战波等建立自由落体撞击致大鼠脑挫裂伤模型研究不同程度损伤 C-FOS 基因的表达，研究发现损伤后 1h、2h 损伤区皮质、损伤区周围皮质、海马中 C-FOS 基因表达明显增加；相同损伤程度组中，损伤区皮质中的表达明显低于另外两个部位；不同损伤程度组均与对照组有明显统计学差异，且损伤区皮质 C-FOS 基因表达随着损伤程度的提高而降低，损伤区周围皮质、海马区 C-FOS 基因的表达则随着损伤程度的提高而增加。

此外，任东青等建立火箭弹爆炸冲击伤大鼠实验模型研究发现，损伤后 12h 皮层有大量 FOS 蛋白阳性表达，表达逐渐减弱，至损伤后 5 天仍见 FOS 蛋白阳性表达。王桂芝等建立瓦斯爆炸伤大鼠实验模型，研究发现，损伤后 30min 脑皮质、海马区即见 FOS 蛋白明显表达，4h 达高峰，随后表达逐渐减弱，至基本恢复正常。封亚平等建立犬颅脑枪弹伤模型，研究发现，损伤后 30min 弹道挫伤区可见 FOS 蛋白表达，2h 达到高峰，至 6h 逐渐下降。

## 4 C-FOS 蛋白的法医学意义

颅脑损伤是法医病理学研究领域中最重要的机械性损伤，亦是最常见的死因之一，其损伤程度以及损伤时间的推断至今尚未圆满解决。目前研究结果显示，颅脑损伤后 C-FOS 基因的表达具有明显的时间相关性，且其在损伤后短时间内显著表达。C-FOS 基因的这种生物学特性，将有可能为颅脑损伤时间的推断，特别是颅脑损伤的早期诊断提供新的方向。

综上所述，虽然目前研究结果尚存在一定的分歧，但是 C-FOS 基因在颅脑损伤后的表达与颅脑损伤的程度以及损伤时间之间却存在着密切的关系，其具体相关性有待进一步研究。

**参考文献（略）**

# 影像资料同一认定的研究进展和展望

李　媛　邓振华

四川大学华西基础医学与法医学院

影像资料同一认定是指在司法诉讼中，通过对客体影像特征的对比分析，判断两份客体的影像资料是否来自同一个体。法医临床鉴定的主要依据是被鉴定人的客观病历资料，其中核心的是影像学资料。因此，影像学资料对于鉴定意见的真实性和有效性起着关键作用。本文结合国内外相关文献，对影像资料同一认定的相关研究和方法进行简单的综述，并展望以后的研究方向。

## 1 影像资料同一认定在法医临床鉴定中的常见具体应用

影像资料同一认定在法医临床鉴定中的常见具体应用有：

（1）法医临床学鉴定实践中遇到的需要对不同时期的放射影像资料进行同一认定的案例。

（2）一些被鉴定人出于某种目的，送检他人的影像学资料进行法医临床鉴定。其中包括两种情形：其一，影像学资料部分是被鉴定人的影像资料，部分是他人的影像学资料；其二，影像学资料全部是他人的。

（3）在进行损伤程度的鉴定实践中，有时被鉴定人在受伤当时并没有立即就诊，而是等到病情加重后才去治疗，在无其他客观资料印证的情况下，有必要进行影像资料的同一认定。

## 2 影像资料同一认定的具体方法

总结国内外文献，影像资料同一认定的具体方法大致可以分为两大类：一是利用人体特征结构形态认定，多采用形态特征的同一来认定；二是利用人体结构指标定量认定。

### 2.1 利用人体特征结构形态对影像资料定性同一认定

人体结构形态即指人体个体的骨骼形态学特征，如额窦形状、关节边缘形态、肋骨和锁骨的骨小梁构型及颅骨的骨缝、板障血管沟、蝶骨、眼眶、乳突、颅盖、颅锋、颅底骨小梁及牙齿排列与形态等，这些均属于个体的唯一特征，具有高度特异性。

#### 2.1.1 利用额窦进行影像资料同一认定

额窦借额鼻管或者无额鼻管开口于中鼻道。人刚出生时没有，2～3 岁出现，但 4～6 岁时影像学检查尚不能显现，约 20 岁时完全形成并定型。此后形态终身不变。额窦属于人体的唯一性特征标志，结构稳定，在 X 线片和 CT 片上都能显现，因此，国内外对于额窦同一认定的研究相对较多。

额窦形态个体变异大，不同学者选用的 X 线片体位及观测指标亦不尽相同，较常使用的指标有额窦面积、额窦距离、额窦上缘轮廓形态、部分隔、眶上气室等。实际应用中由于拍片体位和拍片放大率的影响，单纯比对额窦面积、宽度、长度有一定局限性。

国外有文献研究，额窦和鼻中隔的形态结合起来作为一个鉴别点进行同一认定有一定的特异性。主要鉴别额窦的特征有：额窦对称与否，额窦有无，鼻中隔的位置特征，即左位、右位还是中立位。

2007 年，有学者将额窦在 CT 片上具体分为标准型、单侧缺失型、单侧发育不全型、双侧发育不全型、无中间隔型、未发育型等六类。同时，根据额窦中间隔位置及形态，左、右侧额窦部分隔数及形态，左、右侧上缘弓形弯曲数，左、右侧最高峰及最低峰位置，左、右侧额窦宽度、高度及额窦总宽度等指标，编制出其对应的分段识别编码，每一个个体对应一个特异的额窦分段识别编码。编码对应为：右侧额窦部分隔数，形态－额窦中间隔位置，形态－左侧额窦部分隔数，形态；右侧额窦上缘弓形弯曲数，（右侧最高峰位置，最低峰位置）－左侧额窦上缘弓形弯曲数（左侧最高峰位置，最低峰位置），右侧额窦宽度，高度－额窦总宽度－左侧额窦宽度，高度。

#### 2.1.2 利用乳突进行影像资料同一认定

乳突和额窦一样，具有个人特异性。乳突位于颞骨的鼓部后方，按乳突小房发育程度可分为气化型、板障型、混合型和硬化型。在颅骨侧位 X 线片上，可以根据乳突小房的数目、大小、边缘、分隔以及鼓室盖的弧度等的不同进行同一认定。乳突小房在 X 线片上结构并不如额窦清晰，因此对比比较困难。

#### 2.1.3 利用蝶鞍进行影像资料同一认定

1960 年，Voluter 曾报道在 V 试验（V－tests）中蝶骨及其一些成分的 X 线影像可用于个人同一认定，认为蝶骨及其周围结构如垂体窝的形态和结构、蝶鞍角、蝶窦大小和形状、蝶鞍周边气室的骨质结构、范围和位置等标志联合观察，可得到各种不同的组合，用于前后 X 线片的比对，从而做出同一认定。

#### 2.1.4 利用颅缝进行影像资料同一认定

头颅各骨块是以缝韧带或膜相连接，各骨块边缘十分复杂且不规整，镶嵌在一起形成不同构型的颅缝，如锯齿型、小齿型、锯状齿型、波浪状型等。

#### 2.1.5 利用颅骨的血管压迹进行影像资料同一认定

X 线片上可见脑膜中动脉对颅骨内板压迫所形成的脑膜中动脉压迹，侧位上呈条状透亮影，前支较清楚，居冠状缝稍后方，同样具有个体特异性。

X 线片上，顶骨常可见板障静脉压迹呈网状或树枝状透亮影，在生长发育过程中颅盖骨板障静脉沟和静脉湖的 X 线片影像变化较少。

#### 2.1.6 利用牙齿进行影像资料同一认定

1970 年，Keiser-Neilson 建立法齿学；1977 年，有学者对牙齿形态多态性利用数理分析法进行基础研究；2003 年，Adamas 研究肯定了全口牙齿的解剖形态多态性高；2006 年，美国法齿学家对牙齿进行编码，并对这些编码进行了交互式比对，评估牙齿数据库中所有牙齿编码均能相互匹配的概率和牙齿形态多态性率，证明了牙齿具有特异性。2008 年，我国有学者根据牙齿的解剖特点、病理改变和治疗特点筛选出对全口牙型特征进行 32 位英文字母编码，研究肯定了全口曲面断层片中此系列编码的多样性，牙齿影像中的牙齿形态具有的特异性。

#### 2.1.7 利用肋骨和椎体进行影像资料同一认定

肋骨用于影像资料的同一认定，主要是根据肋骨形态、肋软骨骨化和钙化的情况。

每个人的腰椎的大小、构型均有差异，可以作为差异性指标进行比对，用于同一认定。国外报道中，可将人体腰椎用于同一认定的识别点有：钙化的前纵韧带（重、中和轻程度）、椎间盘的钙化、椎间盘的骨赘形态、横突的形态多态性、脊柱侧凸的成角。国外有文献报道，利用骶骨的先天畸形，如脊柱裂成功进行个人识别的案例。

### 2.2 利用人体结构指标对影像资料定量同一认定

形态研究大多停留在形态观察的水平，主观性较强，缺乏客观定量标准。近年来，有学者利用人体非特征性结构形态进行同一认定，运用数理统计的方法提出更为客观的测量指标，利用稳定的指标进行定量认定，指标的一致性（指标参考范围内符合）与否反映同一性，使同一认定具有客观性和操作性，从而使结论具有可信性。

2.2.1 用多元测量法进行影像资料同一认定

多元测量法是就生前与死后两套颅骨 X 线片的某几项头部指标进行测量，综合分析所得全部测量数据进行对比检验，作出两者同一或者否定的结论，其结果定量较为客观。2001 年，依伟力、李寒松就某市送检的男性头部侧位 X 线片：1998 年摄（17784 号）和 2001 年摄（62816 号）两张以及不相关男性头部侧位 X 线片 38 张进行研究，选定了 10 个测量指标，结果对被检的 17784 号、62816 号 X 线片的 10 个指标进行 $t$ 检验，其结果为 $t < 0.01$，$p > 0.01$，两者无显著性差异。对照 38 张正常人头部侧位片，以同样方法进行 10 个指标的测量，其结果表明 3 个指标以上相同者为零。2005 年，高东、王虎、胡锦梁选取颌面数字 X 线侧位片 100 例对 6 项骨性指标进行测量，发现这 6 项指标均具有较大的变异系数和变异范围，具有较高的个人特异性，可用于定量的同一认定。

2.2.2 利用肘关节影像资料的同一认定

2011 年，有学者提出利用肘关节的 X 线片进行同一认定。首先根据肘关节解剖学特点，在 X 线片上找出 8 个易于测量且结构稳定的测量指标，分别为：长度性指标 7 个，尺骨鹰嘴横径、肱骨内外上髁间横径、桡骨头横径、尺骨喙突内外缘间横径、桡骨粗隆横径、桡骨头外缘与尺骨喙突内缘间横径和桡骨颈横径；角度性指标 1 个，鹰嘴与桡骨头外缘、尺骨喙突内缘连线所成夹角。根据 $t$ 检验，最终剩余 4 个指标具有统计学意义，然后计算 4 个指标之间的差值，建立数据集，求出各指标差值的参考值范围，得到 4 个指标均具有较大的变异系数和变异范围，具有较高的个人特异性，可用于定量的同一认定。

## 3 小结

总结影像资料同一认定的方法，进行同一认定的部位很多，但是大多都是集中在形态学上的研究，其操作性差，有主观因素掺杂。利用人体唯一性特征进行认定，大多停留在形态特征的同一研究上，对形态只是定性的研究，额窦和牙齿的编码研究，虽然应用相关的标准或是评分技术对其编码进行严格规范，但是利用评分系统划分并列入对应等级的行为本身就包含人为裁量的因素，缺少一定的客观性。

法医临床鉴定结论属于法律规定的七大法定证据之一，其可靠性和正确性直接影响当事人的法律利益。因此，需要有一套规范和统一的影像资料认定标准来对其进行认定，使其拥有应有的法律证明力。

利用人体固有指标进行定量认定的方式，可以应用到各种影像资料的同一认定，方法简单，可操作性强，但是国内在定量同一认定的领域研究较少。无论是用人体唯一性特征结构还是非唯一性特征结构进行同一认定，能够用规范的步骤和同一的指标进行定量认定，是增加结论可靠性的很好的方式。利用人体结构对影像学资料进行定量同一认定还存在不足，选取人体结构的测量指标并没有统一的标准，包括具体部位的测量指标的选择和具体个数的确定问题。同一认定的标准不明确，在对特征性结构进行认定时，国内外法医学实践中一般认为，在两份影像学资料中存在 1～4 个唯一形态特征时，就可以做出同一认定的结论，而对于定量认定的同一标准更是模糊。

参考文献（略）

# bFGF 在脑损伤时间推断的价值

陈 锐[1,2] 刘 敏[1]

1. 四川大学华西基础医学与法医学院；2. 广东医学院法医教研室

在法医学研究领域中，颅脑损伤的早期病理诊断以及脑损伤时间推断是一项十分困难的工作。碱性成纤维细胞生长因子（bFGF）主要定位于海马 CAl 神经元，在正常未受损伤的组织内以一定基础量表达，难以检测出来，或呈弱阳性表达；当颅脑损伤发生以后，bFGF 的表达明显增加并随着时间的推移呈规律性变化；当受损细胞修复完成后，细胞中的 bFGF 也不再表达。说明 bFGF 对神经损伤有修复作用，其表达集中在损伤修复阶段，有利于颅脑损伤的早期诊断及损伤时间推断。现对 bFGF 在脑组织损伤修复中的作用及其机制的研究进展作一综述。

## 1 bFGF 的生物学特性

成纤维细胞生长因子（FGF）是从动物脑和垂体中分离出来的一种蛋白质，因等电点的不同，分为酸性 FGF（aFGF 或 FGF－1）和碱性 FGF（bFOF 或 FGF－2），目前已发现 FGF 家族至少包括 9 个成员，并以数字顺序表示，即 FGF－1～FGF－9。bFGF 是一种含有 154 个氨基酸的具有多种生物学活性的多肽，它广泛分布于脑、心、肝、骨、眼、肾上腺、胎盘等器官中，以脑和垂体中含量最高。bFGF 在脑组织中分布广泛，它的受体广泛存在于大脑神经元、胶质细胞及内皮细胞，支持这些细胞的存活。Emfor 等以编码鼠 bFGF cDNA 为探针，借助 Northern 杂交方法证实，16d 胎鼠，即有 3.7kb 片断 bFGF 基因表达。与胎鼠脑组织中 bFGF 基因表达量相比，成年鼠脑 bFGF mRNA 基础表达量下降约 1.5～2 倍，但其表达量为同时期 β－NGFmRNA 表达量的 50 倍，同时 bFGFmRNA 分布于鼠脑多个脑区，较高表达部位为大脑半球、海马、四叠体、嗅球；较低表达部位为脑桥、延髓、丘脑。这种没有受到任何外来刺激，仅仅维持正常生命活动，如饮食、睡眠及生长发育状态下的基础表达，证明 bFGF 对维持中枢神经功能是必需的。它能促进多种细胞进行有丝分裂，包括外胚层、中胚层和内胚层源性细胞，如神经元、血管内皮细胞、血管平滑肌细胞。近年来有许多国内外学者对 bFGF 在脑损伤修复中的作用和机制进行了大量研究。研究表明 bFGF 可以保护神经元抵抗多种毒物、创伤，在脑外伤后的神经功能修复过程中，具有保护神经元、营养胶质细胞、促进新生血管形成等作用。

## 2 bFGF与其相应受体结合对神经元的保护和营养作用

bFGF具有神经营养因子的作用，能促进神经元存活及突起生长，对维护中枢神经系统正常功能起重要作用，被认为是一种最有效的营养因子。赵立明等用线拴法制作局灶性脑缺血大鼠模型，于术前1h、术后1～3天连续向侧脑室注射bFGF，分1μg/d、2μg/d、4μg/d 3组，就bFGF对急性局灶性脑缺血后细胞凋亡及梗塞体积的影响进行观察，发现通过侧脑室给药量，能减少局灶缺血后神经细胞凋亡，减小梗塞面积达25.2%，使缺血损伤局限于皮层或使病灶局限化而成斑片状，类似于短暂缺血再灌注时的形态学改变。有国外学者在缺血发生时静脉给药（$40\mu g \cdot kg^{-1} \cdot h^{-1}$），持续0.5h～3.5h，可减少梗塞面积40%～50%，并使神经功能缺损积分下降。Li等在大鼠MCAO后2h，静脉给予bFGF，缺血24h后皮质梗死面积缩小32%，且神经功能缺损症状明显改善。Sugimori等研究bFGF对缺血脑组织的远期影响，发现bFGF能使永久MCAO大鼠3个月后脑组织梗死体积降低27%。Fujiwara等把由遗传处理得到的bFGF分泌细胞装入用半透膜制成的胶囊内，然后输注到大鼠右侧纹状体内6d后，采用鲁米诺缝合术，行大鼠大脑中动脉闭塞术，24h处死大鼠，其大脑的梗塞面积由TIE染色并用图像分析定量测定。结果显示，移植给药组比囊中未装bFGF分泌细胞组和未移植组减小大约30%的梗塞面积。提示胶囊内bFGF分泌细胞移植法，可发挥对缺血损伤的保护作用。

分析其原因可能如下：①bFGF对脑神经元的直接营养作用：在体外培养时，bFGF对许多中枢神经元（如大脑皮层、海马神经元和运动神经元）以及周围神经系统的交感、副交感神经节和感觉神经元上具有维持存活、促进轴突生长的作用；②营养胶质细胞和血管：bFGF可作为胶质营养因子促进胶质细胞分化，又可作为血管源因子促进脑血管内皮细胞及血管增生，以抵抗缺血的损伤；③可能改变系统的生理参数：脑室内注射bFGF可选择性扩张脑血管，增加脑血流量，减少梗塞。及早使用外源性bFGF亦能起到保护缺血神经元的作用。

## 3 bFGF对损伤的修复作用

吕文等改进Marlnarou大鼠加速弥漫性脑损伤模型，取海马区创伤脑组织免疫组化染色观察bFGF、VEGF基因表达情况。发现bFGF、VEGF基因表达与脑损伤密切相关，作为生长因子，bFGF、VEGF可能参与颅脑损伤后神经元保护及损伤后修复过程。白宏英等应用线栓法制作大鼠局灶性脑缺血再灌注模型，大脑中动脉阻塞1h再灌注损伤24h，用TUNEL法和免疫组化法分别检测假手术组、缺血再灌注组和bFGF治疗组的凋亡细胞数和Caspase－3阳性细胞数。发现bFGF能通过抑制Caspase－3的表达而减少细胞凋亡的发生。Lenhard等把培养的海马神经元经谷氨酸盐处理后，发现bFGF协同GDNF一起参与对它的保护作用，此时海马神经元能表达GD－NF，它的受体c－Ret和脂质锚定的GDNF家族受体－α1（GFRalpha－1）以及FGFR1，且显示出GDNF的中和抗体破坏bFGF的神经保护效应，因而提出GDNF是允许bFGF发挥保护效应所必须的条件。为阐明这个观点，他们在实验中发现bFGF能促进海马神经元GDNF和GFRalpha－1的表达，而且 bFGF 诱导的 GDNF 引起 c−Ret 和信号成分 Akt 和 Erk 的磷酸化增强。这都说明 GDNF 对谷氨酸盐所致的海马神经元损伤时，GDNF 是一个重要的保护因子，并且也是 bFGF 发挥神经保护作用的主要媒介。陈大庆等用自由落体法制作脑外伤大鼠模型，用 Northernblot 和吸光度扫描分析 bFGF mRNA 表达，Westernblot 检测 TNF 蛋白表达。发现脑外伤后，随着大鼠脑内损伤因子 TNF 蛋白表达的增强，保护因子 bFGF mRNA 的表达也相应增强，二者的相互作用可能是脑外伤后神经功能损伤与修复的主要机制之一。

## 4 bFGF 在脑损伤时间推断的价值

目前有研究表明 bFGF 除了有保护神经元，营养胶质细胞，脑损伤修复作用外，还与胶质瘤细胞增殖活性和组织学分级密切相关，但具体机制不明。bFGF 在脑损伤以后表达明显增加并随着时间的推移呈规律性变化，对脑损伤时间推断有应用价值，但现有的研究还处在半定量的水平。因此，要对损伤形成时间进行准确的推断，有待于对 bFGF 进行定量及阈值方面的更加深入的研究。

## 参考文献（略）

# 论人体器官和组织的法律性质与归属

李　媛　邓振华

四川大学华西基础医学与法医学院

医学科学技术的发展，给无数的家庭和患者带去了福音。人体组织工程技术在 20 世纪得到迅速发展，曾有文章这样写道，“人体组织工程想造啥就造啥，只是一个时间的问题”。医学科学技术的发展，器官和组织移植技术高度成熟，人体器官和组织的治疗应用价值越来越大，这使得人体器官和组织越来越多地成为了科学研究的材料。而人体器官和组织是自然人人格的载体，它的现实利用涉及医学、法学和伦理学领域，因此，人体器官和组织的法律性质与归属的明确界定有着迫切的社会意义，制定完善的法律制度，形成一定的法律机制，找到保护人体权益与医学技术研究的平衡点，才能规制在人体组织和器官使用上的不良行为，维护各方主体的权益，促进医学科学技术更好地造福于人类。

## 1 人体器官和组织概述

### 1.1 基本概念

#### 1.1.1 人体器官和组织

在医学领域，按照《组织学和胚胎学》的定义，器官是几种不同的组织结合成具有一定形态和功能的结构，如心脏、肺脏、肾脏和肝脏等；组织是指由许多形态和功能相似的细胞间质，按一定的方式组成具有一定功能的结构，如血液、精液、脑脊液和皮肤等。

在法学领域内，至今对人体器官和组织还没有一个统一的法律定义。现行资料研究中，与人体器官和组织接近的概念有人体部分、人体组成部分、人体器官等，这些概念界定的范围广狭不一。

我国 2007 年 3 月 31 日公布，同年 5 月 1 日起施行的《人体器官移植条例》第 2 条第 2 款规定："本条例所称人体器官移植，是指摘取人体器官捐献人具有特定功能的心脏、肺脏、肝脏、肾脏或者胰腺等器官的全部或者部分，将其植入接受人身体以代替其病损器官的过程。"该条第 1 款则做了排除性规定："从事人体细胞和角膜、骨髓等人体组织移植，不适用本条例。"

可见，我国目前已有法律法规对人体器官和组织范畴了做了规定，但是在研究领域仍然不甚明确和具体。本文研究的人体器官和组织与医学领域定义的器官和组织范围相同。

#### 1.1.2 基本法律概念的解释

法律性质是指法律研究对象的固有属性，是法律必然的、基本的、不可分离的特性，又是法律内在本质的外在表现。

人格权是指民事主体专属享有，以人格利益为客体，为维护其独立的人格所必备的固有权利。其主要特点是绝对性、专属性和非财产性。

身体权是指自然人维护其身体组织器官的完整性并支配其肢体、器官和其他组织的权利。

财产权是指以财产利益为内容，直接体现财产利益的权利。

### 1.2 研究动机和意义

法律意义上的身体专指自然人的身体，是指自然人的生理组织的整体，即躯体。身体包括两部分：一是主体部分，二是附属部分。主体部分是人的头颈、躯干、肢体的总体构成，包括器官和其他组织，是身体的基本内容。附属部分，如毛发、指（趾）甲等附着于身体的其他人体组织。人格权的物质载体便是人的身体，通过人格权保护的"物"就是人本身的存在，这包括，不把人当做工具或手段来对待，人的身体不能成为人类行为支配的对象。

然而，随着生命科学技术的发展，人的身体组成部分越来越多地成为生命科技的研究操作对象。

医学外科手术技术的发展和免疫排斥的克服，使器官和组织移植成为了可能。器官和组织移植是指摘除一个身体上的器官或组织，并把他们移植于同一个体或同种另一个体或不同种个体的相同部位或不同部位，以达到医疗目的和手术。一般来说，器官和组织移植是指同种异体移植，比较成熟的有肾脏移植、肝脏移植和骨髓移植等。

医学细胞学和分子生物学的发展，使部分人体器官和组织以及存在于其内的极少量的珍贵基质成分大批量地复制生产，用于治疗。主要有皮肤的培育及移植、细胞株的衍生利用以及干细胞的培育分化等，如利用组织工程技术，让细胞沿着类耳生物材料（形状同患者的外耳结构）复制堆积生长，帮助患者最大限度地恢复外耳功能。

医学基因工程技术的发展，使人体器官和组织成为挖掘医学资讯的宝藏，所谓人体器官和组织医学资讯的利用，是指将人体器官和组织中带有的生理及病理资讯加以整理分析，成立基因资讯库、病理资讯库等。医学资讯的收集和研究，给人类提供了一个研究疾病更为全面性和前瞻性的视角。人体器官和组织的财产价值不限于其作为有体的“物”的部分，其中所蕴含的大量资讯甚至具有比人体组织本身更高的商业价值，基因资讯就是一个最明显的例子。

当人体的器官和组织已经现实地被利用而且具有了巨大的市场需求时，人体器官和组织的价值边缘已经由仅限于本人生命范围内扩增至社会中的其他个体，对他人的生命健康具有了实用价值，对社会有了实用价值。人体与作为权利客体的“外界资源”的界限变得模糊，我们就不可避免地要对其法律地位重新进行思考：人体器官和组织是否应成为民法调整的客体——法律意义上的物？人体器官和组织究竟是物还是人格权的一部分，是应该享有民法的物权还是人身权呢？

## 2 人体器官和组织的法律性质与归属的争议

### 2.1 争议的焦点

在现有的法律框架内，人体器官和组织究竟属于人身权还是财产权的客体？自然人对于自己的器官和组织究竟享有什么样的权利？在具体研究器官和组织的法律性质问题时，民法学者一般把器官和组织的存在状态分为三种：存在于活体内的器官和组织、从活体摘除的脱离人体的器官和组织以及尸体的器官和组织。

对存在于活体内的器官和组织从来都是而且应该是从一种完整、系统的角度进行保护的。因为所有的组织和器官作为一个整体相互依存，相互配合，相互作用，它们都是主体的人格载体，承载着维护主体人格尊严的生命基础，共同作为人格利益的载体而存在。因此，对于存在于活体内的器官和组织适用的理论是身体权的客体，自然人对其器官和组织享有身体权，自然人可以自由支配自己的身体。由于人身权具有专属性不能转让，因此只有本人可以支配自己的身体。

但是关于脱离活体的器官、组织和尸体的器官、组织的法律属性，学者之间的观点不一，目前还存在争议。

### 2.2 国外关于脱离人体的器官和组织的典型案例分析

本文将简单介绍英美法系下的几个典型的案例，通过简单分析评价，来为我国立法提供一个确定人体器官或组织的法律性质的新视角。

#### 2.2.1 Moore V. Regents of University of California

案情：1976 年，患者 Moore 开始在洛杉矶加利福尼亚大学医疗中心接受毛细胞白血病的治疗，医生 Golde 在抽取 Moore 大量的血液、骨髓及其他人体组织后得到确诊。当时，被告方已经意识到“某些血液制品和血液成分在商业和科技方面具有重大价值”，而血液中包含这些物质的患者将会给他们带来“具有竞争性的商业和科技优势”。被告医生于 1976 年 10 月 8 日建议患者进行脾切除术，而在手术之前，被告医生 Golde 和另一名被告 Quan——大学雇佣的一位研究人员就术后脾脏的使用达成了一致，准备将其送到一个单独的研究机构，而这些研究与 Moore 的治疗完全无关，当然医生们也未告知 Moore 有此研究计划，也没有询求 Moore 的同意。1979 年 Golde 医生培育成功了源自 Moore 的 T

淋巴球（T−lymphocytes）细胞株。1981年由UCLA医学中心申请该细胞株的专利，并于1984年获得专利，被告方在细胞株及其衍生产品的商业开发中获得了巨大益处。Moore认为自己权益受损，向法院举出了侵占、侵害知情同意权、违反信义义务、欺诈、不当得利、违反准合同、违反忠诚公平信赖、故意侵害他人情绪、过失无权代理、侵害所有权等十三项的诉讼理由。

本案历经三审，最终加州最高人民法院肯定了除了关于财产侵占的所有诉讼请求。法院的理由有：第一，现有的成文法和司法判例不支持原告的主张。规范人体物质（人体组织、可移植器官、血液、胎儿、角膜和尸体）的特别法律往往将这些物质作为具有独特特性的客体去对待，而不是去适用一般的财产法。第二，案中专利权的客体不能成立原告的财产。因为联邦法律授予专利的是“创新”的产品，是发明，而不是自然发生的原始物质。人类细胞株之所以获得专利是因为人类组织和细胞在培养液中的长时间的变异和繁殖是困难的，成功的可能性很小，因此是一门艺术。第三，比起尚无先例的侵占理论的扩展，基于现有的医生告知义务所产生的责任，更能在不必阻碍科研发展的情况下，保护患者的隐私权和自主权。

本案法院否定对原告基于财产权保护的请求时，考虑更多的是社会利益大于个人利益，认为忠实的告知义务能够避免此类事情的发生。到后来类似的美国Greenberg V. Miani Children's Hospital案，法院支持了原告的不当得利的主张，他们虽没有正面回答人体器官和组织的法律性质，但都否定了人体器官和组织的财产权。

2.2.2 Hecht V. Superior Court

同样是与人体分离之器官、组织，本案法院却例外地认为，由于死者以遗嘱方式将其生前冷冻储存之精子赠与其同居女友并允其使用该精子受孕，因此，该冷冻储存之精子对于死者而言具有利益（interest），故应视为其“财产（property）”。本案法院亦明确表示，由于争执之标的物系生殖性细胞（reproductive materials），且死者以遗嘱明确表达其处置之意志，再者，由于生殖细胞具有关于人格、人性尊严等高于财产权位阶因素的性质，因此本案法院将之视为一种“独特之财产（unique type of property）”。

综上，本案法院虽肯定冷冻储存之精子具有财产权性质，但实际上并不触及一般人体器官、组织财产权归属之判断，因此，从本案之判决内容，尚难推论出美国案例法中对于一般人体组织物权性质之态度。

2.2.3 Junior Lewis Davis V. Mary Sue Davis

1985年，戴维斯夫妇因不能自然生育，接受试管受精。在三年内，戴维斯夫妇遭受了五次失败。1988年，冷冻胚胎准胚胎技术诞生，12月医生从玛丽身体上采集了9枚卵子，经过受精后植入了其中的两个，冷冻了其余的7个胚胎，但植入失败。1989年2月，路易斯向玛丽提起离婚诉讼，但争议谁有权保管储存的7个冷冻胚胎。

法院判决确定：胚胎既不是人也不是物，把它们作为一种过渡的类型。承认戴维斯夫妇对他们享有准财产的决定权。胚胎的命运如何由戴维斯夫妇的生育权来决定。法院认为路易斯不愿意仅成为遗传学父亲的权利优于玛丽把多余的准胚胎捐赠给他人生育孩子并养育的权利并命令医生把准胚胎交给路易斯，以保障其生育自主决定权。

本案通过微妙的平衡双方当事人利益的方式解决了一个法律上不易解决的问题。对于体外胚胎，法院没有支持“财产”或“物”之属性的主张。

通过以上案例的列举发现，英美法系国家的判决灵活，学者们不太重视抽象思维，不像大陆法系学者那样追求概念的精确定义与体系建构，更利于推陈出新。英美法系更注重实用，但面对人体器官、组织的法律性质正如有的学者所称，即使是在长期的法制化的美、德、日等国，有关人体器官和组织及其衍生物对应于财产法或物权法的相关规定时，都显得十分生疏。以至于其在引用美国有关脱离人体的器官、组织的判例时仅引用该案例的事实部分，而不涉及案例的判决结果。但法律背景不同，思维方法不同，我国的学者则在努力地为人体器官和组织寻求一个合适的民法法律地位。

### 2.3 国内关于脱离人体的器官和组织的法律性质与归属的学说争鸣

关于脱离活体的器官和组织、尸体的器官和组织的法律性质主要存在人格权说和物权说。

#### 2.3.1 人格权说

人格权说认为存在于活体内的器官和组织、从活体摘除的脱离人体的器官组织以及尸体的器官和组织都属于身体权的客体，在一定条件下，脱离活体的器官和组织仍视为人的身体，如果侵犯这些人体的分离部分，亦构成对人身体完整性的侵犯，必须对伤害人承担像侵犯人的手足四肢一样的过错侵权责任。

应该说把人体器官和组织等组成部分视为人的整体给予人格权的保护，充分体现了以人的人格和尊严为根本利益的精神，但是此说无区别地将已脱离的器官和组织仍一概视为人的身体，过分强调人格因素而忽视脱离状态的事实和其中的物化因素，是不妥当的。人格权是不具有财产性的，因此并不能有效地解决在医学生命科技发达的背景下人体器官和组织日益凸显的实用价值利益纠纷。

#### 2.3.2 物权说

物权说隶属于物的范畴说，物的范畴说采取二元区分说，即存在于活体内的器官和组织为自然人身体的一部分，属人格权的客体；已经从活体摘除的器官和组织，在尚未植入受体之前是民法上的一种特殊物，属物权的客体。同时，该说认为尸体为物，从尸体脱离的人体器官和组织也为物。

此说在承认自然人对器官及组织的支配力的同时，认为脱离人体的器官和组织属于一种特殊的物，基于物的特殊性对上述支配力做了限定，绝对不允许人体组织和器官的自由买卖。笔者称之为限定的物权说。为了完善物权说，维护人格利益，有的学者创造了新的民事权利——器官权（利）和新的法律制度——物格制度。器官权和物格制度与物权说的本质是相同的。

该说根据人体器官和组织的物理状态的不同而给予不同的法律定位，在解决相关法律纠纷的时候发挥了积极的作用。器官和组织研究处在科技的前锋浪尖，其状态和性质处于不断地变化之中，器官和组织研究将法律规范的固有滞后性淋漓尽致地展现在了人类面前，因此，我们应该以一种动态的眼光去界定人体器官和组织的法律性质。

从上述的国外案例和我国的主要学说来看，国外的判决灵活，脱离人体的器官组织并没有统一的法律定性，在不同的案例中可能会有不同的定性。对于我国来说，按照大陆法系民法的思维方法，要赋予民事主体某种利益，必须明确其赖以成立的权利基础，进而需要明确权利客体究竟为何，而无论是权利客体还是权利类型本身，都必须纳入已形成的严密的民法概念体系中。脱离人体的器官和组织具有人格因素和财产因素，由于法律上的物不具有人格性，人身权不具有财产性，因此，脱离人体的器官和组织便处于民法中的模糊地带。我们综合考虑社会价值和人类尊严，考虑脱离人体组织的状态的丰富性，适时灵活地弱化人格因素，将其纳入物的范畴，使用成熟的物权规则并进行适当的限制，即限定的物权说是必要和合理的。

## 3 脱离人体的器官和组织适用限定的物权说的合理性分析

### 3.1 限定的物权说的质疑和思辨

限定的物权说面临以下的质疑：

第一，将人体器官和组织视为“物”使人们很容易形成人无非是财产组合的观念，对人的尊严和人的神圣地位构成冲击。

第二，人体器官和组织被规定为一种特殊的物，在适用物权法时有特别的限制，尤其是涉及处分权的部分严格管制，并以公序良俗原则制约。一方面将人体器官和组织作为物，另一方面物权法的极少规制对其适用，则这种法的实益实在有限。

第三，该理论不能很好地解释为什么人体器官和组织从人格权的客体转化为了物权的客体。

针对上述质疑，笔者认为：

对于质疑一：限定的物权说，弱化了脱离人体器官和组织的人格因素，并不是完全将人格利益不予保护。在脱离人体的器官和组织适用物权规则时，绝对禁止人体器官和组织的自由买卖贯穿在人体器官和组织的采集、储存和利用的全过程。人们在处分自己的器官和组织时受到严格的限制，并以公序良俗原则制约。这种限制有效地保护了自然人的人格利益。

对于质疑二：限制性的规则只是抽离了所有权人对物的积极收益权能，并没有抽离所有权人的全部收益权能。所有权包括占有、使用、处分和收益的权能，人体组织采集利用后，如果产生了巨大的财产利益（如获得了专利，制造出了珍贵的生物制品），研究者根本没有尽告知的义务，是在患者完全不知情的情况下采集的，那么患者就可以基于所有权的处分和占有分享此财产利益。

对于质疑三：有的学者为了解决人体器官和组织从人格权到物权的转变，创造了主体载体新理论和“人格尊严”权利要素的新思维，试图打破物权说和人格权说二分法固有框架的桎梏。主体载体论认为人体组织和器官是主体之载体，不是民法上的物，有其独特的法律地位。“人格尊严”权利要素的新思维认为尸体及尸体的器官和组织的权利构架由物权权利要素、“人格尊严”权利要素二元权利要素组成，活体及其器官组织的权利构架由物权权利要素、“人格尊严”权利要素和人格权三元权利要素组成。

虽然上述新理论和新思维能够使人体器官和组织的法律性质趋向统一，但一种新的制度和法律体系的适用改变需要更充足的理论支持，以更便捷的方式带来最大的法律效益。显然无论是主体载体新理论还是“人格尊严”权利要素的新思维都不成熟，原则过于繁杂，实际难于操作，有可能造成权利范围的混乱。物权说在现有的法律框架内，利用限制性规则对脱离人体的组织和器官给予保护，避免了权利义务范围的混乱。

### 3.2 有限制性学说适应了社会的发展需求

脱离人体的器官和组织正在不断地被用于科技操作与研究，并因此获得了巨大的财产利润价值。在过去，人体器官和组织的利用价值主要集中在器官移植上，这是由于器官的来源稀少，功能高级，结构复杂，人类不可能复制出一个机能正常的完整器官，但是现在的科技背景赋予了人体器官和组织新的意义和前景。

如果说过去人体器官和组织主要用于移植治疗上，现在的人体器官和组织其科学研究价值、资讯价值已大有超过移植价值之势。因此适时地弱化脱离人体的器官和组织的人格因素，适应社会的发展需求，将会使人体和器官组织的价值得到最大程度的实现。

## 4 脱离人体的器官和组织的法律性质与归属的具体界定

要恰如其分地对人体器官和组织进行法律定位，就应该尽可能穷尽其可能存在的物理状态和不同特性，分门别类后归纳出适宜的定性规则。脱离人体的器官和组织的具体分类有：依据分离的状态时间和目的，其上承载的人格因素的多少，可分为暂时脱离和永久脱离活体的器官和组织；依据再生能力，分为可再生的器官和组织与不可再生的器官和组织。本文主要按照第一种分类标准对其法律性质进行具体的界定。

### 4.1 脱离活体的器官和组织的法律性质与归属

#### 4.1.1 暂时脱离自身活体的器官和组织

暂时脱离活体的器官和组织是指，器官和组织处于脱离人体的状态只是暂时的，最终要与人体结合成整体。暂时脱离活体的器官和组织的唯一价值便是实现原脱离主体的身体利益，其上并无任何财产因素。例如，意外事故造成的肢体断离，此种情形下自然人并无处分该人体器官和组织的意思表示，而是期待其离体后能再与自身结合继续发挥其原有的功能。此类器官或组织由于其脱离原因和目的的特殊性，与一般的脱离人体的器官组织不同，不属于物权的范畴，而是属于身体权的客体。

从广义上讲，冷冻储存自用的生殖细胞和体外胚胎都属于自用的器官或组织，因为冷冻储存的自用的生殖细胞的最终目的是为了等到合适的时间，实现其生育权。体外胚胎是人工辅助生殖技术的产物，其最终目的也是为了实现生育权。所以冷冻储存自用的生殖细胞和体外胚胎脱离目的的特殊性——实现自身人身权的利益，因此，其属于身体权的客体。暂时脱离自身活体的器官和组织的权利属于原主体，主体可以依据身体权维护自己的利益。

#### 4.1.2 永久脱离自身活体的器官和组织

永久脱离自身活体的器官和组织即一般意义上的离体器官组织，其目的不仅有自己利用的价值，而且惠及他人、惠及社会。此类器官组织从人体脱离下来，主体人格载体的地位已经动摇，且脱离的最终目的不是为了实现人格利益，其上承载的财产因素已经超过人格因素成为了主要因素，因此永久脱离自身活体的器官和组织属于特殊的物。主要包括自然脱离的人体组织、医疗来源的离体器官和组织、捐献的离体器官和组织三类。

第一类：自然脱离的人体组织。自然脱离的人体组织是指由于机体的新陈代谢而自然与人体脱离的身体组成部分，比如人的毛发、指甲等。毛发和指甲等身体的附属部分因为已与人体完整脱离，人格因素已经完全丧失，并不受物权的特殊限制，一直以来都可以自由地交易和买卖。

第二类：医疗来源的离体器官和组织。医疗来源的离体器官和组织的种类具体分为两种：一是传统认为的“医疗废弃物”，也称为病患的离体器官或组织，即因病理原因，经本人同意切除的患病器官或组织，如患病的肝脏、胃肠和子宫等；二是为了实验室诊断检查所抽取的人体组成部分，如抽取的血液、骨髓和脑脊液等。

医疗来源的离体器官和组织属于特殊的物，不能自由买卖，其所有权归属于患者。这类离体器官和组织对于患者来说大多没有价值，但对于医疗机构来说确是宝贵的科研材料，有可能会产生巨大的商业利益。如果医方要以患者的离体器官或组织为研究原料，应该详尽地告知患者，尤其是涉及商业利益时，患者知情同意后以捐献的方式让渡所有权。患者在充分自愿的情况下捐赠自己的器官或组织，转让所有权，其后产生的财产利益归医方所有，这种方式保障了患者的利益和社会发展的利益。

第三类：捐献的离体器官和组织。捐献的离体器官和组织具有其特殊的性质：

第一，普遍具有生命活性。脱离人体的器官和组织一般来说必须具有生命活性，这样它们才能被移植到另一个人体上，才具有可利用性和价值性，才能在移植后成为另一个人身体的组成部分。

第二，不可逆性和不可替代性。虽然骨髓、血液、皮肤等组织是可再生的，但其再生的前提是必须存在于人体之中，如果脱离人体之后，由于其是由活性细胞组成的，时间太久或者条件不合适，都会造成坏死、腐败，以当前的科学水平，再生是几乎不可能的。

第三，限定的独立性。当器官和组织在脱离人体之后，被移植到另一个人体之前，其必须是独立存在的，与一般的物并没有明显差异。但这种独立性，不是完整的独立性，而是受限制的。一方面，这种独立性的时间受限，即只能存在于脱离一个人体之后，进入到另一个人体之前的这段时间；另一方面，这种独立性必须是具有生命活性的存在。

捐献的离体器官和组织可以分为有特定受赠对象的离体器官和组织、无特定受赠对象的离体器官和组织。如果有特定的受赠对象，可以理解为单方无偿捐赠合同，按照捐赠合同的所有权转移规则来规范；但若捐赠对象不确定，应视为全体社会成员为受赠人，所有权归属受赠人。在成功移植后，离体的器官和组织已经与受赠主体融合为一个整体，因此移植人体后，该器官和组织便属于身体权的客体。

## 4.2 脱离尸体的器官和组织的法律性质与归属

### 4.2.1 尸体的法律性质

尸体的法律性质问题可以说比人体器官和组织的研究时间要久，但在我国仍没有统一的理论。主要存在的学说有非物说、可继承物说、非所有权说、准财产说和延伸保护的人格利益说。

尸体在英美法系中为非财产，在美国斯奈德诉十字医院一案中，确立了“准财产权”即为埋葬而占有、控制尸体并排除他人干涉的权利。而在之后的库尔佩佩诉珍珠街建筑公司一案中，法院认为它并不“非常适用财产范畴，因为尸体不能出卖或转让，它没有效用，仅能用于埋葬或火化的目的”。基于这种见解，法院又趋于放弃（准）财产权理论，赞同侵权理论。同离体的器官和组织一样，尸体的法律属性在英美法系国家法律中也没有统一的界定。

按照限定的物权说，尸体同脱离人体的器官和组织一样属于一种特殊的物，受物权法的规制。杨立新教授认为尸体的法律属性应采取“物与非物的结合说”，他认为物的属性与人格利益结合在一起就是尸体的基本属性。因此，调整尸体的民法规则，仍然要适用物的规则，但是必须按照体现人类尊严、有利于保护人格利益、采用合乎伦理道德要求的方式，对尸体进行保护。尸体的限定的物权说和“物与非物的结合说”的本质是相同的——尸体属于物，可以成为所有权的客体，在适用物权规则时要考虑人格利益的保护。

梁慧星教授认为：“尸体为物，可以成为所有权的客体，但所有权的行使要受显著的限制，即不得为使用、收益、处分，而只能以埋葬、管理、祭祀为内容，且不能将其抛弃。”由于尸体比脱离活体的器官和组织具有更强的人格性，因此物权的限定规则要比脱离活体的器官组织更多，更严格。

4.2.2 脱离尸体的器官和组织的法律性质与归属

现代民法越来越倾向于规定尸体除可用于埋葬及祭祀事务外，还可用于以治疗、科研、教学为目的的捐赠，以及在其他法律和社会善良风俗容许的范围内被利用及限制流通。尸体是特殊的物，脱离尸体的器官和组织也属于特殊的物。

如果死者生前处分自己的身体的，如通过公开声明或以遗嘱的形式将自己的尸体或器官捐献给医疗、科研、教学单位或他人，这是自然人行使其身体权的一种行为。

对于死者生前没有处分自己的身体及其器官和组织，那么尸体及其器官和组织的所有权归于死者近亲属，与死者共同生活的近亲属与死者产生“精神共同性”。一般认为，在死者本人生前没有意思表示时，权利人可以在法律规范的范围内，对其尸体及其器官和组织进行处分，但是近亲属权利人的处分行为一定要遵循死者生前的意思。

## 5 结语

在现有的法律框架内，恰如其分地对人体器官和组织进行法律定位，就应该尽可能穷尽其可能存在的物理状态和不同特性，分门别类后归纳出适宜的定性规则。具体而言：第一，未脱离活体的器官和组织属于身体权的客体，自然人基于身体权在法律规定的范围内对自身的器官和组织进行处分。身体权不具有财产性，法律禁止其自由的交易和买卖，但是自然人可以基于身体权自愿地捐献其器官或组织，这是对人格自治的一种尊重。暂时脱离人体的器官和组织的唯一价值是恢复身体的完整性，因此，该器官和组织属于身体权的客体。第二，永久脱离活体的器官和组织由于脱离的事实和物化的种种因素，尸体及其器官或组织由于生命的结束和人格意识的消失，因此财产性质上升为主要性质，人格性质适时弱化，它们是一种特殊的物，适用限定的物权规则。

## 参考文献（略）

# 支气管哮喘心肌细胞损害机制

陈继梁[1,2]　刘　敏[1]

1. 四川大学华西基础医学与法医学院；2. 大理医学院

哮喘是一种常见多发病，近年来，其发病率和死亡率在世界范围内呈逐年上升的趋势，引起了人们广泛的重视，是目前医学研究热点之一。本文结合实验内容，仅就哮喘病理和心肌细胞损害的分子机制作一综述。

## 1　哮喘病理

### 1.1　哮喘是一种反复发作的气道慢性炎症

不同类型哮喘，不论病情轻重，病理基本病变均是一种反复发作的气道慢性变态性炎。这种非特异性气道炎症是哮喘气道高反应性、气道重塑、气道通气障碍等的基础。

#### 1.1.1　气道渗出性改变

气道渗出性改变主要表现为气道壁上炎细胞，如嗜酸性细胞、肥大细胞、中性粒细胞、嗜碱性细胞、T淋巴细胞及$CD_{45}^{+}$淋巴细胞等渗出浸润，其中，嗜酸性细胞尤为多见。气道壁渗出浸润的炎细胞在哮喘病的发生发展中起着重要的作用。

肥大细胞是人速发型过敏反应的初级效应细胞，可被过敏源、超氧化物、补体蛋白、神经肽及脂蛋白等激活后直接影响次级效应细胞的募集和激活。肥大细胞激活的特异性标志物是类糜蛋白酶及类胰蛋白酶。肥大细胞可释放化学因子调节T、B淋巴细胞和其他炎细胞的功能，激发速发性过敏反应和延伸迟发反应性过敏性炎症反应，使气道平滑肌细胞功能紊乱，参与气道重塑。另外，肥大细胞浸润气道黏液腺，可脱颗粒及释放介质，调节气道黏液腺分泌。其浸润气道黏液腺的数量和范围与气道黏液堵塞呈正相关。

嗜酸性粒细胞是变态反应性疾病中重要的次级效应细胞。在迟发性哮喘反应和哮喘气道高反应中起重要作用。可释放介质如白三烯C4、血小板活化因子及细胞毒性蛋白质参与气道重塑。嗜酸性粒细胞阳离子蛋白、MBP及嗜酸性粒细胞源性神经毒素是其常见的特异性激活标志物。嗜酸性粒细胞在气道壁上的浸润程度与哮喘病情严重性相关，在致死性哮喘中表现尤为明显。实验发现，嗜酸性细胞聚集及颗粒蛋白的释放与气道神经的分布及调节有关联。

中性粒细胞与哮喘急性发作和慢性哮喘关系密切。产生的介质如活性氧介质及中性粒细胞弹性蛋白酶等，在气道阻塞、上皮损伤及气道重塑起重要作用。特异性激活标志物为中性粒细胞弹性蛋白酶、中性粒细胞髓过氧化物酶及乳铁蛋白。其中，弹性蛋白酶（一种丝氨酸蛋白酶，气道强效促分泌剂）可诱导中性粒细胞表面表达黏附分子，与杯状细胞接触，使其脱颗粒，促进气道黏液分泌。

嗜碱性粒细胞与过敏性炎关系密切。研究表明，哮喘急性发作24h后，纤维支气管镜活检可见气管黏膜嗜碱性粒细胞数明显增加，并高表达 IL－4mRNA 及 IL－4。另外，嗜碱性粒细胞可贮存并释放大量的组织胺，引起支气管平滑肌收缩和支气管血流量增加、血管通透性增加、黏液分泌亢进，甚至对嗜酸性粒细胞有明显的趋化作用，还可释放 IL－4、IL－13 及大量白三烯 C4 及白三烯 B4，致支气管强烈收缩。特异性激活标志物为嗜碱性粒细胞特异性单克隆抗体 2D7（2D7 为 $IgG1_K$单克隆抗体，配体为人嗜碱性粒细胞分泌颗粒中的成分－2D7 抗原）及 BB－1。Kepley 等发现嗜碱性粒细胞与致死性哮喘发病关系密切。

除了上述炎症细胞渗出性的改变外，气道血管通透性增高引起的浆液渗出增多也是哮喘气道渗出性的改变，可引起气道黏膜充血、水肿。气道内渗出物增多、黏液滞留，黏液栓的形成，严重的可完全阻塞气道，尤其是小气道阻塞较为多见。

#### 1.1.2 气道变质性改变

气道变质性改变主要表现为气道上皮损伤与脱落。其中，纤毛上皮细胞的损伤较为严重和常见。纤毛细胞有不同程度变性、坏死、脱落，可能与气道中激活的嗜酸性粒细胞释放的碱性蛋白，如 MBP 作用有关。

#### 1.1.3 气道增生性改变

气道增生性改变主要表现为气道壁血管增生、胶原蛋白沉着、基底膜假性增厚。基底膜（含丰富的Ⅳ型胶原蛋白）厚度无改变，增厚的是基底膜下的细胞外基质蛋白成分（又名基底膜网状层，大多为免疫球蛋白、纤维粘连蛋白、Ⅲ型和Ⅳ型胶原等构成），这可能与成纤维细胞参与的胶原纤维合成增多或对网状胶原的降解率下降有关。除此以外，气道增生性的改变还表现在：支气管黏膜下黏液腺增生，杯状细胞肥大、增生，气道黏液栓及化生性改变形成等。

### 1.2 哮喘是一种气道重塑的病理过程

研究发现，哮喘气道壁全层有增厚改变，即气道平滑肌肥大、增生、基底膜增厚和玻璃样变。起初认为是重症哮喘所特有的改变。随着气管镜、形态学测量及免疫组化等在哮喘研究中的应用，相似的结果在轻度哮喘患者大气道中也被发现。而且还发现，仅用气道炎症已不足以解释哮喘病程的慢性进行性特点，如在临床上应用皮质类固醇吸入治疗可明显抑制哮喘患者气道的炎症反应、减轻症状，但不能逆转已形成的气道结构改变，即使是早期给药也如此。因此哮喘引起的气道结构的改变逐渐受到人们的重视和认识。1992 年提出的哮喘“气道重塑（airway remodeling）”理论，其内容主要是针对组织学的改变而定义的，即气道壁增厚，上皮下纤维化，平滑肌肥厚、增殖，肌成纤维细胞增殖及黏液腺和杯状细胞的增生及化生。包括：（1）平滑肌细胞增生、肥大。Hegele 对致死性和非致死性哮喘患者死后的气道平滑肌面积进行了比较后发现，致死性哮喘和非致死性哮喘气道平滑肌面积分别增加 50%～230%和 25%～150%，提示哮喘的气道平滑肌有明显增加的趋势。Johnson 在哮喘患者气道平滑肌细胞（ASMC）体外培养中也发现，平滑肌细胞（ASMC）的细胞数和 3H 胸腺嘧啶核苷掺入明显增加，表明哮喘患者 ASMC 增殖增加。目前，也有人认为 ASMC 是增生还是肥大尚存在争议。有人研究发现，病变仅限于大气道时，平滑肌细胞主要表现为增生性改变，病变累及整个气道时，大气道平滑肌细胞呈轻度增生，而整个支气管树的平滑肌细胞主要表现为细胞肥大，尤以外周小气道明显，并发现气道壁平滑肌层的增厚多局限于大气道。另外，平滑肌有分泌细胞外基质、促进胶原物质等沉积的功能，因此 ASMC 增生、肥大在气道重塑、不可逆气流阻塞、AHR 的产生中起着重要作用。(2) 上皮下纤维化，即支气管黏膜上皮下Ⅲ、Ⅴ型胶原、纤维连接蛋白及细胞黏合素等沉积。这些结构蛋白主要由肌成纤维细胞分泌产生，目前多认为它是一种表达 α-平滑肌肌动蛋白的特殊类型成纤维细胞，它的增生、肥大与上皮下胶原沉积增加相关。上皮下纤维化可致气道壁增厚，与哮喘的严重程度及 FEVI 的下降显著相关，在哮喘的不完全可逆性气流阻塞及 AHR 的产生中起着重要作用。(3) 黏液腺体增生。受多种因素影响。上皮下黏液腺增生、肥大，腺上皮细胞数量增多，可使黏蛋白分泌增加，黏液过分泌，形成“黏液栓”，加重哮喘的气流阻塞加重。(4) 气道壁肉芽组织增生，其中血管增生尤为明显。有人用计算机图像分析发现[12]，哮喘患者气道血管数量和面积都明显增加，血管的多少和气道管径、AHR 负呈相关。

气道重塑是如何形成的，至今机制尚不清。目前多数人认为，哮喘气道重塑与生长因子、细胞因子、炎症介质、酶和基因表达等多种因素有关。它们或是激发成纤维细胞和 ASMC 促有丝分裂反应，或是增强这些细胞的结缔组织合成功能，分泌细胞外基质量，促进哮喘气道壁的增厚。

目前研究较多的有：

(1) 生长因子。①表皮生长因子（EGF）及表皮生长因子受体（EGFR）。EGF 是一种活性多肽，可使体外培养的豚鼠 ASMC 增殖，而且 ET-1 能增强其作用。Cerutis 等采用溶血磷脂酸（LPA）及 EGF 分别与人 ASMC 进行体外培养，发现 LPA 和 EGF 均可使 ASMC3H 胸腺嘧啶核苷掺入显著增多，ASMC 细胞数目增多，两者合用较单用掺入增加 10 倍，说明 LPA 可促进 ASMC 增殖，而 EGF 则加强 LPA 的作用。Holgate 等用免疫组化法证实，哮喘患者气道平滑肌层的增厚与具有免疫活性的 EGF 广泛分布于气道的上皮、腺体及平滑肌内呈正相关，认为 EGF 可促进哮喘的气道重塑。推测其机制可能是细胞表面的 EGFR 将细胞外信号通过细胞外调节激酶 ERK/丝裂素激活蛋白激酶（MAPK）途径转导到细胞核，诱导 DNA 合成和细胞增殖。另外，在正常支气管活检组织中，上皮区 EGFR 不表达，结构损伤区 EGFR 表达增加，而在哮喘的气道损伤区域和形态完整的上皮、腺体及平滑肌中均过表达与疾病相关的 EGFR。②血小板衍化生长因子（PDGF）。PDGF 是一种分子量为 30kD 的活性多肽，目前发现有 3 种亚型：PDGF-AA，AB 和 BB。体外研究发现，机械损伤后的上皮细胞培养液含 PDGF，可促进人气道肌成纤维细胞增殖。Walker 等发现，PDGF-BB 和凝血酶能诱导体外培养的牛 ASMCDNA 合成，认为作用机制是通过活化肌醇磷脂激酶使三磷酸肌醇 IP3 增加，而导致 ASMC 增殖。Yamashita 等对重症哮喘患者支气管活检组织中 DGF-BmRNA 表达和轻症哮喘患者及健康对照组进行了比较，发现重症哮喘患者 DGF-BmRNA 表达显著高于轻症哮喘患者及健康对照组，而且表达 PDGF-BmRNA 的细胞大部分为嗜酸粒细胞。另外，有人在鼠哮喘模型中采用抗 PDGF-B 中和抗体能显著抑制气道壁增厚和乙酰甲胆碱激发的 AHR，但不能抑制炎症反应，也提示 PDGF-B 参与哮喘气道重塑。③转化生长因子-β（TGF-β）。WTGF-β 是一种具有同源双链的 25kD 多肽。目前在哺乳动物中发现有 3 亚型，即 TGF-β1，TGF-β2，TGF-β3，多来源于支气管上皮细胞、ASMC 和炎性细胞如中性粒细胞、嗜酸粒细胞等，有调节细胞增殖分化，促进结缔组织蛋白合成的功能，可参与哮喘气道重塑。有人对机械损伤后的气道上皮细胞的研究发现，培养液含有 TGF-β2，而且能明显地促进人气道肌成纤维细胞增殖。在卵清蛋白（OVA）诱导的鼠变应性哮喘模型中支气管肺泡灌洗液（BALF）中也含有 TGF－β1，而且浓度增高和上皮下纤维化、BALF 中嗜酸粒细胞数增高显著相关。Minshall 用 ELISA 法检测稳定期特应性哮喘患者 BALF 中 TGF－β1 的基础浓度时发现，哮喘组的 BALF 中 TGF－β1 的基础浓度显著高于健康对照组，变应原刺激后 24h TGF－β1 浓度更高。Chu 用原位杂交技术及免疫细胞化学检测了哮喘患者气道粘膜 TGF－β1mRNA 表达及免疫反应性，发现表达及免疫反应性都显著增高，其表达强度和疾病的严重程度直接相关。④碱性成纤维细胞生长因子（bFGF）。bFGF 是许多细胞包括 ASMC、成纤维细胞、内皮细胞的丝裂原。机械损伤后上皮细胞培养液中含 bFGF，其可促进人气道肌成纤维细胞增殖。研究发现，哮喘患者 BALF 中 bFGF 基础水平显著高于非哮喘者，其中特应性哮喘患者用变应原刺激后 10min BALF 中 bFGF 比盐水刺激者高 5 倍。Hoshino 发现，哮喘患者和健康者相比，黏膜下 bFGF 表达及活性增高，血管面积和表达 bFGF 的细胞数目显著相关。⑤血管内皮生长因子（VEGF）。VEGF 与诱导血管内皮细胞生长、移位及血管渗漏，参与慢性炎症和血管生成关系密切。采用计算机图像分析及原位杂交技术检测哮喘患者气道活检组织后发现，哮喘患者比健康人气道壁血管的数目及面积增多，表达更强的 VEGFmRNA 及其受体 flt－1mRNA，flk－1mRNA，且血管增多的程度和表达 VEGFmRNA，flt－ImRNA 及 flk－1mRNA 细胞的数目显著相关，表达 VEGFmRNA 细胞的数目和气道管径、ARR 负相关。

（2）细胞因子。①$TH_2$细胞因子，即 IL－13，IL－4，IL－5 及 IL－9 等。体外研究发现，IL－13，IL－4 能诱导人肺成纤维细胞调变为肌成纤维细胞，增加肺成纤维细胞中 a－平滑肌肌动蛋白的表达可刺激人 ASMC 产生 TGF－β2，参与上皮下纤维化，且作用强度均呈剂量和时间依赖性。对过表达 IL－13 转基因鼠研究表明，IL－13 可引起气道黏液化生、黏蛋白基因表达增加、上皮下纤维化、气流阻塞和对乙酰甲胆碱的 AHR。而在烟曲霉诱导的慢性变应性哮喘模型中，肺组织中 IL－13，IL－4，IL－13 受体，q1mRNA，可溶性及膜结合的 IL－4 受体 mRNA 表达均显著升高。免疫中和 IL13 能显著降低 AHR、胶原沉积、杯状细胞增生，但免疫中和 IL－4 效果不明显。Henderson 等发现，OVA 诱导的鼠哮喘模型肺组织和 BALF 中 IL－4 和 IL－13mRNA 及蛋白表达增加。对过表达 IL－5 和 IL－9 转基因鼠的研究也发现，哮喘患者的气道有纤维化和嗜酸粒细胞增多的改变。②CCL2/MCPI 趋化因子。趋化因子不仅参与了哮喘急性炎症的发生，也参与了炎症损伤后的组织重建及气道高反应性。CCL2/MCPI 在体外培养的大鼠成纤维细胞中可上调Ⅰ型胶原蛋白的表达，提示其与哮喘气道壁的细胞外基质增加关系密切。③IL－6 是气道平滑肌细胞的丝裂原，哮喘患者组织、体液中含有较多的 IL－6。对过表达 IL－6 转基因鼠的研究表明，IL－6 可引起气道上皮下纤维化、胶原沉积、含 α－平滑肌肌动蛋白的细胞聚集增加，但 IL－6 不引起黏液化生或 AHR。④IL－11 是一种多效性分子。肺基质细胞如气道及肺泡上皮细胞、成纤维细胞和 ASMC 等均可产生 IL－11。对过表达 IL－11 转基因鼠的研究表明，IL－11 可引起气道上皮下纤维化（Ⅲ型及Ⅰ型胶原沉积增加），成纤维细胞、肌成纤维细胞和 ASMC 增殖，并出现气流阻塞和对乙酰甲胆碱的 AHR。Minshall 采用免疫组化和原位杂交技术检测中、重度哮喘患者重建的气道活检组织发现，上皮细胞和上皮下嗜酸粒细胞表达 IL－11mRNA 和蛋白显著增加，而且 IL－11mRNA 表达量和 FEV1 负相关。

(3) 炎症介质。①白三烯。体外研究表明，白三烯 D4 能促进 EGF 诱导人 ASMC 增殖，但不影响各种细胞外基质（Ⅰ、Ⅳ型胶原，弹性蛋白，纤维连接蛋白等）成分的表达。研究还发现，应用白三烯抑制剂能显著抑制 OVA 诱导的鼠哮喘模型气道上皮下纤维化，平滑肌增生，杯状细胞增生及 BALF，肺组织中 IL-4、IL-13 的表达。②内皮素-1（ET-1）。ET-1 是平滑肌细胞和肌成纤维细胞的丝裂原，并刺激后者的胶原合成。研究发现，机械损伤后的上皮细胞的培养液含 ET-1，可促进人气道肌成纤维细胞的增殖。ET-1 通过与 ETA 受体结合可增强体外培养的豚鼠 ASMC 增殖，并以浓度依赖方式加强 EGF 的作用。

(4) 酶。①基质金属蛋白酶（MMPs）及金属蛋白酶组织抑制剂-1（TIMP-1）。MMPs 来源于肺结构细胞，如成纤维细胞、内皮细胞、上皮细胞、ASMC 和许多炎症细胞如巨噬细胞、嗜酸粒细胞、中性粒细胞及肥大细胞等。所有的 MMPs 中，MMP-9 和哮喘关系最大。因为 MMPs 在基质修复中起着重要作用。生理状态下 MMPs 可降解损伤的基质，病理情况下，MMPs 产生过多，除了参与组织损伤外，还激活不适当的修复机制。甲苯二异氰酸酯诱导的鼠哮喘模型出现气道 MMP-9 活性增高及 AHR，应用 MMP 抑制剂能显著降低上述反应。另外，还有研究发现，哮喘患者的 BALF、痰、血清中 MMP-9 均浓度增高，重建的气道活检组织表达 MMP-9mRNA 及其活性增高，变应原刺激后酶活性更高。产生 MMP-9 的细胞也可产生 TIMP-1，TIMP-1 以 1∶1 比例非共价键和 MMP-9 结合，并抑制其活性，但 TIMP-1 的过量可导致气道纤维化。哮喘患者 BALF，痰、重塑的气道组织中 TIMP-1 均升高。而且 MMP-9/TIMP-1 克分子比低于健康对照组，比值和 FEV1 正相关，重塑气道组织 MMP-9/TIMP-1 比例增高。因此，认为 MMP-9 与 TIMP-1 比例失衡参与哮喘气道重塑，但 MMP-9/TIMP-1 比例变化与哮喘气道重塑的关系尚需进一步深入研究。另外，还发现体外培养的人 ASMC 能自分泌自身增殖所必需的 MMP-2 和广谱的 MMP 抑制剂，能抑制人 ASMC 的增殖。②类胰蛋白酶。研究发现，哮喘患者 BALF 中类胰蛋白酶浓度增高，抗原刺激后浓度更高，类胰蛋白酶与人 ASMC 孵育后，ASMC3H 胸腺嘧啶核苷掺入增加 2 倍，细胞数增加，推测类胰蛋白酶可能诱导人 ASMC 的增殖，多认为与细胞内的蛋白激酶 C（PKC）信号转导途径有关。③凝血酶。是一种多功能酶，可诱导与组织重塑相关的细胞、分子事件。研究发现，哮喘患者痰中凝血酶活性明显升高，并与 AHR 显著相关，特异性凝血酶抑制剂水蛭素能抑制哮喘患者痰及凝血酶诱导的人 ASMC 增殖效应。④其他。有人发现，β氨基己糖苷酶能诱导牛 ASMC 增殖，依赖 MAPK 和 PKC 转导信号。尘螨致敏患者 BALF 中此酶水平也增高。

(5) 基因。ADAM33 基因是近年新发现的与气道重塑有关的基因，位于 20p13，编码一种基质金属蛋白酶，表达于肺成纤维细胞和支气管平滑肌细胞，参与气道上皮损伤后的修复过程。上皮细胞损伤后，ADAM 基因过度表达和气道修复异常，引起气道重塑和哮喘发生发展。基因组扫描发现，20p13 上一个座位与哮喘和 AHR 连锁，通过对该座位中 23 个基因的 135 个多态性位点进行病例对照研究、传递不平衡、单体型分析，结果显示 ADAM33 基因的单核苷酸多态性与哮喘发生和气道高反应性的存在显著相关。

### 1.3 哮喘气道高反应是哮喘共同的病理生理特征

哮喘气道高反应（AHR）是哮喘发生发展中一个重要因素，在哮喘发病的过程中是最基本的环节，是哮喘在发病过程中哮喘气道对各种刺激因子出现过强或过早的收缩反应。哮喘气道高反应的生理功能改变主要表现为气道外周阻力增加，病理改变主要表现为气道的闭合，两者是辩证统一的。哮喘气道高反应可使哮喘在发病过程中引起气道不同程度的闭合而使肺部外周气道阻力增加，造成气道内气流阻塞。哮喘患者闭合气量增加，会影响气体交换，导致通气、血流比值下降和低氧血症，影响肺的呼吸功能。

以往认为，仅大气道才会高反应并引发气道闭合，小气道（通常 R<2mm，即 14－16 级支气管，包括直径为 0.5mm 的终末细支气管和呼吸细支气管）在哮喘中不会出现高反应而引发气道闭合。但在临床观察发现，部分患者单纯吸入皮质激素难以控制病情，需要辅以全身用药，这促使人们设想病变可能涉及吸入治疗难以到达的小气道及肺组织。随着新的检测技术在哮喘研究中的应用发现，哮喘患者小气道阻力增高，小气道也存在气道高反应性。Berman 等采用双腔管支气管镜楔入技术，用缓激肽作激发剂，观察外周气道反应性及总气道反应性。结果表明：吸入剂量递增的缓激肽，8 例健康对照者总气道阻力及小气道阻力均值与基线值相比无显著改变，而 8 例哮喘患者小气道阻力呈剂量依赖性增高，与对照组比有显著差异，总气道阻力亦有一定程度的增高。缓激肽是气道平滑肌的弱收缩剂，体外实验也证实它只引起外周气道的轻微收缩，这可解释对照组吸入缓激肽后气道阻力无明显改变。然而，缓激肽是感觉神经 C－纤维的强力兴奋剂，刺激 C－神经纤维可引起小气道阻力显著升高。哮喘患者由于上皮损伤剥脱，感觉神经末梢暴露，致使缓激肽诱发小气道阻力增高。另外，哮喘患者气道感觉神经的兴奋性可能上调，受缓激肽刺激后可引起平滑肌过度收缩。Wagner 等在 11 例无症状哮喘患者和 8 例健康对照者中采用双腔管支气管镜楔入技术，直接测定小气道对组胺的反应性。作者分别测定了基线时、吸入生理盐水、吸入组胺和吸入异丙肾上腺素后的外周气道阻力。结果显示：哮喘组外周气道阻力的基线值显著高于对照组；哮喘组吸入对照组所吸浓度 1/10 的组胺时，外周气道阻力还高达对照组的两倍；对照组吸入异丙肾上腺素后外周气道阻力降至吸入生理盐水后的水平，而哮喘组前者仍显著高于后者。外周气道反应性与总气道反应性呈正相关。以上结果表明哮喘患者小气道反应性增高。

另外对小气道引起外周气道阻力增高的原因，目前多认为可能与以下因素有关：①黏液及炎性渗出物取代小气道内表面活性物质，促使管腔狭窄、闭塞和肺泡闭陷；②小气道结构改变，平滑肌增生及收缩力增强，管壁容积增加及组织水肿，强化了平滑肌收缩所致管腔狭窄；③外壁的炎症和增厚干扰呼吸时肺组织对管壁的牵拉作用，妨碍小气道扩张。这些改变尤其常见于夜喘患者。

气道高反应是怎么形成的，经典理论认为，气道高反应性是气道平滑肌力量与施加于平滑肌上的负荷之间的动态平衡。这种负荷包括气道壁的弹性及几何学性状，肺间质对气道的牵拉及肺膨胀的状态。近年发现，哮喘患者的支气管针对循环及周期性牵拉所致的扩张反应能力其实是受损的。

目前代表性的理论有两种。一种是 2000 年，Fredberg 提出“肌球蛋白联结紊乱的平衡（perturbed equilibria of myosin binding）”理论。即每次呼吸的肺扩张牵拉了气道平滑肌，这种周期性的机械牵拉转移到肌球蛋白的头部，使得它与肌动蛋白肌丝比正常时更快地解离。这种解离状态的加快，可明显减少肌球蛋白的工作周期，使总的横桥联结的数目减少，使肌肉力量产生减少，从机能上看就是平滑肌收缩时硬度减少，更富于伸展性。在分子水平的任意时刻，横桥联结的数目减少但循环周期加快。病理状态下，负荷的变化将对肌球蛋白有影响。如哮喘气道的慢性炎症及气道壁的重建可使平滑肌与负荷失藕联，使肌球蛋白达到一种非紊乱的联结平衡，即肌肉收缩、变硬，最终冻结在一种“碰锁”状态。肌球蛋白的工作周期延长，即通过缓慢地联结、去联结，碰锁横桥可以在较低的能量下保持力量，并可以在任何力量水平下增加肌肉的硬度，在快速循环的横桥数量与碰锁横桥数量之间有一个动态平衡。要阻止气道被锁定在静态平衡状态需要潮式呼吸引起的循环性的小幅度牵拉及深呼吸引起的周期性的大幅度牵拉。另一种是 1999 年，King 等提出的“可塑性”理论。可塑性又称可适应性（plasticity or adaptability），即平滑肌细胞在很大的长度范围内仍然可以保持功能。气道平滑肌在 3 倍的长度范围内可以保持恒定的力量。如果一块肌肉被动地改变长度，可导致即刻的力量减弱，若肌肉适应了这个新长度，那么它的力量将恢复到长度改变前的水平。这种力量的适应需要一段时间过程。这反映了一种亚细胞水平的变化，即收缩单位的重组以达到最佳的力量产生状态。这种收缩单位的重组包括在一个粗肌丝内并联的横桥数目的增多及串联数目的减少。病理状态下，气道平滑肌进行可塑性长度改变的能力受损是哮喘患者导致气道高反应性的病理生理基础。哮喘患者深吸气时气道平滑肌不能放松是哮喘的一个标志，其原因就是气道平滑肌已经适应了病理性的短长度。

除此以外，有的学者还认为，气道高反应的机制和气道重塑、基因的调控有一定的关系。

目前有人认为，气道重塑造成气道高反应的机制多与以下因素有关：①气道壁增厚，使肺弹性回缩力与平滑肌失藕联，导致平滑肌过度收缩；②平滑肌的肥厚及增殖使平滑肌缩短的力量增加；③内膜厚度的增加影响了黏膜皱折，使平滑肌缩短时气道腔内阻力增加。也有学者提出，气道重塑导致气道高反应性的说法值得争议。研究表明，动物实验提示随着与抗原接触时间的延长，气道反应性呈现出递增到递减的动态变化，而气道重塑一直是反复加重的，两者之间并没有出现一致性改变。因此，有人甚至认为气道重塑对气道过度狭窄还有“保护”作用。

哮喘是一种多基因遗传病，气道高反应和基因调控关系密切。De Sanctic 等通过动物模型研究发现，与 BHR 显著相关的 3 个位点 BHR1，BHR2，BHR3 分别位于鼠第 2，15，17 号染色体，而这些位点基因图位置非常接近哮喘候选基因（IL1－β，IL2－β，TNF－a 等）的位置，故认为 BHR 不仅是由常染色体单一位点调控，而且是受多位点共同作用及环境因素影响。目前，很多研究将 BHR 调控基因定位于 5q 和 11q 上。Postma 应用受累同胞配对分析方法，对位于 5q3l－q33 的有关遗传位点进行研究，认为 BHR 与 5q 上遗传标记 D5S436，D5S658 等连锁，BHR 与血浆总 IgE 水平显著相关，呈连锁遗传。这一结果提示 BHR 易感基因位于 5q 上 IgE 调控基因附近。Van Harwerden 等认为 11ql3 上 FcεRIβ 基因内含子 V 微卫星标记高度多态性与 BHR 呈连锁关系。Cookson 等认为 FcεRⅠβ 基因突变在 IgE 反应方式的遗传中具有重要作用，同时还发现 11ql3 位点的表型表达依赖于母系遗传。Cho 认为乙酰甲胆碱引起的 BHR 可能受 IL4 和 T 细胞受体 α/β 复合基因（D14S97）影响，而与 FcεRⅠβ 基因无显著相关性。另外，有人通过多点非参数分析发现了性染色体长臂遗传标记 DXY154 与 BHR 和哮喘间有连锁关系。

## 2 哮喘对肺功能的影响

很长一段时间内，人们一直把可逆性气流阻塞看成是哮喘的特征之一。但在临床上发现，某些患者当急性发作控制后，肺功能可以恢复正常。然而有些患者无论病情轻重，是否给予治疗，气流阻塞持续存在，肺功能还是无法恢复正常。因此哮喘对肺功能的影响逐渐得到人们的重视。目前，哮喘引起肺功能改变的研究虽然较多，但其机制尚不清楚。从分析哮喘病理知道，哮喘的发病其实就是一个气道改建和气道高反应的过程。在这一过程中，气道是哮喘发病和损害的最基本的始发部位。而肺脏是人体的一个最重要的呼吸器官，它最主要的功能就是通过呼吸功能来维持机体内环境的稳定以满足机体组织细胞的新陈代谢。肺的呼吸功能受多种因素的影响，其中，肺的通气功能、肺的通气/血流比值和呼吸膜的结构功能的正常与否是影响肺呼吸功能的最主要因素。肺脏组织结构的正常与否是保证肺脏呼吸功能正常进行的最基本的要素。哮喘的病理特点决定了或多或少要影响肺的通气量、肺的通气/血流比值和呼吸膜的结构功能，因此，哮喘气道病理生理改变的结果必然引起肺功能的损害。哮喘引起肺功能损害主要通过以下因素实现。

### 2.1 哮喘对肺通气功能的影响

哮喘是一种反复发作的气道慢性变态性炎症，其发病的过程就是气道重塑和气道高反应的过程，因此，可引起肺的呼吸阻力的增加而使肺通气功能障碍。其中尤以引起肺的阻塞性通气不足较为严重。究其原因，主要是哮喘对气道壁的损害引起了肺内气道内径、长度和形态、气流速度和形式等的改变而造成的，其中最主要的是气道内径的改变。哮喘由于炎性渗出、气道重塑和气道高反应的作用，可引起气道管壁痉挛、肿胀或纤维化，管腔被黏液渗出物阻塞等，使肺组织弹性降低以致对气道壁的牵引力减弱，进一步引起气道内径变窄或不规则而增加气流阻力，引起肺阻塞性的通气不足。James 等应用数学方法发现，气道内膜层厚度的增加可以改变气道机械性质，即在一个给定的平滑肌收缩水平，可使气道阻力增加。Machlem 用计算机模拟支气管模型来评价用力呼气情况下的最大气流受限与肺间质的关系后认为，肺间质是作为弹性负荷施加于平滑肌上，当外膜增厚时，减弱了间质与气道的联系，使施加于平滑肌上的弹性回缩力减弱，从而使气道过度收缩。Lambert 应用计算机模拟的支气管模型分析气道形态学资料发现，哮喘患者全层气道壁厚度的增加导致了基础气道阻力的增加，当平滑肌收缩时，气道狭窄进一步加重。

另外，哮喘气道的增生性病理改变引起的肺纤维化、肺泡表面的活性物质的减少等可使肺的顺应性降低，使肺泡扩张的弹性阻力增大而导致限制性通气不足。研究表明，哮喘时存在肺泡Ⅱ型上皮（AT－Ⅱ）细胞结构和功能的改变，主要由 AT－Ⅱ细胞合成和分泌的肺泡表面活性物质（Pulmonary Surfactant，PS）的数量、活性和组成成分的改变与哮喘的发生发展及喘息症状的程度密切相关。体外实验表明，TNF－a 和 NO 是造成包括 AT－Ⅱ细胞在内的多种细胞损伤发生的重要诱因，而哮喘患者体内普遍存在 TNF－a 和 NO 的生成释放增多。

### 2.2 哮喘对换气功能的影响

目前，随着新技术在哮喘研究领域中的应用，已证实哮喘不仅仅是大气道的损害性疾病，而是累及小气道、肺泡的疾病。一般小气道直径小于 2mm，阻力相对很小，约占气道总阻力的 10%，故哮喘小气道闭合对肺阻力影响不大。但小气道在肺组织中数量多，而肺的正常呼吸作用中，靠侧支通气的肺泡接受的是相邻肺泡的气体，故小气道的闭合可影响吸入气体的分布，结果会导致哮喘患者闭合气量增加，导致通气、血流比值下降，影响气体交换。另外，哮喘是慢性变态性炎症，随着病程进展，常伴有一定程度的肺纤维化及肺泡毛细血管扩张，最终导致肺泡膜（即呼吸膜）厚度增加而引起气体弥散障碍。当然，哮喘对肺呼吸功能的影响往往是多因素同时存在或相继发生作用的结果，但有一点可以肯定，那就是哮喘对肺功能的影响是确实存在的。

## 3 哮喘对心功能的影响

虽然现代医学已经证实支气管哮喘是一种气道慢性炎症性疾病，但随着分子生物技术的不断发展，已发现大量的细胞因子、多种细胞表面分子、多种免疫活性细胞、炎症细胞和多种炎症性介质以不同形式参与支气管哮喘发病机理的调节。这使得我们不得不从全身的角度来研究和阐明支气管哮喘的发病机理。但迄今为止大多数研究尚局限在气道炎症的局部，全身发病机理的研究还很少，尤其是哮喘对心脏的影响值得进一步探讨。因为在支气管哮喘病理生理学研究、临床应用、科研实验及法医实践中都发现哮喘患者易于并发心肌损伤，提示哮喘与心脏功能损害关系密切。

### 3.1 哮喘伴有心肌细胞的损害

法医学和其他临床学科的实践中发现，哮喘患者有急性发作的危险，其严重程度可轻可重，重者可引发猝死，且发生率呈逐年上升的趋势。哮喘猝死原因复杂多样，以往有关哮喘死亡研究的报道多认为与哮喘发作时发生窒息引起的呼吸衰竭有关。然而近年来的研究发现并非如此。Drislane 等发现，因哮喘急性发作死亡的 13 例儿童中有 4 例存在心肌收缩键坏死。国内研究也发现，大多数哮喘猝死患者（10/14）存在一定程度的左心室受损，以心肌细胞萎缩、坏死和瘢痕形成为主，分布于心尖、心室侧壁和室间隔等处。认为这些改变可引起心肌功能受损和室性心律失常，尤其在超剂量使用非选择性 β 受体激动剂和严重缺氧时极易发生，从而造成患者迅速死亡。因此，哮喘猝死的原因除去并发症的因素和细支气管黏液栓引发窒息或呼吸衰竭外，心肌受损造成心脏功能紊乱也是哮喘猝死的一个很重要的原因，应引起足够的重视。

### 3.2 心肌细胞凋亡是哮喘心肌损害的重要形式

#### 3.2.1 哮喘可引起心肌细胞的凋亡

细胞凋亡是一个重要的生命现象，是机体在生长、发育和受到外来刺激时清除多余、衰老和受损的细胞以保持机体内环境平衡的一种自我调节机制。细胞凋亡亦可由能引起细胞坏死的因素引起。许多因素既可引起凋亡，也可引起坏死，并在一定条件下凋亡模式的细胞死亡可转化为坏死模式的细胞死亡。对哮喘猝死患者的心肌组织研究后发现，心肌组织确实是受到了损害，即猝死患者的心肌组织表现出了心肌细胞死亡后的一些修复性改变。这充分说明了哮喘可造成心肌细胞的死亡，但心肌细胞死亡的方式是坏死还是凋亡，目前研究相对较少，尤其是心肌细胞的凋亡。长期以来，人们一直认为心肌细胞坏死是心肌损伤这一过程的唯一病理机制。但随着细胞凋亡现象在多种心血管系统疾病，如心衰、心律失常等的发现，心肌细胞的凋亡现象逐渐得到了重视。越来越多的证据表明，心力衰竭、心律失常和心肌病等心血管疾病的发生、发展与细胞凋亡现象有关。可以说，凋亡在心脏的正常生理、病理过程中几乎无处不在。我们采用了TUNEL技术、HE、HSP7O、P53、casepae-8、流式细胞术结合的方法来对哮喘的治疗过程中的心肌细胞进行了观察研究，也发现确实有心肌细胞凋亡的发生。心肌细胞增殖出现在胚胎发育早期，出生后，胞质分裂（有丝分裂）和NA合成几乎完全停止，是一种终末分化阶段的细胞，在正常情况下不存在明显的凋亡现象。所以，心肌细胞出现凋亡在一定程度上可反映出心肌细胞受到了损害。

在哮喘过程中，由于对气道的始发作用，即广泛的气道阻塞、黏液栓和动态过度充气的改变，可造成肺的气体交换障碍，导致通气/血流比值下降和低氧血症。因此，哮喘的患者或多或少机体都有着一定程度的缺氧性损伤。另外，哮喘在一定意义上讲是一个反复发作的可逆性的气道反应过程，通过哮喘的这个长期反复的发作过程可实现对机体的血流再分配的调节，尤其是对心脏的影响较大，可造成心肌的缺血以及血流的再灌注。因此，哮喘的发病过程具有心肌细胞凋亡的基础条件。

#### 3.2.2 心肌缺血、缺氧和心肌血流再灌注是心肌细胞凋亡的重要因素

心肌细胞的功能与代谢特点决定了心肌细胞对缺氧损伤特别敏感。研究表明，缺氧导致细胞死亡的主要方式是通过诱导细胞凋亡而产生的。Malhotra和Moissac在心肌细胞缺氧的条件下，研究心肌细胞凋亡细胞百分率、DNA的“ladder”电泳带等方面证实，随着心肌细胞缺氧时间的延长，一定比例的培养的乳鼠心肌细胞发生了凋亡，而且心肌细胞凋亡和心肌细胞缺氧时间具有一定的时间-效应趋势，说明心肌细胞在缺氧条件下可引发心肌细胞的凋亡。周舟等利用激光共聚焦显微镜直接观察了心肌细胞胞浆游离钙的变化过程与Caspase-3激活的酶活性变化过程，并做了对比分析，发现缺氧可致心肌细胞线粒体Cytc释放至胞浆，导致Caspase途径激活，从而导致细胞凋亡。缺氧所致心肌细胞钙超载在时序上早于线粒体Cytc释放与Caspase-3的激活，螯合细胞内钙可阻断缺氧诱导的Caspase-3激活，并拮抗心肌细胞凋亡的发生，同时提示了细胞钙超载是启动线粒体Cytc释放与Caspase-3激活的一个早期重要分子事件。已经证实，Caspase-3是凋亡的执行者，其作用主要是消化破坏细胞内多种蛋白酶复合体，激活核内核酸酶，造成DNA裂解破坏形成DNA片段，破坏心肌细胞的钙泵功能，造成细胞内钙超载，造成心肌细胞凋亡。Tanaka研究也发现，缺氧能诱导培养新生大鼠的心肌细胞凋亡，其机制主要通过Fas抗原的表达增高来实现心肌细胞的凋亡。最近研究表明，心肌细胞凋亡和坏死都是通过线粒体死亡信号传导途径实现的，增加心肌细胞内ATP含量则有助于心肌细胞发生凋亡，反之，心肌细胞内ATP调节心肌细胞凋亡途径仍不十分清楚。体外研究也显示，细胞色素C在ATP/dATP存在的条件下和Apaf-1结合形成多聚复合体，此复合体通过Apaf-1氨基酸的caspase募集域（CARD）与procaspase-9结合，使caspase-9活化，并进一步激活了caspase-3，从而致使细胞凋亡的发生；如果ATP/dATP缺乏，细胞色素C和Apaf-1复合体则不能与procaspase-9结合，从而导致细胞坏死。因此，缺氧诱导的心肌细胞凋亡的发生过程中，心肌细胞内ATP含量下降亦可能起到重要的作用。

缺血的本质是氧和营养物质供给不足或缺乏，细胞缺血和缺氧是两个不同的概念。缺氧时虽然有氧氧化作用消失，而通过糖酵解仍能产生能量。但缺血时除早期存在糖酵解供能外，由于血流的中断，原先糖酵解的底物消耗完后新的底物不能供给，并且代谢底物不能随血流运走，抑制糖酵解功能。因此在缺血的中后期能量产生几乎停止，在这个意义上看，缺血对心肌细胞的损伤要较缺氧快和重，当然缺血到后期其实就是通过缺氧途径损害心肌细胞。因此，糖酵解率的升高必然引起细胞内乳酸酸中毒，脂肪酸氧化率增加必然导致需氧量的升高，相应的氧自由基等呈爆发式增多，若超过细胞的清除能力将引起细胞自身的损伤。Malhotra 等发现，促进糖摄取和糖氧化可明显减少缺氧引起的心肌细胞凋亡。Bialik 等也报道，去除培养液葡萄糖可诱导心肌细胞凋亡，提示糖氧化在心肌细胞中具有抗凋亡功能。早在 1996 年，Kajstura 等观察到缺血、缺氧可诱导心肌细胞凋亡，而且心肌细胞凋亡是缺血性细胞死亡发生初始 2～3 小时内的主要形式，坏死是随后才发生的，并造成梗死的进展。近年来有研究表明，缺血、缺氧不仅可刺激体外培养的心肌细胞的凋亡，而且心肌细胞凋亡现象还普遍存在于在体动物的缺血和心肌梗死模型以及心肌梗死患者尸检标本中。在人类急性心肌梗死尸检标本中，可见凋亡的心肌细胞主要位于梗死中心区域与未受累区域之间的低灌流带，即环绕心梗损伤的部位，这一区域心肌细胞 DNA 降解、染色质浓缩、细胞皱缩等凋亡特征均较为明显，且上调表达凋亡蛋白 Bcl－2 和 Bax6－8。动物实验证实甚至在心梗中心部位的心肌细胞亦有 5%～33%的 DNA 片段阳性染色。因此，缺血对心肌的损害相对于心肌缺氧还要严重。

哮喘是一个反复发作的可逆性气道变化的过程，对血流的再分配以及对肺血流的影响，可使全身的血液循环出现血流动力学的改变，因此，心肌在缺血的基础上可出现血流的再灌注的改变和损伤。心肌缺血可导致组织损伤和细胞死亡。早期再灌注则是减轻缺血损伤的主要途径。但再灌注后，由于中性粒细胞黏附、聚集、渗出血管外而浸润心肌，以及补体激活、活性氧产生，将加重心肌缺血损伤即再灌注损伤。既往认为，坏死是心肌缺血再灌注损伤（IRI）心肌细胞死亡的唯一方式。但近年发现，心肌缺血再灌注过程中大量心肌细胞出现 DNA 梯状现象和核染色质浓缩等凋亡特征，认为心肌缺血再灌注损伤中凋亡的发生与心肌迟发性死亡有关，即可能与缺血再灌注损伤活性氧（ROS）大量产生、钙超载、预处理等直接或间接激活细胞凋亡的信号途径，启动凋亡相关基因的表达有关。另外，据研究，心肌缺血再灌注时还有许多的神经内分泌物质释放，尤其是交感神经系统激活后释放儿茶酚胺，可诱导心肌细胞凋亡，进一步促进心衰、心律失常的发生。

### 3.2.3 哮喘的治疗药物β2 受体激动剂可加重心肌细胞的凋亡

随着对哮喘的病理生理机制的研究和分子生物学、基因工程及哮喘炎症免疫机制研究的深入，目前哮喘的治疗药物由以前的单一的抗炎剂发展到了糖皮质激素、β2 受体激动剂、细胞因子调节剂、单克隆抗体 IgE、炎性介质拮抗剂、基因治疗等多元化、多方位的治疗，治疗效果得到了大大地提高。但流行病学的研究发现，哮喘的死亡率还在逐年地上升，除了哮喘发病率的增加的原因以外，还有一个就是治疗药物的毒副作用的关系，尤其是β2 受体激动剂－肾上腺素对心肌的损害作用。Mann D L，Cooper 研究发现，肾上腺素的长期使用可以直接损害心肌细胞，使左心室功能恶化，最终导致不可逆的心脏损害、心力衰竭。Colucci W S 等也发现，长期使用肾上腺素，可通过释放交感神经递质直接对心肌细胞产生毒性作用，导致心肌病理性的重塑和渐进性的左心室扩大和使心室的心肌细胞的收缩功能大大地降低。虽说β2受体激动剂促进心肌细胞凋亡目前还没见报道，但有研究表明，β2受体激动剂可以增强嗜酸性细胞（EOS）的氧化过程（呼吸爆发），导致氧自由基、LT等代谢产物的产生增加，加重EOS介导的气道炎症反应和对心肌细胞的损害。张秀娥等研究发现，β肾上腺素能刺激诱导心肌凋亡的作用，主要通过β1受体介导作用下的钙调磷酸酶（calcineurin，CaN）表达升高所致。我们采用了TUNEL技术、HE、HSP70、流式细胞术相结合的方法来对哮喘的治疗过程中的心肌细胞进行了观察研究，也发现肾上腺素确实可加重心肌细胞的损害，促进心肌细胞的凋亡的发生。

## 4 存在的问题

### 4.1 哮喘模型的建立

目前经典的哮喘模型是通过卵蛋白致敏，激发动物诱发哮喘反应，采用的卵蛋白的剂量、是否添加佐剂、致敏和继发的周期等均不一致，采用的动物种系包括Brown－Norway和SD大鼠，BALB/c和C57BL/6小鼠，以及豚鼠、田鼠、兔、羊、狗，等等。但这类哮喘模型还存在以下几个方面的问题：①对于判断哮喘模型成功的指标，大多数研究采用激发后动物出现呼吸困难、毛发竖立、腹肌收缩等直观指标，几乎没有研究采用体积描记法测定呼吸力学，如气道阻力的改变。病理学检查多采用支气管黏膜下和肺泡出现大量的炎性细胞浸润等指标，至于这些细胞究竟是淋巴细胞、巨噬细胞、中性粒细胞还是嗜酸粒细胞，尤其是其中嗜酸粒细胞占多大的比例，研究中一般语焉不详。因此，在这些模型当中观察到的肺部病理改变，究竟是呼吸系统的一种急性炎症反应，还是属于真正意义上的变应性炎症，尚有许多不确定之处。②目前采用的动物种系，有的根本就不能产生典型的哮喘反应，如C57BL/6小鼠不能形成典型的气道高反应性，不能诱生高滴度的IgE。③最近较多研究涉及气道重塑。现有研究均采用“反复”或“长期”变应原（卵蛋白）刺激制作气道重塑模型，时间多为2～3个月。这样一个时间段是否可以称为“长期”，在多大程度上能够反映哮喘慢性炎症的特征，所造成的肺部结构改变究竟属于对急性损伤的修复反应还是真正意义上的“重塑”，气道重塑在形态学上究竟应当采用哪些指标来评价，其中还有诸多值得商榷之处。

### 4.2 哮喘研究资料的科学性、重复性欠佳

这主要是在对支气管哮喘的研究中，方法和指标还欠缺一个统一性的标准。同时，哮喘还受年龄、性别、环境因素，以及心理等诸多因素的影响，实验分析中一般都不涉及它们的影响，而且在研究的时候对模型中某一时点某一指标的观察以及干预作过高的或绝对的评价。

### 4.3 实验对象多为动物组织标本，人的组织标本研究得很少

即使现在纤支镜的广泛应用，但其也只能取到第2～5级支气管且只限于气道壁内层，它不能纵观整个气道及全层支气管的全貌。因此要建立肺功能的异常与整个气道的全面联系几乎不可能，对哮喘的实际的防治价值还不是很大。

## 5 展望

随着 2002 年全球哮喘防治创议（Global Intiative for Asthma，GIA）的提出，使全世界范围内哮喘的防治有了一个标准，同时，随着生物科学和其他应用科学的发展，我们可以利用免疫学、分子生物学及肺形态测量方法以寻找到更好的方法取得哮喘患者活检标本。同时进一步的研究以提高对各种不同哮喘病理研究指标的准确性和科学性，并从发病机理上改进哮喘的分类，对哮喘患者提供更准确的预后及对治疗的反应。

## 参考文献（略）

# 多道生理测量仪的发展与现状

李钢琴[1]　胡泽卿[1,2]　李小虎[3]

1. 四川大学华西基础医学与法医学院；2. 四川大学华西医院心理卫生中心；3. 四川省高级人民法院

多道生理测量仪俗称测谎仪，通过检测人的皮肤电阻、呼吸、血压及指尖脉搏等生理指标的变化，来推测被试者所反映的心理机制，例如心理唤醒、强化注意、定向反射、信息加工、心理冲突、恐惧等心理成分，从而对被测试者对特定事件的心理痕迹或其是否在撒谎进行判断。自多道生理测量仪问世以来，其理论和技术水平不断地发展和完善，运用范围也从最开始的刑事领域扩展到其他领域，比如人员录用、民事纠纷处理、犯罪风险评估及成瘾药物治疗效果评估等，在已有的实验研究和实际工作中报道的准确率均较高。然而，由于生理指标的变化与情绪反应和心理过程之间是一个复杂而不可见的过程，对被试者是否撒谎或对案件细节是否有所认知的判断是基于理论水平的一个推测过程，测试的结果易受到各方面主客观因素的影响，其准确性与测试人员的专业素质密切相关，加上相关的伦理学问题，测谎结论的法律效力在国际上一直备受争议，致使该技术的发展受到一定的阻碍。本文综述多道生理测量仪的发展与现状，以期对其更进一步的发展有一定的帮助。

## 1 多道生理测量仪的发展历史

1895 年，意大利犯罪学家、精神病学家龙勃罗梭（C. Lombroso）率先使用“水力脉搏描记法”对嫌疑人进行了“测谎”实验，根据被测人手和前臂脉搏跳动导致水容积的变化，来判定嫌疑人是否在撒谎，发明了第一代测谎仪。1914 年，欧洲人 Benussi 根据呼吸的变化进行测谎获得成功。1917 年，哈佛大学心理学教授 Marston 研制出脉搏压力计，通过记录血压的变化来进行测谎，同时他将记录皮肤电阻变化的电流计应用于测谎，首次通过皮肤电阻变化来判定嫌疑人是否说谎。1921 年，美国加利弗尼亚大学医学系的学生

Larson 组合血压计和呼吸计，连续记录血压和呼吸两项指标，发明了世界上公认的第一台实用测谎仪。1926 年，美国科学家 Keeler 将 Larson 式测谎仪和皮肤电反应探测装置组合在一起进行测谎。1945 年，Keeler 的助手 Reid 总结前人的经验，设计了自己的 Reid 式多项记录仪，该仪器能同时描记血压、脉搏、呼吸、皮肤电流和肌肉活动，被称为第二代测谎仪。20 世纪 60 年代初，由于电子技术飞速发展，由换能器、放大器、滤波器和电磁式灵敏记录笔构成了抗干扰能力很强的多道生理记录仪，被称为第三代测谎仪。这种测谎仪是目前运用最广的一类测谎仪。

我国在 1981 年从美国引进了 2 台 MARK－II 型声音分析测谎仪，初步开展了测谎实验和研究工作。1991 年，我国由中科院自动化所自行研制的第一台测谎仪 PG－I 型心理测试仪问世。之后该所研究人员在信号采集及处理技术方面不断地创新改进，逐渐研制出 PG－4 型、PG－7 型、PG－10 型、PG－12 型、PG－15 型、PG－16 型测谎仪。无论是仪器的大小、精密程度，还是灵敏度，都逐渐有了很大的提高。随着理论和技术的进展，该所还研制出记录脑电波的测谎仪，通过记录事件相关电位来进行测谎。

## 2　多道生理测量仪测试的基本原理及主要方法

### 2.1　基本原理

人做任何事情，都会在大脑皮层留下记忆，事后重提这件事情时，就会唤起大脑皮层的记忆。说谎是大脑的一个高级调控过程，说谎时大脑的认知负荷会增加。首先，因为人脑中记忆的内容会以优势反应的方式优先呈现，导致人都有说真话的倾向，所以说谎者首先必须抑制这种说真话的冲动；其次，要考虑编造怎样的谎言来欺骗对方，并根据对方反应适时地调整自己的说谎策略等。另外，说谎的时候会担心谎言被戳穿，落得难堪的下场，名誉受损，甚至经济利益和个人生命受到损失，因此会表现出焦虑、担心、害怕。上述认知负荷的增加及伴随的情绪反应，必然触发一系列自主的生理参数变化，例如血管收缩、心率增快、血压升高、呼吸抑制或是吸气与呼气幅度比变化、肾上腺素分泌增加、汗腺分泌增多等。这些生理反应是不随意的，通过探测机体受到刺激时这些指标的变化，来推测其心理变化过程，即为多道生理测量仪的基本理论基础。

### 2.2　主要方法

#### 2.2.1　准绳问题测试法（Comparison Question Test，CQT）

该方法由美国人 Reid 于 1947 年提出，是测谎领域应用最广泛的编题方法。基于人的认知取向而设计，测谎题目分为两类：与调查事件有直接关系的相关问题，关乎个人道德水准和名誉的准绳问题。当提及两类问题时，案件嫌疑人会更关注相关问题，因此在相关问题上反应就会更强烈；而无辜者更为关心个人的道德水准和名誉问题，因此在准绳问题上的反应就会更强烈。比较两种问题的反应就可以看出这个被试者是罪犯还是无辜者。与此类似的方法还有怀疑－知情－参与测试法（Suspect You Know，SYK）、改进的一般问题测试法（Modified General Question Test，MGQT）、拉斯金多目标问题测试法（Raskin's Modified General Question Test，RMGQT）。

中国科学院自动化研究所有研究人员提出 CQT 认定犯罪嫌疑人准确率达 90%，有大约 10%的假阳性错误率，其原因是无辜者过分关注相关问题，在实际的测试中不能只靠准绳问题测试的阳性结果就下“认定犯罪嫌疑人的结论”，必须通过另一种方法如 GKT 或紧张峰测验进行验证。

2.2.2 犯罪情节测试法（Guilt Knowledge Test，GKT）

该方法由美国的 Lykken 于 1959 年发明。测谎题目围绕案件具体细节，如时间、地点、作案方式、作案工具等展开，这些细节侦查人员及真正的罪犯知道，当提及这些问题时，真正的罪犯会产生强烈的生理反应，说明其有很大的嫌疑。在案件发生以后保密工作做得好的情况下，GKT 方法对于排除无辜、认定犯罪嫌疑人是非常有效的，其准确度非常高。中国科学院自动化研究所有研究人员提出，GKT 法排除无辜的准确率为 97%，认定犯罪嫌疑人的准确率为 98%。GKT 法倾向假阴性错误，当嫌疑人对案件情节记忆不清时，容易引起假阴性错误。GKT 法在理论上相对于 CQT 来说受到的不确定影响因素较少，且更容易操作，应用范围也更为广泛，用其来检测人的心理内容，可以扩展到其他领域。

## 3 心理测试技术在各领域的运用情况

### 3.1 在刑事案件中的运用

多道生理测量仪发明的初衷就在于刑事案件的侦破，刑事侦查领域是多道生理测量仪应用最多的领域。我国测谎领域的著名学者武伯欣、张泽民教授统计了我国 1992 年至 2008 年多道生理测量仪的运用情况，在 1300 余起案例中，80%以上经测后讯问取得突破性进展，其余的有的排除了嫌疑人，有的因为其他因素导致案件无进展。据统计，这些案件中，在区分无辜者与涉案人的准确率上，能够达到 98%；而出现失误的 2%主要存在于错把涉案人认定为无辜者的情况，还有一部分因找不到其他证据验证测试结果，而只能对嫌疑人依法疑罪从无。在我国的各级公安、检察、法院系统均有测谎仪的使用，公安系统主要用于确定嫌疑人，确定案件相关细节，寻找破案线索等。在检察系统，测谎仪多用于对贪污行贿案件的侦查。

### 3.2 在人员录用中的运用

在美国，多道生理测量仪被运用于雇员的录用和在职雇员的筛查，尤其是对国家安全人员的筛查。美国国家科学院多道生理记录仪测试评估委员会（Committee to Review the Scienticfic Evidence on the polygraph，National Research Council）在 2001 年专门针对多道生理测量仪及其研究现状进行了一次评述，该研究历时 19 个月，引用了大量的文献资料和数据，在 2003 年推出了一份名为 Polygraph and Lie Detection 的报告，研究者在该报告中称“在较大总体中筛查出现率非常低（小于 1%）的危险分子，要求非常高的准确率，既要识别出危险分子，又要保护有价值的工作人员，而已有的文献表明，目前所使用的多导生理测试很难兼顾这两点。因此，在目标行为出现概率很小的总体中，对待测试结果应权衡各方面利弊，谨慎做出或公布结论”。因此，在大面积的人员筛查中，测试结果应该慎重对待。

### 3.3 在民事纠纷中的运用

我国上海市闸北区检察院的李衡认为，测谎结论具备证据所要求的客观性、关联性和合法性，具备民事证据资格。实践中，如果当事人自愿接受测谎，那么科学合理地运用测谎技术则可以有效促进民间纠纷等问题的妥善解决。例如当借贷纠纷合同或凭据不清楚时，可以通过多道生理测量仪获取案件相关细节内容，如借钱金额、借钱目的等问题。

### 3.4 在犯罪风险评估方面的运用

多道生理测量仪被运用于性犯罪案件中已早有报道，用其来检测嫌疑人或罪犯的性犯罪历史、再次实施性犯罪的风险程度以及心理矫治的效果评估等。Ewout H. Meijer 等在一篇综述报道中称，没有证据支持多道生理测量仪预测性侵犯案件中罪犯的再犯罪风险的准确性，相关的理论研究表明这种准确性低于其他预测方法。Theresa A. Gannon 等也在其研究报道中称，测谎仪用于性犯罪案件中应寻找更为科学、合理的设计方案，以更好地评估其预测效度。

### 3.5 在成瘾药物治疗效果方面的运用

刘建时、胡桢在其研究报道中称，将多道生理测量仪应用于强制隔离戒毒康复诊断的评估，该仪器能提示戒毒人员的康复程度及监控戒毒进展情况，并随时调整戒毒方案，能更好地为戒毒服务。

### 3.6 在精神病症状评估方面的运用

国内陈瑞珍等利用多道生理测量仪对 15 例疑有诈病者进行检测，并进行随访。结果在 15 例中，2 例呈现说谎反应，其中 1 例考虑为诈病，1 例考虑为无精神病症状；其结果与随访结果一致。郭杨波等收集明确诊断的 29 例精神障碍患者及 16 例拟诊诈病者用 CQT 法实施心理生理检测。结果发现，诈病组在关于是否意图诈病的两个测题上说谎反应率分别为 93.7%和 56.2%，而患者组均为 0，检测鉴别诈病的灵敏度为 93.7%、特异度为 100%。目前，国内外对于精神疾病症状的测谎研究还较少，上述两个研究报道样本量偏小，其是否能运用于实践中，仍需进一步研究。另外，精神症状中如被害妄想、关系妄想、幻听及思维障碍等，情感性障碍中的抑郁、焦虑症状等，会激起恐惧、愤怒或是焦虑等心理反应，理论上来说会影响多道生理测量仪的准确性，如何判定多道生理测量仪的反应波成分，具体为何成分引起，是其运用于此领域需要解决的一个问题。

## 4 各国对于测谎仪的立法情况

20 世纪 50 年代开始，测谎技术逐渐从美国传入加拿大、日本及欧洲一些国家，目前全世界有 70 多个国家在刑事司法实践中运用测谎技术。国际上对多道生理测量仪应用的态度却出现两极分化，有的人认为其具有证据的合法性，有的认为其不具有证据的合法性。

### 4.1 基本否定测谎结论的国家

以德国为代表。《德国刑事诉讼法典》第 136 条 a 规定：“被指控人有决定和确认自己意志的自由，不允许用虐待、疲劳战术、伤害身体、服用药物折磨、欺诈或者催眠等方法予以侵犯。测谎技术被认为是违背其自由意愿的，即使他本人同意也必须坚决适用以上禁止规定。”另外，意大利等国家也基于道德伦理问题对测谎结论持否定态度，认为这侵犯了人的思想自由，是“偷听人的潜意识”和“精神拷问”，是对人权的一种侵犯，为法律所禁止。

### 4.2 部分肯定测谎结论的国家

以美国为代表。在美国，1993 年的 Daubert 判例，确立了“综合观察”（General Observation）标准，成为近年来美国多数州和部分联邦法院采纳包括测谎结论在内的专家证言的法律依据。“综合观察”具体包括四项内容：“一是新科技是否得到了检验；二是科技原理是否已经公开出版或者已经由相关同行进行过评论；三是新科技的错误率是否已经知晓，并且该科技方法是否有规范的操作标准；四是新科技是否已经被普遍接受。”美国对待测谎结论的态度显得审慎，从理论水平和操作的技术人员方面都有严格要求，如果证据显示测谎过程及结论能达到其要求，则可以采纳，否则不能采纳。笔者较为认同此种做法。测谎所基于的理论基础，虽然有些机制还无法具体地解释，但是其在医学、生理学、心理学方面都有成熟的理论依据可循，因此不能全盘否定它的科学性，但是由于测试的准确性易受各方面主客观因素的影响，因此应该对其运用进行严格、规范的规定，相信这样会对测谎技术的发展提供很好的平台。

### 4.3 我国对测谎结论的态度

在我国，测谎技术自 20 世纪 80 年代起就在侦查活动中得到广泛应用，但是关于测谎结论的法律地位问题，目前只有最高人民检察院 1999 年 9 月 10 日对四川省人民检察院《关于 CPS 多道心理测试鉴定结论能否作为诉讼证据使用的请示》的批复：“多道心理测试的测谎结论与刑事诉讼法规定的鉴定结论不同，不属于刑事诉讼法规定的证据种类，因此它只能用来帮助审查、判断证据，但不能作为证据使用。”由此看出，我国对待测谎结论采取审慎的态度，不否定，但是不能正式作为刑事证据使用。在实践中，我国公检法系统都广泛地应用测谎仪，对司法案件的侦破有着很重要的辅助作用。2004 年 7 月公安部成立心理测试技术专业委员会，同时正式将“测谎”技术统称为“心理测试技术”，并将其列为刑事科学技术行列，这是对心理测试技术的全新定位，为我国心理测试技术的全面发展提供了一个新的平台。

## 5 小结

多道生理测量仪通过记录生理指标的变化来推测被试者的心理过程，有着心理学、生理学的理论和逻辑基础，在实际应用中报道的准确率较高，其在司法系统的功用不可否认、有目共睹。然而，目前对多道生理测量仪测试技术没有统一的、可靠而权威的验证方法，对检测人员的理论和技术水平也缺乏统一的认证标准，再加上伦理学方面等问题，至今其法律地位仍未得到普遍承认。近年来，有学者利用事件相关电位及功能磁共振进行测谎，通过事件相关的特异性脑电波及脑区活动来判断一个人是否说谎，这看似更具直观和准确。但是，多道生理测量仪因其设备精简易携带，操作简便易行，成本相对较低而广受青睐，其在刑事、民事领域的位置是无可替代的。相信在解决上述问题之后，多道生理测量仪技术将蓬勃发展。

**参考文献（略）**

# 测谎及测谎模式的应用进展研究

吕连辉[1]　胡泽卿[2]

1. 西藏拉萨市人民检察院；2. 四川大学法医精神病学教研室

欺骗（Deception）指以使人发生错误认识为目的的故意行为，为了达到目的，欺骗是一个比讲真话时需要更多认知反应的过程，需要更多的思考，花费的时间也相对更长。欺骗是在许多情况下频繁出现的一种行为，从亚当被骗食禁果到英国高级公务人员承认“经济的真相”，说谎和欺骗一直是人类行为的特点之一，某种程度上也可以说是人类行为的特征之一。社会心理学家认为，人们日常生活中展现出的自我多少是根据当下所处环境来对自身的形象和身份加以调整，以期获得他人的情感支持，赢得他人的赞同。尤其是在求职面试时为彰显自我能力，掩饰某些尴尬或逃避道德谴责、法律责任的时候，人们可能会做出一系列欺骗行为（说谎）。那么，基于欺骗行为在人类社会交往活动中普遍存在的现象，如何准确、科学地对欺骗行为进行有效识别（测谎）就显得尤为重要。

## 1　测谎及测谎技术

19世纪末以来，学者们除了通过直接观察受试者的外显动作行为，分析其言语内容的方式外，开始将目光转向借助于计算机和电子仪器装置来记录受试者的生理变化，达到识别欺骗行为的目的，即我们所说的测谎，也被称为心理测试技术。利用各种测谎仪测谎并非直接探测人的内心世界，也不是检测谎言本身，而是通过编制的问题，逐一向受试者提问，通过测试脑电波及皮肤电阻、呼吸、心率、血容量等生理指标的变化间接地了解受试者的思维内容及情绪改变。也有利用记录中枢神经系统活跃度的成像技术来对与欺骗相关的认知活动加以评估的。

当人们面临是否诚实的问题时，虽然部分动作行为在一定程度上能被其主观控制，但因情绪反应引起的生理变化却很难自主控制。美国心理学家 Paul. Yikeman 认为，人在说谎时试图掩饰的情绪会在1/15秒的瞬间在面部表露出来，而且强烈的情绪会降低手和面部的温度（爱赫，1951），也会使眼睛的虹膜扩张（Bender，1993）。相关文献报道，在用测谎仪进行犯罪知识测试中，受试者即便试图避免被察觉或不给予言语回答，面对与犯罪相关的信息时，其瞳孔也会产生显著放大的现象。国内张高文在测谎实践中对受试者的生理变化进行了总结，认为主要分布在六个方面：①受试者不敢直视测试人员，表现为注视会中断，或者目光朝下，眼神闪躲。②出汗异常。受试者身体的若干部位出汗过多。③皮肤颜色的变化。皮肤钠离子迅速消失，脸色变得苍白，而且钾离子流失变快，还会使人产生迫切的排尿感，皮肤电阻反应明显。④脉搏跳动速率变化。交感神经兴奋及肾上腺素分泌增加，使心脏跳动加快、脉搏明显加快，甚至出现血压升高。⑤呼吸的变化。约30%的受试者会表现为呼吸变得短促且呼吸加快，或速率减慢（70%），较少情况下会表现出呼吸速率不规则、时快时慢的情况。⑥出现一些不由自主的动作。如四肢甚至整个身体连续地突然急动和抽搐，不停地舔嘴唇、快速地眨眼、耸肩抽臂、脸部抽动、吞吐舌头等。

目前，人们主要从情绪和认知两个理论框架着手来研究测谎。有学者认为，人在说谎时出现的情绪和认知表现会成为泄露说谎的线索。说谎话比说实话需要更多关于事实真相的记忆负荷，从而增加了说谎时的认知负荷。Ekman 认为，与欺骗行为相关的情绪主要有三种：愧疚、害怕及兴奋。欺骗行为发生时，欺骗者由于知道自己是在说谎，所以感到愧疚，由于个体的生存受到威胁（谎言被揭穿）产生焦虑（害怕）情绪，担心个体的利益可能会失去而导致紧张情绪，也有部分因为可以靠此愚弄他人而产生兴奋心情。在测谎过程中，我们试图利用的主要是焦虑和紧张这两种情绪。但是不少研究者发现这种“紧张”和“焦虑”的来源无法区分，并不能够就此准确地推断出被测者说谎与否。Walczy 等对 195 位心理学学生进行一种新的认知测谎——时间限制的完整性确认（Tri－Con），实验后发现，平均反应时间和回答的一致性可以帮助把说谎的人区分出来，识别准确度可达 89%。从传统的受测试者的情绪变化到现代的测认知过程和心理内容是心理测谎技术一个质的飞跃。

欺骗行为和生理激发间的联系已讨论了数个世纪，而科学家们借助仪器来实现测谎则是 19 世纪末才开始的。测谎技术从其产生开始就备受争议，自 1898 年意大利的 Lombroso 通过单通道的水力脉搏描记法来进行测谎开始至今，一个多世纪以来，人们研发了各种测谎及测谎替代技术，如多道心理测试、事件相关电位测谎、声压分析、热成像技术、瞳孔测量法，以及更复杂的功能性核磁共振（Functional Magnetic Resonance Imaging，fMRI）等。

## 2 测谎技术在国内外的应用

### 2.1 测谎技术在国外的应用

测谎技术除了可以被用在对在职雇员的筛查，某些特殊部门的雇员录用筛查之外，也被应用于犯罪案件调查，对性侵犯者的治疗和监管等方面。目前，在全世界范围内已有不少国家准许在刑事司法实践中运用测谎技术。其中测谎技术在美国已经有一百多年的历史，并在至少 69 个其他国家得到了广泛应用。而且在美国 35 个州内，能否通过测谎是获得感化令和假释许可证的条件之一。

20 世纪 50 年代开始，测谎技术逐渐从美国传入加拿大、日本。在日本最高法院判例指出，在符合相应条件即经检察官和受试者双方同意时，测谎检查具有证据能力。罗马尼亚也允许测谎结论为提供证据的合法手段。韩国也是测谎技术的主要使用者，但只有军队和执法机构才能应用。在以色列不仅司法部门，私人也可以应用测谎这项技术。测谎技术在加拿大、土耳其、俄罗斯、马来西亚等国家都大量运用。但在欧洲，所有国家都不把测谎结论作为证据，而且警方通常也不使用测谎仪来辅助侦查。如在英国，测谎技术更多地被用作日间电视节目的整蛊手段之一。

### 2.2 测谎仪在国内的应用

在我国，测谎技术在一段历史时期内被认为是唯心主义、资产阶级的“伪科学”而遭到排斥，直到1980年才开始认识到测谎技术是基于科学依据的，是可以学习并加以研究应用的。经过几十年的摸索、研究和应用，我国的测谎技术尚还处于起步阶段。且我国最高检察院在1999年9月10日给四川省人民检察院的批复中明确表明："CPS多道心理测试（俗称测谎）鉴定结论与刑事诉讼法规定的鉴定结论不同，不属于刑事诉讼法规定的证据种类。人民检察院办理案件，可以使用CPS多道心理测试鉴定结论帮助审查、判断证据，但不能将CPS多道心理测试鉴定结论作为证据使用。"张泽涛认为，有必要借鉴国外尤其是美国的测谎制度，通过立法明确规定测谎结论的证据属性为鉴定结论，并在规定测谎人员专业素质与诉讼地位的同时，建立统一的测谎操作流程。

## 3 两种常用测谎技术

### 3.1 多道心理测试测谎

多道心理测试（CPS）是现今各国普遍应用的一种传统测谎技术。CPS技术的生理基础是罪犯在说谎时所产生的一种条件反射型的自发性恐惧情绪，即前文所提及的紧张、焦虑、害怕或者兴奋等情绪。CPS的操作过程通常包括几部分：犯罪心理痕迹动态描绘，测前评估、编题，测试操作，测后评定。其中，合理、科学的编题是取得可靠测试结论的基本保障。利用计算机和测谎仪记录受试者的生理变化的指标主要包括皮肤电阻、（上/下）呼吸、血压、指脉，还可在测试中同步记录语音压力成分（VSA）、动作曲线、音视频等。目前已有的测谎仪可记录分析的生理指标通道少则2个，多则达12个。已有研究报道表明，CPS的指标即行为样本的选择具有代表性、可测性，具有可接受的信效度。但不能忽视的是情绪变化和生理变化并非绝对相依相存，生理变化并不一定就是由情绪变化引起的，这就要求测试人员在测试过程中综合动作行为观察，避免出现测试结论偏差。由于CPS是对情绪变化引起的生理参数改变进行的测量，所以对受试者的身体和心理状况有较为严苛的要求，通常认为，对心脏病患者、呼吸不规则患者，神经过敏、癔症性人格、精神障碍患者，对精神活性物质依赖者，智能低下、年龄偏低者，患病、受伤、拘禁反应严重或服用过抗焦虑药品者进行的CPS测验可能无效。但Raskin、Hare（1978），Hammond（1980），Patrick、Lacono（1989）没有发现正常受试者与饮酒者、精神病患者之间的欺骗鉴别力差异。笔者对34例犯罪嫌疑人进行真实场景下的GKT测试研究发现，认为CPS可适用于某些精神病类受试者。对于CPS的适用人群范围，还需进一步持续研究。

### 3.2 事件相关电位测谎

事件相关电位（ERP）系指人们对某种刺激事件进行信息加工时所诱发的一系列脑电位活动并在头皮记录到的相关电位变化。利用ERP波形恒定和潜伏期恒定的两个特性通过叠加，可将ERP从脑电波EEG中提取出来。由Sutton等在1965年首次观察到的P300，属于ERP的晚成分，是在刺激出现后300ms左右出现的正波，一般可在oddball stimuli模式下被观察到。P300是大脑对信息初级加工时的产物，反映大脑的认知功能，这一过程在1000ms之内没有进入意识，从而避免受试者有意干扰测试。事件相关电位利用认知过程中P300的变化，而不是利用因认知引起的植物神经生理变化，依赖于受试者对相关信息的认知和注意程度，且普通心理学认为 ERP 更注重于注意机制，能够弥补多道心理测试（CPS）的不足，有效克制假阳性。另外，由于反馈与否本身与 P300 波的出现无关，所以 ERP 可以不要求受试者对刺激问题做出任何反馈，也可以要求被测人使用鼠标来表示他对有关信息是否知情，不同于 CPS 必须以言语反馈来作为测量的必须要素。而且有人认为，相对 CPS 来说，ERP 不易受到反测试的攻击，但目前尚缺乏反测谎与 ERP 的实验数据。

1987 年，Rosenfield 首次利用 ERP 进行测谎并获得成功。Jinsun 等认为基于 P300 的对模拟犯罪的 GKT 测谎模式除了可以应用在犯罪调查中或诈病（如失忆）的鉴别外，当欺骗作为症状表现出来时，还可以应用到健康医疗研究中去。周亮等（2000）对 30 名志愿者进行 P300 测验，采用多元判别分析发现，实验条件下 P300 作为客观指标用于测谎是可行的，判别准确率为 100%，熟悉现场者参与测谎不会产生假阳性结果。但我国的 ERP 技术尚处于实验研发阶段。

考虑到 ERP 和 CPS 基于的心理现象不尽相同和各有优劣，也许将两种技术合理结合将获得更高的测试信效度。当今科学家正在朝着这方面努力，目前由我国中科院自动化研究所心理测试工程中心自发研制的 PG－18 型多道心理测试仪就是将多道仪、脑电相结合的新型心理测试仪（测谎仪），它除了可实时采集数据外，还可时刻监测受测者的情绪变化。而自主反应测量（面部热成像技术）、语音语调分析、笔迹学等检测方法，虽具有发展潜力，但尚没有证明优于测谎仪，它们目前只能作为测谎的补充技术，帮助矫正两种常用测谎技术对心理现象评估中的错误。

## 4　测谎仪的两种主要编题方法

自 20 世纪初以来，学者们陆续提出了测谎过程中的几种编题方法。其中，准绳问题测试法（CQT）和犯罪知识测试法（GKT）是目前学者们研究和讨论的两个热点。

### 4.1　CQT（Control Questions Test）

为解决相关－不相关问题测试法，即对于有罪受试者测试的准确率几乎是百分之百，而对于无辜受试者测试的准确率却比较低的问题，Ridder 提出了准绳问题测试法（CQT），以提高对于无辜受试者参与测试的准确率。准绳问题是关于被测人道德品质的一些问题，往往比较抽象、概括，需要测前开发。CQT 是建立在由巴浦洛夫（Pavlov）最先提出的定向反应理论的基础上的，利用优势兴奋中心的抑制理论实现测谎。优势兴奋中心是大脑对当前注意事物进行分析综合的主要区域，具有高度的兴奋性，能对客观事物产生清晰完整的反映。该区域兴奋度越高，对其周围区域的抑制程度就越高。测试时由于心理取向的不同，有罪受试者的心理焦点专注于在他当时认为对其威胁最大（案件相关问题）的方面，对其他不相关或自认为威胁相对较小（如准绳问题）的问题的反应则受到抑制。准绳测试法主要用于排除无辜（诚实测验）。因其适用范围广，在很多国家尤其是北美和以色列被广泛应用。

虽 CQT 认定有罪嫌疑人的准确率可达 90%，排除无辜准确率为 98%，但 CQT 并非完美无缺，Ben－Shakhar 认为，CQT 至少有 5 个不足之处：理论基础和逻辑推论欠缺，不能确定欺骗行为和生理改变的关系，即便是其支持者，也一致认为 CQT 模式下对于受试者并没有特定的说谎反应；测试标准化程度不够；对生理反应变化缺乏客观的量化；测试人员综合水准的影响；反测谎的影响等。因此，在实际案件测试时不能只用 CQT 下结论，一定还要用其他方法（如 GKT）进行验证。

### 4.2 GKT（Guilty Knowledge Test）

为了摆脱单纯紧张、焦虑情绪对测谎结果的左右，突出受试者认知状态在测谎中的作用，弥补 CQT 的不足，传统测谎技术逐渐从早期的 CQT 发展到现今的 GKT。GKT 是 Lykken 引入的一种替代 CQT 的测谎技术。GKT 理论建立在定向反应及人类的习惯化进程基础之上，假设为犯罪知识是除了侦查人员外只有犯罪者知道的信息，目标问题是只对犯罪者具有认知意义且能被其识别，更偏重于受试者知道些什么方面。该种测试主要用于认定事实（虚伪测验）。一些实验室研究证实，GKT 具有较高的效度，尤其是在无辜受试者中。而且在没有给予受试者动机性指导语，不要求受试者做出言语反应或只是重复关键词的情况下，相关信息依然能够被察觉。在不明线索下运用 GKT 变式缩小关键信息范围（GKT 变式）具有可行性和实际运用价值。Bradley 等提出的 GAT 模式（Guilty Action Tests，犯罪行为测试）直接测试嫌疑者是否参与犯罪，是 GKT 的一种变式。在实验室研究中，GAT 模式显示出比 GKT 模式更高的判定准确性。

GKT 模式虽然对识别有罪、排除无辜十分有效，但是 GKT 模式要求测试题目数量足够多，题目编制无法程式化，且受到犯罪实施与测试进行的时间间隔长短，犯罪信息的保密程度，犯罪时及犯罪后的认知程度，案发后的干扰事件多寡以及受试者的反测试行为等多方面因素的影响，其适用范围受到一定局限。因其对测试信息的保密性和封闭度要求很高，在测试中，倾向于出现假阴性错误。在美国曾认为 GKT 的信效度比较低，不能使用测试的结果作为判断真伪的标准。国内傅根跃等曾以中性的无意义字母串为测试材料，在无动机性指导语下进行测谎测试并采集皮肤电阻改变发现，当受试者知道犯罪信息的罪犯和同样知道犯罪信息的知情无辜者时，GKT 模式无法有效地判定两种角色。因此，测试题目的合理设置，测试信息泄露的处理，反测谎行为的对抗将成为未来 GKT 研究的主要方向。

## 5 影响测谎的相关因素

当前，各国学者对各种测谎技术的评价褒贬不一。测谎技术是由测谎仪、测试人员、受试者、采用的测试模式和评价体系构成的系统，任何环节都会影响到测谎的信效度。受试者的合作程度，是否有采取反测谎（如故意咳嗽、吞咽、动脚趾）等动作行为，测试人员的综合素质，选择的测谎时机和环境等都会对测谎产生直接影响。在美国甚至有专门的反测谎网站，来指导人们如何顺利通过测谎。尽管反测谎措施一直是测谎学界试图解决的重要问题，但目前对其影响因素尚不明朗，仍需进一步研究。Ben-Shakhar 等推测 ERP 的应用或将有效对抗反测谎措施的影响。

## 参考文献（略）

# 乙醇及其代谢产物乙醛对驾驶能力的影响

王　薇　颜有仪　叶　懿　熊　卉　肖　敏　廖林川
四川大学华西基础医学与法医学院

## 1　概述

乙醇（alcohol）俗称酒精，是世界范围内滥用程度很高的一种物质。我国酒文化历史悠久，是酒饮料生产消费大国，嗜酒或酒精依赖性人群众多。长期过量饮酒可导致或诱发许多疾病，甚至成为某些致死性疾病的基础病因。除此以外，饮酒过量还可能导致对外界环境感知能力下降，对自我行为控制能力降低等一系列不良反应。由酒精引起的行为异常更是众多意外事故和犯罪发生的重要原因，特别是饮酒导致的交通肇事事件发生越来越频繁，由此引发的社会危害日益突出和严峻。有研究表明在我国酒后驾车发生交通道路意外的危险性显著高于未饮酒驾车，约为 4.13 倍，并随饮酒量的增大而增高。

乙醛（acetaldehyde）是乙醇代谢过程中产生的高毒性、高活性中间产物。总体上看，乙醛和乙醇有着相似的效应，如在啮齿类动物实验中，给予乙醛后能诱发一系列类乙醇行为的效应。两种化合物均能改变多种行为表现，越来越多的研究认为，在调节精神运动功能和运动技巧方面，血中乙醛可能发挥比乙醇更为重要的作用。

饮酒后，乙醇通过胃肠道完全吸收入血，肝脏是乙醇代谢反应发生的主要场所，由于它含有多种代谢酶以及具有高血流灌注量，90％的乙醇都在此被氧化。在肝脏，乙醇可分别通过 4 种酶作用被代谢成乙醛，在正常生理条件下，约 80％的酒精被乙醇脱氢酶（ADH）代谢，余下约 20％的大部分由微粒体乙醇氧化系统（MEOS）代谢，少部分由 NADPH 氧化酶-过氧化酶和黄嘌呤氧化酶-过氧化酶系统代谢，继而乙醛被乙醛脱氢酶（aldehyde dehydrogenase，ALDH）进一步代谢为乙酸，最终氧化成二氧化碳和水排出体外。尽管外周产生的大量乙醛，从物理化学性质上看属于极易通过血脑屏障（Blood Brain Barrier，BBB）的物质，而实际情况却并非如此，这是由于 BBB 除了能通过特异的分子结构限制物质渗透进入脑部外，还有另一种有效的机制阻止物质通过，即由酶系统组成的“代谢屏障”，如 ALDH，BBB 上高表达的 ALDH，使得外周产生的乙醛迅速代谢成乙酸，而很难通过 BBB 进入脑部。此外，肝脏中的 ALDH 也能迅速地将乙醛转化为乙酸，给予中等剂量的乙醇后，即使是血液中的乙醛浓度也是很低的。因此，只有摄入足够量的乙醇，使乙醛大量蓄积于外周，饱和 BBB 上的 ALDH，剩余的乙醛才能越过 BBB 渗透入脑；或者由部分从外周进入脑部的乙醇代谢产生，约 60％和 20％的中枢乙醇代谢。

## 2　乙醇对驾驶能力的影响

乙醇是一种油/水分配系数为 0.037 的小分子有机溶剂，具有脂溶性，可透过血脑屏障迅速渗透到脑中枢神经细胞膜进入脑组织中，对大脑产生兴奋和抑制作用，从而引起饮酒者精神状态及行为的异常改变。大量饮酒后早期表现为兴奋、多言等，随后可出现言语零乱、步态不稳、嗜睡等麻痹期症状，可伴有轻度的意识障碍和定向力障碍。有研究者报道，饮酒 30min 后，感觉运动跟踪能力及跟踪准确度明显下降，错过目标次数增加。也有人发现，驾驶员饮酒后身体平衡和协调能力变差，出现眼球充血、身体摇晃、口齿不清、反应变慢或者答非所问的情况，同时嗜睡，难以步行和下车，常常伴有定向障碍。乙醇对驾驶行为的影响可表现在以下三方面。

### 2.1 信息接收及对外界环境感知能力下降

许多生理学及行为学研究表明，乙醇可明显降低驾驶者对外界信息的接收和感知能力。酒后导致视功能如视敏度、对比敏感度和运动知觉等的损害，使驾驶者视物模糊，对交通标志或信号灯颜色，以及动静物体分辨不清，产生对路面环境、人员和车辆动态信息采集感知障碍，易造成紧急情况下的判断失误，而引发交通事故。Soyka 等报道，众多临床结果证实，乙醇会极大影响大脑功能，造成精神、行为的改变，如损伤记忆、眩晕、痉挛等，此外乙醇对周边视觉、注意力、感觉运动功能反应时间、接受与整合信息的能力也有影响。Buser 等测量了扫视时的瞬时参数，分析了不同血醇浓度下的总体眼动行为，结果显示，受试者血液乙醇浓度即使在 40mg/100mL～60mg/100mL，处于较低浓度时，也将显著影响眼睛快速扫视时的反应时间、速度以及准确性。由于“凝视活性”的改变，醉酒状态下的视觉信息传入会明显减少。初级视皮层神经元的反应特性是视觉信息处理与整合的重要生理基础，Bo Chen 等采用在体胞外单细胞记录的方法，研究了乙醇对猫初级视皮层（17 区）神经元多种反应特性的影响，结果表明较高浓度的酒精可以导致神经元自发发放、诱发发放与信噪比的显著下降，意味着神经元从背景噪音中提取信号的能力减弱，因而可能是酒精减缓视觉信息传递速度的原因之一；在较高浓度下，乙醇将导致神经元的视觉刺激诱发反应、方位偏爱指数及空间频率选择性显著下降。研究结果在一定程度上为行为学研究中发现的视觉功能下降的现象提供了可能的神经机制。

### 2.2 注意力、判断力及行为控制能力下降

Emily L. R. Harrison 选择了 40 名年轻成年驾驶员，利用分散注意测试研究了受试者在酒精和分心作用下的模拟驾驶表现，结果显示，分散注意对清醒的司机驾驶表现没有损害作用，而在酒精作用下，分散注意会增加对驾驶精度的损害。此外，张祥浩等报道，乙醇能降低对外界刺激的反应速度，且判断错误增多，削弱思维判断能力和视觉-运动协调能力，从而无法正确判断距离和速度，对驾驶者的操作能力有着一定程度的影响。Mark T 等选择 14 名受试者分为两组，分别给予乙醇（0.65g/kg）和安慰剂，在冲突和无冲突情况下进行模拟驾驶，完成“走”或“不走”信号反应时间测试，以衡量其抑制控制能力。研究表明，在冲突情况下，酒精损害了抑制控制，增加了风险，也损伤了驾驶任务行为。同时，抑制控制被乙醇损害最严重的个体驾驶表现也最差。即乙醇能损害冲突之下的抑制控制，增加驾驶过程中的冒险行为。乙醇对于冒险判断或意识的影响可能会增加交通事故发生的可能性。Burian 等研究了 13 名男性驾驶员在摄入不同剂量乙醇后，对于“宽”（低风险低收益）“窄”（高风险高收益）车道的选择情况，以评估酒后冒险程度，结果显示，乙醇能对判断能力产生直接的影响，促使驾驶者做出冒险的决定。乙醇摄入剂量

为 0.5g/kg 组比 0.3g/kg 组、0.8g/kg 组和安慰剂组相比，冒险行为均有明显加强，增加了事故发生的可能性。Weiler 等选择了 40 名驾驶员饮酒后，在一个特殊的模拟驾驶舱内，完成了 45 英里车程的驾驶，测试了参与者配合不同车速停车、维持在车道内的能力和嗜睡表现，研究结果表明，酒后驾驶者保持在车道内的能力受到影响，出现行驶不稳和抢道行驶等现象，停车的平均反应时间也延长。此外乙醇会对睡眠体系产生重大影响，急性摄入乙醇可缩短睡眠发作的潜伏期，还可显著加重睡眠紊乱，如增加睡眠呼吸暂停综合征发生的概率，影响驾驶员夜间的睡眠品质，导致睡眠不足，精神不振，白天极易疲劳，注意力分散，而增加交通事故发生的可能性。

### 2.3 对情绪及人格的影响

有报道显示大鼠在饮酒前较为温顺，不易激惹，攻击性行为较少；饮酒过程中，大鼠活动量增加，较易激惹，攻击行为明显增加；酒后，大鼠极易激惹，直立行为增加。摄入中等剂量的乙醇可能导致一些情绪改变，如悲伤、焦虑或烦躁不安，主要发生在血中乙醇达峰值或正消除时，而更高剂量的乙醇会导致精神综合征：强烈的悲伤、焦虑、幻听或偏执，这些症状可被归类为器质性脑综合征或酒精性精神病。在酒精特别是高剂量酒精的刺激下，人的情绪会脱离理智的控制，有时会过高估计自己，对周围人的劝告常不予理睬，许多学者研究了交通事故当事人中的各种人格因素后指出，发生事故的驾驶者一般倾向于情绪不稳定、社会适应性不良、生活经历不顺、不负责任等。Deery 等分析了 198 名驾驶者（45%为女性，55%为男性）的人格表现，认为发生交通意外的高危人群带有较为明显的人格特征，如驾驶攻击性较强，喜欢飙车寻求刺激，易怒好斗，情绪适应性差及压抑程度高等。慢性酒精摄入会引发许多不同的神经精神障碍，包括谵妄、精神病、焦虑及自杀风险增加，酗酒者也较常同时存在抑郁、精神分裂、反社会人格和其他人格障碍。Fahrenkrug 等报道，长期大量饮酒，有冒险驾驶习惯，喜欢冒险和酒后驾驶者，发生涉及酒精的交通事故可能性比对照组增加了 6 倍。Donald M 评估了 90 例个体酒后三种不同类型的冲动任务，结果显示，乙醇的摄入增加了冲动反应。Andrzej Jakubczyka 利用巴勒特冲动量表（Barratt's Impul-siveness Scale，BIS）和终止－信号任务研究了 304 个酒精依赖患者的冲动认知和行为，统计结果显示，酒精依赖患者的冒险行为频率与冲动有极大联系，在冲动量表中得到高分的个体更常出现冒险行为，酒后更易发生事故，即冲动是冒险行为发生的重要预警。酒精作用下，冲动行为多发成为造成交通肇事的重要原因。

## 3 乙醛对驾驶能力的影响

研究乙醛对精神行为学的影响的报道较乙醇少。为了研究由乙醛诱发的各种行为和生理效应，或乙醛对乙醇诱发的行为和生理效应的影响，学者们通常会利用增加 ADH、CYP2E1 或过氧化氢酶活性，抑制 ALDH 活性，以及采用不同途径直接给予乙醛等手段使乙醛大量积蓄；或抑制 ADH、CYP2E1 或过氧化氢酶活性，增加 ALDH 活性，以及使用乙醛螯合剂等手段降低乙醛浓度来实现，结果显示，乙醛的这种类乙醇效应高度依赖于给药的方式、部位及剂量等。

### 3.1 对运动功能及技巧的影响

近年来的研究显示，外周给予乙醛，多种运动功能会被抑制或损害；而中枢给予乙醛，则产生双向（剂量—反应）运动效应。如向大鼠侧脑室和第三脑室注射较低剂量的乙醛（15μg～123μg），运动增加；注射较高剂量（246μg），无影响。中枢形成的乙醛在自发活动参数方面的作用看来是比较明确的。Font 以大鼠为研究对象，给予其乙醇的同时，利用 d—青霉胺螯合中枢生成乙醛，发现大鼠乙醇诱导的活动减少，同时并不改变自发活动，即更高活性的过氧化氢酶导致脑中乙醛更高的生成速率，显示出更强的乙醇诱导活动性增加。因此，在不同近交、远交、重组小鼠中，乙醇诱导的活动性都与大脑中过氧化氢酶活性基础水平呈正相关。越来越多的研究评估了外周或大脑产生及积蓄的乙醛对于运动行为的影响，结果表明，干扰乙醇代谢后在外周积蓄的乙醛，会产生运动抑制作用，主要造成共济失调的情况；而中枢产生的乙醛，则会产生相反的运动激励作用，造成这种差异的机制尚未完全弄清。在 Kim 等的研究中，选择了基因型分别为 ALDH2 * 1/ * 1（活性形式）以及 ALDH2 * 1/ * 2（非活性形式）的受试者，分组给予 0.25g/kg，0.5g/kg，0.75g/kg 剂量的乙醛及安慰剂，研究结果显示，ALDH2 * 1/ * 1 组与 ALDH2 * 1/ * 2 组血中乙醇浓度相似，而 ALDH2 * 1/ * 2 组乙醛浓度显著高于 ALDH2 * 1/ * 1 组，且 ALDH2 * 1/ * 2 组运动功能测试（临界闪烁融合阈值、选择反应时间、补偿追踪任务和数字信号替代测试）表现也明显劣于 ALDH2 * 1/ * 1 组。这提示我们乙醛在影响人类精神运动及技巧方面发挥的作用比乙醇更为重要。线性回归分析表明，BAAC 可显著预测更差的精神性运动行为，而 BEC 则不能预测。这同样是研究啮齿类动物在 ADH 1 或 ALDH 2 阻滞后血中乙醇和乙醛水平的一个案例。4MP 阻滞的 ADH 也不影响乙醇引发的自发活动行为，或者只引发一个小的增长。另一方面，给予 ALDH 抑制剂（比如双硫仑，二乙基二硫代氨基甲酸酯 DDTC，双硫仑代谢物，氨腈）之后，乙醇引发的自发活动减少了。DDTC 和氨腈的效果被 4MP 的给药阻止了，表明对乙醇摄入后的抑制作用，外周血中乙醛积累的损害比乙醇更大。然而，这些结论在乙醛外周或中枢积累的应用不是决定性的，因为 ALDH 2 在外周和大脑中被阻滞了。而且，血脑屏障对 ALDH 2 的阻滞能增加大脑乙醛的穿透。总之，所有的这些数据表明，乙醛对乙醇引发的运动刺激和神经适应性有作用，但是这个作用取决于乙醛形成和积累的量。

### 3.2 对精神状态影响

Eriksson 等以基因型是 ALDH2 * 2（非活性形式）的人群为研究对象，研究结果显示，在摄入乙醇后，由于 ALDH2 活性较低，经乙醇氧化形成的乙醛无法迅速代谢消除，血中乙醛浓度显著升高，导致个体皮肤血管扩张，出现脸红并伴随其他自主神经症状，如心动过速、心慌、头晕、恶心，甚至呕吐等醉酒状态。同时，也有研究显示，脑中乙醇代谢为乙醛的能力与昏迷持续时间有关。在小鼠实验中，脑中生成的乙醛似乎能抵制由乙醇诱导的昏迷。大脑过氧化氢酶或 CYP2E1 活性与乙醇诱导的翻正反射消失持续时间呈反相关关系。Vasiliou 研究不同过氧化氢酶表达水平的小鼠行为表现，发现给予乙醇后，acatalasemic 小鼠（过氧化氢酶活性约为正常小鼠的 20%）睡眠持续时间长于正常小鼠。即抑制过氧化氢酶活性，脑中乙醛的生成速度减慢，浓度降低，昏迷时间延长；相反，急性注射乙醇并增加过氧化氢酶活性，乙醛浓度升高，潜伏期延长，翻正反射消失持续时间减少。然而，目前还几乎没有研究评估过脑中生成的乙醛对情绪的影响。众所周知，对人类和啮齿类动物，适度剂量的乙醇可以抗焦虑。然而，关于大脑中形成的乙醛在这种情绪反应上产生的影响的研究只有极少数，不能由此做出定论。

### 3.3 对酒精再摄入的影响

乙醛的积累与自发性的乙醇摄取有非常紧密的联系，意味着乙醛能对乙醇的自愿再摄入产生作用，即影响酒精滥用和酗酒的情况，从而间接对驾驶行为造成影响。然而，中枢和外周的乙醛对于乙醇再摄入的影响却截然不同。临床数据表明乙醇摄取后，到达大脑中或在大脑中的产生的乙醛也许是乙醇摄取的强化效应的原因。然而高浓度的血中乙醛浓度会引起明显的厌恶感，在没有用药经历的受试者中，乙醛能够抑制之后的乙醇摄取。因此，外周产生的和大脑中形成的乙醛之间的平衡能够决定乙醇的摄入量。在一些志愿者中，存在着编码肝脏线粒体中的ALDH 2（ALDH 2 * 2）的基因突变，使这种酶降低或失去活性，从而导致乙醇摄取时血中乙醛浓度变高，因此产生一种大大的使免受酒精中毒或酗酒的表型。在动物中，各个KO小鼠器官中积累更高浓度乙醛，表明相对于WT小鼠来说，KO小鼠对乙醇的偏好减少。血中乙醛水平的升高会产生一系列症状，总体来说是引发厌恶感。在用不能穿过血脑屏障的反义药物使外周ALDH2活性降低和血中乙醛水平升高的动物中，显著的乙醇摄入抑制证实了乙醛的这些边缘效应。

诸如双硫仑和氰氨化钙之类的ALDH抑制剂成功用于制止酒精摄入和防止酗酒者复发。在动物实验中表明，这些药物导致的乙醇摄入减少一般发生在当大鼠没有乙醇摄入历史的时候，但当动物曾长期自发性摄入乙醇时，这些特性就不能体现出来了。新的基因治疗目标物ALDH 2是减少酒精依赖患者的乙醇摄入量的非常有希望的治疗方向。反义寡核苷酸（ASOs）的摄入能模拟低活性ALDH 2 * 2表型，增加乙醇摄入后的循环中的血浆乙醛水平。因此，这种寡核苷酸通过渗透泵传递给大鼠从而导致乙醇厌恶。此外，anti－ALDH 2反义基因通过一次静脉给药由腺病毒作为载体转运，与幼龄UChB大鼠相比，可使酒精依赖UChB大鼠的肝脏ALDH 2活性降低85%，并抑制50%自发性乙醇摄取34天。另一个与酒精摄入有关的乙醇代谢酶是ADH1。个体携带一个ADH等位基因（ADH 1B * 2）编码的一个亚型比普通ADH1B * 1编码的活性高一个数量级，也同样可防止过量酒精摄入和酒精中毒。然而，还没有关于ADH 1B * 2等位基因携带者的乙醛水平更高的报告，快速ADH保护酒精中毒的机制也还不清楚。在高量酒精摄入的UChB大鼠中，雌鼠比雄鼠的肝脏ADH活性高70%，乙醇摄入少60%。在这种类型的大鼠中，雌鼠出现了一个短暂的血中乙醛增长，是雄鼠摄入乙醇后乙醛增长的2.5倍。在这个研究中，与幼雌鼠相比，雄鼠阉割后可致ADH活性增加，也表现出短暂的乙醛增加和自发性乙醇摄入量的减少。相反地，ADH的竞争性抑制剂4MP（10mg/kg）阻碍了动脉内的乙醛增长，同时也增加了乙醇摄入量。因此，一般而言这些研究表明，通过增加乙醛生成或减少乙醛代谢所致的血中乙醛水平升高导致了自发性乙醇摄入的减少，大脑中乙醛水平看起来也和乙醇自发摄入量有关。

## 参考文献（略）

# 生物样品中视黄酸分析方法的研究进展

赵俊红[1,2] 叶 懿[1] 颜有仪[1] 肖 敏[1] 熊 卉[1] 廖林川[1]

1. 四川大学华西基础医学与法医学院；2. 四川大学华西药学院

维生素A即视黄醇（retinol，ROL）是人体必需的维生素之一，在体内依次氧化代谢为视黄醛（retinal，RAL）、视黄酸（retinoic acid，RA）。ROL并不直接调节生命活动，而是通过RAL和RA这两个活性代谢产物发挥作用。RAL主要与视觉形成有关。RA是ROL最主要的活性形式，体内存在着多种几何异构体，包括全反式视黄酸（atRA）、9－顺式视黄酸（9cRA）、11－顺式视黄酸（11cRA）、13－顺式视黄酸（13cRA）、9,13－双顺式视黄酸（9,13dcRA）（结构见图1）。RA在一些基本生命过程如细胞增殖与分化、胚胎发育及生长、中枢神经系统发育及成熟等过程中具有重要的作用。RA内稳态的变化会导致上皮组织退化和神经系统功能紊乱，诱发干眼病、精神分裂症、Parkinson症、Huntington症等疾病。目前普遍认为视黄酸对许多生理过程的调节是通过两类细胞核受体介导的，即视黄酸受体（RAR）、视黄醇类物质受体（RXR）。RAR和RXR对RA不同异构体的亲和性不同。atRA只能激活RAR，9cRA能激活RAR和RXR并产生相应的生理效应，而13cRA却不能与RAR和RXR相作用，9,13dcRA的作用还有待研究。

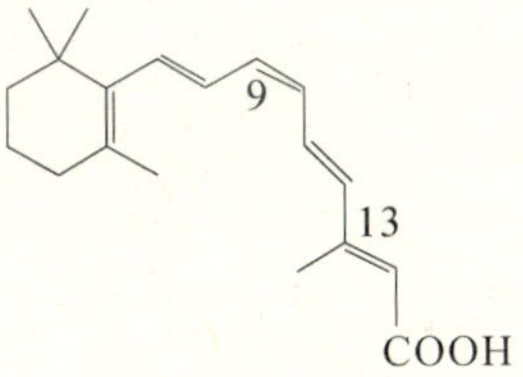

9-cis-retinoic acid

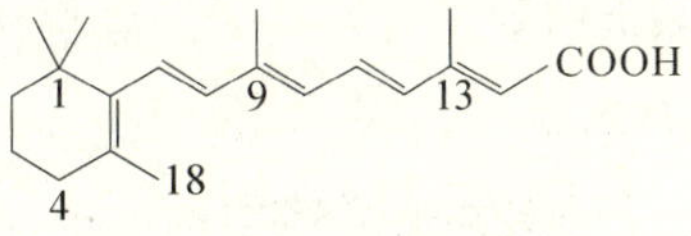

all-trans-retinoic acid

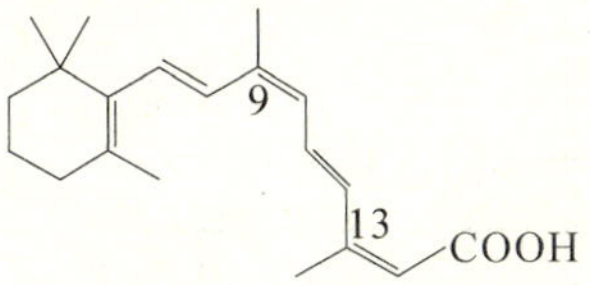

9,13-di-cid-retinoic acid

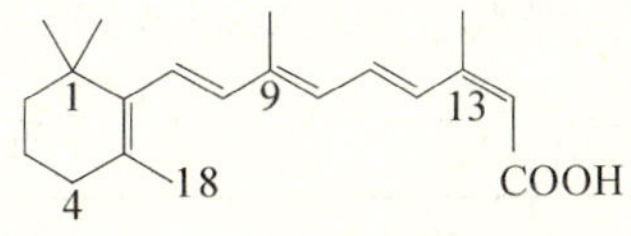

13-cis-retinoic acid

图1

内源性RA的定量分析对于研究视黄醇类物质的作用和内稳态是十分重要的。以前，由于分析方法的局限性，多通过间接测定与RA合成代谢相关的酶活性或RXR的表达来推测RA的合成部位及其作用机理。近年来，随着专属性强、灵敏度高、分辨率高的分析方法的出现，直接测定血浆、组织中的 atRA 及其异构体的方法已有很多报道。直接定量分析法结果较间接测定法更为可靠，这将更有助于 RA 合成代谢、作用机制及其与疾病关联性的研究。然而，由于体内 RA 存在着多种几何异构体，且浓度低、样品量也有限，为确保定量结果准确、可靠，分析方法就必须满足以下几点：①分离度好，能够将各个异构体分离；②灵敏度高，专属性强，能够检测复杂样品基质中的 RA；③稳定性好，满足方法学验证的要求。

## 1 样品前处理

直接采集所得的生物样品基质复杂，含有的蛋白质等大分子杂质和细胞碎片等会不可逆地吸附到固定相上，导致柱效降低、柱压升高，甚至柱子堵塞。因此，生物样品一般都不能直接用色谱法进行分析，需要经过前处理后再分析。样品前处理几乎影响着分析的全过程，在待测物的鉴别、确证、定量分析中具有关键作用。它通常起到了纯化和富集双重作用，将待测物从复杂的生物基质中提取出来并得以富集，使样品更适宜分离和检测，提高分析方法的专属性、灵敏度和准确度。前处理方法主要包括直接蛋白沉淀法、液－液萃取法和固相萃取法。

### 1.1 直接蛋白沉淀法

直接蛋白沉淀法是最简单的前处理方法。Burya 等用乙腈沉淀血浆或组织中的蛋白，将上清液挥干复溶后采用 HPLC 法分析 RA 及其异构体和代谢物，得到了良好的分离效果。该方法简单易行，但是由于所取的乙腈上清液含有部分水分导致前处理时间过长。卢燕雯等采用小体积的正丁醇－乙腈－正庚烷－磷酸盐混合溶剂直接提取分析微量血浆中的 RA，减少了挥干浓缩的步骤，能够一步完成去蛋白和 RA 的提取等工作，且混合溶剂比单纯乙腈的除蛋白效果更好，采用外标法即可满足分析方法学的要求。

### 1.2 液－液萃取法

RA 具有长链多共轭烯烃结构，极性较小，多采用非极性溶剂提取。表 1 列出了几种常见液－液萃取法的主要特征。液－液萃取法虽然操作简单，但繁琐费时，溶剂消耗量多，工作强度大，对样品的净化效果也差强人意。Maureen 等采用碱－酸两步萃取法，不仅能够在碱性、酸性提取条件下分别提取非极性和极性视黄醇类物质，而且相对减少了每个步骤的杂质，降低了基质效应的影响。

**表 1 RA 常见液－液萃取方法的主要特点**

| 仪器 | 有机溶剂 | 酸碱性 | 萃取体积 | 萃取回收率 | 参考文献 |
|---|---|---|---|---|---|
| HPLC | 乙醚－乙酸乙酯（1∶1） | pH=7 | 2∶1 | 68%～86% | （略） |
| HPLC | 乙酸乙酯 | 1M HCl（0.5mL） | 3∶1 | 75%～89% | （略） |
| LC－MS/MS | 正己烷 | 4M HCl（60μL） | 20∶1 | 80%±2% | （略） |
| HPLC | 乙醚 | — | 30∶1 | — | （略） |

### 1.3 固相萃取法（SPE）

SPE 也是一种常见的样品前处理方法。与液－液萃取法相比，SPE 法回收率高，前处理效果更好，需要的溶剂较少，操作简单，更易实现自动化。SPE 与 HPLC 间有很多相似的地方，其原理是基于待测物在固定相和液相（样品基质）的分配系数不同而实现分离。待测物对固定相的亲和性一定比样品基质强。RA 的极性较弱，Paul 等采用 Methyl－C1 小柱处理血浆样品，以含 0.1%2,6－二叔丁对甲酚（BHT）的乙腈溶液洗脱，结果显示样品净化效果好，atRA，13－cis RA 二者的分离度良好，定量线性关系良好，符合分析方法的要求。Carsten 等先用异丙醇沉淀血浆和组织中的蛋白质，所得上清液再用氯仿提取，之后将提取液过氨基固相小柱，最后用 HPLC 分析，该法在沉淀蛋白和有机溶剂萃取过程中可同时提取极性和非极性视黄醇类物质，过固相小柱时可将极性和非极性视黄醇类物质分别洗脱后再进行测定，ROL、RAL、RA 等多种非极性、极性视黄醇类物质的回收率均大于 80%，RA 各异构体间的分离度良好，但该过程操作繁琐费时，容易产生误差。

固相萃取可以是离线模式，也可以与仪器在线连接。单独的 SPE 技术主要通过真空泵来调节压力，易于操作，但要控制流速却有一定的难度，且在上样之前一定不能使柱床干涸。在线 SPE 需要在自动样品处理器或柱切换装置下完成。与使用一次性固相萃取小柱的自动样品处理器相比，采用较短液相柱的柱切换技术更为经济实用。短液相柱可以采用干包法用价廉的填充颗粒制备。Thomas 等以较大粒径的 $C_{18}$ 涂层颗粒制备了短填充柱，采用柱切换技术萃取生物样品中的 RA，回收率高达 97%～100%，该预处理柱的颗粒粒径大、孔径大，即使重复进样，柱压也不会升高。在线萃取不仅可完全避免光照对 RA 的影响，也可以减少在样品纯化、富集的过程中高浓度有机溶剂的破坏，但是，难度高，需要高水平的操作技术。

## 2 色谱分析

体内存在着多种 RA 几何异构体，每种异构体都有自己独特的作用。许多组织和血浆中都含有 atRA，9,13dcRA 主要是一种血浆代谢物，13cRA 分布比较广泛，而 9cRA 仅分布于某些组织部位，11cRA 主要存在于眼部。RA 各异构体的分子量相同，紫外吸收的最大吸收波长虽然不同，但吸收图谱多有重叠，质谱检测和单波长紫外检测是不能将这些异构体区分开的。因此，定性定量分析内源性 RA 时需要采用合适的色谱法将其各异构体分离。分离度不够就会导致几种 RA 同时被洗脱，从而无法实现定性、定量分析。许多色谱条件下，9cRA 和9,13dcRA 会合并成为单个峰，甚至在某些色谱条件下，atRA，9cRA 和 13cRA 会被同时洗脱。二极管阵列检测器能够在检测的同时记录待测物的紫外吸收光谱图，这样可初步检测峰纯度并鉴定视黄醇类物质。然而，由于生物样品中杂质多、RA 的含量比较低，光电二极管阵列检测器的应用就受到限制。因此，要研究 RA 各异构体特定的作用，就必须寻找合适的色谱分离方法，确保各异构体间达到完全分离。

目前，已有很多文献报道了测定生物样品中 RA 的方法，有气相色谱法和液相色谱法。RA 挥发性不好，需要经过衍生化才能采用气相色谱法分析。与气相色谱法相比，液相色谱法在内源性 RA 分析测定中的应用更为广泛。其中液相色谱法主要有正向色谱法和反相色谱法。由于反相色谱法与质谱的兼容性好，运用最为普遍，所使用的固定相主要是$C_{18}$。Burya 等采用等度液相色谱法分析血浆中的 RA 及其代谢物，通过调节流动相的组成、酸碱性、离子强度等改善 atRA，9cRA，13cRA 以及它们的酮基代谢物之间的分离度，虽然分离效果较好，但是还是不能够完全达到基线分离。Carsten 采用梯度洗脱的方法得到了较好的效果。也有学者尝试采用嵌入极性基团的 $C_{18}$ 固定相以改善分离效果。植入氨基基团的键合相增加了对极性物质的选择性，在分离 RA 异构体时比 $C_{18}$ 固定相显示了更好的分离度。

## 3 检测方法

文献报道的组织中 RA 浓度在（1～80）pmol/g，血清或血浆浓度在（1～10）pmol/mL，而通常用于检测 RA 的样品量有限，因此分析方法的灵敏度就必须达到 fmol 甚至更低，对方法专属性的要求也更高。目前已报道的视黄醇类物质的检测方法，包括 LC－MS/MS、LC－MS、HPLC－UV、GC/MS、HPLC－ECD。这些检测方法的灵敏度不同，有各自的优势和局限性。三重四级杆 LC－MS/MS 不用衍生化即可检测 RA，灵敏度和专属性也最好。

## 4 方法验证

RA 化学性质活泼，对光、氧等十分敏感，很容易发生异构化，且体内同时存在着多种异构体，因此，建立准确、可靠的分析方法对于内源性 RA 的定量分析及其生理作用机制的研究是十分重要的。方法验证是对所建立的定量分析方法进行评价，考察其是否符合甚至更优于效能指标的要求。评价分析方法的效能指标有很多，主要包括准确度、精密度、专属性、灵敏度、重现性、稳定性、萃取回收率、线性范围和基质效应。因此，在 RA 定量分析时，所面临的主要问题包括：各个异构体间分离度达不到要求；质谱检测时基质效应和等分子量杂质的干扰；样品前处理和分析过程中人为导致的异构化；采用未经验证的分析方法导致实验结果的不准确。

基质效应是评价仪器对标准待测物和复杂基质中待测物响应的差异。基质效应会使复杂生物基质中待测物的离子化效率较标准待测物增强或减弱。分析 RA 所用的质谱联用仪主要是大气压离子源，包括大气压化学离子源（APCI）和电喷雾离子源（EI)。在 EI 条件下，基质中的某些杂质会和 RA 竞争性地结合小液滴上面的电荷或影响液滴形成的效率从而导致离子化抑制。APCI 的离子化方式不同，离子抑制现象并不常见，但是它会影响电荷从放电针到待测物的转移效率，从而导致待测物和非挥发性物质发生共沉淀。分析复杂生物样品时，往往会遇到结构不相似，但分子量相同（其含量通常远远超过待测物质）的非特异性杂质干扰，这也是质谱检测中的一个难点。虽然，质谱分析仪已经在很大程度上降低了相同分子量物质的干扰，但等质量转换仍然是质谱分析不准确的一个重要因素。改善色谱条件是避免等分子量物质干扰的非常有效的方法。当然，更为严格的前处理方法，稀释样品，减少进样量，同时检测母离子和子离子都有可能消除等分子量物质的干扰。同时，不同厂家的电离源因构造的不同也会影响等分子量物质的干扰效应。在处理脑、肝脏、附睾等富含脂质成分的生物样品时，其中的高脂溶性成分也会影响测定，可通过前处理降低其影响。

视黄醇类物质性质不稳定，容易异构化和氧化，因此，在样品预处理的过程中应可能地避免人为诱导的异构化，尽量保持样品中 RA 各异构体原本的比例。黄色或红色光源可避免光诱导的 RA 异构化。样品的采集和保存条件也要经过验证，避免那些可诱导 RA 异构化和降解的不利因素。样品前处理过程（包括匀浆、萃取、浓缩富集和复溶），都需要对可诱导 RA 异构化和非特异性氧化的因素进行评价。

## 5 分析方法的新方向

视黄醇类物质直接检测分析的新方法可能涉及更灵敏的质谱检测器，更优良的分离方法，与高通量方法的联用，个体局部组织定量分析或细胞、亚细胞结构中 RA 定量分析。

分离方法的演变已经并将继续影响着内源性视黄酸分析方法的发展。在线固相萃取－柱切换技术的联用以及新的萃取介质的出现都有可能改善样品纯化的效果。新的萃取介质有：限制性接触介质、大粒径（30μm ~50μm）的固定相（涡流色谱固定相）和由多孔硅胶、多聚材料制备的整体柱。同时，2μm 粒径的色谱柱在流速增加的同时能够保证良好的分离度，使快速、高效分离成为可能。变换固定相上键入的极性基团能提供不同的分离效果。多维液相或超高效液相色谱法利用正交分离的方法对只经过简单前处理的样品的纯化作用显著，且能够增加内源性 RA 异构体间的分离度。

质谱及其联用技术的发展可能提供更好的过滤容量，消除等分子量杂质的干扰。现在，离子迁移色谱与质谱的联用增加了色谱的选择性。新一代的三重四级杆质谱检测器具有更好的分离效果，能将基质中等分子量杂质的干扰降到最低，虽然其分离效果很容易受室温的影响，但是其在定量分析方面仍然是准确、精密的。多重离子阱质谱仪或四级杆和离子阱联用的混合型多级质谱可能利用质谱自身的特点降低基质的干扰。精确质量分析器如飞行时间质谱和轨道阱质谱与色谱的联用正不断增加，有期望用于定量分析。

**参考文献（略）**

# 国内外医疗纠纷非诉讼解决机制比较

孙小丽　刘　敏

四川大学华西基础医学与法医学院

我国的医患关系随着社会体制及医疗环境的变化也发生着历史性变迁。20 世纪 90 年代以前，虽然我国医疗资源匮乏，但医患冲突事件发生较少，双方处于相互信任状态。我国政府于 1997 年后开始对公立医院进行改革，对公立医院投入明显减少，政府卫生支出占预算总支出比例逐渐下降，2006年的比例都未达到1990年的水平。这就要求医院在相当程度上需要自负盈亏，医院商业化色彩逐渐浓厚，甚至出现以药养医现象。而相应的我国的医疗保障体系却极不完善，尤其是低收入人群“因病致贫，因病返贫”现象比比皆是。随着经济的快速发展、公众法律意识及健康意识的提高，我国在公共卫生服务领域的问题也逐渐显现出来。2012年3月，卫生部统计数据显示，全国每年发生的医疗纠纷逾百万起，平均每年每个医疗机构发生医疗纠纷的数量为40起左右，“医闹”和医患冲突等恶性事件时有发生。同时，“职业医闹”、医生被打事件层出不穷，而“八毛门”“弃婴门”等事件更是一次次敲打我们敏感的神经，如何处理好医疗纠纷已经成为我国当前急需解决的重要问题。即便是医疗法律法规、医疗体制及保险制度比较完善的发达国家，医疗纠纷的发生也是很难避免的。医患关系紧张的原因是复杂的、多方面的，除了政府各相关部门在政策和体制层面进行改革探索以适应我国具体国情外，完善医疗纠纷处理机制才是解决我国医患关系紧张的关键。

目前，我国存在四种医疗纠纷处理机制：第一，医患纠纷协商解决机制。即医患双方协商达成一致意见。第二，医疗纠纷调解机制。医患双方自愿申请，由中立的第三方介入，促进医患双方和解医疗纠纷。这包括卫生行政部门的调解、医疗纠纷人民调解委员会的调解、与保险公司结合的调解中心的调解、法院调解等。第三，医疗纠纷仲裁机制，即指医患双方达成协议后，将纠纷提交仲裁机构做出具有法律约束力的裁决。第四，诉讼机制。即由人民法院对医疗纠纷案件做出审理及判决。前三种视为非诉讼机制，第四种视为诉讼机制。本文将对我国医疗纠纷非诉讼解决机制进行回顾，并与国外医疗纠纷非诉讼解决机制进行比较，以期能够从异同中找到有益我国医疗纠纷解决的方法。

## 1 医疗纠纷非诉讼解决方式概念来源

非诉讼纠纷解决方式（alternative dispute resolution，ADR）又称为替代性纠纷解决方式，ADR的概念来源于美国，其所包括的形式有调解、仲裁、协商，后该机制被引申为对各国普遍存在的、民事诉讼制度以外的纠纷解决制度的总称。而在世界范围内，医疗纠纷的发生率也越来越高，医疗纠纷的处理成为一个国际性的难题。ADR模式也被许多国家应用于医疗纠纷处理领域。

## 2 我国的医疗纠纷非诉讼解决机制现状

### 2.1 医患双方协商机制

根据有关调查显示，我国公立医院医疗纠纷通过医患双方协商途径得以解决的占80%以上，依然是医疗纠纷解决的主要途径。医患协商具有程序简单、处理快捷及成本小等特点。虽然医患双方采取此途径的比例比较高，但却也排除了公权力的介入，使其不能对相关责任人进行追究。有些医院为了降低负面影响，同意协商赔偿了事；患者以“闹”为手段时往往能够得到比合法途径多的赔偿。医患双方的态度在某种程度上也助长了“医闹”的气焰，不利于我国法治社会的建设。据卫生部统计，2006年全国“医闹”事件共发生10248件，2009年上升为16448件，2010年则升至17243件。同时医患双方协商看似程序简单、时间成本少，但有关研究显示，协商解决医疗纠纷并不省时。某地区三级医院 2003 年至 2006 年 71 例医疗纠纷中，通过医患协商解决的 58 例的时间跨度约为 17 个月，协商不成又通过诉讼程序的时间跨度约为 45 个月。医患双方在这场拉锯战中都付出了不少的时间成本。

### 2.2 医疗纠纷仲裁机制

仲裁是指纠纷当事人在自愿基础上达成协议，将纠纷提交非司法机构的第三者审理，由第三者做出对争议各方均有约束力的裁决的一种解决纠纷的制度和方式。仲裁在性质上是兼具契约性、自治性和准司法性的一种争议解决方式。我国的仲裁制度主要应用在民商事纠纷、劳动争议上，《中华人民共和国仲裁法》中没有明确规定医疗纠纷能否适用仲裁制度，但也没有将其排除在外。根据《中华人民共和国仲裁法》的规定，仲裁裁决书一经做出，即具有法律效力，医患当事人就不能以同一事由再提起仲裁或者提起诉讼，即所谓“一裁终局”。有学者认为，医疗纠纷仲裁制度所得到的损害赔偿额度不太可能高于诉讼，虽然可以节省时间，但患者也失去了上诉的权利，所以仲裁制度对患者的吸引力也不大。因此，我国目前没有系统的医疗纠纷仲裁机制，但还是有少数的医事仲裁实践。2002 年，洛阳市卫生局联合洛阳仲裁委员会下发文件，规范医疗格式合同文本，之后有部分医疗纠纷通过洛阳仲裁委员会处理。2003 年，安徽省合肥市卫生局与仲裁委员会通过仲裁形式处理了 15 例医疗纠纷。2006 年太原市仲裁委员会也通过仲裁程序调解医疗纠纷。但从实际情况来看，这些尝试在本质上仍然是调解，只是调解成功后以仲裁的形式出具仲裁裁决书。据报道，2010 年 10 月“深圳医患纠纷仲裁院”正式成立，由 24 名医学专家和具有医学专业知识的律师组成，这是国内首家通过行政法规形式设立的专门医疗纠纷仲裁机构，将为解决医患纠纷提供便捷快速通道。截至 2011 年 10 月，深圳医患纠纷仲裁院成立一年共受理医患纠纷案件 17 宗，审结了 13 宗，已结案案件平均审理期限 15 天，部分案件当天立案当天出具裁决书。虽然仲裁院的效率与成果还是很好的，但也可以看出，一年仅受理 17 件医疗纠纷，与医疗纠纷总数来说所占的比例还是很少的。但同时，在实践过程中也存在着诸多问题，如因医疗损害鉴定问题拖延仲裁的审理期限等。

### 2.3 医疗纠纷调解机制

我国当前的医疗纠纷调解制度的法律依据主要是 2002 年 9 月开始实施的《医疗事故处理条例》（以下简称《条例》），该《条例》第四十六条规定“发生医疗事故的赔偿等民事责任争议，医患双方可以协商解决；不愿意协商或者协商不成的，当事人可以向卫生行政部门提出调解申请，也可以直接向人民法院提起民事诉讼”。可以看出，卫生行政部门的调解属于行政调解，但实际上，我国存在很多种调解方式，如法院调解、人民调解等，都可以引入医疗纠纷的处理。但在较长的一段时间内，我国的医疗纠纷调解主要是指行政调解，法院调解协调医疗纠纷的比例少而又少。而行政调解又存在很多的缺陷，如《条例》仅对医疗事故赔偿引起的争议作了规定，而对于非医疗事故的医疗纠纷未作相应规定；调解的具体程序、期限、效力等均未作详细的规定；卫生行政部门又是医院的主管部门，导致患者的信任度不高。因此，我国的医疗纠纷调解制度，本应成为协商与诉讼之间的一种折中的途径，但行政调解存在的种种缺陷，其他的调解方式又没有同步进行，使我国的调解制度在医疗纠纷的处理过程中并未发挥重要的作用。

近几年来，随着我国医患关系的日益紧张，医患冲突时有发生，人民调解制度慢慢地发展起来。我国山西省是最早施行医疗纠纷人民调解制度的省份，其于2006年成立医疗纠纷人民调解委员会（简称医调委），医调委依托山西省心理卫生协会成立，机构由医学、法律、管理学、心理学和保险方面的专家及具有医疗、法律或心理从业经验的调解人员组成。该机构的调解结果具有绝对的法律效力，双方一旦签署调解书，便不得再对调解结果有任何异议。若再有疑问，则需申请司法途径解决。运行过程中，“山西模式”也曾遇到调解与赔偿不能很好结合的挑战，在山西省引入医疗责任保险制度后，这一现象得到明显改善。若调解结果为医院需赔偿，则由保险公司支付。有统计数据显示，至2011年11月底，山西省医调委受理医疗纠纷案件3425起，调解成功3117起，调解成功率达到91%。2009年调解医疗纠纷700多起，其中恶性医疗纠纷233起；2011年调解的医疗纠纷达1100多起，但恶性事件却下降到90多起。在医调委处理的纠纷案件及患方代表中，由于沟通和理解不及时、不准确，患方不信任医方而导致的矛盾、纠纷占主要原因。山西医调委首创并发展起来的医疗纠纷人民调解全省统一管理，被称为“山西模式”，也就是“一二三”制度，即指“一级鉴定、两级管理、三级调解”制度。一级鉴定指：驻地级市的工作站调查取证，省医调委统一视频鉴定；两级管理指：驻地级市工作站、驻县联络员两级管理；三级调解指：驻县联络员、市调解员、主管调解员实施三级调解。

至2012年2月底，全国已建医疗纠纷人民调解组织2645个。除了“山西模式”外，各地医调委还有其他运行模式：①“江浙模式”，特点为由政府买单。为专职调解员设编制，由医学、法学等方面的专业人员组成，由政府给予一定的资金支持。但这种模式很有可能使得调解员的工作动力不足。②“市场化模式”，由保险公司出资进行市场化运作，虽然该模式在一定程度上可以保证资金来源，但会降低调解机构的公益性。

虽然我国多个省市都成立了医疗纠纷人民调解委员会，其中立性相比卫生行政部门的行政调解大大增强，且协调医疗纠纷的成效也比较显著，但在运行过程中仍然存在诸多问题：①我国多地成立的医疗纠纷人民调解委员目前采取与保险公司合作的方式，如山西省、河南省及广东省等，但是医疗责任保险的发展却并不乐观。以河南省为例，其于2002年就已有医院引入医疗责任保险，但至2009年，很多医院却已退保，多数保险公司也不再开展此项目。原因大致为保险方认为医疗责任保险风险高利润薄、医学的特殊性审核赔付比例难；医方认为赔付流程复杂、患方不认可等。②有些地方如温州市采取了成立医疗纠纷人民调解委员会与医疗纠纷理赔处理中心两大机构并行的机制。据有关调查，温州市医调委在施行过程中也显示出了其独有的优势，如比双方协商更具柔性、更具有权威性；比行政调解更中立，隶属于司法局而不属于卫生局；比诉讼省时、省力。但也仍然存在不少问题，如宣传力度不够、公众知晓率低；调解协议书不严谨、不规范；中立性仍受到威胁等。③对医调委的调解协议的法律效力没有明确规定，部分医调委将其归为有法律约束力，但更多的则仅是调解协议，无强制性。

不论第三方调解机构采取哪种模式，是由司法局和（或）卫生局等官方联合共同设立，抑或是民间团体组织性质的，或者是由保险公司指定调解机构，第三方调解机构要想有长足的发展，就必须在专业性、公正性及权威性三个方面进行不断完善。

## 3 其他国家医疗纠纷非诉讼解决机制

### 3.1 美国

19 世纪 40 年代以后，美国的医疗侵权诉讼明显增加，经历了三个重要的阶段。20 世纪 20 年代以前为第一阶段，类似于我国的“举证责任倒置”，医生要举证自身不存在过失；第二阶段是 1960 年以后，医疗侵权诉讼法定赔偿数额较前大幅度增加，1975 年美国医疗过失平均赔偿数额是 1975—1985 年 10 年间平均赔偿数额的 3 倍还要多；第三阶段是医生与保险公司合作，能够转嫁风险，降低赔偿数额。医疗诉讼数量激增，诉讼费用高昂，赔偿金额不断上升，使得美国在司法层面面临很大的压力。在此背景下，美国将 ADR 机制引入医疗纠纷处理过程中。目前，美国的医疗纠纷处理模式主要是非诉讼处理模式。

为了推进 ADR 模式在处理医疗纠纷中的运用，1997 年美国仲裁协会（AAA）、美国医药协会（AMA）以及美国律师协会（ABA）发起成立了国家医疗纠纷解决委员会。该委员会向这三家机构提交了“正当程序议定书”（due process protocol）计划，报告中推荐了多种非诉讼解决医疗纠纷的方法：①监察人制度。由被指定的中立第三方独立调查，对医疗纠纷相关信息进行收集，并提出解决方案。②事实发现，由中立人进行调查，并依据医疗纠纷的相关事实出具报告，但此报告对医患双方无约束力。③达成一致意见。由中立的第三方组织医疗纠纷各方进行谈判，以促成各方能够达成一致意见。④调解医患纠纷。各方通过中立的第三方进行协商调解，但所形成的调解协议无约束力。⑤仲裁医患纠纷。各方将纠纷提交给仲裁委员会，由仲裁员根据相应程序做出仲裁裁决书，且该裁决书具有准司法性，具有约束力。

另外，美国医院内所设立的伦理委员会在医患发生纠纷时所发挥的作用也是不可忽视的。由于医患所处的立场不同，对问题的看法不同，医患之间难免会发生冲突，此时伦理委员会就成为了医患之间的调解者，尽量使医患双方都能够客观、冷静地看待问题，避免医患纠纷升级。

美国 ADR 模式解决医疗纠纷的特点是调解成为诉讼前的必经程序，如庭外调解无法达成一致意见，医患双方当事人才可以提起诉讼；同时，在医疗纠纷的调解过程中，行政机关不参与。

### 3.2 德国

目前，德国的医疗纠纷主要通过诉讼外途径得以解决。原因为：德国已经实行了全民医疗健康保险，因医疗事故引起的就医费用的增加可以通过医疗保险得以补偿，而如果提起诉讼，得到的就仅仅是精神损害赔偿，且患者要承担举证责任，除非医方有明显的过失(即限制性举证责任倒置)。因此，采用非诉讼途径解决医疗纠纷是德国民众在诉讼制度、社会保障机制下的理性选择。其中，患者与医生或者医院方直接进行协商解决纠纷仍然占有相当的比例。如果协商不成，患者或者家属可以向调解和仲裁机构提出申请。

调解和仲裁机构主要由各州的医师协会单独设立或者几个州的医师协会联合设立，由法律专家和医生组成，是德国设立的专门负责庭外和解医疗纠纷的机构，是一个相对独立的机构。该机构的办公费用由保险公司负责，患方几乎不用支付额外的费用。该机构处理医疗纠纷的程序为：首先，程序的启动可以由患方提出申请，也可由医方提出申请，但必须得到双方的同意之后才可进行；其次，确定相关的医疗专家和法律专家；再次，对事实进行调查，听取相关人员意见，必要时可由专业的鉴定人做出鉴定；第四，在规定期限内对事实及鉴定进行口头辩论，如认为是医方的责任，应给予其陈述意见的机会；最后，综合全体成员的意见向医患双方当事人发出书面通知，通知应包括对医疗事实的判定、法律上的认定等，但并不具有法律约束力。从上可以看出，德国的调解和仲裁机构与我国的医学会比较类似，所不同的是德国的调解和仲裁机构有法律专业人员的加入，使得其公正性大大加强。在德国，有很大比例的医疗纠纷是通过该途径解决的。

德国 ADR 模式解决医疗纠纷的特点是调解和仲裁机构的专业性较强，均有相关医学专家及法律专家参与；所需费用由保险公司承担；调解意见无法律约束力。

### 3.3 日本

我国在人文背景、社会文化等方面与日本有很多相似的地方，但日本的医疗纠纷数量要明显低于我国，特别是恶性医疗纠纷事件。除了经济发展程度较我国先进之外，其医疗纠纷处理的制度设计也有我国借鉴之处。在日本，有大约 90%的医疗纠纷案件是在庭外解决的。日本以 ADR 模式解决医疗纠纷的方式包括以下几种：①医患之间直接对话协商，这种方式主要针对责任划分比较明确的医疗纠纷。②法院调解。与普通诉讼相比，向法院提起的医疗纠纷，和解率为 10%。③医师协会的解决。日本于 20 世纪 70 年代开始实行医师赔偿责任保险制度，医师会与保险公司合作，根据医师协会与保险公司的共同决议，对医疗纠纷进行处理，对医师会会员的医疗过失承担赔偿责任。为了保障其公正性，医师会下设了两个分立的机构，即调查委员会与鉴定委员会，两个机构均由医学专家和法律专业人员组成。医师会主要利用医疗保险制度协调医疗纠纷，其主要程序包括：第一，医方同意后，将患者赔偿请求提交到都道府县医师协会，由工作人员进行初步判断后再委托协会进行理赔；第二，由医师协会的调查委员会与保险公司共同成立的调查委员会再次调查，并将结果交由赔偿委员会进行审议；第三，根据上述审议结果，进入医疗纠纷解决和赔偿的实质阶段。在对赔偿内容进行审议时，与医疗纠纷相关的人员，如医师协会、保险机构相关审查员不能参与审议过程，而是由中立的医学专家及法律专家进行审议，审议结果必须以书面形式予以表示。

日本 ADR 模式解决医疗纠纷的特点：①所提交的材料要求当事医生及患者的姓名、医疗机构的名称等都是匿名的；②调查委员会和鉴定委员会相互制衡，两者组成人员均是医学专家及法律专家，避免结论的片面性。

### 3.4 新西兰

有研究显示，中国与新西兰两国在制度层面上，患者均对医疗体制的信心不足，但是新西兰的医疗纠纷和投诉要远低于中国。新西兰于 1974 年以来，由多个部委联合成立了意外事故赔偿委员会，其中就包括了医疗事故。发生医疗事故后，要在 24 小时内向意外事故赔偿委员会报告，由其进行调查及处理。若当事的医患双方有争议，可向意外事故赔偿委员会提出仲裁申请。

新西兰 ADR 模式解决医疗纠纷的特点是及时性，发生医疗事故后 24 小时内报告。

## 4 我国采用 ADR 模式解决医疗纠纷应借鉴与改进的地方

目前，世界各国都采用了不同的非诉讼纠纷调解机制，他们具有各自不同的特点，我国应该充分借鉴其利弊，完善和构建符合我国国情的 ADR 医疗纠纷解决机制。

从法律层面上，应该借鉴美国的经验，制定《ADR 法》，使各种非诉讼解决机制有法可依，明确各种 ADR 形式的法律效力，有利于将其应用于医疗纠纷领域。同时，完善医疗相关法律法规，虽然我国已经出台了《执业医师法》《侵权责任法》《病历书写基本规范》等医疗相关法律法规，为保障医患双方的合法权益发挥了重要的作用，但与英、美等法律较为健全的国家相比，还远不能满足实践的需要。

诉讼与非诉讼机制相互促进，各种非诉讼形式多元化共同发展。诉讼与非诉讼机制联动，在大力发展非诉讼模式的同时，法院应该成为这些非诉讼调解与仲裁机构的后盾，促进其调解能力的提升，并尊重在纠纷解决过程中医疗行业的行业惯例与行政法规。在非诉讼机制内部，可以形成协商、调解（包括行政调解、法院调解、人民调解）、仲裁等多种形式并存的医疗纠纷非诉讼解决方式，使其共同发展。

建立公平、公正的 ADR 调解机构。我国可以借鉴日本的相关做法。日本医师协会设立的调查委员会与鉴定委员会两者并行，相互制衡，同时，对赔偿内容进行审议时由中立的审查人员进行审查，排除与其有关的医患当事人及与医疗纠纷相关的保险公司的审查员，这就在某种程度上既保障了 ADR 调解机构的中立性，又避免了鉴定结论与保险公司对赔偿结果的影响。我国医疗事故技术鉴定的公正性受到质疑的原因之一就是鉴定人员并不是独立完成鉴定工作，而且最后出具的鉴定书也只有鉴定机构盖章，并无具体鉴定人签字，医学会在法律上也不具有诉讼主体资格。而对医疗纠纷的第三方解决机制来说，其中立性、公正性是公众对其信任程度的重要决定因素。我国温州市在 ADR 解决机制的中立性方面也进行了有益的探索，采取了成立医疗纠纷人民调解委员会与医疗纠纷理赔处理中心两大机构并行的机制，虽然在我国具体国情下仍未能完全保持其中立性，但已有所进步，希望在以后的实践中不断加以完善。

在强调调解机构中立性的同时，还应该加强其权威性及保障组织的经费来源。增加专业调解人员的比例，提高调解人员的调解水平。政府应保障调解机构的办公经费，避免其受保险公司、医患当事人的影响而使调解协议的中立性下降。同时，有关部门应该加大对第三方调解机构的宣传力度，只有提高其知晓率，才能促使公众更多地通过此途径来解决医疗纠纷。

完善我国的医疗纠纷仲裁制度。目前，医疗纠纷仲裁仍是仲裁委员会与卫生主管部门的合作，仲裁委员会并没有从实质上发挥其仲裁的功能。虽然有部分地方进行了尝试，但我国的医事仲裁仍然处于尝试与起步阶段。因此很有必要根据《医疗事故处理条例》及《中华人民共和国仲裁法》设立医疗纠纷仲裁制度，先从制度上加以完善。如同每一起交通事故后相关当事人都知道要找交通部门处理，医疗纠纷的解决也可以借鉴其形式。而由于医学的特殊性、专业性，应增加仲裁员中医疗专家的比例，增加仲裁协议的权威性。同时，也应该通过多种途径增加公众对医疗纠纷仲裁的知晓程度。在形式上，是采取成立独立的医事仲裁机构，还是在现有的仲裁委员会中增加相关专业专家的比例，应该在实践中加以检验，找到适合的途径。

发展并完善医疗责任保险制度。美国和日本是施行医疗责任保险的典型国家，并取得了较好的成效。调解和仲裁制度的顺利实施也离不开医疗责任保险制度的保驾护航，只做出调解或者仲裁决议，但如果落实到赔偿却仍要医院独自承担的话，恐怕又要回到医患双方私下协商的老路。但是，医疗责任保险制度在我国的发展却并不是一帆风顺的，这可能和我国的具体国情是密切相关的，如保险公司利润低、核保难，患方信任度低等原因。目前，我国多省地市成立医疗纠纷人民调解委员会后，多数医院已开展医疗责任保险项目，期望人民调解机构与其结合后，能够在一定程度上免除医疗机构及医生的后顾之忧。我国已有部分省市出台了明确规定，强制医疗机构及医务人员参加医疗责任保险，同时在实践过程中我们还应该明确医疗保险的赔偿范围、额度，并保障医疗责任保险金来源渠道的多样化。

我国的经济发展仍然处于社会主义初级阶段，同时医疗相关法律法规不完善、医疗保障体系不健全及医疗体制存在的缺陷等种种问题，决定了我国的医患关系紧张、医疗纠纷频发现象并不是一朝一夕就能够得到解决的。因此，虽然 ADR 模式纠纷解决机制是一个高效、低成本的途径，但将其有效地运用于医疗纠纷处理领域我们还有一大段路要走。

**参考文献（略）**

# 法医病理学

# Forensic Pathology

Advances & practices in Forensic Medicine 8

# 机械性窒息征象中胰腺出血表现分析

王勇庆　曾德兵
成都市公安局刑警支队技术处现勘大队

在法医检验中，机械性窒息所致胰腺出血征象在实际检案中所见较少，其具体产生机制尚不清楚，如结合其他机械性窒息征象，对于死亡性质的判定并不困难，如仅见胰腺明显出血，其他窒息征象不典型，则易误判为急性出血坏死性胰腺炎。

## 1　案例资料

死者张某，女，18岁。2010年8月28日晚，张某被发现死于某县西街九龙湖社区一间出租屋内。死后第4天尸检。尸检所见：青年女性尸体，发育正常，营养中等。双眼角膜混浊，瞳孔未窥及，双眼睑球结膜苍白。耳鼻口腔未见异常。左膝外侧、左足背近踝关节处、右膝关节外侧有擦伤。右小腿上段外侧有片状皮肤青紫。右外踝有两处皮肤擦伤。双手十指甲床发绀。双肺表面光滑，未见出血，切面呈红褐色，有泡性液体流出。心脏表面光滑暗红色，未见出血。肝表面光滑，红褐色。胰腺尾部出血明显。胃内有食糜约200g，可见成形米粒，胃黏膜未见明显异常。法医病理组织学检查发现胰腺组织局部自溶，被膜下及小叶间散在多量红细胞存在，腺泡细胞散在多灶性坏死。

破案过程：通过提取死者阴道拭子做出男性DNA，确认为一起系列强奸杀人案中嫌疑人DNA而串并破案。犯罪嫌疑人交代其尾随受害人进入受害人租住的出租屋内，用被褥捂压其口鼻部致其死亡后实施奸尸，并简单清理现场离开。

## 2　讨论

(1) 本案中，死者被人以柔软物体（被褥）捂压口鼻，阻碍呼吸运动，影响气体交换引起窒息性死亡。检验所见：死者除双下肢有少许擦挫伤外，未见致命性损伤。死者无颜面部淤血发绀，双眼睑球结膜未见出血斑点，心肺表面未见出血点，颈项部、口鼻部未查见机械性暴力损伤痕迹，唇、颊黏膜无损伤，气管及支气管亦无异常，胰腺尾部出血明显。法医根据大体解剖检验极易误判为急性出血坏死性胰腺炎致死。

(2) 机械性窒息所致胰腺出血与急性出血坏死性胰腺炎出血从肉眼看不易分辨，需进一步进行病理检验，通过镜下是否可见炎细胞浸润作为区分。

(3) 法医检案中，由于现场勘查工作的条件不足，单纯依据尸检判断死亡性质时，尤其应该慎重。机械性窒息死亡案例中，由于致伤方式及个体的不同，常常出现一些非典型的尸体征象，不能轻易排除窒息可能，在确诊疾病引起死亡时，应坚持法医组织病理学检查，提取相关病理检材送检，对于不具备开展病理检验的基层法医尤为重要。

# 药物过敏性休克致死的法医学分析

吴 响 金 和
浙江省乐清市公安局

近年来，屡有头孢类药物引起过敏性休克的报道。在临床实践中，部分医疗机构为了避免医疗事故的发生，在使用头孢类药物前进行皮试已是常规。但在基层，有的医生及非法行医者对头孢类抗生素的常规使用方法及对可能出现的后果缺乏足够的重视。因此，在一些个体诊所，特别是一些无证诊所里经常会发生由于药物过敏引起非正常死亡的案件上报给公安系统。公安局法医在处理此类案件时，要注意对现场物证及时提取和保存，对尸体要进行细致的系统检验，对死因要进行全面综合分析。笔者对药物过敏性引起的死亡作如下的法医学分析，以供大家参考。

## 1 案例资料

某男，40 岁。2011 年 4 月 20 日，因咳嗽、哮喘到私人诊所（非法诊所）就诊。诊所医生未先做皮试，就对患者点滴头孢唑林，在为患者输液的过程中，患者突然出现呼吸困难，急打“120”，救护车未至患者已死亡。

## 2 尸体检验

尸长约 167cm，体型中等，发育正常，营养良好。腋下、背部及腰部皮肤见散在的出血点。尸斑分布于颈项部及背部未受压处，指压后均不褪色；全身皮肤可见少许腐败静脉网，腹部皮肤部分区域尸绿形成。左、右角膜高度混浊，双瞳孔均未能窥视。左侧臀部皮肤见注射针孔一个，针孔周围皮肤无出血；两侧手背各见注射针孔一个，针孔周围小片皮肤呈褐色，余未见异常。内部器官检查：硬脑膜外、硬脑膜下及蛛网膜下腔及全脑表面均未见出血、损伤；大脑前、中、后动脉及基底动脉环均未见畸形、粥样硬化；脑垂体大小、形态正常；全脑重 1500g，形态正常，多个冠状切面切开大脑、小脑及脑干检查，各切面均未见肿瘤、出血、血肿及挫伤，左、右侧脑室及其他脑室未见扩张、积血等异常情况。分层解剖颈部，舌骨未见骨折；甲状腺位置、大小、形态正常；会厌未见损伤；喉头明显水肿；两侧腭扁桃体未见肿大；气管内未见异物阻塞。按常规打开胸腹腔检查，双侧胸膜无明显粘连，双肺共重 1072g，肺膜表面光滑，边缘气肿；左肾表面见一个小囊肿，大小为 0.5cm×0.6cm；其余器官未见异常，胃内可见半消化食物残渣及米粒，约 500g，未闻有机磷农药等异味。

## 3 病理组织学检查

脑皮质神经元细胞水肿，细胞周围间隙增宽，部分神经元尼氏小体消失，大部分血管淤血、扩张，血管周围腔隙增宽，脑白质疏松、水肿。大脑、小脑、脑干蛛网膜下腔血管扩张、淤血；大脑、脑干实质见散在的淀粉样小体分布。心外膜血管淤血、扩张，心外膜、内膜、间质未见出血、炎症细胞浸润；部分心肌纤维断裂及呈波浪改变；冠状动脉内膜未见增厚；窦房结、房室结未见出血、炎症、脂肪浸润等改变。喉头会厌及悬雍垂组织疏松、水肿，部分区域见少许淋巴细胞浸润，偶见嗜酸性粒细胞浸润；气管黏膜层、黏膜下层见较多的淋巴细胞、嗜酸性粒细胞浸润；肺泡壁毛细血管明显扩张、淤血，部分区域肺泡腔内见大量的红细胞及水肿液；部分肺泡间隔断裂，形成肺气肿；肺膜未见炎症细胞浸润。肝窦、脾窦淤血，部分肝细胞水肿。胃肠黏膜、胰腺弥漫性自溶，未见炎症细胞浸润。手背注射针孔处皮肤表皮、真皮结构尚清，表皮下层及真皮层见大量的红细胞。其余组织器官未见异常。

毒化检验：未检出有机磷农药、杀鼠剂等毒物成分。

药物检验：患者输液针眼处皮肤和血液中均检出头孢唑林成分。

化验检查：心血总 IgE：358 IU/mL（正常参考值 1.31 IU/mL～165.30 IU/mL）。

法医病理学诊断：喉头明显水肿，急性肺水肿并灶性出血；慢性支气管炎并早期肺气肿；全脑水肿；大脑、脑干实质淀粉样小体分布；心肌纤维断裂或呈波浪状改变；部分肝细胞水肿；胃肠黏膜、胰腺自溶性改变；脑、心、肺、肝、脾、肾、甲状腺等全身多器官淤血。死因鉴定：输液引起的过敏性休克致死。

## 4 讨论

头孢唑林为β-内酰胺类广谱抗生素，为第一代注射用头孢菌素。对敏感的革兰阳性球菌与常见的革兰阴性杆菌均有较强抗菌作用。对革兰阳性球菌的作用超过第二代与第三代头孢菌素。可广泛用于耐青霉素类、对头孢唑林敏感的金黄色葡萄球菌感染。然而，使用头孢唑林前应注意询问患者是否有青霉素过敏史或患有过敏性疾患，对青霉素过敏者或处于高敏状态者应慎用。

过敏性休克死亡的法医学鉴定往往根据过敏史、临床表现及形态学改变（如肺水肿、多器官淤血、嗜酸性粒细胞浸润等），同时排除损伤、窒息、中毒及其他可导致死亡的原发性疾病等。本例尸检未见可以说明死因的原发性疾病或损伤，常规毒物筛查为阴性，且经系统尸体解剖和病理组织学检查发现，喉头明显水肿、急性肺水肿并灶性出血、多器官淤血、气管黏膜大量嗜酸性粒细胞浸润。因此，根据尸体解剖、组织病理学检验所见及有关毒物筛查结果，结合生前的临床治疗经过，可以认定本例符合静脉滴注头孢唑林发生过敏性休克，导致急性呼吸、循环功能障碍而死亡。需明确指出的是，本例心血 IgE 含量为 358 IU/mL，超过正常参考值 1.31 IU/mL～165.30 IU/mL，在临床实践中通常将血清中的 IgE 值作为诊断过敏性休克的一个重要指标。然而在法医学实践中，由于受死后时间、尸体保存状况、死后溶血等因素影响，很多学者对心血 IgE 值是否适合用于药物致过敏性休克死亡的诊断存在争议。本例考虑到死者生前患有哮喘，对 IgE 检测结果有一定影响，故其结果仅作参考。

# 致心律失常性右室心肌病猝死的法医病理学分析

刘建丰
浙江省永嘉县公安局刑侦大队

致心律失常性右室心肌病（arrhythmogenic right ventricular cardiomyopathy，ARVC）又称右心室发育不良（right ventricular dysplasia，RVD）、右心室心肌病（right ventricular cardiomyopathy，RVC），是一种原因不明的以右心室被纤维脂肪组织取代为主要病变的心肌病。过去还称为羊皮纸心、Uhl 氏畸形、右室扩张性心肌病等。1996 年 WHO 国际心脏病联合会命名为 ARVC，列为新分类五种心肌病之一。本文通过 2 例尸检病理报告并结合文献，讨论了致心律失常性右室心肌病的病变特点、猝死原因、病理诊断要点及法医学鉴定注意事项，供同道参考。

## 1　案例资料

**案例** 1：某男，25 岁，工人。平时身体健康，体检时发现仅偶有室性早搏。某日下班后躺在沙发上看电视，家人呼之吃饭时无反应，急送抢救过程中呼吸心跳停止。尸表检查未见损伤，面部及指甲发绀。心重 450g，右心外膜均为脂肪组织所覆盖，最厚处达 1.2cm，左、右心室均明显扩张，以右心室更明显；右心室壁大部分由黄色脂肪组织所组成，左心室和室间隔也有脂肪组织和纤维脂肪组织。心瓣膜和冠状动脉未见明显病变。镜检右心室壁脂肪组织浸润明显，达心内膜并有轻度间质性心肌纤维化；右心房脂肪浸润明显，室间隔有层状脂肪组织浸润、间质性心肌纤维化及灶性淋巴细胞浸润；左心室肌和左乳头肌纤维轻度断裂、间质淤血，并有轻度间质性心肌纤维化；其他器官未见明显病变。鉴定为致心律失常性右室心肌病猝死。

**案例** 2：某男，21 岁，学生。某日在网吧连续上网期间突然伏趴于电脑桌上，邻座上网人员发觉异常，管理人员急送医院抢救无效死亡。尸表检查未见损伤，心脏质量 420g，右心室心外膜被覆脂肪组织，厚 0.5cm。右心室扩张，扩张部分心肌变薄，左心室肥厚，心瓣膜和冠状动脉未见明显病变。镜检右心室心外膜见大量脂肪组织被覆，右室和部分左室心肌间可见大量退变的脂肪组织、扩张的血管组织填充，其他器官未见明显病变。鉴定为致心律失常性右室心肌病猝死。

## 2　讨论

致心律失常性右室心肌病（ARVC）以 20～40 岁的青壮年多见，男性多于女性，常发生猝死，特别是年轻人。临床上主要表现为室性心律失常、心悸、气短、晕厥，晚期可有右心衰竭；但也可无任何症状体征而心猝死为首发表现。有明显的家族病史或遗传倾向，其病因多认为是常染色体显性遗传，其基因缺陷位于第 14 号染色体 q23－q24，也可能与心肌细胞凋亡有关。

虽然不同学者报告其病理变化的形态特征有一定差异，但最主要的病变特征是右心室心肌局灶性或大片被脂肪和纤维脂肪组织所取代，正常心肌被分隔成岛状或块状，散在分布于纤维脂肪组织间，右心室壁心肌变薄、右心室腔扩张，从而使心肌收缩力减弱，传导性下降，成为发生猝死的病理基础。

除上述特征性病变外，ARVC 还有一些非特异性病变。如多数病例心脏重量有轻度至中度的增加，但也可在正常范围内。约 60％的病例尸检时可见左心外膜下有脂肪组织沉积，50％左右的病例有右室室壁瘤形成，且多位于右心室隔面；心肌变性坏死少见。半数以上的病例可累及左心室，故现在不再认为 ARVC 是仅累及右心室的心肌病。但有的学者认为左心室病变并不常见，累及室间隔者更少。是否累及左心室或室间隔，可能与年龄有关，即年长者更可能累及左心室和室间隔，或者是与其病变的严重程度有关，病变严重时可累及，全心冠状动脉一般正常，但也可见轻度狭窄。报道炎性细胞浸润并不多见，但亦有人认为多数病例在组织学上有炎症改变的证据，说明其非特异性改变的变化较大。值得注意的是，由于部分死者尸检时心脏肉眼外观正常，故在尸检当时不能被诊断为该病，须经病理组织切片检查才能发现其病变而确诊。

ARVC 的猝死机制为起源于右心室的室性心律失常，由于右心室局部或大块心肌被脂肪或纤维脂肪组织所取代，正常心肌被分隔，使心肌传导性和不应期离散，突发或反复发作持续性心动过速、室性早搏或心室颤动，如未及时救治常发生猝死。

ARVC 虽为年轻人猝死的重要原因之一，但它并非常见病，其鉴定应十分慎重。主要诊断依据是：①右心室扩张；②右心室壁被多发性局灶性或大片的脂肪组织或纤维脂肪组织所代替，残存心肌被分割呈岛状或条块状；③伴有或不伴有右心房、右心室或室间隔受累；④伴有或不伴有心肌间质灶性淋巴细胞浸润、右心室室壁瘤形成；⑤有显著心律紊乱的过去病史、家族史及辅助检查阳性发现，则有助于诊断。

法医学鉴定时除应常规排除暴力死和其他常见自然疾病猝死外，特别应与扩张性心肌病和脂肪心相鉴别。扩张性心肌病虽有心腔扩张，亦可见间质性心肌纤维化，右心室壁常有轻度增厚，但右心室不被脂肪或纤维脂肪组织取代，显微镜检查心肌细胞肥大、核大深染。脂肪心虽然左、右心室脂肪组织显著增多、心腔扩张，但患者多为体型肥胖者，右心室扩张程度轻，显微镜下心肌间质有明显脂肪组织浸润，但右心室不被脂肪或纤维组织取代，心肌间质一般不伴有炎性细胞浸润，可资鉴别。

# 输液致持续癫痫状态死亡的法医学鉴定

张嘉陵
成都市人民检察院

## 1 案例资料

2012年7月12日，死者孟××（女，1969年10月10日生）因牙痛、头痛到乡镇药房（白×所开）输液，曾发生不良反应；第二天又因脚痛再次输液，发生不良反应，并发癫痫；急送某总医院，医院当日在15：00～23：00时进行抢救治疗，后抢救无效呼吸循环衰竭死亡。死亡诊断：①癫痫持续状态；②呼吸循环衰竭；③电解质紊乱；④肝功能受损。

第一次死亡原因分析鉴定由某高校鉴定机构做出。鉴定意见：①送检的遗体各脏器病理检验未发现同送检临床病历资料相符的致死性器质性疾病。其死亡原因需结合调查及临床病历资料分析判定。②现有送检资料不支持孟××死亡与使用“氯化钾”药物之间有因果关系。

第二次死亡原因重新鉴定，由北京某鉴定机构作出。鉴定意见：被鉴定人孟××因输液发生不良反应，诱发癫痫持续状态，导致呼吸循环衰竭而死亡；生前患有冠心病、高血压病、脂肪肝，电解质紊乱对死亡起辅助作用。

## 2 案件分析

本案以“非法行医”罪名进入诉讼程序，经查白×本人不具执业医师资格，所经营的药房没有行医资质。在捕诉环节，一种意见认为，孟××死亡与白×医疗行为之间没有因果关系，表现为对第一次鉴定的误读：认为虽然医疗行为属非法行医，不应捕诉。第二种意见认为第二次鉴定支持因输液发生不良反应，诱发癫痫持续状态，导致呼吸循环衰竭而死亡，白×医疗行为造成了孟××的死亡后果，但捕诉中应再次鉴定，弄清楚发生何种不良反应、导致癫痫发生的原因以及输液与死亡的因果关系。

鉴于此，由检察院技术室受理法医再次进行死因分析鉴定，还原事件真相。孟××死亡之前一天，因头痛、牙痛就在白×的药房输液发生不良反应（药物、症状）后自行缓解。死亡当天上午因脚痛再次到药房输液，先后输入氯化钾、氯化钠、VB6、清开灵、葡萄糖500mL等，再次发生不良反应，后发生持续癫痫呼吸循环衰竭死亡。

## 3 法医鉴定

（1）大标本观察：心脏内外膜未见明显异常，左心室厚 1.2cm，左冠脉距开口 2.5cm 处，内膜新月状增厚，色灰白，Ⅱ度狭窄。脑组织蛛网膜无增厚，蛛网膜下腔无出血，血管有扩张充血，冠状面切开无出血及坏死。肾脏外形及包膜无异常，两肾大小 12cm×5.5cm×3cm 及 11cm×6.5cm×3.5cm，切开未发现明显异常，肾上腺无出血。肝脏包膜光滑，外形无异，20cm×11cm×11cm 大小，附带胆囊无异常。胰腺灰褐色 15cm×3.5cm×3cm 大小未见明显出血及坏死。肺脏（左右）肺包膜无出血坏死，右肺上叶轻度气肿。咽喉黏膜及声带轻度水肿。

（2）显微镜检验。心脏：内外膜无异常，左心室心肌部分粗大、核大、深染，心肌部分萎缩，心肌细胞内有空泡形成，部分区域间质增生，小动脉壁增厚，管腔变小，心肌纤维有断裂，未见明显出血及坏死；右室壁及传导系统有轻度脂肪浸润；左冠脉内膜新月状增厚，胶原纤维增多，混杂小灶状脂质沉积及泡沫细胞形成，血管腔Ⅱ度狭窄，右冠脉无明显病变。脑：蛛网膜无增厚，蛛网膜下腔无炎症及出血，脑实质无明显出血及炎症，侧脑室旁及海马区有小软化灶，神经细胞有部分变性坏死，胶质细胞增多，毛细血管扩张淤血，神经细胞及小血管周围腔隙扩张，小动脉壁增厚。肾：包膜无增厚，肾小球无增生，少数肾小球纤维化、玻璃样变，近曲小管自溶，间质小灶增生；部分小动脉壁增厚玻璃样变。肾上腺、甲状腺、子宫、输卵管、卵巢有淤血。胰腺：部分自溶未见出血坏死，间质淤血。肝脏：包膜无增厚，小叶结构清楚，肝细胞肿胀部分解离，细胞内有大小不一圆形空泡，部分区域小灶坏死炎细胞浸润，门脉管区慢性炎细胞浸润，间质无增生。脾脏：包膜无增厚，白髓轻度萎缩，淋巴细胞减少，脾中央动脉增厚、玻璃样变，管腔变小，脾窦扩张。肺脏：肺膜无增厚，肺泡壁毛细血管扩张、淤血，细胞略增多，肺泡腔及支气管腔内充满粉红液体，右肺上叶肺泡腔扩张、过度充气，肺泡及支气管无嗜酸性粒细胞浸润，其余无明显炎症出血及坏死。咽部：黏膜及下层血管扩张、淤血，间质水肿伴慢性炎细胞浸润，无嗜酸性粒细胞浸润。

（3）法医病理诊断：①冠心病。左冠状动脉粥样硬化（Ⅱ度），主动脉粥样硬化。②高血压病。心肌肥大，肾小动脉硬化，脾中央动脉硬化，脑小动脉硬化，心肌间小动脉硬化。③脑淤血水肿少许软化灶形成。④肺淤血水肿、轻度气肿。⑤肝窦淤血、中度脂肪肝。⑥单侧肾囊肿。⑦右侧卵巢黄体出血。

## 4 鉴定意见

结合本案的全部材料，综合分析符合输液发生不良反应（药物副作用、药物过敏等），在糖尿病基础上输入葡萄糖液致血糖迅速持续升高、抽搐、引发糖尿病性癫痫，持续癫痫昏迷致呼吸衰竭死亡；患者自身疾病冠心病、高血压等对于死亡起辅助作用；药房输液不当造成孟××持续癫痫的发生及死亡具有直接因果关系。

## 5 讨论与思考

输液后患者短时间内死亡，是一个客观事实。需要搞清楚的是前后输液使用的药物：氯化钾、氯化钠、VB6、清开灵、葡萄糖与死者的身体状况，什么原因引起持续癫痫，导致死亡的原因是单一还是多因。

### 5.1 药物与症状

本案死者生前输入氯化钾、氯化钠、VB6，发生寒颤，后高热出大汗、呕吐，停输后缓解；再输入氯化钠加清开灵后出现抽搐，停输后缓解；又换液体输入葡萄糖后发生抽搐并持续癫痫发生。

#### 5.1.1 氯化钾

与氯化钾相关的后果有两种：一为高钾血症，一为低钾血症。

高钾血症。细胞内外 $K^+$ 的平衡需 15h 左右，肾脏排泄更慢，故短时间输入较多的 $K^+$，可发生致命性高钾血症。高钾血症（hyperkalemia）是指血清钾离子高于 5.5 mmol/L。高钾血症的患者机体 $K^+$ 的含量不一定高于正常。正常情况下，机体具有调节钾浓度的有效机制，故不易发生高钾血症，但一旦出现短时间或长时间内不能逆转的各种因素，皆会发生高钾血症。高钾血症的主要原因有：①钾的输入量过多；②排除减少；③组织破坏；④分布异常。高钾血症可导致心脏和呼吸肌功能的严重损害，需积极处理。

血钾浓度急性升高而细胞内浓度不降低的高钾血症，其原因主要有钾摄入或输入过多、肾脏排泄钾减少（机体钾含量增多）和组织破坏（机体钾含量正常）容易导致各种类型的心律失常、肌无力。本案没有上述表现。

低钾血症。给予葡萄糖补液后，因其可刺激胰岛素的分泌，同时伴随糖原的异生作用（结合钾），可使血清钾浓度降低；给予生理盐水或碳酸氢钠补液时，细胞外液和细胞内液的钠浓度均升高，激活 $Na^{+-}$ $K^{+-}$ ATP 酶，使钾转运至细胞内，降低血钾。因此在治疗低钾血症时，如将钾盐放在5%或10%的葡萄糖溶液（糖浓度明显高于血糖浓度）中或生理盐水（钠浓度高于血钠浓度）中静脉滴入，若输液过快可能使血钾浓度暂时更低。5%的糖盐水作为常用补液则可能通过葡萄糖和 $Na^+$ 的双重转运 $K^+$ 的作用，使低钾血症恶化更明显，本案表现出明显相关：输入氯化钠、葡萄糖后出现血清钾低。

#### 5.1.2 氯化钠

氯化钠是一种电解质补充药物。钠和氯是机体重要的电解质，主要存在于细胞外液，对维持正常的血液和细胞外液的容量和渗透压起着非常重要的作用。正常血清钠浓度为 135 mmol/L～145mmol/L，占血浆阳离子的 92%，总渗透压的 90%，故血浆钠量对渗透压起着决定性作用。正常血清氯浓度为 98mmol/L～106mmol/L，人体中钠、氯离子主要通过下丘脑、垂体后叶和肾脏进行调节，维持体液容量和渗透压的稳定。

一般而言，生理盐水能够避免细胞破裂，它的渗透压和细胞外的一样，所以不会让细胞脱水或者过度吸水，所以各种医疗操作中需要用液体的地方很多都用它，是人体细胞生活中所处液体环境的浓度。

单用生理盐水输液，当氯化钠已经补足而脱水尚未补够时，如继续用生理盐水就会造成盐性利尿，严重者可产生盐中毒。单纯用 5%～10%GS 输液时，则会造成细胞外低渗状态，于是抗利尿激素分泌减少，造成利尿，严重者可出现水中毒，引起神经症状，临床表现为越补液尿越多。

5.1.3 维生素B6

维生素B6（Vitamin B6），又称吡哆素，是一种水溶性维生素，为无色晶体，易溶于水及乙醇，在酸液中稳定，在碱液中易破坏，遇光或碱易破坏，不耐高温。

维生素B6在酵母菌、肝脏、谷粒、肉、鱼、蛋、豆类及花生中含量较多。维生素B6为人体内某些辅酶的组成成分，参与多种代谢反应，尤其是和氨基酸代谢有密切关系。临床上应用维生素B6制剂防治妊娠呕吐和放射病呕吐。它的副作用为长期过量服用可致严重的周围神经炎，出现神经感觉异常，步态不稳，手足麻木，若每天服用200mg持续30天以上，曾报道可产生维生素B6依赖综合征。

5.1.4 清开灵

其副作用有致敏致热及配伍禁忌等。

5.1.4.1 高热

由于清开灵注射液是中药提取制剂，高热的发生可能与其成分中的大分子及生产过程中产生的杂质有关。吴庆红报道用清开灵注射液致药物热8例。因颅内感染、脑梗塞、感冒咽痛等症状，给予清开灵注射液静脉滴注，出现胸闷、言语困难、咳嗽，随之出现寒战，当即停药。抗过敏治疗后症状消失。

5.1.4.2 过敏

清开灵注射液中的水牛角含有异体蛋白，进入人体后作为抗原物质刺激免疫系统而引起过敏反应。据报道有患者因上呼吸道感染伴发热使用清开灵注射液，静脉滴注开始后最早1min，最迟30min患者发生过敏性休克，表现为面色苍白、胸闷气短、肢端发冷、心率加快、血压下降、严重者昏迷、四肢抽搐，皮肤黏膜发绀。患者经停药、抗过敏、抗休克治疗后，在数分钟至两小时后恢复正常。

5.1.4.3 神经系统

清开灵注射液引起的神经系统不良反应主要表现为惊厥、头痛、烦躁、谵语、幻觉等精神症状。停药后，于次日上述症状减轻直至消失。

5.1.4.4 配伍禁忌

清开灵注射液与垂体后叶素注射液、维生素B6注射液、庆大霉素注射液、葡萄糖酸钙注射液、硫酸镁注射液、止血芳酸注射液、阿拉明注射液、去甲肾上腺素、异丙肾上腺素、洛贝林等10种药物存在配伍禁忌。

5.1.5 葡萄糖

在本例中假设药物没有问题，引起癫痫发生最能解释的就是糖尿病。高血糖加重脑部缺血、缺氧，葡萄糖无氧酵解使细胞内乳酸水平增高，pH下降，导致细胞内酸中毒而损害神经元、胶质细胞及脑血管，引起癫痫（羊角风）发作；迅速发生的高血糖及高渗状态，使细胞内外渗透压梯度显著增大，导致神经细胞内脱水，酶活性改变，细胞内外间隙电解质失衡和糖代谢中间产物聚集，严重影响脑细胞功能，激发脑神经元异常放电而导致癫痫（羊角风）发作。糖尿病性癫痫发病急，症状重，表现形式复杂，在无明确的糖尿病史情况下，不易被诊断，易造成误诊。

### 5.2 疾病

冠心病、高血压、脂肪肝均属慢性病，在机体应激状态下有上述基础疾病或慢性疾病情况下愈后差。

### 5.3 未确定的因素

在整个鉴定中还应考虑是否药品过期、是否假冒伪劣药，以及是否拿错了药物。但无论如何，输液后多次发生不良反应是不争的事实。本案中，某医院抢救过程中两次随机血糖 13.2mmol/L，13.78mmol/L 提示糖尿病。糖尿病患者出现牙痛、腿疼的情况也很多见，并有血钾低的表现，其电解质、肾功检查示血钾 3.38mmol/L，低于正常（正常值）。如果单一归结为糖尿病，又不能解释输葡萄糖之前的不良反应，中间还叠加药物的副作用、药物配伍禁忌、药物过敏、肝功受损等，据此分析，造成死亡后果应属多因一果，但最后持续癫痫状态的发生，能够解释的是输入葡萄糖后致血糖飙升，继发糖尿病性癫痫导致呼吸循环衰竭死亡。案情显示，最后输注葡萄糖 500mL（浓度不详）后出现持续癫痫状态，死者生前未反映出糖尿病（并不能以此认为无糖尿病）以及死亡后的两次鉴定均未提及最后输注葡萄糖的情况（原因不详）。第二次鉴定确定输液发生不良反应，诱发癫痫持续状态，导致呼吸循环衰竭而死亡。但未明确诱发癫痫的原因，对输注葡萄糖只字未提。

经过上述讨论，对本案如何引发癫痫持续并致死亡有一个基本的认识和阐释，显然为多因导致死亡后果。本案输液中的药物清开灵与维生素 B6 配伍存在禁忌；清开灵的诸多副作用，以及隐匿性糖尿病大量输入葡萄糖液等，主要原因应由输液的药房承担是符合法律规范和科学认识的。

当然医院抢救过程及患者死亡后两次鉴定中均未反映患者输入葡萄糖的事实更是值得深思。

# 心肌病猝死法医病理学分析 1 例

康中林　陈启武
四川省资阳市人民检察院

## 1 案例简介

死者女性，59 岁，于 2012 年 1 月 8 日下午四点左右到某诊所进行治牙手术。1 月 9 日早上七点四十分左右，家里人发现她死于床上。

法医检验：死者身长 155cm，发育正常，营养良好，头发棕色、长 7cm。冰冻尸体，尸斑呈鲜红色，位于身体背侧未受压部。左面部皮肤软组织轻度肿胀，眼睑未见青紫肿胀，结膜苍白，角膜中度浑浊。双眼瞳孔可窥及，直径 0.4cm，鼻腔可见灰红色液体溢出，口腔及外耳道未见异常。左上 B6 牙根治术后改变，术区周围组织未见出血。口唇黏膜未见损伤。双手十指甲床发绀。脐下见一纵形长 12.5cm 线性瘢痕，右足背见 2cm×4cm 表皮剥脱。

头皮无损伤，颅骨无骨折，硬膜外、硬膜下无出血，蛛网膜下腔无出血。脑 1350g，脑沟变浅，脑回增宽，小脑扁桃体轻压迹。脑表面及切面无出血、软化、渗出、占位性病变。颈部及胸腔剖验，颈部分层解剖皮下各层未见出血。双侧扁桃体无明显肿大，甲状软骨，舌骨未见骨折，咽喉部黏膜未见充血，双侧甲状腺无肿大。左胸锁关节外 1cm 处见锁骨骨折，周围肌肉软组织出血。双侧胸廓对称、肋骨、胸骨未见骨折，纵隔未见积气、出血，纵隔，胸膜无粘连，左肺重 400g、右肺重 500g，表面、切面暗红色。气管、支气管腔内见冰碴存留。心包膜未见粘连，心包腔内少许淡黄色清亮冰碴，心脏重 500g，心表面光滑无出血，冠状动脉开口位置正常，左冠状动脉前降支管壁增厚，管腔Ⅰ－Ⅱ°狭窄，右冠状动脉未见狭窄，三尖瓣周径 11.5cm。肺动脉瓣周径 6cm，二尖瓣周径 9.5cm，主动脉瓣周径 5.5cm，左心室壁厚 1.2rm，右心室壁厚 0.3cm，心室腔扩大。房室间隔无缺损，各瓣膜未见粘连、穿孔、变形、赘生物。腹腔剖验：腹壁脂肪厚 2.5cm，腹腔内无积液，腹膜无粘连，大网膜覆盖肠管，肠系膜无粘连、出血，肠系膜淋巴结无肿大、左侧膈肌高度平第 5 肋间，右侧平第 5 肋间。肝表面光滑，切面未见结节，胆道通畅、胆囊充盈。胰腺重 130g，胰腺未见坏死、出血。脾脏 140g，包膜稍皱缩。双肾各重 200g，皮髓质分界清。食道黏膜光滑，未见糜烂、出血。胃内可见 500mL 成形食糜（冰碴形态），黏膜表面未见糜烂、溃疡及明显出血。肠道浆膜层无出血，腔内无出血。盆腔及会阴部检验未见异常。

法医病理学诊断：心肌病，心脏长大，重 500g，心腔扩大；多灶性心肌纤维化，心肌纤维排列紊乱，多灶性心肌断裂，灶性肥大，灶性萎缩，灶性心肌细胞嗜酸性变，空泡变性；间质小血管管壁纤维性增厚、硬化；右心室肌层脂肪长入；窦房结、房室结区脂肪细胞长入，灶性纤维化，结动脉管壁纤维性增厚；心外膜灶性淋巴细胞浸润，左冠状动脉Ⅰ－Ⅱ°狭窄；重度肺水肿；脑水肿，多灶性淀粉样小体形成；肝脂肪变性；脾中央小动脉硬化；肝、肾、肺、脑等多脏器充血；齿治疗术后。

## 2 讨论

死者 2012 年 1 月 8 日下午四时左右到某诊所进行治牙手术。1 月 9 日早上被人发现死于床上。法医病理检验发现死者患有心肌病，心脏长大，重 500g、心腔扩大；多灶性心肌纤维化，心肌纤维排列紊乱，多灶性心肌断裂，灶性肥大，灶性萎缩，灶性心肌细胞嗜酸性变、空泡变性；间质小血管管壁纤维性增厚、硬化；右心室肌层脂肪长入；窦房结、房室结区脂肪细胞长入。灶性纤维化，结动脉管壁纤维性增厚；心外膜灶性淋巴细胞浸润，左冠状动脉Ⅰ°－Ⅱ°狭窄，心脏病变程度重、足以致死；同时发现重度急性肺水肿，脑水肿，肝、肾、肺脑等多脏器充血，解剖未发现机械性损伤、机械性窒息，B6 齿治疗术后，结合临床过程，符合心肌病所致猝死。死者生前的牙齿治疗术对其死亡起诱发作用。

# 羊水栓塞致死的法医学分析

王金波　杨汉勇
浙江省乐清市公安局

羊水栓塞是一种病势凶险的产科并发症，起病后即由产后不易控制的阴道流血致失血性休克而死亡。由于此发病率低，在平常的工作中较罕见，笔者于近年在处理非正常死亡中仅见一起，现对其做法医学分析如下。

## 1　案情摘要

某女，32 岁，经产妇，已生三胎，预产期临近。某年 9 月 19 日 6 时 30 分许，到本村一私人诊所（非法诊所）待产。私人医生配了一瓶药水（用药不详）给孕妇静滴，输液到一半时，孕妇突然腹痛难忍，诞下一新生儿。大约半小时后，孕妇感背痛，阴道出血不止，私人医生又配了两支小针（用药不详），给予肌注。又过了十几分钟，孕妇又感觉腹痛难忍，阴道仍出血，私人医生又配了一瓶红色盐水（用药不详）给予静滴。十几分钟后，孕妇脸色苍白，生命垂危。急打 120，救护车到后经抢救无效，孕妇于当日 8 时许死亡。

## 2　尸检所见

全身皮肤黏膜明显苍白，尸长约 156cm，体型中等，发育良好，营养一般；尸斑色淡，分布于背部及臂部受压处，指压后均不褪色；全身体表未见明显尸绿形成，四肢大关节可见尸僵形成，其余部位已缓解；头发色黑，眼睑紧闭，左右眼睑结膜及球结膜明显苍白，未见出血点，左、右角膜轻度混浊，左、右侧瞳孔直径约 0.5cm，等大等圆；右手前臂可见注射针孔，针孔周围皮肤见出血斑；腹部皮肤见大量妊娠纹；外阴后部可见撕裂伤，长约 4cm，阴道口见少许血凝块；体表其余部位未见明显异常。内部器官检查：硬脑膜外、硬脑膜下及蛛网膜下腔及全脑表面均未见出血、损伤；大脑前、中、后动脉及基底动脉环均未见畸形、粥样硬化；脑垂体大小、形态正常；分层解剖颈部，皮下及肌肉各层未见出血，甲状腺位置、大小、形态正常，气管居中。会厌未见损伤，口腔、咽喉部、食道及气管内均未见异物阻塞。按常规打开胸、腹腔检查，各器官均在原位，颜色淡白，呈明显失血性改变；肺膜表面见少许散在出血点，切面暗红色，未见实变或肿块等，挤压后见较多泡沫状液体流出；心包腔内未见积液及心包压塞，心外膜光滑，心脏未见破裂，剪开各心腔检查，各瓣膜均未见狭窄及关闭不全，左、右冠状动脉开口位置正常，左、右冠状动脉主干及各分支未见狭窄、粥样硬化；腹腔未见积血、积液，各腹腔脏器表面未见粘连；肝左叶可见散在出血点，表面光滑，切面未见脓肿、出血、肿瘤等；脾包膜皱缩；胃内见大量半消化的食糜（米面），约600mL，未闻及有机磷农药、酒精等异味，胃黏膜光滑，未见异常。产后子宫，大小约29cm×14cm×8cm，子宫颈光滑，宫颈开口呈“一”字形，宫颈下段可见片状出血，面积约16cm×6cm，阴道未见明显的撕裂伤，子宫腔内见少许暗红色血块，未见胎盘残留，所有软产道未见穿孔，双侧附件位置、大小、形态均正常。其余各内脏器官色淡白，余未见明显异常。

## 3 病理组织学检查

各组织器官血管、血窦空虚，含血量减少。脑皮质神经元细胞水肿，细胞周围间隙增宽，部分神经元尼氏小体消失，呈缺氧性改变，大部分血管淤血、扩张，血管周围腔隙增宽，脑白质疏松、水肿。大脑、脑干、小脑蛛网膜下腔未见出血。心外膜、内膜、间质未见出血、炎症细胞浸润；部分心肌纤维断裂及呈波浪改变；冠状动脉内膜未见增厚；窦房结、房室结未见出血、炎症、脂肪浸润等改变。肺泡壁毛细血管扩张，部分血管内可见典型的羊水成分，如角化上皮、黏液等，偶见微血栓。部分的肺泡腔内见较多的红细胞及匀质粉染的水肿液；肺膜未见增厚，未见炎症细胞浸润。子宫颈黏膜见少许淋巴细胞浸润，宫颈下段见大量的红细胞；子宫平滑肌细胞肥大，子宫内膜产后改变。法医病理学诊断：肺毛细血管羊水栓塞，肺水肿；各组织器官呈明显失血性改变；阴道后部严重撕裂伤；宫颈下段片状出血；子宫产后改变。死因鉴定：羊水栓塞引起的产后大出血致失血性休克死亡。

## 4 讨论

羊水栓塞（Amniotic Fluid Embolism，AFE）是由于羊水及其内有形物质进入母体血液循环引起的病势凶险的产科并发症，病因多为子宫收缩过强或呈强直性，宫内压力高，在胎膜破裂或破裂后不久，羊水由裂伤的子宫颈内膜静脉进入母血循环所致。主要临床表现为呼吸循环衰竭和弥散性血管内凝血（Disseminated Intravascular Coagulation，DIC），出现呼吸困难、发绀、咳嗽、吐粉红色泡沫痰、心率快、血压下降甚至消失等症状。AFE病人若经抢救度过了呼吸循环衰竭时期，继而出现DIC，迅速消耗大量凝血因子，使纤维蛋白原减少，因此发生大出血、血液不凝，呈现以阴道大量流血为主的全身出血倾向。值得注意的是，部分AFE病例，缺少呼吸循环系统的症状，起病即以产后不易控制的阴道流血为主要表现。

临床上，主要依靠典型的症状体征及相应辅助检查对AFE进行诊断，确诊AFE仍需要死后解剖。AFE患者死后的尸体现象是非特异性的，主要是以肺水肿为主的全身器官充血的一般猝死尸体表现。AFE的病变主要在肺部，包括肺水肿、肺泡出血，并在肺小动脉和毛细血管腔内检出含有羊水成分的微小栓子。

本例尸检中发现，死者面色苍白，尸斑浅淡，各内脏器官颜色淡白，脾呈皱缩状，组织病理学检查见各组织器官血管、血窦空虚，呈明显失血性改变。结合案情调查，本例系孕妇产出新生儿后阴道出血不止，抢救无效死亡，综合分析认为死者死于产后大出血引起的失血性休克。此外，组织病理学检查还发现肺毛细血管内有典型的羊水成分（角化上皮、黏液等），偶见微血栓，因此分析认为，死者产后大出血的原因为肺血管羊水栓塞。

国内外有较多的文献报道，随着临床上对 AFE 认识的加深，医疗技术水平的提高，如果早期诊断并及时治疗，有些 AFE 病例是可以治愈的。但由于医疗条件和技术水平的差异，加之 AFE 的病情复杂多变、临床表现多样，导致有些 AFE 病人抢救不成功。本例孕妇因羊水栓塞引起失血性休克死亡与诊所医师临床经验不足、抢救设备及措施不力亦不无关系，加之该医师未取得行医资格，属非法行医，故以涉嫌“非法行医罪”对其进行立案侦查。

# 臀部蜂窝组织炎引起肺动脉栓塞死亡 1 例

吴传义　刘　伟

四川省资阳市公安局雁江区分局

蜂窝组织炎常在皮肤、软组织损伤后发生，化学性物质刺激，如药物注射不当或异物存留于软组织，也可诱发。临床表现常因细菌的种类、毒性和发病的部位、深浅而不同，病情严重时出现脓毒败血症，甚至引起死亡。笔者通过 1 例“针刺、拔火罐”致臀部蜂窝组织炎后死亡的尸体检验，明确其死于肺动脉栓塞，说明有些病例并非感染中毒直接导致死亡。

## 1　简要案情

2011 年 2 月 8 日，刘某以“右侧臀部及右下肢肿痛 2 天”入某市级医院住院治疗，入院时精神状态良好；2011 年 2 月 9 日 9 时 11 分许，在神志清楚的情况下，突然出现呼吸急促，面色青紫，张口呼吸，手足冰凉，经抢救无效死亡。

## 2　病历摘抄

刘某入院前两天，无明显诱因出现右臀部肿胀，疼痛明显，伴畏寒、发热，食欲差，无恶心、呕吐，无心慌、气促、明显呼吸困难，病情逐渐加重，臀部肿胀加重，延伸至右下肢。在乡镇医院治疗后病情无好转，到某市级医院以“右臀部肿痛待查”收入外科住院治疗。入院查体：T36.3℃、P84 次/分、R21 次/分、BP130/78mmHg。神志清楚，精神差，自主体位，痛苦貌。专科情况：右腹股沟区可扪及数枚肿大淋巴结，直径 0.5cm～1.5cm 不等，活动、界清、压痛，右臀部及右大腿右小腿中上段肿胀明显，张力极高，压痛明显，右大腿内侧及右小腿胫前皮肤发红，皮温稍高，未见皮肤破损，无流液、流脓，无明显波动感，右足背动脉可扪及，右下肢屈伸活动稍受限。右下肢直腿抬高试验 60°阳性。辅助检查：2011 年 2 月 8 日血常规示 WBC 5.88×109/L，N89.64%；彩超：右侧臀部皮下增厚。入院诊断：①右侧臀部及右下肢蜂窝组织炎？②肺部感染？鉴别诊断考虑脓毒血症，病员短时间内出现臀部、下肢肿痛，有局部皮肤红肿热痛，应警惕，但病员无明显寒战、高热等中毒症状，入院时生命体征正常，血常规示白细胞总数正常，中性升高，超声未见明显脓肿形成，有待血培养+药敏检查排除或明确。积极抗炎、对症治疗。2011年2月9日9时检查见：口唇发绀，双肺呼吸音稍粗，罗音不明显，腹稍隆，腹部可见大片淤斑。全腹轻压痛，右臀部及右大腿、右小腿中上段肿胀明显，张力极高，压痛明显，右大腿内侧及右小腿胫前皮肤发红，皮温稍高，未见皮肤破损，右足背动脉可扪及，右下肢屈伸活动稍受限。辅助血象高，中性为主。追问病史，患者述病前有臀部“针刺、拔火罐”病史，故病员臀部、右下肢肿痛，考虑感染所致可能性大，是否有感染中毒休克存在，尚不明显。9时11分，患者神志清楚的情况下，突发呼吸急促，面色青紫，张口呼吸，手足冰凉，立即进行抢救治疗无效，于10时20分，宣布临床死亡。

## 3 尸体检验

### 3.1 尸表检验

死者发育正常，营养中等，身长161cm，尸斑暗红色，位于背臀部未受压处，指压不褪色。右大腿及右臀部较对侧肿胀明显。

### 3.2 解剖检验

颅腔剖验：头皮无出血，颅骨无骨折，硬脑膜外/下无出血。脑1300g，脑回增宽，脑沟变浅，表面无出血、软化、渗出及占位病灶。颈部及胸腔剖验：颈部分层解剖，双侧扁桃体未见明显肿大，咽喉部黏膜未见充血，甲状腺未见明显肿大，切面未见结节及囊泡。双侧胸廓对称，纵隔未见积气、出血，双侧胸腔无液体，胸膜无粘连，气管、支气管内未见异物。双肺各重500g，双肺表面暗红光滑、质软，切面呈暗红色，肺门淋巴结钙化。主动脉内膜粥样硬化。心包腔内无液体，心包膜无粘连，心脏重450g，左旋支供血区域房室交界处有3cm×2cm片状出血区，心肌及心外膜均有出血。冠状动脉开口未见异常，左前降支Ⅱ°－Ⅲ°狭窄。左室壁厚1.5cm，右室壁厚0.4cm。腹腔剖验：腹腔内无液体，大网膜游离、位置正常，表面及切面呈暗红色，未见明显结节、坏死及出血。胆囊内未见异常。胰腺表面、切面未见坏死出血。脾表面光滑暗红，切面未见梗死。双肾呈暗红色，被膜易分离、切面皮髓质分界清楚，未见出血、包块及坏死。肾上腺表面、切面未见明显异常。食道内有棕黑色物质附着，黏膜光滑，未见糜烂、出血。胃内有棕黑色物质约300g，其间有菜叶、肉等，胃黏膜表面未见糜烂、溃疡及出血。肠道浆膜层无出血，黏膜无异常，腔内无出血。盆腔、会阴部解剖：盆腔及会阴部未见异常。分离右髂总动静脉、髂外动静脉及右股动静脉，腹股沟部血管周围淋巴结肿大，切面呈灰白色，剪开血管肉眼未见异常。

### 3.3 组织病理学检验

心脏：心外膜散在出血，神经节周围大量红细胞聚集，多个神经节内出血，心肌间质散在多灶性出血，散在多灶性心肌细胞肥大，多灶性心肌坏死、炎细胞浸润，散在多灶性心肌纤维化，小灶性心肌瘢痕形成。

肺脏：散在肺淤血、水肿，细小支气管痉挛，管腔内黏液栓塞管腔，肺小动脉血管栓塞管腔。

脑：脑血管扩张充血，脑血管周隙轻度增宽，蛛网膜下腔血管扩张充血。髂外动脉及股动脉血管外膜散在少量嗜酸性粒细胞、淋巴细胞浸润，内膜局部增厚，纤维组织增生，伴行静脉外膜散在少量淋巴细胞浸润，局部小血管内及其周围多量淋巴细胞存在。右侧腹股沟处与血管伴行的淋巴结皮髓质分界不清，淋巴小结破坏，散在多量中性白细胞浸润，灶性出血，散在少量脂肪细胞浸润。臀部皮下疏松组织层散在大量以中性白细胞为主炎细胞浸润。肝脏汇管区少量炎细胞浸润。脾局灶性淤血。肾的多个肾小球毛细血管扩张淤血。肾上腺脱脂变，髓质散在少量炎细胞浸润。

### 3.4 病理诊断

（1）肺小动脉血栓栓塞，肺淤血，肺水肿；

（2）右髂外动静脉及股动静脉脉管炎，急性淋巴结炎，右臀部皮下急性蜂窝组织炎；

（3）冠状动脉左前降支粥样硬化，管腔Ⅱ°－Ⅲ°狭窄，散在多灶性心肌细胞肥大，多灶性心肌坏死、炎细胞浸润，多灶性心肌纤维化，小瘢痕形成，心外膜出血，多个神经节出血，心肌间质出血；

（4）肝、脾、肾等多器官淤血。

## 4 讨论

### 4.1 死因

死者因急性肺小动脉血栓栓塞导致死亡。理由有：

（1）发病急促：在神志清楚的情况下，突发呼吸急促，面色青紫，张口呼吸，手足冰凉，立即进行抢救无效很快死亡；

（2）肺组织病理检验明确肺小动脉血栓栓塞；

（3）有引起肺小动脉血栓栓塞的病理基础：①右臀部及右大腿右小腿中上段肿胀明显，张力极高，压痛明显，限制了右下肢活动，血流变缓，易出现血液凝集，形成血栓；②病理检验证实的右臀部皮下急性蜂窝组织炎，右髂外动静脉及股动静脉脉管炎，有出现静脉血栓的血管病理改变基础。

### 4.2 系统尸体检验是防止医疗纠纷的最好办法

该例死者在神志清楚、精神状态较好的情况下，到公立的市级医院治疗，住院一天后，在治疗中，突然病情加重，很快死亡，引起医疗纠纷是必然的。而肺小动脉血栓栓塞死亡率极高，生前不易诊断，只有通过全面、系统的尸体检验、组织病理检验才能明确，因此，在发生医患纠纷时，法医的积极参与，为事件的正确处理提供科学有力的证据，显得尤为重要。

# 穿刺导管致锁骨下静脉破裂死亡1例

邹韵哲
四川省遂宁市人民检察院

## 1 简要案情

2010年12月21日，李某（男，15岁）与另一人发生纠纷、争执，被人用刀刺伤大腿，伤后急诊送入某区医院治疗，经抢救无效于当日死亡。

### 1.1 尸体检验

尸表见：贫血貌，双侧球、睑结膜苍白，唇苍白，下唇黏膜见0.5cm×0.6cm的剥脱；右锁骨上内侧离锁骨中线2.5cm处见一直径为0.1cm穿刺针眼（有胶布粘贴），胸上部皮肤呈青紫色；左手背有一直径为0.08cm的针眼，右手背有一3.2cm×0.6cm的抓痕，右裤腿前侧上端离裤腰25.2cm处见一长2.5cm的破裂口，右大腿前侧离腹股沟10.0cm处有一条2.8cm的裂伤缝合，创缘整齐，创内无组织间桥。

解剖见：脑枕部有4.0cm×3.0cm头皮血肿，颅骨无骨折，颅脑无损伤。颈部无损伤，气管居中，无损伤。胸廓内有积血约1500mL和血凝块300g，锁骨下静脉有一0.6cm×0.2cm的破裂口，胸腔内有血性液体500mL，肺组织无损伤，心包少量血性液体，心脏无异常。腹腔无积血，腹腔脏器无损伤。右大腿裂伤创道经股内侧肌斜上行入内，刺破股动脉，股动脉有一1.2cm的裂伤缝合。

病理学检查：心、肺、肝等脏器呈水肿样改变。

毒物分析检验：排除常规毒物。

### 1.2 病历资料摘抄

患者因“右大腿刀刺伤后出血、疼痛$30^{+}$分钟”入院，入院查体：T37℃，P105次/分，R20次/分，BP80/50mmHg，神志清楚，贫血貌，唇发绀，出冷汗，右大腿腹股沟处下侧有一3.2cm长、哆开1.0cm的刀刺伤，伤口用纱布包扎，活动性出血。腹部B超，肝、脾、胰、双肾未见异常，腹腔无积血。急诊行右大腿股动脉缝合术。术中行右锁骨下静脉穿刺输液、扩容，病人病情无好转，面色更加苍白，血压逐渐降低，呼吸急促，呼吸机维持治疗2个多小时后，血压不能测出，呼吸停止，宣布临床死亡。

## 2 讨论

本案中李某右大腿被刺伤，形成盲管创，股动脉破裂出血，致失血性休克，医院在抢救过程中，进行锁骨下静脉穿刺导管，刺破锁骨下静脉，大量出血，失血性休克由代偿期转为非代偿期，伤情逐渐恶化，后医治无效死亡。

锁骨下静脉（subclavian vein）在第1肋外缘续于腋静脉，向内行于腋动脉的前下方，至胸锁关节后方与颈内静脉汇合成头臂静脉，两静脉汇合部称静脉角（venous angle），是淋巴导管的注入部位。锁骨下静脉的主要属支是腋静脉和颈外静脉。临床上常经锁骨上或锁骨下入路作锁骨下静脉导管插入。

该案中尸检发现有股动脉破裂和锁骨下静脉破裂，胸腔内大量积血，胸腔内积液，脏器水肿，失血性休克特征明显，确定死亡原因无异议。但是，该案却有诸多商榷和值得重视之处。该死者的死因是损伤为主，还是医疗行为所致损伤为主？经过查阅病历资料，李某入院时，虽有失血性休克表现，属休克代偿期，生命体征基本平稳，在抢救过程中，呼吸循环逐渐恶化，经相关抢救措施，呼吸循环继续恶化，最终心跳呼吸停止。显然，在死亡原因主次层面上说，医疗行为为主，损伤为辅，也就是说，这是一次医疗过失行为。同时，对刺创进行损伤程度鉴定，应明确三点：①损伤当时的情况；②医疗行为的介入，对损伤是加重还是减轻，损伤因素与医疗行为的主次；③损伤后的生命体征和相关生化、辅助检查结果，确定失血性休克的分期。参照以上几点，损伤后处于失血性休克代偿期应鉴定为轻伤为宜。

该案值得深思，医院承担治病救人、救死扶伤的职责，医疗措施应具体得当，技术应精湛娴熟，一般的医疗措施更应得心应手。然而，本案中，医生以不负责的态度对待危重病人，以致造成锁骨下静脉穿刺破裂、大量出血致死的严重后果。因此，通过本案的资料回顾，希望对广大的医务工作者有启发教育作用，引以为戒，时刻记住“前车之鉴，后车之覆”；同时，对广大法医工作者鉴定类似的案件有一定的参考作用。

# 特殊心脏破裂死亡性质的分析2例

李　骢

四川省乐山市人民检察院

## 1　案例资料

**案例**1：某男，65岁，在与邻居抓扯中突然倒地，送医院途中死亡。尸体检验：死后24小时解剖。右前臂及右手背小灶性擦伤，余体表未见损伤。胸部皮肤及皮下未见损伤、肋间肌无出血、肋骨无骨折，心前区纵隔见4cm×2cm出血。心包未见损伤，腔内见150mL血液、150g血凝块。左心室前壁中下份近室间隔处见2条4cm长纵行裂口，贯通室壁，破口处心肌全层出血、局部内膜下附着血凝块。冠状动脉前降支粥样硬化，管腔狭窄Ⅲ级。镜下见心脏破裂处全层片状新鲜出血，周围心肌纤维嗜酸性增强，胞核消失，细胞结构不清，未见炎细胞浸润及肉芽组织。冠状动脉前降支粥样硬化，管腔狭窄Ⅲ级，内膜纤维增生，深部泡沫细胞聚集，余未见特殊。病理学诊断：①冠状动脉前降支粥样硬化；②左心室前壁急性心肌梗死伴破裂；③心包填塞。

**案例**2：某男，37 岁，被他人拳击全身后抢救无效死亡。尸体检验：死后 48 小时解剖。全身皮肤多处擦挫伤，左锁骨前肌肉出血，左右肋间出血，右第 5 肋骨骨折，双肺多处挫伤。心包完整，壁层 3cm×2cm 挫伤出血，腔内积血 250mL。右室壁见一 2cm×0.1cm“V”形不规则破口，累及右室壁全层。镜下见右室壁破口处心肌挫伤出血。双肺灶性出血，余未见特殊。病理学诊断：①胸壁软组织挫伤伴肋骨骨折；②右心室破裂；③心包填塞。

## 2 讨论

### 2.1 心脏破裂

心脏破裂分为自发性和外伤性，自发性心脏破裂为自然疾病引起，常为透壁性心肌梗死的并发症，偶见于其他原因引发的心肌坏死、软化、严重的心肌变性等因素。心脏破裂是透壁性心肌梗死的严重并发症，约占心肌梗死病例的 3%～13%，男女发生比例各家报道不一。多发生在心肌梗死 1 周内，有文献报道最短时间为 6 小时。好发部位为左心室下 1/3 处，室间隔、左心室乳头肌，以左室游离壁破裂最常见。这与冠状动脉粥样硬化斑块好发于前降支、心肌梗死好发于前壁有关，也可能与心尖部的肌肉较薄弱、位于供血终末端、大面积坏死时侧支循环较差有关。

外伤性心脏破裂，多为合并胸部刺创的开放性心脏破裂，钝器伤致闭合性心脏破裂并不多见，钝性心脏破裂以心室多见，但左右心室的发生率有不同说法。

### 2.2 法医学鉴定

在法医学检案中，遇到此类案件对其死亡原因及死亡性质的明确尤为重要，鉴定中需注意：(1) 明确有无外伤及其损伤程度，尤其是心前区和胸背侧。对于合并有外伤和疾病的更应仔细分析；(2) 注意心脏破裂口的位置、形态特点，及其组织学改变；组织学检查在区别自发性还是外伤性破裂中更是至关重要；(3) 重点区分损伤与疾病的关系，损伤与疾病在死亡中的参与度，特别是迟发性心脏破裂的案件，更要引起高度重视。(4) 有文献报道，胸外心脏按压会导致心脏破裂，同时在法医学实践中偶有人为因素致心脏破裂。那么，判断其是生前还是死后形成破裂就显得尤为重要，需要结合案情、大体解剖及组织学检查综合分析，切不可马虎大意。以下几点意见可供参考：①心包腔内血性液的量及有无凝血块；②破裂的类型、部位及与肋骨、胸骨骨折的关系；③相关冠状动脉的观察及评价，心内膜有无付壁血栓；④组织学检查有无坏死、出血、炎细胞、血栓形成；⑤必要时行生化检测。同时笔者认为心脏按压致心脏破裂其医源性的行为是否会构成医疗事故等问题尚需进一步积累资料研究。

本文例 1 中体表仅右上肢表皮轻微损伤，解剖未见胸部皮下及肋间肌有出血，心包积血，且有多量血凝块，组织学检查也印证了为自身冠心病、心肌梗塞致心脏破裂、心包填塞死亡，可排除暴力所致心脏破裂，外伤、情绪激动是其死亡的诱因。值得提出，心肌梗塞所致心脏破裂多为一条裂口，本例左心室 2 条纵行破裂口较为少见。文献报道两个裂口的发生率约 0.34%。例 2 中胸部闭合性外伤史明确，肋骨骨折，肋间肌出血，肺挫伤，心包挫伤，组织学未见有明显基础疾病，大体解剖与组织学检查均提示为外伤致心脏破裂心包填塞死亡，外伤与死亡有直接因果关系。

# 产后大出血并子宫切除术后死亡1例

康中林　陈启武
四川省资阳市人民检察院

## 1　案例简介

患者方某，女，38岁，于2009年11月29日5时20分因停经38+4，下腹痛1小时入院。入院诊断“G8P2+5,38+4W孕头位活胎临产；轻度贫血”，11月29日12时20分在会阴侧切术及保护下娩出一男活婴，胎盘完整，会阴侧切缝合。产后给予抗感染、促宫缩治疗。14时出现出血多，子宫收缩乏力，给予按摩子宫，使用缩宫、消炎、止血等药物，建立双通道补液，进行了输血；19时，行子宫全切术加右附件切除术，后又请市二医院专家会诊，行右髂内动脉结扎术＋盆腔纱布填塞，出血不止，出血不凝，考虑出现DTC和多器官功能衰竭。12月1日17时30分，病情好转后转某医学院附属医院。入院诊断“产后出血，DIC，多器官功能衰竭”。入院后立即入ICU治疗，监测生命体征，呼吸机辅助呼吸，血液透析、输血、输血小板等对症支持治疗。并行“腹腔纱布取出术”并术中术后抗炎对症等支持治疗。患者家属12月10日签字放弃治疗出院。返家途中患者死亡。死亡诊断：产后出血，失血性休克，DIC，多器官功能衰竭。

## 2　讨论

近年来，剖宫产术愈来愈受到年轻孕妇的青睐，医院的剖宫产率也逐渐上升，在肯定其优越性的同时，也应该看到其诸多弊端。术后并发症就是其中的最大弊端。常见的并发症有术后出血和术后感染等。

### 2.1　剖宫产术后出血

剖宫产术后出血是一种严重的术后并发症，发生率较阴道分娩高，如不及时诊治，不仅影响产妇的健康，严重时可引起产妇死亡，必须予以重视。剖宫产术后出血的分类：剖宫产术后出血按其发生时间分为术后早期出血和晚期出血。

术后早期出血是指手术分娩后24小时内，阴道出血总量大于500mL。这种出血可以是急性的一次性大量出血，也可以是少量持续性出血。可伴有或不伴有失血性休克。术后晚期出血是指手术分娩24小时后，在产褥期的42天内，发生持续的或一次性的、急剧和大量的阴道出血。由于产妇多已出院在家，如果止血措施不力，常因失血过多，导致严重贫血或休克。剖宫产术后出血的原因：首先是子宫收缩乏力，常见于因产程进展停滞后行剖宫产术，术前使用过子宫收缩抑制剂的产妇或合并有前置胎盘、胎盘早剥、子宫肿瘤、子宫发育不良或畸形，以及某些全身性疾病的产妇；其次为术后有胎盘残留或胎膜残留者，但一般不多见，因为在剖宫产手术中，医生直视下检查宫腔时如发现异常，术中已做相应的处理；少数还见于合并有凝血功能障碍者。术后晚期出血的原因：主要是感染。剖宫产术后出血的处理原则：查找原因，彻底止血和补充血容量，对疑为子宫收缩乏力所致的出血，应按摩子宫，使用一种或多种子宫收缩剂，如催产素、卡孕栓等，压迫腹主动脉，必要时行髂内动脉栓塞或手术止血（结扎有关血管或切除子宫）；如疑为胎盘、胎膜残留的出血，应立即行B超检查，在B超指示下行清宫术；如疑为子宫切口出血时，应立即剖腹探查，手术止血或切除子宫；如疑为凝血功能障碍性出血，则应补充凝血因子，必要时切除子宫。

### 2.2 剖宫产术后出血的预防

加强剖宫产术后产褥期的卫生保健，严格控制剖宫产指征：产妇要对剖宫术分娩有正确认识，不要轻易放弃阴道分娩；医生要尽量降低剖宫产率。剖宫产率降低了，也就相应降低剖宫产术后出血的发生率。

# 外伤性胃穿孔致急性弥漫性腹膜炎死亡医疗损害鉴定1例

周　明

重庆市合川区人民检察院技术信息中心

## 1 案　例

### 1.1 简要案情

某年4月10日晚11时许，高某在重庆某区大南街自己经营的茶馆内被人误杀刺伤腹部，后被人送入某区人民医院住院治疗，诊断为右中上腹刀刺伤、大网膜脱出、颅脑伤、左头顶头皮裂伤、全身多处软组织伤。第三日中午13时30分许高某在该院死亡。

### 1.2 病历摘要

某年4月10日24时10分首次病程记录：入院$1^+$小时前，伤者被他人用刀刺伤右中上腹部。伤后出现腹疼痛，出血，疼痛呈持续性，有组织脱出。同时左头顶、左手背及左大腿被铁器击伤，头部有出血，左手背及左大腿有皮肤淤血，疼痛。无耳鼻出血，无头晕眼花、恶心呕吐、昏迷等症状。不伴全身无力、口干、心慌、心悸、视物模糊、皮肤潮湿及流汗等症状。查体：T36.6℃、P90次/分，R20次/分，BP134/85mmHg；发育正常，营养中等，表情安静，扶入病房，神志尚可，查体合作。皮肤黏膜颜色正常，四肢发凉，无黄染、淤点、淤斑，无肝掌、蜘蛛痣，未见皮疹或出血点。全身淋巴结无肿大。头颅无畸形，头形正常。眼睑结膜红润，睑结合膜未见出血点，无充血，巩膜无黄染，角膜透明，瞳孔等大等圆，对光反射存在。耳无畸形，乳突区无压痛，外耳道无溢血溢液。鼻无畸形，鼻腔黏膜红润，无溢血溢液。扁桃体不大，悬雍居中。颈无抵抗，两侧对称，颈静脉无怒张，肝颈静脉回流征阴性，气管居中，甲状腺不肿大。胸廓对称，胸式呼吸为主，呼吸运动两侧对等。两侧呼吸动度均等，无胸膜摩擦感。叩诊呈清音，双肺呼吸音清晰，未闻及干湿罗音，无病理性呼吸音。心前区无隆起，心尖部无震颤、摩擦感及抬举性搏动，心尖搏动位置同上。心界不大，心率 90 次/分，心律整齐，无奔马律，各瓣膜听诊区无杂音，无心包摩擦音。腹部详见专科检查。肛门及外阴未查。四肢及脊柱无畸形，活动度正常，左手背及左大腿有皮肤淤血，有压痛，无叩痛，未扪及骨折。生理征存在，病理征未引出。专科检查：左头顶部有长 4cm 头皮裂口，有活动性出血，未扪及骨折。左手背及左大腿有皮肤淤血，有压痛，无叩痛，未扪及骨折。扶入病房，痛苦貌，神智清楚，右中上腹可见一长约 3.5cm 刀刺伤口，有少量血液流出，无气泡及其他液体，无食物残渣。有大网膜脱出。腹稍膨隆，未见胃肠型及蠕动波。右中上腹轻压痛、无反跳痛及肌张力。肝、脾未触及。移浊（+－），双肾区无叩痛。入院诊断：右中上腹刀刺伤、大网膜脱出、颅脑伤、左头顶头皮裂伤、全身多处软组织伤。

4 月 11 日 00 点 40 分主治医师查房指出：①患者中老年男性外伤史明确；②因“右中上腹刀刺伤 $1^+$ 小时”入院；③查体：左头顶部有长 4cm 头皮裂口，有活动性出血。左手背及左大腿有皮肤淤血。右中上腹可见一长约 3.5cm 刀刺伤口，有少量血液流出，无气泡及其他液体，无食物残渣。有大网膜脱出。患者目前考虑诊断：右中上腹刀刺伤、大网膜脱出、颅脑伤、左头头皮裂伤、全身多处软组织伤。患者目前手术指征明显。

4 月 11 日 07 点 20 分术后小结：今日凌晨在全麻下行剖腹探查术，术中见，入腹后无气体及胆汁、食物残渣、粪质等，腹腔内可见大量陈旧性血液约 400mL 及血凝块约 100g，右中上腹部刀刺伤口经腹直肌刺向腹腔右上方。大网膜从刺口突出腹壁，横结肠上缘浆肌层及横结肠系膜被刺伤，未刺入肠腔，周围大量血凝块及血肿，活动性出血。于右后腹壁有约 3.5cm 纵行裂口，其形态规则，可见大量鲜血从此涌出，周围大量血凝块及血肿，未见右输尿管及下腔静脉损伤。肝脏、胰腺、肾脏、胃、小肠、结肠均未发现明显异常。左头顶部有长 5cm 头皮裂伤，未扪及骨折。术后诊断：右中上腹刀刺伤、大网膜脱出、横结肠损伤、颅脑伤、左头皮裂伤、全身多处软组织伤。CT 影像诊断：肝内钙化灶；腹腔少量积液；右肾后稍低密度影，考虑：血肿可能性大。

4 月 12 日 06 点 31 分请心内科会诊：术后第一天，患者心率术后保持在 120～130 次/分。半小时前增快至 148 次/分。BP110/75mmHg，$SP0_2$ 94%～96%，T38.9℃。患者神志尚清楚，精神差。追问病史，无明确高血压、心脏病史。

4 月 12 日 08 点 29 分副主任医师查房记录：患者精神较差、睡眠尚可，烦躁，胃管通畅，引流出褐色胃液 150mL。述切口疼痛，尚可忍受，切口周围无红肿、压痛及硬结等，肛门尚未排气。查体：心肺阴性，腹部平软、全腹无压痛、反跳痛及肌紧张。患者病情较重。副主任医师指示：继续予抗感染治疗，对症支持治疗。

4 月 12 日 11 点 17 分：患者烦躁，血压下降 60～90mmHg/40～60mmHg，心率

170 次/分，切口表面敷料清洁干燥，无渗血渗液，肛门尚未排气。头颅 CT 未见异常，腹部 CT：腹腔少量积液，右肾后低密度影。查体：腹部彭隆，腹软、全腹无压痛、反跳痛及肌紧张。患者病情危重。积极抗休克治疗，静脉用升压药多巴胺、羟乙基等。继续予抗感染，对症支持治疗。

4 月 12 日 13 时 30 分抢救记录：患者突然出现意识丧失，心跳、呼吸骤停，迅速准备心肺复苏设备及抢救车，建立静脉通道，行床旁心肺复苏。13 时 30 分予阿托品 1mg、肾上腺素 1mg、洛贝林针 3mg、尼可刹米针 0.375g 静脉推注，并持续行胸外心脏按压，患者无自主心率及呼吸恢复；13 时 36 分再次予阿托品 1mg、肾上腺素 1mg 静推，继续行胸外心脏按压；13 时 45 分予阿托品 1mg、肾上腺素 1mg、洛贝林针 3mg、尼可刹米针 0.375g 静脉推注，并持续行胸外心脏按压。14 时 10 分，持续行胸外心脏按压，患者仍无自主心率及呼吸恢复，双侧瞳孔散大，对光反射消失，电监护示平直线，宣布抢救无效，临床死亡。

4 月 12 日上午多次血常规检验结果：白细胞（WBC）：$14.95\times10^9$/L（参考值：$4\times10^9$～$10\times10^9$/L）、中性粒细胞（NEUT＃）$12.29\times10^9$/L（参考值 $2\times10^9$～$8\times10^9$/L）、中性粒细胞比率 82.2%（参考值：50%～70%）、血红蛋白（HGB）138g/L（参考值：110～160g/L）。

**1.3 尸体检验**

1.3.1 尸体解剖

头面部：冠状切开头皮，右颞顶部见一块状皮下淤血，大小为 4.5cm×3.0cm；颅骨未见骨折；硬脑膜内外未见异常，蛛网膜下腔未见出血；脑组织未见异常。

颈部、胸部：未见明显异常。

腹部：腹腔内大量积血并混有大量食物残渣，积血量约 2000mL；大网膜见一处缝合创口，肠系膜见 2 条创口，其中一条是未缝合的开放性创口，大小为 2.6cm×0.3cm；胃小弯下段后壁距幽门 10cm 处见一“V”形未缝合的开放性创口，见大量食物残渣由此溢出至腹腔，创缘水肿，大小为 4.0cm×1.5cm，沿胃大弯切开，见胃内壁有散在出血点；横结肠中段见缝合口，肠管色泽偏红；其余各脏器位置正常，未见损伤。

1.3.2 组织病理学检验

镜检见：

脑：脑组织疏松，神经细胞肿胀，胞浆嗜酸性变，细胞及血管周围间隙增宽，血管扩张、淤滞。蛛网膜下腔血管扩张充盈，左顶叶、小脑少量薄层蛛网膜下腔出血。

心脏：心肌纤维排列走向紊乱，心肌大片断裂、自溶。心肌间血管扩张充盈。心肌间及心外膜下散在少量红细胞。心外膜脂肪组织增生，并向心肌间浸润。

肺脏：双肺病理变化基本一致，肺泡壁毛细血管扩张，肺泡大小不等，部分肺泡腔内充有大小不等的伊红色水肿液，有的肺泡内可见脱落的上皮细胞。肺间质散在小灶性炎性细胞，血管扩张淤血。小支气管痉挛，黏膜上皮坏死、脱落，支气管旁见团灶性炎性细胞浸润。

肝脏：肝小叶结构不清，肝细胞浊肿，空泡变形，肝窦淤血。汇管区较多炎性细胞浸润，血管扩张。局部肝包膜下小灶性炎性细胞浸润。

脾脏：脾窦淤血、扩张，脾索受压变细，可见少量中性粒细胞。部分脾小动脉硬化。

胰腺：胰腺细胞自溶，残余组织轮廓。

肾脏：肾小球肿胀，小动脉硬化，球囊腔狭窄。部分肾小管扩张淤血，细小动脉硬化。

胃：胃黏膜上皮广泛自溶，有的黏膜上皮变性坏死伴炎细胞浸润。固有层腺体大片自溶，腺体间可见团灶性炎细胞浸润。黏膜下层、肌层及浆膜层组织坏死，也可见散在炎性细胞。

横结肠：组织疏松水肿，散在小灶性炎性细胞，肌层局部变形坏死。

肠系膜：肠系膜疏松，局部渗出，散在出血，组织变形坏死，片灶状炎细胞浸润。

大网膜：组织疏松水肿，可见伊红色渗出物，少量出血，散在以中性粒细胞为主的炎性细胞浸润。

1.3.3　病理学诊断

①胃、横结肠、肠系膜破裂，破裂处组织坏死，炎性细胞浸润，大网膜疏松水肿、渗血、少量出血，散在炎性细胞浸润；

② 冠状动脉粥样硬化症，心脏增重，左室增厚，左冠状动脉前降支、右冠状动脉Ⅰ级狭窄，心肌断裂，心肌间及心外膜下散在出血。心外膜脂肪组织增生，心肌脂肪浸润；

③ 脑水肿，左顶叶、小脑少量薄层蛛网膜下腔出血；

④ 肺水肿、肺淤血，肺间质散在炎症；

⑤ 肝细胞浊肿、空泡变性、肝包膜下散在炎症；

⑥ 急性脾炎，脾淤血，脾小动脉硬化；

⑦ 肾小球硬化，灶性炎性细胞浸润，肾小管蛋白管型，肾间质水肿、淤血，细小动脉硬化；

⑧ 胰腺自溶。

## 2　讨论

### 2.1　关于伤者的死因

4 月 10 日 24 时 10 分：高某以“被他人用刀刺伤右中上腹部 $1^{+}$ 小时”入院，伤后出现腹疼痛，出血，疼痛呈持续性，有组织脱出。4 月 11 日 00 点 45 分在全麻下行剖腹探查术，术中见入腹后，无气体及胆汁、食物残渣、粪质等，腹腔内可见大量陈旧性血液约 400mL 及血凝块约 100g，右中上腹部刀刺伤口经腹直肌刺向腹腔右上方。大网膜从刺口突出腹壁，横结肠上缘浆肌层及横结肠系膜被刺伤，未刺入肠腔，周围大量血凝块及血肿，活动性出血。于右后腹壁有约 3.5cm 纵行裂口，其形态规则，可见大量鲜血从此涌出，周围大量血凝块及血肿，未见右输尿管及下腔静脉损伤。肝脏、胰腺、肾脏、胃、小肠、结肠均未发现明显异常。

解剖检验见：右颞顶部见一块状皮下淤血；颅骨无骨折，颅内无血肿，脑组织未见异常；颈部、胸腔内脏器未见损伤，大小、位置无异常；腹腔内见大量血性液体并混有大量食物残渣；病理学检验：大网膜见一缝合创口，肠系膜见 2 处创口，其中一处未缝合；胃小弯下段后壁距幽门 10cm 处见一“V”形未缝合创口，可见食物残渣由此溢出，创缘水肿；横结肠中段见缝合口，肠管色泽偏红；其余各脏器位置正常、未见损伤。组织病理学检验：胃、横结肠、肠系膜破裂，破裂处组织坏死，炎性细胞浸润，大网膜疏松水肿、渗血、少量出血，散在炎性细胞浸润；肝细胞浊肿、空泡变性、肝包膜下散在炎症；急性脾炎；肾小球硬化，灶性炎性细胞浸润。高某符合急性弥漫性腹膜炎病理特点。上述死者临床病情发展过程及病理学检验所见符合刀刺伤致胃破裂，胃内容物溢出引起急性弥漫性腹膜炎的特征。综合分析：高某符合刀刺伤致胃破裂，胃内容物溢出引起急性弥漫性腹膜炎致疼痛性、中毒性休克，导致急性肾功能等多脏器衰竭死亡。

### 2.2 关于腹部穿通伤的手术特点

腹部穿通伤具有伤情重、病情发展迅速的特点，手术处理有时会很复杂，甚至有时探查清楚了病灶，但处理仍然会很困难。本例伤者腹部穿通伤剖腹探查时，虽然术中反复探查腹腔内无游离气体，无胆汁，无粪便、食物残渣及炎性渗液，但对于腹部穿通伤，绝对不能满足一两处穿孔而忽略对其他部位的仔细探查，有时消化道穿孔的孔径可能极细微，但不能忽视，也应认真细致地反复检查。本例伤者在术后次日迅速出现感染中毒性休克，并导致死亡，可考虑为消化道（胃肠道）壁受伤，当时并未出现全层刺伤穿孔，仅为浆肌层部分挫伤或裂伤，术后出现腹胀、消化道积气扩张后导致挫伤、裂伤的浆肌层创口进一步扩大而引起全层穿孔。此时应积极再次手术探查。处理类似疾病，应高度提高警惕，高度认真细致，尽最大努力挽救伤者的生命。

### 2.3 关于医方的医疗过错

本例高某入院后直至次日凌晨手术时生命体征比较平稳，手术中除发现陈旧性血液约400mL及血凝块约100g，横结肠上缘浆肌层及横结肠系膜被刺伤，周围大量血凝块及血肿，活动性出血，右后腹壁有约3.5cm纵行裂口，其形态规则，可见大量鲜血从此涌出，周围大量血凝块及血肿外，未见其他脏器损伤。CT影像诊断：肝内钙化灶；腹腔少量积液；右肾后稍低密度影，考虑：血肿可能性大。但4月12日上午病情加重，患者烦躁，有发热，血压低，心率较快，腹部彭隆，反复查血常规：白细胞升高、血红蛋白不低。尸体解剖发现胃小弯下段后壁距幽门10cm处见一未缝合创口，可见食物残渣由此溢出，创缘水肿，未见其他器官有致命性损伤。该破裂是导致伤者死亡的根本原因。手术时未见腹腔内有胃、肠内容物，分析其胃破裂为条件致命伤，如手术时仔细检查及时发现胃破裂并手术修补缝合，应可有效阻止胃内容物流入腹腔引起急性弥漫性腹膜炎，挽救死者生命。院方仅在CT影像诊断：腹腔少量积液；右肾后稍低密度影，血肿可能性大。其他辅助检查仅反复查血常规：白细胞升高、血红蛋白不低。治疗也只针对抗感染，对症支持治疗，未进一步考虑“白细胞升高、血红蛋白不低”引起的原因，以致漏诊伤者胃穿孔破裂。说明院方对刀刺伤腹部的损伤的严重性和复杂性的认识存在明显不足，对伤者可能存在的合并损伤未能予以充分的注意，存在过错。此外，在伤者入院观察治疗期间，院方对伤者的伤情变化也未予以充分的注意，未按要求对伤者生命体征进行严密观察。尤其在手术次日上午11时查房发现“患者烦躁，血压下降60～90mmHg/40～60mmHg，心率170次/分，腹部彭隆”出现休克时，仍未及时进一步检查（再次剖腹探查）以明确伤情，再次丧失了对伤者的救治时机，直至伤者于手术次日下午出现烦躁不安等已呈休克失代偿期，并出现呼吸、心搏骤停，虽经抢救，但伤者终因严重的损伤致胃内容物流入腹腔致急性弥漫性腹膜炎引起疼痛性、中毒性休克，导致急性肾功能等多脏器衰竭死亡。

**2.4 关于鉴定结论**

高某符合刀刺伤致胃破裂、胃内容物溢出引起急性弥漫性腹膜炎，并疼痛性、中毒性休克，导致急性肾功能等多脏器衰竭死亡。刀刺伤致胃破裂，可能为胃肠道壁受伤未出现全层刺伤穿孔，仅为浆肌层部分挫伤或裂伤，术后出现腹胀、消化道积气扩张后导致挫伤、裂伤的浆肌层创口进一步扩大而导致全层穿孔，是导致其死亡的根本原因，属条件致命伤。某医院在对伤者的诊疗过程中疏于观察，延误诊断，致使伤者丧失了获得救治的机会，存在明显过错，此过错与伤者死亡之间存在因果关系，应负主要责任。

# 热水瓶玻璃片戳穿胸部致心包填塞死亡尸体解剖1例

刘锦龙[1] 叶家庆[2]

1. 广安世纪司法鉴定中心；2. 四川省广安市人民检察院

## 1 案例资料

**1.1 事发经过**

2009年初春的一天晚上，陈某（男，21岁，学生），用热水瓶（8磅）从学校锅炉房打开水回寝室的盥洗间欲洗澡时，同寝室内的两同学忽然听见“砰”的热水瓶爆裂声并听见陈某说了声“我遭了”后，见陈某踉跄着、左手捂住左胸从盥洗间出来，随即就瘫软倒地死亡。

**1.2 现场所见**

1.2.1 公安机关勘验现场

陈某欲洗澡的盥洗间内门窗完好，窗台无攀爬痕迹，室内无打斗痕迹；盥洗室地上摆放有一蓝色塑料桶及一红色塑料盆，塑料桶直径29cm，高32cm，桶内水深度10cm。盥洗间门口地面上有一呈倒置状的绿色热水瓶塑料外壳，该外壳手把破损，壳身完好，瓶胆破损。盥洗间门口北面地面上可见230cm×150cm范围的水渍，在此范围内可见血性液体与水混合。盥洗间门口地面上可见140cm×150cm的粉红色热水瓶塑料外壳碎片及瓶胆碎片，少量瓶胆碎片上附着血性液体，其中一块较大的碎片上粘附有较多血迹。

1.2.2 公安机关调查结果

据同室两名同学介绍，当天陈某与他们晚餐后一起打篮球，8点多后就去锅炉房打开水回寝室洗澡。这两名同学洗澡后，一个在寝室给老爸打电话，一个在床边坐着用足光粉泡脚，陈某则进入盥洗室洗澡。陈某刚进入盥洗室不久，就听见热水瓶爆裂的破碎声，随即听见陈某说“我遭了”。几秒钟后见陈某踉跄着走出盥洗间，左手捂住左胸，指缝间有血流出，就赶忙打“120”呼救。“120”医生来后见陈某已死亡。同时这两名同学证实除了他们3人外，没有其他人进入该寝室及盥洗间。陈某与同室两同学间相处很好，相互间没有矛盾和利益纠纷。

### 1.3 尸检情况

陈某，男，21岁。尸长173cm，消瘦体型。全身仅着一条暗灰色条纹三角内裤。头部发际区及面部、颈部、腹部、背部、会阴部及生殖器均未见皮肤破裂、淤血等损伤。其双侧瞳孔等大等圆，直径0.5cm，双眼球结膜苍白，双耳道及鼻腔无损伤及溢液，口唇苍白，口腔黏膜无破损，牙齿无新鲜脱落。尸斑位于背侧未受压的颈项及腰骶部，呈浅红色。左手掌皮肤上有血迹附着。胸部左侧乳头处有一半月形哆开创口，最长距7.2cm，宽3.2cm，边缘不整齐，创角稍钝，创壁有一个由左下向右上滑挫表现，创道深达胸腔。左侧腋胸部皮肤上有13处大小不等的表皮剥脱，其中较大的为4.5cm×1.2cm、1.2cm×1.3cm、1.2cm×1.2cm、2.0cm×0.8cm、2.4cm×1.4cm、2.5cm×1.0cm及点片状表皮剥脱5.2cm×0.2cm；左侧背部近腋侧胸壁处有9处表皮剥脱，最大的0.8cm×0.5cm，最小的0.2cm×0.3cm。左肘部鹰嘴内侧有2处分别为1.5cm×1.0cm和2.0cm×2.5cm的表皮剥脱；左上臂中段内侧有3.0cm×1.5cm的表皮剥脱（水疱破裂后表皮仍附着于患处）；左手腕桡侧有一2.0cm×1.2cm的表皮剥脱（水疱破裂）。左膝部下内侧有1.2cm×0.8cm的表皮剥脱，左胫骨上端有一1.0cm×0.1cm的横行条状表皮剥脱；右膝外侧有一1.0cm×0.1cm的表皮剥脱。其余部位皮肤未见异常，四肢未扪及骨折。剖验：自颈部至耻骨联合上方纵行切开颈、胸、腹部皮肤皮下，未见切口下皮下肌肉淤血及出血，其皮下肌肉层仅1.0cm厚。左侧乳头之胸壁创口内侧裂口长6.2cm，距正中线4.0cm的左侧第3肋骨与第4肋骨间有一与左侧胸壁半月形创口相对应的创口为3.5cm×2.0cm，该创口处第3肋骨下缘及第4肋骨上缘的肋软骨均有裂痕。右侧胸腔内有约50mL淡黄色积液，右肺未见损伤。左侧胸腔内有积血750mL，血凝块500g，左侧胸膜上有一3.3cm破裂口，左肺上叶有0.9cm贯穿肺的破裂口。心包壁左侧上方有一2.0cm破裂口，心包腔内有血凝块150g，肺静脉近右心房2.5cm处有一长2.0cm破裂口，未致肺静脉贯通伤，心脏壁未见损伤。创口内未见玻璃碎片残留。其余部位未见异常。

## 2 讨论

### 2.1 死亡原因分析

从尸检所见发现，陈某的损伤主要是左侧乳头处的胸壁穿通伤。其死亡是该损伤致使左侧肺叶、心包壁及肺静脉破裂，左侧胸腔大量积血，导致急性血气胸、心包填塞、急性失血性休克所致。

### 2.2 致伤物的推断

（1）陈某左侧腋胸壁及左上肢有多处大小不等及不规则的表皮剥脱，有的系水疱破裂形成，有的呈间断点片状，分析该表皮剥脱可由温度较高的液体溅烫或与较坚硬的物体擦挫形成。

（2）其胸部左侧乳头处的半月形创口之创缘不整齐，创角稍钝，创壁有一个由左下向右上滑挫表现，创道深达胸腔，左侧胸壁创口损伤外口大（为7.2cm×3.2cm），创道在向内经过左侧低－4 肋骨间隙时变小为 3.5cm×2.0cm，继续向内致左侧胸膜破裂口为 3.3cm，致心包壁及肺静脉壁的破裂口分别为 2.0cm。开破裂口经胸壁皮肤皮下、肋间肌、胸膜及心包壁、肺静脉壁依次呈逐渐减小趋势。根据上述特异的创口损伤特征分析推断，该损伤创系由具有一定弧度、质地较硬、较薄、较锋利且呈不规则楔状的稍钝物体（如带弧形的玻璃碎片）形成。

（3）结合现场勘验和调查情况分析推断，本例致伤物为热水瓶胆玻璃碎片戳入形成；从其损伤部位、力度等特征分析，可排除他人或自己持玻璃碎片刺戳所致。

### 2.3 热水瓶胆玻璃碎片戳入胸壁的形成机理分析

（1）陈某除左侧胸壁穿通伤外，其他部位未见致命性损伤。结合其自身消瘦胸壁较薄（仅 1.0cm 厚）、左侧胸壁创口创缘不整齐，胸部左侧乳头处有一半月形哆开创口，最长距 7.2cm，宽 3.2cm，边缘不整齐，创角稍钝，创壁有一个由左下向右上滑挫表现，创道深达胸腔，创的外口较大（7.2cm×3.2cm），创裂口向内依次减小等特征，运用物理力学[重力（如自身身体体重）、加速度（如自身身体的倾倒运动）]原理分析，其左胸壁穿通伤是由于其在躯体失去平衡状态下（如脚下踩滑）致左侧胸壁与一具有一定弧度、质地较硬、较薄、较锋利且不规则呈楔形的稍钝物体（如被身体压迫的热水瓶爆裂的玻璃碎片）猛力接触，该物体（即热水瓶胆玻璃碎片）切刺入胸壁所致。

（2）尸检时创口内没有检见玻璃碎片残留，分析可能是其被玻璃碎片刺戳胸壁后，陈某出于本能的自我保护动作迅即将戳入胸壁的玻璃碎片拔出有关；该刺戳进入左胸腔的玻璃碎片被即刻拔出与其迅即发生死亡也有一定的因果关系。

# 左髂外静脉血栓形成破裂出血死亡 1 例

张 健[1] 李 涛[1] 吴 松[1,2] 张 伟[2]

1. 四川省南充市公安局物证鉴定所；2. 川北医学院法医系教研室

髂静脉破裂非常罕见，主要发生在较大创伤和盆腔手术中。髂静脉自发性破裂更加罕见。1961 年 Houssne 等报道，世界上首例患者，属血管急症。髂静脉破裂容易误诊，不规范、不及时的治疗常常造成严重并发症，甚至死亡。笔者近期遇到 1 例产妇左髂外静脉血栓形成并发自发性破裂死亡，现报道如下。

## 1 案件资料

### 1.1 病历摘要

近日，刘某在我市一家妇产医院行剖宫产术，术后三天出现下肢、臀部疼痛，未引起重视，后病情恶化，经抢救无效死亡。

### 1.2 解剖检验

死者全身多组织脏器缺血性改变（眼球结膜、肺、脾脏等）。盆腔血管局部解剖见右髂总动脉压迫左髂总静脉，下腔静脉距下腔静脉分叉处上 3.5cm 处有一大小为 0.3cm×0.1cm 的破口，左髂总静脉可见 2.2cm 的手术缝合口，缝线紧密无脱落；左髂内静脉靠近髂静脉分叉处可见 5cm ×1.2cm 膨大，该膨大的静脉距髂静脉分叉处 4cm 有一条 0.4cm×0.2cm 的静脉破口，按压可见血栓样物质自破口溢出，分离血管中血栓样物质与血管壁黏附不够紧密，剪开血管，见附着物头部呈灰白色，尾端呈褐色。

### 1.3 病理显微镜观察

死者下腔静脉－髂总、髂内静脉血栓形成，病理镜下观察见血栓头部为混合血栓，尾端为红色血栓，红细胞结构完整；髂静脉血管破口处有炎症细胞浸润，管壁失去正常的结构，血管内皮细胞消失，完全被胶原纤维和结缔组织代替，受压段静脉壁水肿，管壁增厚呈灰白色。

## 2 讨论

死者左、右两侧髂静脉于第 5 腰椎平面脊柱的右侧汇合成下腔静脉并沿脊柱右侧上行。左侧髂总静脉则沿盆腔壁左侧向上向右，越过第 5 腰椎椎体的前面与下腔静脉汇合，角度近乎 90°。因此，左髂总静脉在前方受到右髂总动脉的压迫，在后方又受到来自脊柱向前的推挤作用，而处于前压后挤的状态，从而构成了左髂静脉病变的解剖学基础。髂静脉受压后，受压部位血管壁发生一系列变化。本例属左髂外静脉自发性破裂出血属右髂总动脉压迫左髂总静脉，是临床上常见的类型，局部解剖下腔静脉见距下腔静脉分叉处有一破口，左髂总静脉的手术缝合口紧密无脱落；左髂内静脉靠近髂静脉分叉处膨大，膨大的静脉距髂静脉分叉处有一静脉破口，按压可见血栓样物质自破口溢出，且镜下血栓新鲜，髂静脉多处破口，破口周围炎症细胞浸润，说明死者生前有形成血栓的高危因素存在，致本已病变的髂静脉多处破裂出血，结合尸检发现死者全身多处组织器官缺血性表现，死者刘某系生前因髂静脉内血栓形成压迫髂静脉使其多处破裂出血致急性失血性休克死亡。本文报道的该例属高龄产妇，且有手术、制动、高凝等导致血栓形成的高危因素存在，极易形成血栓，所以更应该引起临床医生的高度重视，应时刻关注病人的病情变化，密切监测生命体征，必要时给予抗凝、祛聚药物，鼓励病人做四肢的主动活动和早期离床活动，无法下床的病员家属可以协助按摩、热敷等。随着高龄产妇的增加，临床医生应以此案例为警示，维护好病人的权益。

# 外伤 3 天后脑基底部血管破裂出血死亡原因分析 1 例

李 涛[1] 张 健[1] 吴 松[1,2] 张 伟[2]
1. 四川省南充市公安局物证鉴定所；2. 川北医学院法医系教研室

## 1 案件资料

### 1.1 案件经过

死者钱某因纠纷面部被拳头打伤，头枕部撞于墙上，当日午后突感头痛不适，并呈进行性加重趋势；第二天行头部 CT（－），遂放松警惕；伤后第三天，头痛明显加重，在驾车上班途中突然出现昏迷，经抢救无效死亡，当晚进行尸体检验。

### 1.2 尸体检验

尸表检验：枕结节上方一 10cm×4cm 头皮出血区，呈淡红色，分布不均，左颞顶部一 4.5cm×0.1cm 陈旧性皮肤瘢痕，后枕部可扪及肿块，余未见异常。

解剖检验：右眶上缘一 3.7cm×1.4cm 帽状腱膜下血肿，右颞顶叶一 15.0cm×5.0cm 的充血区，小脑扁桃体至颞叶底部蛛网膜下腔出血，范围 19.0cm×7.0cm 大小，颅底无骨折，基底动脉环处未查见畸形，脾动脉、肾动脉未见异常。

### 1.3 病理显微镜下观察

血肿处红细胞形态完整；肾小球、脾小动脉未见玻璃样变、硬化；右颞叶、第四脑室出血；脑血管未见明显畸形。

## 2 讨论

该案例死者死亡 3 天前有头部外伤史，受伤当日即感头痛，并且呈进行性加重趋势，伤后第三天，在驾车过程中出现急性出血引起死亡。死者死亡原因为脑基底部蛛网膜下腔出血，与三天前的外伤无因果关系。

# 无痛性胰腺炎死亡尸体检验1例

万洪林　陈雪凌　廖　进
四川求实司法鉴定所

## 1　案例资料

### 1.1　事件经过

2013年2月15日，邱某从富顺老家过年回成都，返家后出现咳嗽、皮肤瘙痒等症状，16日上班时自行到单位附近诊所开药、打针，当晚无明显异常，于17日早上起床后出现全身酸软无力，在家休息，并停药。18日凌晨1时左右入睡，未诉特殊不适，18日上午8时妻子吴某起床后发现邱某已在床上死亡。

### 1.2　法医学检验

#### 1.2.1　尸表检验情况

一般情况：死者发育正常，营养较好，尸长173cm；尸斑暗红色，位于颈、腰背部及四肢未受压处，指压不褪色；短发，长10cm，色黑。

头颈部：头颅外观外伤，未扪及头皮血肿及骨擦感；角膜重度浑浊，瞳孔窥不清，双眼睑结膜苍白，无点状出血；双侧外耳道、双鼻腔无溢血溢液，口唇轻度发绀，口腔牙齿无松动，黏膜未见损伤；颈部无扼痕、抓痕、索沟及皮下出血。

躯干：脊柱生理曲度存在，未扪及皮下捻发感和肋骨骨擦感；臀部未见注射针孔。

四肢：四肢长骨外观未见明显畸形，未扪及骨擦感。双手指甲床发绀，双足趾甲床苍白，双前臂、手背未见注射针孔，四肢长骨未扪及骨折。

会阴部及外阴：无异常发现。

#### 1.2.2　解剖检验

胸腔内肺脏与胸壁无粘连，双侧胸腔少许血性胸水，肺脏肿胀、暗褐色，肺切面见血性泡沫状液溢出。心脏心包无粘连，暗红色，心包腔内少量淡黄色清亮液体。沿主动脉弓分离，发现9.0cm×4.0cm×0.5cm外膜下出血，形成凝血块，主动脉内壁光滑，未见粥样斑块。肺动脉内未见血栓，二尖瓣、三尖瓣无增厚、无赘生物，室间隔、房间隔未见缺损。腹腔内无积液，大网膜、小网膜无粘连，未见皂钙颗粒。盆腔内无积液。肝脏暗红色，质地均匀、无结节；胰腺暗红色，质硬，大小14.0cm×4.0cm×1.5cm，重54.0g，胰头、胰尾可见出血。脾脏大小14.0cm×9.0cm×4.0cm，暗红色，表面无包块、结节，未见破裂出血。双肾暗红色，包膜完整，表面无包块、结节，未见破裂出血，左肾大小8.0cm×6.0cm×3.0cm，右肾大小9.5cm×6.5cm×3.0cm。胃内无内容物，贲门周围可见浅表胃黏膜出血。距回盲部17cm处可见长8.2cm回肠黏膜下出血，距回盲部25cm处可见5.0cm回肠黏膜下出血。

1.2.3　病理诊断意见

胰腺：胰腺广泛自溶，多灶性区域见出血，周围脂肪组织坏死、钙化；心脏：心脏结构大致正常，心肌（左心为主）断裂明显，冠状动脉未见粥样硬化；肺脏：双肺下叶血管淤血，肺泡腔出血明显，余肺组织灶性区域见肺水肿及代偿性肺气肿；回肠：取样部分回肠黏膜下层见出血。

脑组织：脑组织结构大小对称，均未见出血占位。

肾脏：肾脏未见出血及炎症改变。

肝组织：部分肝组织未见出血及占位。

综合考虑：急性出血性胰腺炎。

### 1.3　鉴定结论

被鉴定人邱某的死亡原因是患急性出血坏死性胰腺炎（猝死型）引起呼吸、循环衰竭死亡。

## 2　讨论

急性胰腺炎是一种常见急腹症，暴饮暴食、酗酒、胆道结石是胰腺炎的常见诱因，暴饮暴食促使胰液大量分泌，酒精可以直接刺激胰液分泌，酒精进入十二指肠会引起乳头水肿和奥狄氏括约肌痉挛，于是分泌的胰液流出受阻，胰管内压力增高，导致细小胰管破裂，胰液流出，胰液内的消化酶对胰腺进行“自我消化”，引发急性胰腺炎，多数为突然发病，有剧烈的上腹痛、恶心呕吐症状。临床上绝大多数病人表现为轻症的急性水肿性胰腺炎，预后较好。但约15%～20%的病人为重症的急性出血坏死性胰腺炎。急性出血坏死性胰腺炎发病急骤，病情危重，死亡率高达30%～50%，也有报道达60%～90%，常引起病人猝死。猝死型胰腺炎是急性胰腺炎的一种特殊表现，此类胰腺炎胰腺局部病变发生后，可在极短时间内产生休克、呼吸困难或抽搐，进而死亡，多无典型的胰腺炎症状，少数胰腺炎病人完全没有腹痛症状，又称为无痛性胰腺炎，诊断多在尸检后明确。文献报道猝死于急性胰腺炎者达2%～5%。

本例死者生前无特殊不适，没有急性胰腺炎的常见诱因，仅有全身酸软不适，在睡眠中猝死。死后尸体检验病理诊断为出血坏死性胰腺炎，属无痛性胰腺炎。该病在临床上多无典型的症状，具有隐蔽性和突然性，在法医病理解剖时应特别引起重视。

# 内江市“1.8”“二次死亡案”办案体会

陈雪凌　万洪林　王能义
四川求实司法鉴定所

## 1　案情简介

2010年01月08日15时10分左右，在四川省内江市发生一起交通事故，致张某及其儿子受伤。内江市中医医院急诊科医务人员到现场检查后，判定张某已经死亡；张某被送往殡仪馆冰棺保存。约4个小时后其家属在殡仪馆冰棺内“发现”张某并未死亡，于是再呼“120”，内江市某医院急诊科医务人员到达后检查发现张某存在生命体征，立即进行抢救，后于当日20时14分经抢救无效宣布死亡。两家医院在不同时间均出具了死亡证明。发生两次死亡的蹊跷事件，家属情绪激动，出现严重的医患纠纷。该事件经网络、电视、报纸等媒体报道后，在海内外引起强烈反响，对社会和谐稳定带来不良影响。当地市委、市政府立即成立了“1.8”交通事故调查处理领导小组，调查组与张某家属进行多次交流，家属认为中医医院把活人误诊为死亡，导致张某被送到殡仪馆“冰冻”保存而引起死亡，张某家属要求内江市中医医院赔偿约450万元，经多次协商不能达成一致。而中医医院认为急诊科的医疗行为无过错，并且坚决要求查清事实真相。调查组建议尸检，两家医院和张某家属三方委托我所进行医疗过错鉴定，当地交警部门委托我所对张某具体死亡原因进行鉴定。

## 2　尸解所见

死者第2颈椎骨折伴后脱位、颈髓损伤和严重颅脑损伤及心脏破裂等；查看胃内容物的量、消化程度等，并分别从左心室抽出不凝血4mL，右心室抽出不凝血3mL，送四川华西法医学鉴定中心检测张某左、右心血中是否含有可拉明、利多卡因药物，此两种药物为第二家医院抢救时静脉注入药物。该鉴定中心先后采用GC/MS（气相色谱/质谱联用法）和HPLC/DAD（高效液相色谱法）两种方法进行检测，均未检出可拉明、利多卡因药物；综合整个事件过程，尸检所见和病理检验、药物分析，证实张某在严重车祸伤后快速死亡；第一家医院到现场后处理得当，张某的儿子性命得到及时抢救和治疗。第二家医院出诊存在误诊张某有生命体征的过错，是引起此次医疗纠纷的起因。

## 3　鉴定结果

（1）内江市中医医院对张某的医疗行为不存在过错，张某的死亡与该院的医疗行为无因果关系。

内江市中医医院于2010年1月8日15时10分接到“120”急救电话指令出诊，出诊地点在凌家往伏龙方向的路上，该院医护人员于15时12分出车，16时22分到达车祸现场，救护车到达现场迟到的原因是当时高速路上发生了另外一起交通事故致堵车所致。救护车到达车祸现场见有2名车祸伤员，张某侧卧在马路边，流血已凝固，对于呼叫没有反应，而马路中间的伤员为张某之子，对于医生呼叫有应答，医生便协同其他人员对其进行包扎、输液等抢救，之后，医生返回张某身边再次进行检查，见张某头枕部、耳、下颌部出血，血液凝固，呼吸心跳停止，大动脉搏动不能扪及，脉搏、呼吸、血压均为0。面色青灰，瞳孔散大固定，直径约0.6cm，对光反射消失。医生作出“①呼吸、心跳停止；②脑挫裂伤？③脑出血？④颅底骨折?”的诊断。根据当地交警提供车祸现场拍摄的照片和内江市中医医院急诊科医生对张某进行心电监护检查，心电图纸自动记录时间为“16时31分22秒”，心电图呈等电位线，证实此时张某心脏已经停搏。医生据此判定张某已经死亡。

急诊医生到达事发现场时，对伤员的伤情首先要判断有无意识、颈动脉搏动、呼吸，决定是否需要进行心肺复苏。我国医生对死亡的判定实行的是“临床死亡”。判定临床死亡必须同时满足5个条件：一是意识丧失，二是瞳孔散大，三是颈动脉或股动脉等大动脉搏动消失，四是呼吸停止，五是心电图呈等电位线。中医医院急诊科医生确证张某无意识，无颈动脉搏动，无呼吸，瞳孔散大，对光反射消失，心电图呈等电位线，判定张某心脏已经停搏是有客观科学依据的，因此“临床死亡”的诊断成立。在医生到达车祸现场时，对伤员张某的观察、检查、诊断符合医疗规范。由于张某的儿子仍处于生命危急之中，若及时抢救，尚有生存希望，如果急诊医生将张某作为重点抢救对象，很可能导致父子二人均丧失生命。结合对张某的尸体解剖检验，说明张某在车祸后快速死亡，证实急诊医生在现场宣布张某“死亡”的判定是正确的。因此认为，内江市中医医院急诊医生到达车祸现场时，判定张某已经“死亡”的诊断是正确的，该院对张某的医疗行为不存在过错，张某的死亡与该院的医疗行为无因果关系。

（2）内江市某医院存在误诊张某有生命体征的过错，该过错与张某的死亡无因果关系，但该院的过错是引起此次医疗纠纷的起因。

内江某医院《急诊科出诊记录》：19时18分到达现场。家属对医生诉车祸伤后已4小时余。医生检查见：体温36.8℃，脉搏74次/分，呼吸18次/分，血压124/82mmHg，呈深昏迷，压眶反射消失，面色苍白，四肢冰冷，瞳孔直径4cm，对光反射消失，心律齐，心音极低，心率74次/分。从查体所见，张某生命体征完全在正常范围，但是，却记载患者四肢冰冷，压眶反射消失，双瞳孔对光反射消失，心音极低，说明患者病情相当严重，且立即下达病危。在这种情况下应当使用心电监护仪，而医生没有使用“120”救护车必备的心电监护仪对患者监测心脏情况，是错误的，违反了抢救危重患者的诊疗程序。因为心电监护仪的检测结果是客观检查依据，比主观检查更可靠。关于张某车祸伤后4小时尚有体温的问题：人体的正常体温一般在37℃。人死后由于新陈代谢停止，尸温逐渐降低、变冷，尸体冷却速度的快慢，常常要受到尸体的各种因素及外界环境因素的影响，包括周围环境的温度、衣着或覆盖物的厚薄等情况。普通成年人的尸体，在通常室温环境中死后的10小时内，平均每小时大约下降1℃，10小时以后下降速度减慢，经过24小时左右，尸温就降至与环境温度基本接近。急诊科医生 19 时 18 分到达接诊现场时，检查体温为 36.8℃，19 时 37 分查心跳、呼吸、血压均为 0，仅有 7 分钟就将张某送回医院，医院接诊医生检查时未查体温，但记载是“躯体冰冷”。这与尸体冷却的规律不相符合。

从尸体解剖检验所见，证实张某在车祸后快速死亡，某医院急诊科医生对张某的检查却是生命体征正常，这与尸体解剖检验的客观事实不相符合，也与急诊时检查所见不相符合。在接诊现场，明知张某因车祸伤后已经 4 小时余，并未进行过抢救治疗，仍然草率地做出张某生命体征正常的错误判断。说明急诊医生欠沉着冷静，未认真进行分析判断，违反抢救危重患者需要心电监护监测的诊疗程序。该院的医疗行为存在对已死亡的张某误诊有生命体征的过错，该过错与张某的死亡无因果关系，张某的死亡不是该院的医疗行为造成，而是严重车祸伤所致，但是，该院的过错是引起此次医疗纠纷的起因。

## 4 办案体会

（1）遇到重大案件不急、不慌，不偏听偏信，要多方位、多方面听取多方意见。耐心做好群众思想工作，一定要客观、科学、公正、独立、透明，让群众相信我们。工作仔细、细心，注意用浅显易懂的方法让群众了解专业的知识、科学方法。在司法鉴定时，要坚持因果关系的先后顺序和连续性，注意那些一因多果、一果多因、多因多果的案件。首先要正确认识条件和原因的关系，出现这样的后果，其引起的是原因还是条件，条件中还要注意是重要条件还是诱发条件。再结合案情进行分析，得出准确、公正的结论。

（2）注重“程序与实体并重、程序优先于实体”的观念，并将此观念运用于所有案件中。在处理案件的时候，首先注意程序的公正，将程序置于最前面，一切按照法律法规来办事，坚决按照委托事项和委托要求进行鉴定。在收案、审查鉴定材料、收集鉴定材料、后期勘验、检查等诸多环节都要贯穿程序合法、公正的基本原则。这对以后案件的调解和处理都具有积极意义。

（3）要求牢固树立“调解优先”理念，准确认识和把握调解鉴定结合工作原则来处理类似情况。根据四川省首创的大调解工作思路，在司法鉴定中要适时地在鉴定前、鉴定中、鉴定后做大量调解工作，即使不能达到调解结案，让当事人对案件的处理结果和鉴定结果也有预期，对结果的认可和接受程度都会大大增加。要抓住任何的调解机会，通过鉴定人和其他工作人员对专业知识的讲解和介绍，细心分析矛盾纠纷，晓之以理、动之以情，最终达到调解结案。这样既减轻了缠诉和缠访，又提高了鉴定结论的公信力，也便于做到案结事了。

（4）传媒为了赢取受众的关注，采取夸张、渲染的方法过度报道，不利于案件的后期处理和调解工作的进行。避免媒体的影响，同时又要利用媒体公正、客观地报道案件情况，将案件置于阳光之下，置于大众眼前，这有利于案件及时和高效的处理，也更能增强鉴定结论的公信力。

鉴定结果出具后，死者家属情绪很快稳定，停止闹事，并相信鉴定结论的客观、公正、科学，事情很快得到解决。家属曾要求几百万的赔偿，依据鉴定结果，根据现行法律法规，家属得到交通事故赔偿。鉴定结果通报后，社会关注热度很快降下来，为社会和谐稳定做出贡献。

科学的结论对案件的处理很重要，追求案结事了这一司法现实目的的实现，让鉴定结论更好地达到维护社会公平正义、服务群众的目的，需要更规范和完善相关的程序法规，使得司法鉴定工作更好地为大众服务，提高鉴定结果的公信力，促进社会的和谐。

# 法医临床学

# Forensic Clinical Medicine

Advances & practices in Forensic Medicine 8

# 127 例重伤伤残评定分析

郭晓伟[1]　田崇华[2]

1. 北京市公安局海淀分局刑侦支队；2. 成都市公安局金牛区分局刑警大队

重伤是对人身健康有重大伤害的一类损伤，常在伤害发生时严重危及生命或造成人体器官永久缺失或功能丧失。此类损伤在庭审阶段常需进行伤残评定，根据评定结果来进一步保护被伤害人的合法权益。本文对 2008 年至 2011 年鉴定机构鉴定的 127 例重伤及相应伤残评定结果进行分析，现报道如下。

## 1　资料来源和处理

资料来源于 2008 年 1 月 1 日至 2011 年 12 月 31 日鉴定机构临床室受理的 6613 份法医临床鉴定书存档资料。其中评定为重伤的鉴定 159 例，选择其中进行伤残评定的 127 例重伤鉴定资料作为本组研究对象，参考全国公、检、法鉴定部门通行的［1990］《人体重伤鉴定标准》和北京市法院鉴定部门通用的北京市法庭技术研究所［1999］《人体损伤致残程度鉴定标准（试行）》，按照设计的统一格式进行登记、统计分析。

## 2　资料分析

### 2.1　一般资料

本组资料占同期临床室受理的 6613 例鉴定案例的 1.9％。在 127 例重伤中，男性 115 例（90.6％），女性 12 例（9.4％）。年龄为 14 岁～60 岁，其中 14 岁～20 岁为 22 人（20.3％），21 岁～30 岁为 34 人（26.8％），31 岁～40 岁为 39 人（30.7％），41 岁～50 岁为 24 人（18.9％），51～60 岁为 8 人（6.3％）。

本组资料中，评定时间为 1 月以内 45 例（35.4％），1～3 月 47 例（37.0％），3～6 月 18 例（14.2％），6 月以上的 17 例（13.4％）。

### 2.2　损伤部位、性质及类别

#### 2.2.1　损伤部位

头面部 45 例（35.4％），胸部 13 例（10.2％），腹部 53 例（41.7％），四肢部 15 例（11.8％），脊柱部 1 例（0.8％）。单一损伤为 25 例（19.7％），两处以上损伤为 102 例（80.3％）。

#### 2.2.2　损伤性质

钝器伤 36 例（28.3％），锐器伤 82 例（64.6％），火器伤 2 例（1.6％），其他损伤 7 例（5.5％）。

2.2.3 损伤类别

为了便于对照，参照《人体重伤鉴定标准》分类，依次为肢体残废 13 例（10.2%），容貌毁损 7 例（5.5%），丧失听觉 2 例（1.6%），丧失视觉 5 例（3.9%），其他对于人体的重大损伤中颅脑损伤 31 例（24.4%），胸部损伤 13 例（10.2%），腹部损伤 53 例（41.7%），脊柱脊髓损伤 1 例（0.8%），其他损伤 2 例（1.6%）。

### 2.3 重伤与伤残

本组 127 例重伤中按照北京市法庭技术研究所［1999］《人体损伤致残程度鉴定标准》鉴定为不同程度伤残 115 例，伤残评定率为 90.6%。按照损伤部位分头面部 40 例，胸部 11 例，腹部 50 例，四肢部 13 例，脊柱部 1 例。

## 3 讨论

本组资料显示，青壮年男性是重伤案件发生的主要当事人，也是主要受害者。其中 18 岁以下重伤人数为 19 人，所占比例为 15.0%，可见未成年人重伤害案件也需引起一定关注。

本组资料显示，92 例（72.4%）重伤鉴定在 3 个月内作出评判，1 月内作出评判 45 例（35.4%），其中开放性胸腹部损伤 30 例，全部损伤均造成脏器破裂。可见此类损伤在伤情诊断明确后即可作出评定，但鉴定时需委托人提供伤者完备翔实的病历材料，重点是手术记录等材料。超过 6 个月作出评定的 17 例中，肢体残废、容貌毁损 13 例，可见此类损伤需要根据医疗终结后恢复情况及功能状态进行法医学鉴定，除需提供相关的就医材料外，重点是对伤者进行相关法医学检查和评定。

本组资料显示，各部位伤残评定与相应部位重伤比例为：头面部 88.9%，胸部 84.6%，腹部 90.6%，四肢部 86.7%，脊柱 100%。脊柱 1 例为枪弹伤，造成胸椎以下脊髓完全性损伤，评定为 4 级。颅脑损伤 31 例中，多为颅骨粉碎性骨折、颅内血肿或颅底骨折伴有脑脊液漏，实施开颅手术治疗，评定为 8－10 级。头面部容貌毁损 7 例，有 5 例为泼洒硫酸，造成容貌毁损及面部器官畸形，评定为 5－8 级。5 例丧失视觉，均为一眼眼球破裂，眼球摘除，评定为 7 级。胸部评残 11 例，其中 2 例为心脏破裂，其余 9 例为肺破裂，均评定为 9－10 级。127 例重伤中，腹部损伤达 53 例，这是由于腹部脏器较多，脏器破裂，开腹手术实施一般评定为重伤。治疗中一般对脏器进行修补，可评定为伤残 10 级，其中有 2 例成人脾摘除，评定为 8 级。四肢部评残多为腕、手功能障碍，功能丧失 50%以上，评定为 8－10 级，拇指缺失 2 例，评定为 8 级。

目前，全国尚未有统一的刑事案件人体伤残评定标准，各地伤残评定参照标准不一，难免引起缠诉，反复鉴定现象。故建议相关机构尽快制定全国统一的、科学性强、便于操作的人身伤害致残程度鉴定标准。

# 法医临床损伤鉴定结论的影响因素浅析

刘建丰
浙江省永嘉县公安局刑侦大队

目前，在人身损伤案件的法医学鉴定工作中，由于多种因素的制约和影响，常使公、检、法各部门的法医鉴定结论不一致，或同一部门在不同时间内出具的鉴定结论不尽相同，此种情况给审判工作增加了难度，也易造成案件的当事人心存疑虑，到处上访。笔者根据多年来工作实际浅析探讨影响损伤案件的影响因素。

## 1　鉴定客观方面

### 1.1　现有鉴定标准不完善

（1）标准中部分损伤无明文规定。例如外伤性脑积水、外伤性硬膜下积液、弥漫性轴索损伤、舌骨骨折等，在实际检验鉴定时，法医只能按照现有标准的相关条款进行比照鉴定，影响鉴定结论的准确性。

（2）标准中某些模糊词语理解不一。例如，标准中“明显”“显著”“影响功能”“严重影响功能”等词概念模糊，在使用中，很难让鉴定人准确把握，对模糊词语的不同理解，就会对同一个损伤得出不同的鉴定结论。

（3）标准中部分条款不易操作。如轻伤鉴定标准中第八条“头部损伤确证出现短暂的意识障碍和近事遗忘”，第三十六条“外伤性血尿（显微镜检查红细胞>10/高倍视野）持续时间超过二周”等，在实际鉴定时不易操作，容易导致当事人的质疑。

（4）标准中部分条款规定不尽合理。如外伤性鼓膜穿孔，因机械性外伤所致，在未化脓的情况下，愈合均良好，一般不影响听力，鉴定为轻伤有些偏重。

（5）标准中部分条款之间缺乏衔接。如重伤鉴定标准中，关于颅内血肿、脑挫裂伤等的规定，如果未经手术治疗，神经系统无阳性体征，即未达到重伤范畴，应评定为重伤，但轻伤标准中无明确相应条文。

### 1.2　临床医学的影响

#### 1.2.1　临床资料不完整

（1）临床医生往往只注意诊断与治疗，对一些无殊治疗价值的损伤，如体表的擦伤和挫伤，往往忽略，不注意记录。如果伤者未采取措施固定下来，经一段时间后损伤痕迹消失，使法医鉴定倍感困难。

（2）病历中记载创口长度均为目测值，与法医所测实际长度有时相差较大。

（3）对创口的形态缺乏准确、全面、专业性的描述，如创缘是否整齐，创壁内有无组织间桥，给致伤工具认定带来一定困难。

（4）临床体征记载不全面。如对血气胸所引发的呼吸困难，缺乏对口唇、三凹征、积血气量、肺体积压缩等的记录。

（5）检验手段不完备。如对颅底骨折所表现的脑脊液耳鼻漏，未进行常规检验，事过境迁难以认定。

1.2.2 诊断问题

（1）诊断不准确。如将头皮下血肿误诊为帽状腱膜下血肿，或将视网膜震荡误诊为神经挫伤。

（2）诊断缺乏客观依据。如只根据伤者所诉头痛、压痛，在没有擦伤、挫伤的情况下，泛泛地诊断为头外伤、轻型颅脑损伤，致使被鉴定人一味地强调有医生诊断，要求法医给予认定伤情。

（3）延迟性诊断。如迟发性脾破裂、慢性硬膜下血肿等。

（4）错误诊断。如将某些生理性异常误诊为外伤。

### 1.3 医疗措施的影响

损伤能否得到及时有效的治疗，将直接影响到损伤的鉴定后果。如面部裂伤缝合时清创是否彻底、针线的粗细等对疤痕形成的影响。

### 1.4 医疗条件的影响

损伤的转归和最终结局与医疗条件有着直接关系，医院的级别、医疗设备、医生的诊疗水平和操作技能与损伤的转归是相辅相成的。换言之，医院的级别越高，医疗设备越先进，医生的诊疗水平和操作技能越好，损伤就能得到及时、准确、有效的诊治，损伤的并发症、后遗症和继发症就少，愈合就好；反之，损伤的并发症、后遗症和继发症就相应增加，愈合不好，就会对有些鉴定结果造成影响。

### 1.5 证据保存的影响

个别医院管理制度不严，致使医学资料丢失，有的出具两份不同的医学资料，致使客观的鉴定无法进行。

### 1.6 鉴定时机的影响

适时把握鉴定时机，对原发性损伤可以明确损伤程度的，应以原发性损伤为依据，进行即时鉴定；对损伤结果难以预料的，可在治疗至病情稳定后以损伤后果为结局进行观察鉴定。

## 2 鉴定主观方面

### 2.1 鉴定人的学识能力的影响

鉴定人医学基础是否深厚扎实，工作经验是否丰富，直接影响到鉴定结论的公正和准确性。由于临床法医学是综合性的学科，又属于边缘学科，因此要求鉴定人必须具有深厚的医学基础知识和全面的临床知识，有较强的综合、分析、判断及鉴别能力，否则将难以胜任这项工作，出现鉴定差错也就在所难免。

### 2.2 鉴定人对现有标准理解的影响

对现有鉴定标准的理解如果出现误读、把握不实、生搬硬套，其鉴定结论也就难免出错。如见到临床诊断“血气胸”或“颅内血肿”等就一律鉴定为重伤，而没有真正掌握达到重伤鉴定标准中关于血气胸或颅内血肿的真正含义和客观指标，不能做出正确的鉴定结论。

### 2.3 鉴定人工作作风的影响

鉴定人工作作风不实，工作粗心大意，表现为：轻信临床诊断，不加甄别地将临床诊断拿来照用；或对被鉴定人查体不细致，未能将查体情况与临床资料互相印证；或轻信伤者的自诉，未能采取较为客观可信的检查方法。

### 2.4 忽视原有疾病在鉴定中的作用

这类情况较常见出现的有视力下降、骨折、腰椎间盘突出等，在进行鉴定时均应警惕在本次外伤前有无疾病或外伤，当损伤疾病并存，且可能影响鉴定时，应仔细分析两者在时间上发生的顺序及相互影响，做出综合判定。

### 2.5 鉴定人主观故意

当前我国已进入社会主义市场经济时代，受利益驱动的影响，或受到来自各方面的干扰，有的鉴定人在鉴定时有时会违心做出鉴定。

个别医生为了一些个人利益和关系，肆意夸大或缩小病情，篡改医学资料。笔者多次遇到此类病历，记录前后矛盾。有的往往前半部分是比较真实的，后半部分就有夸大或缩小病情的情况；有的资料在描述上左右不分，把左写成右，右写成左，丧失了资料的可靠性、严肃性；有的记载伤口长度部分空缺，等待填空，丧失了资料的真实性。

# 利用图像处理技术对影像资料同一认定1例

曹　锋　杜　江
四川省资阳市公安局

法医学检验鉴定是基于占有真实的材料而做出科学的鉴定结论，在仅运用影像学资料判定损伤、提供证据时，影像学资料的真实性就至关重要。本文介绍1例利用图像处理技术判定影像资料是否为同一人的方法，以探讨该方法在类似案件中的应用。

## 1 案例资料

2006年6月13日康某因纠纷被他人致伤，经检查诊断为左颧骨骨折。嫌疑人提出伤者提供受伤当日CT（CT号13168）不是其本人所拍的CT片。2011年9月22日，办案民警陪同伤者康某再次重新进行了CT检查（CT号47191）。

### 1.1 对送检头面部CT片资料检查主要发现

CT片编号13168显示：A Hospital　Kang X　M 61 13168　Jun 14 2006　Ex12874。第2层面（OM S10.5）、第3层面（OM S15.5）、第4层面（OM S20.5）显示右侧颧弓

中段骨折，折端向后塌陷移位。骨折端清晰锐利，无骨痂生长修复征象。第4层面显示前份折端移位于后份折端下方。

CT片编号47191片显示：A Hospital　Kang X M 66 47191　Sep 22 2011 Ex43526。第4层面（OM S5.5）、第5层面（OM S10.5）显示右侧颧弓中段陈旧性骨折，局部颧弓向后塌陷。骨折端未见骨折线影，骨性连接。

### 1.2 对送检CT片进行图像处理

对47191号CT片断层片扫描后依次反相、透明度50%处理后与13168号CT片相应层面进行重叠比对。

### 1.3 对比结果

经处理后将两片相应层面进行重叠比对，发现两片所示筛窦、蝶窦内骨嵴位置、走行、分布特征相一致，右侧颧弓显示骨折部位一致。（详见附件）

### 1.4 分析结果

送检两张CT片显示图像比对，两片所示筛窦、蝶窦内骨嵴位置、走行、分布特征相一致，右侧颧弓显示骨折部位一致。虽两张CT片扫描层面显示略有出入，但上述扫描差异可由两次扫描时患者头部位置变动、扫描部位差异造成。本次比对选择断层片上相对具有特征性的骨性标示（筛窦、蝶窦以及右侧颧弓骨折）进行比对，经比对，蝶窦、筛窦内骨嵴位置、走行、分布特征相一致（详见附件），同时两张CT片在相同部位（右侧颧弓）出现骨折，骨折位置相一致，上述影像学特征比对结果提示上述两张CT片符合同一人影像资料。故所送检13168号CT片及47191号CT片符合同一人影像资料。

## 2 讨论

在针对影像资料做出比对认定的检案中，首先要基于影像资料真实可信，笔者曾遇过嫌疑人在医院以伤者身份信息拍出正常影像资料以掩盖受伤事实的案例。

在影像条件下分析主要以骨骼在先天和后天多种因素的影响下，各不相同的形态特征来识别，对于拍摄体位、角度及中心线相同的片子，可以运用此类局部重影比对的方法，来观察是否特征相同，对于判别损伤的真实、恶意掩盖或是诈伤发挥作用。

附件：

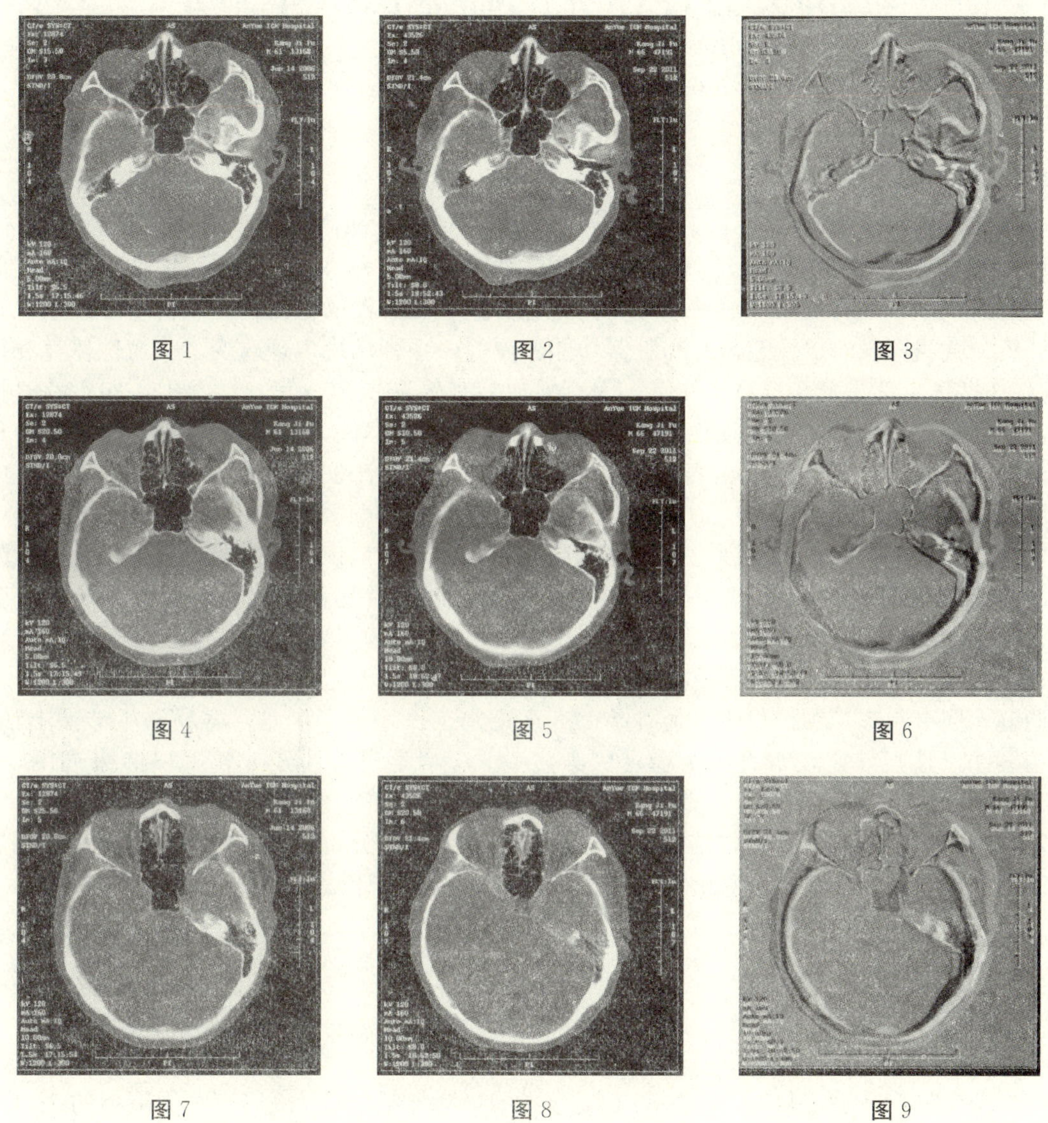

图 1　图 2　图 3

图 4　图 5　图 6

图 7　图 8　图 9

图 1、图 4、图 7 为送检 13168 号 CT 片断层片显示筛窦、蝶窦内轮廓描边；图 2、图 5、图 8 为送检 47191 号 CT 片断层片显示筛窦、蝶窦内轮廓描边；图 3、图 6、图 9 为 47191 号 CT 片断层片扫描后依次反相、透明处理后（骨质显示为灰色）与 13168 号 CT 片相应层面（骨质显示为白色）进行重叠比对效果图。

# 97 例失血性休克的临床法医学鉴定

代 浪 李建强 龙 均
四川省安岳县公安局

失血性休克是指体内、外因创伤失血所致的一种综合征候群，是创伤常见的并发症，多见于人体大血管损伤破裂、腹部损伤实质脏器破裂，还有一些广泛严重损伤出血等。其发生的根本原因是有效循环血量不足，引起全身组织和脏器的血流灌注不良，导致组织缺血低氧、微循环淤滞、代谢紊乱和脏器功能障碍等一系列病理生理改变。失血性休克和损（创）伤性休克都是低血容量性休克，因有效血容量锐减所致，其一旦发生，如不及时控制，可直接威胁生命。造成损伤后往往涉及治安、刑事案件，休克程度直接决定损伤程度、案件性质，影响行为人、当事人的法律后果，在司法实践活动中有着举足轻重的作用。

在临床法医学鉴定中，因对失血性休克的完整性缺乏认识，加之受就医过程、医疗效果的影响，间或原始病历记录不详、不实等原因，创伤后是否发生失血性休克及休克分期、分度的准确判定，是当前法医临床鉴定中的一个难题，鉴定依据和参考标准过于粗略、可操作性不强，往往导致重新鉴定、重复鉴定、多头鉴定，鉴定结论难以统一，对民事调解、刑事判决、维护稳定、侦查起诉直至审判工作增加了困难，容易滋生涉法上访、缠访案件，是当前比较常见的不稳定因素之一。笔者通过统计分析本县 13 年来（1998—2011 年）凡涉及有“失血性休克”临床诊断的各类损（创）伤法医鉴定档案资料共 97 份，均有完整临床病历资料，结合最终法医鉴定意见进行分析，提出对临床休克诊断伤者在法医鉴定损伤程度时应注意的问题，为失血性休克的临床法医学鉴定提供参考资料。

## 1 资料收集

### 1.1 性别及年龄分析

在统计的 97 例资料中，男性 82 例，女性 15 例。年龄最大的 75 岁，最小的 14 岁，平均年龄 33.7 岁。

### 1.2 失血性休克的临床诊断及程度判定

在统计的 97 例中鉴定资料均包括有“失血性休克”临床诊断，其中病历资料能反映出失血性休克明确分型分期的仅 39 例。其余资料中对休克的分期、分型均不明确；部分病历资料中血压测量仅 1 次，连续血压监测数据不完整。

## 2 统计分析结果

（1）统计 97 例资料中，男性 82 例，占 84.5%，女性 15 例，占 15.5%。

（2）统计资料97例中，有7例因当事双方对第一次鉴定结论有异议，申请重新鉴定，占7.2%；鉴定结论发生改变的有3例，占3%，均为重伤结论改变为轻伤结论，其中1例还出现多次（3次）重新鉴定。

（3）损伤种类、休克分期、鉴定结果统计分析表如下：

| 损伤种类 | 例数 | 休克程度（分型分期） | | | 鉴定结果（损伤程度） | | |
|---|---|---|---|---|---|---|---|
| | | 轻（代偿期） | 中（抑制期） | 重（抑制期） | 轻微伤 | 轻伤 | 重伤 |
| 单纯体表组织创口 | 5 | 4 | 1 | 0 | 3 | 2 | 0 |
| 多处创口或合并大血管破裂 | 51 | 32 | 11 | 8 | 0 | 32 | 19 |
| 钝性损伤合并骨折 | 13 | 8 | 2 | 3 | 0 | 8 | 5 |
| 贯通创或合并胸腹实质脏器损伤 | 28 | 15 | 6 | 7 | 0 | 15 | 13 |

从上表可以看出，97例中有"失血性休克"临床诊断的伤者，通过临床法医学鉴定，最后鉴定为重伤的仅37例，占38.14%；有3例因创口长度不够、病历资料中缺乏血压等生命体征的变化记录，结果鉴定为轻微伤，占3.09%；其余57例均鉴定为轻伤，占58.76%。

## 3　失血性休克法医临床鉴定的难点

对于失血性、创伤性休克的诊断，临床医疗实践与法医临床鉴定有很大差异。临床医师在抢救病人时惯用急救医学思维模式，往往用推断、估计来确定临床诊断。抢救病人时需要尽快做出诊断，凡遇到失血、脱水或严重创伤时，均应考虑休克发生的可能而采取相应的治疗方案。其休克代偿期和抑制期的划分主要在临床症状、生命体征检测上。如病人出现精神兴奋、烦躁不安、出冷汗、心率加速、脉压缩小、尿量减少等，临床上认为已有休克。如果病情继续发展，出现口渴不止，神志淡漠，反应迟钝，皮肤苍白、出冷汗、四肢发凉、呼吸浅而快，脉搏细速，尿少，收缩压降至80mmHg～90mmHg以下（脉压小于20mmHg），临床上就论断已进入休克抑制期。休克指数（脉率/收缩压单位为mmHg）是一个简单、方便且快速评定休克程度的指标，一般0.5以下无休克，0.7～1.5表示休克存在，如达2.0以上表示休克严重。基层法医在法医临床鉴定中要按照刑事证据学规则对所有资料加以分析、认定，根据失血性休克的临床表现和休克程度，估计伤者失血量、结合病情变化及转归，准确把握失血性休克分期、分型，从而得出较为客观的、真实的法医学损伤程度。

## 4　讨论

### 4.1　*法医临床学鉴定的基本对策*

不枉不纵，客观公正。发生失血性休克如果不能及时得到救治，就有极大可能危及伤者生命安全，原发损伤是否对人身健康有重大伤害是判定损伤程度的主要标准，不能因伤者的医疗及时、抢救措施到位而降低其损伤程度的判定，这些因素与犯罪嫌疑人主观动机和实施暴力程度无关；也不能因伤者（被害人）缘于救治时机和医疗客观条件限制导致出现严重后果而加重犯罪嫌疑人的法律责任。浙江省公、检、法联合出台的《关于〈人体轻伤鉴定标准（试行）〉和〈人体重伤鉴定标准〉有关条款的适用意见》（浙公发〔2003〕8号）就明确了休克鉴定为重伤的适用意见：必须以较严重损伤为前提，轻微损伤因延误治疗造成的休克，不适用本条。

### 4.2 临床鉴定法医尽早开展伤情鉴定相关工作

根据《公安机关办理伤害案件规定》(2006 年 2 月 1 日起施行）的要求，办案单位在伤害案件发生后要尽早（24 小时以内）开具伤情鉴定委托书进行法医鉴定。公安机关鉴定机构受理后应当立即派临床鉴定法医到伤者就治的医院了解有关情况，经治临床医生应客观、公正、及时地完成各种检查和病历资料，妥善保存相关抢救记录、护理记录和医嘱诊疗记录。目前在很多医院甚至基层的卫生院中都装备了各种生命体征监护仪（多功能数字化的监护设备），具有存储和回放实时监控资料数据的功能，对伤者在救治过程中生命体征的变化记录是最客观、最真实的，有条件的要按法律程序尽早将这些资料予以固定、提取。住院病历资料也要完整，包括急诊记录、入院记录、专科检查、化验检查、各种影像等特殊检查、医嘱单、手术记录、护理记录单等，在医院里发现伤者换下的带血衣裤也要照相固定后提取，方便估计失血量，以使鉴定的依据更加科学、准确、客观，鉴定意见更加公正。

### 4.3 临床病历资料的鉴别、审查

病历资料是法医临床鉴定的重要依据，某些情况下甚至是法医鉴定的唯一依据。伤害案件鉴定损伤程度是以失血性休克为主要依据的，法医鉴定时须仔细审查休克是否已达抑制期临床表现、体征，各种生命体征的记录，连续 3 次以上的血压监测记录，不同休克型、期的临床用药、输液甚至输血的差别很大，从完整的医嘱资料中可以反映出伤者从入院伊始的整个救治过程，而原始的医嘱单、护理诊疗记录都有众多处方者、执行者的亲笔签名，一般比较真实可靠，经过统计分析后大致可以确定休克程度，从某种意义上说也决定了鉴定意见的准确程度。

#### 4.3.1 验证资料的来源同一性和准确性

首先要验证各种资料的来源，如病历资料是正规医疗单位出具的，还是来自其他部门的，调取程序是否合法，病历资料作为证据使用是否有效。如果病历不完整或只是伤情证明，法医鉴定时就不宜直接将它作为检验鉴定的依据。如果法医发现病历资料有疑点，应亲自调查核实或请委托单位调查核实清楚后方可作为检验鉴定的依据。其次要注意对病历资料的可靠性、准确性进行审查，还要注意各种辅助诊断是否具有真实性、客观性、科学性，注意病历资料的化验单、B超彩超、X线片、CT片的关联性和同一性认定。对制作不规范的病历，临床法医鉴定时也不宜草率地把它作为检验鉴定的依据。

#### 4.3.2 审查病历资料对伤情描述是否全面或真实

在法医临床鉴定实践中，笔者曾就伤情材料及证明资料进行统计分析，发现病历资料与伤者实际伤情不相符的达 20%～30%，大多数临床医生不用标准尺子去测量伤口长度

（临床治疗方案不需要），也不认真统计失血量，都是凭想象加估计，夸大了伤情及损伤程度，还有个别医生碍于人情关系或者为了谋取私利而捏造伤情、伪造病历。比如有份病历中描述伤者“××血管破裂，出血呈喷射状，血压已降至0/0mmHg”，即是血压零对零（实际上还有血压的，只是血压过低了采用普通方法测听不到了），那么在没有血压的情况下，血管内已经没有压力了，血液又怎么可能还会“喷射状”喷出来呢？

### 4.3.3 注意对伤者伤情的复查

一些功能类的损害，损伤结果都有一个发生、发展、转归的过程。实践中，由于办案时限等原因，存在着鉴定时机过早的问题，造成鉴定结论不准确，因此需注意对被害人的复查。我们在法医临床检案实践中经常遇到病历上记载的损害部位、损害程度与法医活体检验所见的情况不一致。如果出现这种情况，就应当找出原因，核实清楚。临床鉴定法医可以通过询问伤者来查阅病历的客观性。①审查伤者所述的受伤部位与病历中所记载的损伤部位是否一致，如有明显的差异，该病历可推定为假的；②审查伤者所述的致伤物、致伤方式与病历对损伤、创口特征描述是否相符；③审查伤者自述症状与医院伤情诊断结果是否一致。如一些头部受钝性暴力伤者，就诊医院里不管临床医生还是做特殊检查（CT、X光、核磁共振、超声波等）的医生都喜欢给出“脑震荡”诊断，还有一系列“可能、随访、待排、结合临床”等模棱两可的诊断，临床法医如果在检查中查问伤者对受伤当时及前后经过叙述得清清楚楚，也无恶心、呕吐等症状体征，那显然脑震荡的临床诊断难以成立，也不能作为鉴定的依据。

审查伤者在先后不同时间提供的病历有无矛盾，未经同一个医院治疗终结的，不同医院的病历记载的伤情是否一致，各医院之间有无矛盾，如有矛盾，法医应将活体体验情况和案卷中的证人证言及材料综合起来进行考证或者进行其他的辅助检查以资进行甄别。

## 4.4 正确理解损伤鉴定标准的条文和适用

《人体重伤鉴定标准》（司法〔1990〕070号）第八十七条和《人体轻伤鉴定标准（试行）》（法（司）发〔1990〕6号）第四十九条当中有关失血性休克的条文，是根据失血性休克的程度不同而区分的，因失血而发生休克并已达抑制期和中、重度休克（失代偿期）即已达到重伤的鉴定标准；休克的前期症状、体征是指轻度休克，处于休克的代偿期，属于轻伤所指的鉴定标准。两个《标准》制定、颁布、实施的时间比较久，至今已有20余年，在法律上的定位不是很明确，一直没有得到修改和完善，公安部门、司法系统相继出台了一些地方性释义和具体规定，部分省、自治区和直辖市也出台了实施细则，但没有全国统一性针对全部条文的司法解释，标准过于粗略，损伤程度模糊概念较多，可操作性不强，不同的鉴定人对一些容易产生歧义的条款在理解上也存在较大差异。鉴定标准条文相互间衔接不紧密，各鉴定机构引用的依据也不规范化、标准化，导致鉴定结果千差万别，法医学界对此学术争议较多，学理解释也众说纷纭，特别是当前正面临《刑事诉讼法》第八修正案的出台，在执法理念、法律条文、司法实践方面改动较大，对两个《标准》的条款引用更应持科学客观的态度，出现分歧及时做好沟通论证工作，本着实事求是、客观真实的精神，尽量使鉴定标准统一，以保证各种治安、刑事案件得以妥善处理，避免涉法、涉诉上访案件的产生。

# 胸部损伤致呼吸困难损伤程度鉴定分析1例

蒋 师

成都市人民检察院

## 1 案例

李某，男，59岁，2012年3月15日因纠纷被他人开车撞伤胸部。伤后胸痛、心悸、气短，被送入某医院住院治疗。检查T37℃，R39次/分，P112次/分，BP12/8kPa。气管居中，双肺呼吸音清，未闻及干湿啰音。胸部片显示左4～8肋骨骨折，第6肋骨骨折移位明显，左胸外带可见积气，胸腔积液，创伤性湿肺。CRB $3.35\times10^{12}$/L，HGB 109g/L。住院病历记载，伤后2～4小时，伤者感呼吸困难，予以吸氧、观察。心电监护：R30～40次/分，$SPO_2$ 96%～99%，入院后3日心电监护：R31～40次/分，P100～120次/分，BP90～140/70～100kPa。多次连续$SPO_2$监测均在95%以上。出院后，某鉴定机构依据《人体重伤鉴定标准》之胸部外伤致血气胸伴呼吸困难鉴定为重伤，案件在诉讼中经审查并重新鉴定李某的损伤程度，评定为轻伤，此鉴定意见得到了法庭的采用。

## 2 讨论

我国《人体重伤鉴定标准》说明部分给呼吸困难的定义为："呼吸困难是由于通气的需要量超过呼吸器官的通气能力所引起。"由于这一说明未对呼吸困难的确定做出可操作性的具体规定，使得呼吸困难的确定存在一定困难。在评定时，病案作为关键资料，其记载的内容是否客观、真实会对鉴定结论产生直接影响。曾有人提出实验室检测结果和呼吸频率做出量化界定，认为：呼吸困难，除具有胸闷、气短症状（如呼吸频率28次/分以上）外，胸部X线片检查气胸时一侧肺压缩70%以上，血气胸时肺压缩50%以上，为必要条件，血氧分压在8kPa以下为可选条件。对于胸部损伤引起气胸，临床虽未记录有呼吸困难症状体征，但经X摄片，CT扫描证实一侧肺压缩50%以上并伴有纵隔向健侧移位或两肺压缩累计达50%以上，并经闭式引流的，其损伤程度为重伤。对胸部损伤引起血胸经X线片、CT扫描或经闭式引流证实胸腔积血量超过1000mL，出血量累计达到1500mL/24h，或经开胸手术，病历资料虽未记载有呼吸困难症状和体征，也应评定为重伤。

本例李某经X线片及CT扫描确诊为左侧多发性肋骨骨折、血气胸，而损伤程度鉴定的关键在于是否发生了呼吸困难。病历记录中伤后胸痛、心悸、气短，R39次/分，P112次/分，BP12/8kPa，$SPO_2$ 96%～99%，住院时多次连续$SPO_2$监测均在95%以上，说明伤者并无缺氧发生，也未达到威胁生命安全的程度，因此仅凭病历记录中的呼吸困难就评定为重伤是不恰当的。

审查病历资料中包含的能够证明呼吸困难是否存在的客观依据对于准确确认呼吸困难具有十分重要的意义。由于实验室检查更具真实性，其具有相对更高的证据价值，因此，在评价呼吸困难时，要把临床资料与实验室检查等客观性依据科学地结合起来，不能仅依据记载的症状和体征就确定是否存在呼吸困难，更主要是要参考相对客观的实验室检查由文据，综合分析，才能揭示各种临床资料中所隐含的客观伤情。

# 浅谈损伤鉴定中的呼吸困难和休克

周　明

重庆市合川区人民检察院技术信息中心

准确的人体损伤程度法医学鉴定，对于司法机关正确依法定罪量刑有着十分重要的意义。然而，在实践中，有时会遇到一些问题，给损伤鉴定工作带来一定的困难。笔者就损伤鉴定中的呼吸困难和休克谈谈个人的意见。

## 1　呼吸困难

呼吸困难在法医临床鉴定中有时很难确认，因为它不是一个单独的症状，而是一个复杂的症状群。在《人体重伤鉴定标准》（以下简称《重伤标准》）中有七条涉及呼吸困难的标准，鉴定的主要问题是有无《重伤标准》第 58 条所规定的呼吸困难，即胸部损伤引起血胸或者气胸，并发生呼吸困难为重伤；无呼吸困难则符合《人体轻伤鉴定标准（试行)》（以下简称《轻伤标准》）第 30 条“未出现呼吸困难的”属轻伤。

### 1.1　呼吸困难症状和机理

呼吸困难是由于通气的需要量超过呼吸器官的通气能力所引起的。症状为：自觉气短、空气不够用、胸闷不适。体征：呼吸频率增快，幅度加深或变浅，或者伴有周期节律异常，鼻翼扇动，发绀等。实验室检查：①动脉血液气体分析，动脉血氧分压可在 8.0kPa（60mmHg）以下；②胸部 X 线片检查；③肺功能测验。诊断呼吸困难，必须同时伴有症状和体征。实验室检查以资参考。这里把实验检查胸部的 X 线片检查，肺功能测定放于参考的位置。在有的临床医学著作中定义呼吸困难为：不论病人主观上是否感到“空气不够用”，只要有呼吸频率加快，呼吸幅度加深，呼吸运动加强，感到呼吸费力，或需维持一定的体位（如端坐呼吸），皆属于呼吸困难。上述界定的呼吸困难，包括的范围大，从病人（伤者）呼吸频率的改变，病人有或无主观感觉“空气不够用”到严重的机体缺氧，二氧化碳潴留，以及缺氧所致其他器官障碍、呼吸衰竭，均属呼吸困难范围。而《重伤标准》的呼吸困难，是指达到重伤程度的呼吸功能异常。伤者虽然具有临床医学上的呼吸困难，并非均为重伤意义的呼吸困难。

### 1.2 呼吸困难的鉴定

为了使临床医学的呼吸困难与《刑法》中的对人身健康有重大伤害和《重伤标准》第三十七条“在损伤过程中能够引起威胁生命的并发症”相一致。笔者认为，以血气胸为例诊断呼吸困难，应注意掌握：①有胸闷、气促、鼻翼扇动；②呼吸频率增快（28次/分以上）、脉搏增快（应该注意上述异常情况检测记录的时间段即治疗前、治疗中）；③气管移位或单侧肺压缩40%以上；④肺压缩30%伴中等积血或中等量积液（上限）；⑤发绀。具备：①、②、③；①、②、④或①、②、⑤即可分别评定为有呼吸困难，属重伤。反之，无上述症状和体征即损伤后未发生呼吸困难，则属轻伤。

## 2 休克

### 2.1 休克的症状和机理

休克是指人体有效循环血量不足和组织低灌流时呈现的一种综合征，一般表现为心率加快、血压降低、脉压减小、烦躁不安、面色苍白、皮肤湿凉、肢端冷厥和尿量减少等。

### 2.2 休克在“轻伤”和“重伤”鉴定标准中的涵义

在休克的病理生理基础上，分析《重伤标准》第三十七条、第八十七条，《轻伤标准》第四十九条。不难看出，《重伤标准》第三十七条，指出“在损伤过程中能够引起威胁生命的并发症”，就休克而言，应当在具备“对生命构成威胁”这一原则前提下，才有引用第八十七条的条件。因此，第八十七条中所指的休克，其内涵并非指休克过程的全部，而是指在病理生理过程中具备对生命构成威胁的失代偿期休克；同样《轻伤标准》第四十九条所指的“休克前期症状体征”，是指以病理生理过程为基础的休克代偿期或早期症状体征。

### 2.3 休克的鉴定

在实践中，与损伤程度鉴定有关的休克类型主要是创伤性休克和失血性休克，实际上，这两种休克在临床上常合并存在。由于休克早期（代偿期）和休克期（失代偿期）是上面所述区别轻、重伤的分界线，因而要求鉴定人对临床上的休克诊断能否成立，是属休克早期或休克期进行审定，这是鉴定的关键。笔者认为：损伤后出现皮肤苍白、肢体温冷、烦躁不安或神志淡漠、意识模糊、脉搏细数（超过100次/分）、收缩压在10.7kPa以下、脉压差小于2.7kPa、尿量少于20mL/h～30mL/h等休克期征象者，属重伤。损伤后出现皮肤苍白、口渴、脉搏增快、脉压差缩小、血压下降但收缩压在10.7kPa以上等早期休克征象，经输液扩溶治疗能迅速恢复正常者，应评定为“损伤后出现休克前期症状和体征”，属轻伤。关键是应该注意是否经过抗休克治疗及抢救治疗的情况。

# 小腿骨筋膜室综合征导致截肢 1 例

康中林　陈启武
四川省资阳市人民检察院

## 1　案例资料

患者张某，男，31 岁，于 2011 年 2 月 5 日因骑摩托车发生车祸，伤后 1 小时入住县外科医院，经体格检查和 X 线片检查，诊断为右胫骨平台粉碎性骨折，入院后当日急诊行切开复位、钢板内固定术，石膏托外固定，术后给予抗炎、对症等治疗，于 2 月 9 日发现患肢足趾温度下降，肿胀明显，诊断为小腿骨筋膜室综合征，行切开减压术，但病情未得到有效控制，于 2 月 10 日转到总医院治疗，查体合作，意识清楚，头颈部活动好，颈胸椎检查未见压痛及放射性疼痛，双肩部无疼痛及其他不适，双上肢感觉运动好，肌力正常，腹平软，骨盆挤压征阴性。右下肢伤口包扎、石膏固定良好，打开敷料可见右髌骨下方有一横行手术切口长约 10cm（已缝合），右胫骨结节内侧向下有一长约 15cm 直行切口（已缝合）渗血、渗液，右小腿内外侧及后侧各有一减张切口，外露肌肉未见明显坏死，右小腿肿胀明显，右足背动脉搏动弱，右小腿活动受限、麻木感明显。右足背及足底感觉消失，右足无主动屈伸活动。诊断：①右胫骨平台骨折术后；②右小腿骨筋膜室综合征术后；③胫总神经损伤?行减张切口缝合术，术中探查见：右小腿胫后肌肉广泛坏死、溶解。术后给予抗感染、预防血栓、止痛等对症治疗。后转入医学院，诊断为：①右小腿筋膜室综合征切开减压术后，肌肉、软组织大面积坏死伴感染；②右胫骨平台骨折钢板螺钉内固定术后；③右腓骨头骨折；④右腘动脉血栓形成；⑤右胫神经腓总神经损伤。向患者交代病情，指出其骨筋膜室综合征导致肌肉坏死、血管痉挛、神经缺血坏死，有截肢的可能。患者表示不愿截肢，遂签字自动出院。半年后在外院行右下肢高位截肢。

## 2　讨论

筋膜间隙综合征的后果是十分严重的，神经干及肌肉坏死致肢体畸形及神经麻痹，且修复困难。避免此种后果的唯一方法，就是早期诊断，早期治疗。筋膜间隙综合征本身是一种具有恶性循环、进行性坏死的疾患，伤后 24h 即可形成，故应按急症治疗，不可拖延。进行手术切开筋膜减压的时间对预后至关重要，早期即 24h 内行切开筋膜减压的病例，除合并有神经本身损伤外，均获得完全恢复，功能正常。晚期筋膜切开的病例，因时间早晚而预后不同，36h 后切开筋膜的病例，前臂、前臂深层肌肉尚未坏死，术后手功能仍可恢复正常；3～8 天后切开筋膜的病例，深层肌肉组织已大部坏死，但浅层肌肉尚好，术后留有轻度缺血挛缩畸形；伤后 18 天～3 个月切开筋膜的病例，对肌肉缺血挛缩无改善。手术切开筋膜减压是治疗筋膜间隙综合征的有效方法，如果手术方法正确，减压彻底，术后处理恰当，则患者将顺利恢复。手术指征：①肢体明显肿胀与疼痛；②该筋膜间隙张力大、压痛；③该组肌肉被动牵拉疼痛；④有或无神经功能障碍体征；⑤筋膜间隙测压在 30mmHg 以上。具有这些体征者，应即行手术切开。对可疑是否切开减压者，宁可切开，并无不良后果，不可失之于观察。本例首诊县外科医院术前未明确告知，胫骨平台骨折术后可能发生小腿骨筋膜室综合征等严重并发症及并发症可能带来的严重后果；术后对患肢病情观察不仔细，对骨筋膜室综合征早期表现认识不足，处理不及时延误了治疗时机。

# 高坠致臂丛神经断裂 1 例

甘国英　乌宬霏

成都市都江堰市公安局

在法医学实践中，因高坠损伤造成全身复合骨折及内部器官破裂的死亡率很高，高坠损伤的轻重程度及结局与坠落的高度、体重、人体着地的方式、着地部位、接触地面以及是否有中间障碍物等有极大的关系。笔者遇到一例特殊的高坠损伤案例，在其高坠下落过程中碰撞在地面上的一人体后坠落在水泥地面上，仅造成臂丛神经断裂，现报道如下。

## 1 案例资料

某男，20 岁，水电安装工人。某年 8 月 18 日在一安置小区安装管线时从 4 楼阳台（高度约 12 米）摔下，坠落在地面一工友身体上，当时感“头部疼痛，出血，左上肢活动受限”，急送医院抢救。查体：心率 84 次/分，呼吸 21 次/分，血压 110/80mmHg。左肩外侧上方擦伤、渗血，面积约 1%；左顶部头皮见一长 3cm 的挫裂伤；左肩、左肘、左手活动不能，左上臂近端 1/3 以远痛、触、温觉丧失，深反射未引出，左上肢肌力 0 级。

CT 示：①左侧顶部软组织肿胀；②颅内未见出血，颅骨未见骨折；③胸部未见骨折；④肝、胆、脾、双肾、膀胱等未见损伤改变；⑤骨盆诸骨未见骨折。X 线片示：左、右肩关节未见骨折及脱位。行左臂丛神经探查+膈神经、副神经转位移植术，术中见：臂丛神经于干段上、中、下完全断裂。EMG/EP 检查：左正中神经感觉传导 SNAP 未引出；左尺神经感觉传导 SNAP 波幅低；左正中神经、左尺神经运动传导及下波未引出；左桡神经运动传导未引出。

活体检验：①左头顶见一 4cm×1.2cm 疤痕。②左锁骨区见一 11cm 长手术疤痕。③左上肢皮肤湿冷，色苍白，体积较对侧缩小，上臂周径测量：左侧 19.5cm，右侧 22cm；前臂周径测量：左侧 18cm，右侧 21cm。④左上臂内侧皮肤感觉明显减退，左上臂前面、外侧、背侧及肘关节以远之左前臂及左手皮肤感觉消失；左肩有耸肩运动，左肘、腕关节及左手指主动运动不能。⑤左上肢腱反射丧失，左上肢肌力 0 级。

## 2 讨论

高坠损伤是指人体从高处以自由落体运动坠落，与地面或某种物体碰撞发生的损伤。高坠损伤属钝性暴力损伤，具有外轻内重、损伤广泛多发、多处损伤均由一次性暴力形成、损伤按一定特征分布等特征。

本例高坠损伤致臂丛神经断裂比较少见，分析损伤机理可能是：①在下降坠落过程中碰撞在较为柔软的地面人体上，地面人体受力后发生变形运动，从而延长碰撞时间和缩短坠落高度（地面的人体具有身体高度），一定程度上减缓了下落过程中的碰撞冲击力，减小了对坠落人体的损伤；②左肩部有擦伤，左头顶部有挫裂伤，分析其在下降坠落过程中，其左肩部撞击地面人体后，左头顶部撞击在水泥地面上。由此，分析某男左肩部、左头顶部分别撞击地面人体和水泥地面瞬间，其头部与肩部急速过度牵拉或倾斜变形，当两者之间的牵张拉力超过位于锁骨区深部（腋窝部）臂丛神经干的弹性限度时，导致臂丛神经干断裂。

# 电击伤损伤程度鉴定的分析 1 例

周　明

重庆市合川区人民检察院技术信息中心

## 1 案例

### 1.1 简要案情

某年 7 月 13 日，李××（男，62 岁，农民）在重庆市某区龙市镇×村村民潘××的鱼塘挑水时，被潘××私建在其承包鱼池周围的通电电网击伤，后被送至医院抢救。

### 1.2 病历摘要

某区人民医院病历记载：胸骨下部皮肤焦痂形成，周缘红肿，面积约 3cm×2cm，深及真皮；左中指桡侧、左环指掌侧、小指掌侧皮肤缺失，伤周皮肤腊白，焦痂形成，各指间面积约 2cm×3cm，环指屈肌腱外露（近中节处）余二指深及皮下组织层；右前臂远端掌侧皮肤斜形缺失约 4cm×10cm，深及皮下组织层，伤底灰黑，伤周红肿，右手背部桡侧红肿，皮肤灰黑，大小约 2cm×2cm，计三处。诊断结论：电击伤。

### 1.3 关于伤者的伤情鉴定

李××经治疗后，右前臂正面有斜形伤口大小为 11cm×3cm×0.5cm，皮肤软组织及皮下软组织部分所失，可见肌膜和肌腱。并自诉：左手无名指和小指不能动。双手均感到麻木。手指活动时疼痛，经公安机关法医鉴定为轻伤。

某年10月26日（三个月后），经法医重新活体检验：伤者双上肢皮肤损伤虽不严重，但双手肌肉组织呈扇形损害，左手及左腕因电烧伤致其功能丧失。其右手虽然能对指握物，但其伸展功能丧失。且其左手除拇指指间关节稍可活动外，其余各指呈爪样畸形，对指和握物等功能完全丧失；其左腕关节亦丧失功能84.37%（对比右腕关节）和左前臂外旋功能丧失等。根据《人体重伤鉴定标准》第八条（七）“腕关节强直、挛缩畸形或者关节运动活动度丧失达百分之五十”和第八条（十）“一手除拇指外，其余任何三指挛缩畸形，不能对指和握物”之规定，其损伤程度应属重伤。

## 2 讨论

原鉴定过程中出现了一个疏漏，既没有抓住伤情的关键，也没有抓住鉴定的时机。李××的伤情是被电击引起的损伤。电击伤是一种特殊类型的损伤。其损伤过程：一是直接损伤。①电能变为机械能，引起组织机械损伤；②电流可使细胞内的离子平衡发生变化，产生电泳、电渗反应，造成细胞的极性化；③电解作用使组织的化学成分分解。二是间接损伤，电流通过和克服人体组织电阻时产生的热能所致烧伤。电击伤常造成多器官组织复合立体损伤，且后果严重，可导致残废或死亡。因此不可忽视对组织器官功能的检查，且检验肢体器官功能丧失的时机亦应当在损伤恢复达临床稳定时（一般在损伤三个月以后）进行。

# 对1例非典型咬伤的分析

江顺忠
四川省乐至县公安局

## 1 案件资料

### 1.1 简要案情

2012年1月23日晚9时许，乐至县天池镇的吴××（男，38岁），闻讯堂妹夫因纠纷受伤而前往劝解，在劝解过程中吴××上唇等处被人致伤。

### 1.2 医学资料记录

吴××上唇出现一弧形贯通裂伤，长约3cm，边缘不齐，流血不止，裂伤周围上唇组织肿胀，表皮有挫擦伤，左上第一齿损伤折断，断端有出血。予以缝合治疗。

### 1.3 法医学检查

2012年1月29日检查见：其上唇轻度肿胀，右上第一齿对应的上唇缘有2.2cm×0.2cm的弧形缝合创口，边缘不齐，其上结痂，右上二齿对应处的缝合创口右侧有1.5cm

×0.9cm 的弧形片状表皮剥脱，表皮剥脱右侧缘不齐，右上唇近鼻翼处有 0.8cm×0.1cm 的弧形表皮剥脱，右上第一、二齿无损伤，左上第一齿缺失。上唇不能上翻，说话较清晰。

## 2 分析判断

吴××受伤当时由于参与人员较多，秩序很乱，加之天色晚，视线不好，案发后到案人员较少，所以，此案无法在短时间查清是何人以何种方式致伤吴××，仅从医学资料记载其上唇出现边缘不齐的贯通裂伤，表皮剥脱。左上第一齿损伤折断，钝器打击、摔倒碰撞、牙齿咬合等均有可能形成。在此情形下，弄清是何种原因，以何种方式形成吴××的损伤，对案件的调查，以后的处理，消除社会影响都会起到很好的作用。笔者根据医院记录、法医学检查等信息，结合钝器打击、摔倒碰撞、牙齿咬伤各自的特点进行排除性分析，其情况如下。

### 2.1 损伤排除钝器打击形成

钝器打击所形成的人体损伤，其创口边缘不齐，创角钝，创腔内有组织间桥，创缘伴表皮剥脱。人体的上唇部，由于牙齿及上颌骨的衬垫作用，外界的钝器打击，完全可以形成类似吴××上唇的有挫创口、表皮剥脱伴牙齿脱落的损伤。但吴××的损伤主要出现右上第一齿对应的上唇缘有 2.2cm×0.2cm 的弧形缝合创口，边缘不齐，右上第二齿对应的创口右侧有 1.5cm×0.9cm 的表皮剥脱，表皮剥脱右侧缘不齐，呈弧形，左上第一齿缺失。如果是钝器打击形成此伤，则钝器应从伤者右上侧斜向左下侧打击，由表皮剥脱的起始部接触皮肤开始，到缺失的左上第一齿而止，从而形成表皮剥脱、挫创口、牙齿脱落的损伤，根据力学的原理，致伤物在损伤吴××的运动过程中，势必有一个由右上斜向左下的力量，还有一个由前向后接触皮肤的力量，由右上斜向左下的力，应是开始接触皮肤时的力最大，以后逐渐衰减变弱，但在形成 0.9cm 宽的表皮剥脱后再造成上唇的贯通挫伤，以致左上第一齿的折断，看似其作用力有由小到大逐渐加重的情形，而且向后的力最大时没使表皮剥脱和创口对应的右上第一、二齿松动，反而使左上第一齿折断，这与钝器打击形成损伤的原理不符，可排除。

### 2.2 损伤排除摔倒造成

摔跌损伤，系伤者摔倒时人体与地表及接触物的碰撞所形成，由于地表和接触物形态各异，凹凸不平，也可形成表皮剥脱、不规则挫创口等形态不同的损伤，但摔倒所形成的损伤面积较大，损伤部位较多，而且突出部位的损伤明显，吴××上唇及牙齿的损伤，同样具有部位较集中，出现挫伤的情况，但其上唇及左上第一齿的损伤周围突出的鼻尖、鼻翼，额部，面部及下颌部均无损伤；而且上唇损伤最重处对应的右上第一、二齿没受损，而上唇无损伤处对应的左上第一齿反倒受损折断，这也与摔倒损伤的特征不符，可排除。

### 2.3 损伤由牙齿咬合造成

咬伤是牙齿通过咬合作用所造成的人体组织损伤，以咬痕作为形态学的依据。吴××的损伤，主要出现上唇边缘不齐的弧形贯通创口，创口右侧有 0.9cm 宽的弧形片状表皮剥脱。表皮剥脱边缘不齐，左上第一齿脱落，说明致伤物接触人体面是弧形状，不规则，且致伤时的力有从创口右侧表皮剥脱边缘及左上第一齿左侧缘逐渐向创口部位加大集中的状况，而缺乏由前向后的作用力，这符合牙咬伤的特征。由此分析判断吴××损伤的大致过程为：致伤者呈右上左下的斜形位咬住吴××的上唇及左上第一齿，对方的下牙咬住伤者的左上第一齿牙冠的左侧缘，上牙咬住伤者上唇表皮剥脱的边缘处，咬合用力时，上牙接触的上唇组织因柔软变形，牙在皮肤上滑行刮擦形成弧形片状的表皮剥脱，当上唇组织被挤压至一定程度时上牙穿透切入伤者的上唇组织而形成边缘不齐的弧形创口，下牙用力时造成伤者左上第一齿的脱落，由于受伤部位的上唇柔软且游离，牙齿的坚硬且不规则，所以形成了伤者上唇及左上第一齿不典型的咬合损伤。

## 3 体会

咬伤是牙齿通过咬合作用所形成人体组织的损伤，典型的咬伤具有相应的咬痕，而咬痕的形成是通过施咬者张口经过口唇摄取被咬物，同时下颌下降并向前移，而后上升使上下颌前牙处于相对位置咬住被咬物；逐渐由咀嚼肌的收缩加大压力，使前牙穿透切入被咬体上下颌对刃；最后下颌切牙的边缘沿上颌切牙的舌面向后向上滑行，回归到正中咬合位，从而形成典型的有对合特点的咬痕，并会出现皮肤擦伤、撕裂创及皮下出血的组织结构和形态的改变。吴××的损伤，由于部位特殊，虽有皮肤擦伤、撕裂创及皮下出血的损伤特点，但皮肤上的对合损伤并不明显，不具有典型的咬痕特征。所以通过对吴××损伤的分析判断，使笔者体会到对损伤进行检验时，既要看损伤的普遍性，还要看损伤的特殊性，依据损伤的部位、不同部位皮肤的特性、损伤形成状态、医疗资料、案情等有关信息，利用专业的知识和经验，采取排除性的综合分析判断，使检验结果客观、公正、科学。

# 迟发性脾破裂法医临床学鉴定 1 例

刘　伟　鄢文学

四川省资阳市公安局雁江区分局

## 1 案情

2011 年 12 月 21 日下午 3 时许，钟某某在雁江区某镇拱城村九组拱城铺宰牛场上班时，苏某某将牛奶挤到了钟某某身上，钟某某生气便将一个塑料盆扔往苏某某，后苏某某便用一把“猫猫刀”（斧头）的刀柄朝钟某某的左侧腹部打去。钟某某伤后感左腹部疼痛不适，但未到医院诊治，仍继续每天上下班。伤后十天（2011 年 12 月 31 日）到一市级医院检查治疗，发现有脾破裂，做了脾切除术。

## 2 病历资料

据某市人民医院住院病历（入院时间：2011 年 12 月 31 日）记录：钟某某入院前 $1^{+}$ 周，自诉被人打伤左侧腰腹部（具体不详），即感左侧腰腹部疼痛，活动时明显，牵扯左侧肩背部不适，院外自行服药、对症处理，症状渐缓解。入院前 2 小时，钟某某在活动时左侧腰腹部疼痛加重，胀痛为主，持续存在，牵扯左侧肩背部不适，院外未做特殊处理，行走时腹痛明显，为寻求进一步诊治急来我院，门诊检查后以“脾挫伤?”收入我科。体格检查：T36.4℃、P104 次/分、R22 次/分、BP102/80mmHg，神志清楚，自主体位，急性痛苦貌，呼吸稍促，查体欠合作。专科情况：腹稍隆，左侧腹压痛，以左上腹尤为明显，有反跳痛，局部肌张力增高，肝脾未满意扪及，肝区无叩痛，左肾区可疑叩痛，输尿管走行区无压痛，移动性浊音阳性。辅助检查：CT（65345）示：脾挫伤，腹腔少量积液，肝周少许积气影；超声示：脾大，伴脾实质稍强回声，不除外脾挫伤，腹腔少量积液。在医院行“脾切除术”，手术见：腹腔有暗红色不凝血及血凝块约 2000mL，以左侧窝尤甚；脾脏包膜下出血，上、中、下可见三处包膜裂口，活动性出血。术中吸除腹腔积血，切除病脾，脾脏病理诊断：被膜下脾破裂。

## 3 调查情况

（1）钟某某左腰腹部处被打后，仍能继续上班，干的是体力活。

（2）打钟某某的斧头总重 4.7kg，斧柄是空心钢管，长度为 79cm，空心管直径 2.5cm。

（3）钟某某被打后至入院前一直存在左腹部疼痛，没有其他受伤的情形。

## 4 讨论

钟某某脾破裂与苏某某用斧头柄打击左侧腰腹部有直接关系。其理由：①手术前 10 天有左腰腹部外伤史，局部痛；②致伤物为金属空心管斧柄，硬度、重量能够导致脾损伤；③伤后虽然继续上班并干体力活，但没有再受伤；④手术见脾脏包膜下出血，上、中、下有三处包膜裂口，活动性出血，切除病脾病理诊断是被膜下脾破裂，与左侧腰腹部受伤后虽有局部疼痛，但能够继续干活，最后因脾脏被膜下出血积聚撑破脾包膜的病理演变过程，属于迟发性脾破裂出血。

在外伤性迟发性脾破裂的法医学鉴定中，应注重以下几个方面：首先，要查证被鉴定人是否有外伤史，且要证实外伤与其脏器损伤有无直接因果关系；其次，要判断致伤工具、致伤方式能否引起迟发性脾破裂；第三，排除在特定时间段内其他可能引起迟发性脾破裂的外伤；第四，认真审查医院治疗记载资料，判断是否是外伤性迟发性脾破裂。

# 法医鉴定中的外伤性股骨头缺血坏死的分析

薛丽丽[1]　徐安宁[2]　廖　进[2]

1. 四川求实司法鉴定所；2. 四川省公安厅刑侦局

近几年，根据资料显示，发生外伤性股骨头坏死的病例越来越多，呈逐年上升趋势。笔者在法医司法鉴定工作当中，遇到各种原因造成的股骨头坏死，但尤以外伤性股骨头缺血坏死居多。

## 1　资料统计数据

笔者对2012年受理的伤残和医疗纠纷的档案资料进行了分析，其中髋部损伤案例为93例，外伤性股骨头坏死的多达41例，比例高达44％。其中损伤部位为股骨头、股骨颈骨折占30％，髋臼骨折占8％，髋关节脱位占2％，还有1例为股骨粗隆间骨折行交锁髓内针内固定术后发生股骨头坏死。

## 2　股骨头坏死的发病机制

股骨头坏死，又称股骨头缺血性坏死或股骨头无菌性坏死。它以髋关节疼痛、跛行为主要临床表现。其致伤因素颇多，创伤是股骨头坏死的主要原因，多因髋部受外力撞击后引起股骨头骨折、股骨颈骨折、髋关节脱位、髋臼骨折，以及没有骨折脱位的髋部软组织扭挫伤等，有时外力对髋部的直接打击也会直接影响局部的血液供给，尤其是股骨头的供血不足，造成股骨头缺血性坏死。但创伤性股骨头缺血坏死发生与否、范围大小，主要取决于血管破坏程度和侧支循环的代偿能力。外伤导致股骨头坏死的原因在于供应股骨头的血管受损所致，如侧方骨骺血管受损，其核心问题是损伤引起股骨头的血液循环障碍，而导致骨细胞缺血、变性、坏死。人们在生活、工作、运动中，不慎而造成的股骨颈骨折、髋关节脱位、髋臼骨折或无骨折脱位的髋部外伤均可造成供应股骨头的血管受到损伤，为以后的股骨头坏死埋下了很大的隐患。股骨头的血供主要依靠囊外动脉环发出的外侧支持带和内侧支持带动脉，血管的吻合支量少且薄弱，当一支血管被阻断而另一支不能及时代偿时，即会造成股骨头的供血障碍。无疑，由于各种外伤导致股骨头血管折裂或股骨头血管的破裂及扭曲或受压均可致其血管痉挛，而血栓栓塞又可直接或间接导致股骨头缺血性坏死。股骨头坏死起病缓慢，病程较长，在很长一段时间病人无明显症状。一般认为，绝大多数在损伤后1～5年内发生，最早可以在伤后2～3个月出现，据资料显示，股骨颈头下型骨折致外伤性股骨头坏死的发生率一般占20％～35％。

## 3 讨论

上述数据仅为笔者一年的统计资料，如此之高的外伤性股骨头坏死发生率提醒法医鉴定工作人员，在鉴定工作当中，应警惕髋部外伤，尤其是引起外伤性股骨头缺血坏死常见的三种损伤：股骨颈骨折、髋臼骨折、髋关节脱位。因此，建议同行在对待髋部受伤的鉴定时，可对伤者多交代一句“不排除今后发生股骨头缺血坏死的可能性”。伤者若发生了股骨头坏死，需进行髋关节置换，这对于普通工薪阶层而言是一大笔费用，及时提醒也是对伤者这类弱势群体的保护。如果伤者今后发生了股骨头坏死，可另行鉴定伤残等级，得到进一步的赔偿。

# 智障聋哑人误判外伤性致智障的鉴定体会

徐安宁[1] 田 彬[2] 薛丽丽[1] 廖 进[3]

1. 四川求实司法鉴定所；2. 成都市第七人民医院；3. 四川省公安厅刑侦局

## 1 案情介绍

邹某，女，50 岁，2011 年 02 月 09 日，在某市国道 212 线潆溪镇潆康北路因交通事故受伤，伤后入院治疗，于 07 月 18 日在当地司法鉴定中心进行了法医学鉴定。其鉴定意见为：邹某因车祸致脑挫裂伤，智力缺陷中度，评定为Ⅵ级伤残；左下肢肌力 4 级，评定为Ⅶ级伤残。一次性预计需医费康复治疗及检查费 5000 元。一次性认定住院期间护理时限 56 天，每天需 1 人护理；出院后存在部分护理依赖，每天需 1/2 人护理，护理年限认定按有关法律规定酌定。一次性认定营养费 2500 元；一次性预计误工费时限 360 天。某财产保险股份有限公司对此《鉴定意见书》结论不服，向该市人民法院申请重新鉴定，申请鉴定项目：交通事故伤残等级评定；邹某智力缺陷与本次交通事故因果关系鉴定及参与度。

## 2 病历摘要

患者邹某 $2^+$ 小时前，被他人发现倒于路边，神志不清，呼之不应，头部伤口出血，收治入院，入院后神志呈昏睡、浅昏迷状，双侧瞳孔等大等圆，直径约 0.3cm，光反射灵敏，压眶刺激后可睁眼，四肢可见活动，腱反射双侧亢进，病理征未引出，左枕部可见一长约 5cm 的表皮裂伤伤口，有轻微活动性出血。入院诊断：右额颞叶脑挫裂伤；左额顶颅骨骨折；头皮裂伤。患者入院后给予清创缝合、抗炎、护脑、对症等治疗。患者于次月

8 日出院，出院诊断与入院诊断同。

## 3 法医临床学检查

邹某在其丈夫的搀扶下进入，整个检查过程中，时不时傻笑，时不时从检查凳上站起来，要往门外走，鉴定人与其谈话，均没有应答，检查不能配合。检查见：能皱额，双眼球活动自如，瞳孔等大等圆，瞳孔直径 3mm，对光反射灵敏，两侧鼻唇沟对称存在，口角无歪斜，伸舌居中，能鼓腮，示齿，四肢各大关节活动功能正常，四肢肌力、肌张力正常，生理反射存在，病理征未引出。

## 4 讨论

颅脑损伤的法医学鉴定中最关键的辅证就是影像学资料，影像学资料能如实客观地记录颅脑损伤情况。在本案例中，邹某的头部 CT 片显示均无明显脑实质损伤，邹某伤后 2 次智力测验结果分别为 47.12 和 43.22，均属于轻度智力缺损，而脑电图/脑电地形图为正常范围。结合邹某法医临床学检查表现、客观的影像学资料和智力及脑电图/脑电地形图结果，这些表现是不相符合的。由于鉴定结论直接关系到邹某的经济赔偿，在实际操作中，我们应该全面了解邹某的伤情及损伤后果，通过和法院沟通，于次月收到该市法院补充交来《寻人启事》1 份，记载："各位好心人：邹某，女，50 岁，残疾人，哑巴，弱智，身高 1.5m，短发，肤白，稍胖，身穿猪肝色上衣，麻颜色裤子，脚穿棉鞋，于 2011 年 2 月离家走失，请知情者与她亲人联系或报某镇派出所，事后重谢。2011 年 2 月 13 日。"可以推测被鉴定人邹某伤前存在智力缺陷，但是目前仍然无法证明。为了弄清真相，我们在邹某伤前是否存在智力缺陷的问题上，觉得需要得到必要的证实。多次联系法院工作人员，得到法院支持后，在法院工作人员的带领下，我们到该市残联和邹某户籍所在地进行走访调查，得知邹某伤前确为聋哑智障残疾人。我所鉴定人在综合考虑此案件后，结合当时邹某在其医学院附属学院的住院病历记录：患者来院前 2 小时，被他人发现倒于路边，神志不清，呼之不应，头部伤口出血。邹某确有颅脑外伤，处于对伤者弱势群体的保护，综合鉴定意见为 X（+）级，但其智力缺陷与 2011 年 02 月 09 日的交通事故无因果关系。

## 5 体会

关于智障聋哑人邹某鉴定 1 例，我们深知鉴定工作的重要性，给予案件双方当事人以实事的真相。在邹某的鉴定案件中，我们认识到必须以公正、严密、负责的态度去完成每一个鉴定案件。如果我们忽略了被鉴定人伤前的身体状况，则是工作不严谨的表现。后由该市人民法院补充来的关于邹某的《寻人启事》认定其为聋哑人、智障，那也是不客观的。我们在有条件的情况下，到被鉴定人相关的地方走访和调查，确认其伤前确为聋哑人和智障。这对此案的鉴定带来了明确的方向。对于此类重新鉴定案件的处理和对伤者弱势群体的保护，我所鉴定给出 X（+）级的鉴定意见和被鉴定人邹某智力缺陷与本次交通事故无因果关系的鉴定意见，对于法院的判决和保护当事人双方的权益保护，都发挥了很好的作用。

# 医疗纠纷

# Medical Malpractice

# 医疗纠纷的解决体系与医疗纠纷技术鉴定

张　云[1,2]　刘　敏[1]

1. 四川大学华西基础医学与法医学院；2. 江苏省人民医院

医疗纠纷已成为当今世界的一个全球化问题。受人权运动的影响，医疗界的伦理学问题越来越突出，患者更加重视保护自己的生命健康权和诊治过程中的知情同意权，强调医生对患者负有职业上的治疗义务。在许多国家，医患之间对立冲突的形势相当严峻，患方因不满诊疗护理过程中发生的不良医疗后果而要求追究医方责任和赔偿，提起医疗纠纷诉讼的案件越来越多，甚至采用极端暴力的手段报复医务人员，如我国湖南中医学院附一院医生王万林被凶手连捅 46 刀致死；凶手为报复重庆市第三人民医院眼科医师李明肃，制造眼科服务台爆炸事件致 5 人当场死亡，35 人受伤等恶性医疗纠纷案件给医学界造成了极大震动。在西方发达国家的医疗界，如美国，医务人员因担心被卷入医疗纠纷诉讼而出现了所谓的防御性医疗（defensive medicine），据美国医师协会（AMA）对防御性医疗的定义“（医务人员）因为担心医疗事故诉讼带来的威胁，本来应当采取的诊断性试验和治疗却未执行”。医患关系的恶化使医护人员按照他们认为是仁慈和善良的医疗原则进行诊治以及独自拥有医疗特权的时代一去不复返了，医生必须要为他们的医疗行为在接受审查时具有合理性进行辩护。这就使得医生为了保护自己而给患者采用的治疗措施对患者来说也许并不是最有利的选择。

医患关系的恶化使得对医疗纠纷的处理变得非常困难。但从世界各国的情况来看，处理医疗纠纷的途径不外乎医患双方协商和解、行政处理、仲裁和法庭判决这几种模式。由于各国社会经济发展状况，医疗卫生法律制度，医疗资源的分配方式和法律文化传统之间的差异，不同国家的人们对医疗纠纷解决途径的选择偏爱也会不同，因此，如何建立一个适合本国国情的医疗纠纷解决体系就成为各国政府不容回避的一大社会课题。

医疗纠纷可以概括为患方对诊疗护理过程中发生的不良医疗后果及其产生的原因与医方认识不一致而发生纠纷和争议，要求追究医方责任和赔偿，而向卫生行政部门提出处理或向司法机关提请司法诉讼的案件。引起医疗纠纷的原因纷繁复杂，大致可以分为医源性医疗纠纷和非医源性医疗纠纷。在我国，医疗事故（medical malpractice 或 medical negligence）是属于有严重医疗过失的医源性医疗纠纷，意指医疗纠纷涉及的不良医疗后果是因医疗机构及其医务人员在诊疗护理过程中的责任过错或技术失误造成的。医疗纠纷要解决的核心内容是赔偿问题，关键需要解决对医疗过错行为的认定。当前，我国对医疗纠纷鉴定采用“二元化”鉴定体制，即分别通过医疗事故技术鉴定途径和司法鉴定途径对医疗机构及医务人员的医疗过错行为进行责任认定。根据 2002 年我国颁布的《医疗事故处理条例》规定：“医疗事故是指医疗机构及其医务人员在医疗活动中，违反医疗卫生管理法律、行政法规、部门规章和诊疗护理规范、常规，过失造成患者人身损害的事故”，“不属于医疗事故的，医疗机构不承担赔偿责任”。司法鉴定途径则以查明医方的医疗行为是否构成医疗过失，医疗过失与患者的损害是否具有因果关系为鉴定的核心。因此，对引起争议的医疗行为是否被鉴定构成医疗事故或被认定存在医疗过失就会直接关系到患方能否最终获得赔偿。由于我国的医疗事故概念与其他国家对医疗事故的定义不尽相同，如美国将所有具有赔偿可能的医疗事件统称为医疗事故。在美国，医疗过失（medical malpractice 或 medical negligence）的内涵才相当于我国的医疗事故术语。此外，各国对医疗过失的鉴定制度也与我国存在很大不同。因此，本文对我国医疗纠纷的解决体系与医疗纠纷的技术鉴定特征作一概述，并与国外的现状作一比较综述。

## 1 国内外与医疗事故有关的几个概念

### 1.1 我国医疗事故的相关概念

2002 年我国政府颁布实施的《医疗事故处理条例》规定："医疗事故是指医疗机构及其医务人员在医疗活动中，违反医疗卫生管理法律、行政法规、部门规章和诊疗护理规范、常规，过失造成患者人身损害的事故。"可见构成医疗事故必须包括以下几个要件：①主体是医疗机构及其医务人员；②行为具有违法性；③过失造成患者人身损害；④过失行为与后果之间存在因果关系。目前已被《医疗事故处理条例》取代的，于 1987 年发布的《医疗事故处理办法》第二条曾对医疗事故作过如此规定："本办法所称的医疗事故，是指在诊疗护理工作中，因医务人员诊疗护理过失，直接造成病员死亡、残废、组织器官损伤导致功能障碍的。"与之相比，现今的医疗事故概念有以下几个特点：①医疗事故的主体不仅包括医务人员，还包括医疗机构，更加明确了医疗事故民事责任的承担主体；②明确了对医务人员过失行为进行判断的标准；③扩大了医疗事故的范围，将所谓的"医疗差错"纳入医疗事故的范围。

在我国，医疗差错（medical error）概念是《医疗事故处理办法》第三条第（一）款规定的不属于医疗事故的一种情况，即"虽有诊疗护理错误，但未造成病员死亡、残废、功能障碍的"。该定义指出了医疗差错与医疗事故的唯一区别是造成的后果不同，医疗差错虽然也给患者造成了一定的损害，但未达到属于医疗事故的致病员死亡、残废或功能障碍的程度。细分之，又可将医疗差错分为严重医疗差错和一般医疗差错。严重医疗差错是指在诊疗护理工作中，因医务人员的诊疗护理过失，虽给病员的身体健康造成了一定的损害，延长了治疗时间和痛苦，但未造成病员其他不良后果的；一般医疗差错是指在诊疗护理工作中，医务人员虽有过失行为，但尚未给病人的身体健康造成损害，无任何不良后果的。目前，在我国医疗差错的概念已随着《医疗事故处理办法》的废止不再提及。

### 1.2 国外医疗事故的相关概念

#### 1.2.1 美国医疗事故的相关概念

在美国，所有具有赔偿可能的医疗事件都统称为医疗事故，这一概念的内涵与我国的医疗事故内涵相去甚远。在美语中，与我国的医疗事故术语的内涵相当的词汇是 medical malpractice 或 medical negligence（直译为医疗失当），是指医生在某种环境下违反了适当和谨慎操作的义务对其他人造成了可预见的伤害。其中，词汇 malpractice 或 negligence 的含义是指行为人在履行职业上或受信托的义务时，由于过分地缺乏技能或不准确而导致的（职业上的）处置不当。malpractice 与 negligence 的区别在于 malpractice 指的是一种职业上的过失。相比于一个具有理性的人的标准，malpractice 强调行为人对受到伤害的人负有更大的注意义务。在法庭诉讼中，患方要达到获得医疗事故损害赔偿的目的，必须同时证明下面五个构成要素：①存在医患关系（physician－patient relationship）；②医生对患者负有义务（duty）；③医生违反了这种义务（breach of duty）；④患者发生了损害后果（injury/damages）；⑤患者的损害是由医生违反义务造成的（causation）。

2000 年，美国国家协调工作效力质量机构（QuIC，Quality Interagency Coordination Task Force）对美国医学研究所（IOM）的报告《犯错的是人——建立一个更加安全的健康系统》进行评估，提出医疗差错（medical error）是当今医学知识可以预防的不良事件（adverse event）或近似过错（near miss）。其中，不良事件是指由于医疗管理的原因引起的可预见的伤害。近似过错是指引起事故、伤害或疾病的事件或状况，如果适当或及时地进行干预，则不会发生。James Reason 提出所有的人类差错可以分为三类：操作上的失误，程序上的过失和知识上的缺陷。操作上的失误是指没有按照计划行事；程序上的过失和知识上的缺陷是指计划本身就具有缺陷，或者不适合达到目标。由此可见，英美国家对医疗差错（medical error）的理解与我国曾经使用的医疗差错概念存在较大不同。

#### 1.2.2 日本医疗事故的相关概念

按照日本学者松仓丰治的观点，“除去医疗设施上出现的事故以外，凡是在医生诊断、治疗，判定预后，护士处置，对患者的身边护理及间接措施等广义的医疗过程中，发生意外的恶化或者未能预测的不良后果，可统称为医疗事故”。“医疗事故未必全是医疗过错。只有在发生事故过程中存在某种医疗上的倏忽或过失，方能成为医疗过错，并产生法律上追究责任的问题”。可见，日本所谓的医疗事故即相当于我国的医疗纠纷，是指在与医疗有关的场合，包括诊断、检查、治疗等医疗的全过程中，以医疗行为的接受者——患者作为被害人发生的一切人身事故。它不考虑发生的原因及责任所在，而是作为一种社会现象的指称。

在日本，与我国医疗事故概念相对的法律术语是医疗过失，它是指医生在对患者实施诊疗行为时违反行为上必要的注意义务，从而对患者的生命、身体造成侵害，导致死亡后果的情形。与我国的医疗事故概念相比，医疗过失的主要特征是医生的治疗行为是否违反了必要的注意义务，医疗过失并不以严重的损害后果为必要条件。只要医生存在违反必要的注意义务的情形，即使很小的损害也要赔偿；反之，即使损害后果严重也不予赔偿。

## 2 我国医疗纠纷解决体系与医疗纠纷技术鉴定

### 2.1 我国医疗纠纷概况

改革开放以前，医疗纠纷问题并未引起社会的广泛关注，医生在人民群众心目中的地位也很高。但自 20 世纪 80 年代以来，随着我国社会经历的经济体制改革、医药改革、法制建设等，医患关系也在发生着变化，医疗纠纷数量急剧上升。据中国消费者协会公布，在 1996—1999 年间消协系统接待的医患纠纷投诉量增长了 10 倍。1999 年全国消费者协会接到医疗投诉案件超过 12900 起，占同期总投诉量的 16％，排在第五位。1997 年北京市医疗事故技术鉴定案例数 27 例，1998 年上升致 71 例，1999 年又比 1998 年增长了

100%。1997 年中国社会调查事务所（SSIC）就医院和医师的医疗服务问题进行了系统调查，结果 73.45%的人在确认自己受到损害时要找医院“讨个说法”，其中只有 43.72%的人表示“一定要讨个说法”，27.72%的人表示“如果不是重大事故就算了”。与刑事和民事诉讼相比，有 77.42%的人认为医疗诉讼官司更难打，5.74%的人认为不难打，17.11%的人认为差不多。探究其因，43.42%的人对医疗诉讼了解少，28.74%的人认为法庭处理比行政处理更客观、公正和可信，17.27%的人认为医疗事故标准没有刑事和民事法律具体、明确。据 2001 年度中华医院管理学会维权部对全国 326 家医院进行的医疗纠纷调查发现，98.47%的医院发生了医疗纠纷，在三级医院中，39%的医院在一年内发生 10～30 起医疗纠纷，24.5%的医院发生医疗纠纷数在 30 起以上。调查显示，患者家属常采取聚众吵闹，围攻殴打医务人员、医院领导和停尸闹事等方法以扩大事态，逼迫医方给予经济赔偿，许多纠纷患方并不希望通过法律途径解决。2004 年中华医院管理学会维权部与自律委员会对《医疗事故处理条例》实施后的医疗纠纷状况进行了调查分析，结果显示：与《医疗事故处理条例》实施前相比，三级医院的医疗纠纷上升了 17.98%；二级医院上升了 34.71%；一级医院上升了 12.96%；未评审医院上升了 40%，可见《医疗事故处理条例》实施后医疗纠纷有增多趋势。在发生纠纷的科室中，一、二、三级医院均以普外科最多，一级医院和三级医院内科的医疗纠纷数量位居第二，而二级医院中妇产科的医疗纠纷数量位居第二。有 73.92%的患者在发生医疗纠纷后要求医方给予经济赔偿，15.28%的患者要求医方赔礼道歉，7.12%的患者要求对医务人员进行行政处理，只有 0.39%的患者要求医务人员承担刑事责任。

### 2.2 我国医疗纠纷解决体系的历史沿革

对于我国医疗纠纷解决体系的历史阶段划分，不同的学者有不同的看法。刘振声认为我国在西周时期即有处理医疗纠纷的规定。邓利强则持相反的观点，认为中华法系的最重要的特征是“刑民不分，以刑为主”，古代中国不可能产生“完备的医事制度”，即使近代国民党《六法全书》也未对我国医事立法做出重大贡献。我国医事立法的发展完善，始于新中国成立后，尤其是近年来的事情。对新中国成立后我国医疗纠纷解决体系的历史阶段划分，仍存在不同观点。刘振声、梁华仁认为新中国成立后可以分为三个阶段：第一阶段（1950—1959 年）处理医疗纠纷侧重于法律裁决。这一阶段的主要特征是医疗纠纷往往直接由司法部门处理，采用法律裁决的途径。法院不经医学技术鉴定就可以传讯医护人员，按刑律类推判刑。如此一来，容易造成定性不准，对医务人员滥用刑事处罚，给医生造成极大的心理负担。第二阶段（1959—1977 年）主要由卫生行政部门对医疗事故纠纷进行定性处理。法院一般不受理医疗纠纷案件，特别是在十年动乱期间，公检法被砸烂，医务人员的人身安全也无法得到保障；患者也面临状告无门，仅通过卫生行政部门无法满足其合理要求，这样导致医患双方的合法权益都不能得到有效保护。第三阶段（1978 年以后）开始医法相结合处理医疗纠纷。十一届三中全会以来，党中央提出了依法治国，建设社会主义法治国家的纲领，我国相继出台了一系列重要法律，逐渐完善了我国的社会主义法律体系。在医疗卫生方面，各地先后出台了一些规定。如北京市卫生局、公安局联合发布的《维护医院正常秩序的规定》，黑龙江、西藏、新疆、青海、河南、陕西等省（自治区）以及省（自治区）检察院、高级人民法院、公安厅、劳动局、民政局、卫生局联合发布的《预防和处理医疗事故的规定》等都体现出处理医疗纠纷医法结合的变革方向。此阶段最重要的成果就是国务院先后于1987年发布的《医疗事故处理办法》，2002年颁布实施的《医疗事故处理条例》和2002年4月1日开始施行的《最高人民法院关于民事诉讼证据的若干规定》，这些法律法规的颁布实施使我国处理医疗纠纷进入了有法可依的法制阶段。

邓利强将我国处理医疗纠纷体系的特点分为：第一阶段（新中国成立起至1956年）为发展阶段。处理医疗纠纷以司法途径为主，卫生部门处于逐步健全各种规章制度时期。第二阶段（1957—1969年）为相对稳定期。这一时期的医疗纠纷以卫生行政部门处理为主，法院审理为辅。第三阶段（1966—1978年）为混乱时期。这一时期仅有卫生行政部门处理一条途径。第四阶段（1978年以后）为法制阶段。以《医疗事故处理办法》的颁布实施为我国医事立法的里程碑，标志着我国处理医疗纠纷的法制化方向。张秦初也将我国处理医疗纠纷体系的特点分为：严厉期、混乱期和过渡期、宽松期和维护病人权利期。以上对我国处理医疗纠纷体系特点的历史阶段划分采用的不同方法，具有一定的主观性，但遵循的内在规律是一致的，即处理医疗事故遵循的是“医疗事故责任原则”，按照医疗事故的定义对医疗纠纷进行鉴定，经鉴定属于医疗事故的，就承担相应责任；否则，就不承担责任。另外，随着我国法制建设的发展完善，越来越重视采用法律的手段保护医患双方的合法权益，我国的医疗纠纷解决体系逐步向法制化方向发展和完善。

## 2.3 我国当前医疗纠纷解决体系的主要特征

### 2.3.1 医疗纠纷解决体系运转状况

2002年《医疗事故处理条例》的颁布实施，成为中国医疗纠纷处理的重大转折。当前，我国解决医疗纠纷的体系主要有三种途径：医患双方协商解决，卫生行政部门调解和法院判决。一般来说，纠纷双方都会通过各自的意思表示首先采取协商的方式来解决纠纷；而作为解决争端的最高形式，司法途径常为医患双方最后采取的解决途径。据2004年中华医院管理学会维权与自律委员会对全国200家医疗单位的医务人员进行的随机调查，该调查对《医疗事故处理条例》实施后的医疗纠纷状况进行了分析，结果显示：《医疗事故处理条例》实施后医疗纠纷的最终解决途径医患双方协商解决的占83.31%，行政调解解决的占6.2%，诉讼解决的占10.48%。可见在医疗纠纷的解决体系中行政调解的比例最低，卫生行政部门主导处理医疗纠纷的功能下降了，更强调医患双方作为平等民事主体解决纠纷的自主性。调查医务人员对医疗纠纷经法院判决结案的看法显示：认为法院判决公正的医务人员占12.37%，较公正的占31.73%，不公正的占26.34%，极不公正的占4.3%，其他的占25.26%。分析医务人员认为法院判决不公正的原因主要有：认为法院同情患者，法院判决未按《医疗事故处理条例》执行和受当地人情关系的影响。

### 2.3.2 医疗侵权责任认定

解决医疗纠纷需要明确的一个关键问题是责任认定问题。当前，我国对医疗过错责任认定的途径有两条，即由医学会组织的医疗事故鉴定和司法鉴定途径的医疗过错鉴定。由前所述，医疗事故必须满足以下四个构成要件：①主体是医疗机构及其医务人员；②行为具有违法性；③过失造成患者人身损害；④过失行为与后果之间存在因果关系。而采用司法鉴定途径进行的医疗过错鉴定，要裁定医务人员负有赔偿责任，也需满足以下四个构成要件：①行为的违法性；②存在损害事实；③违法行为与后果之间存在因果关系；④行为人主观上有过错。上述两条途径均明确表示医方须存在过错。医疗纠纷属于侵权损害赔偿纠纷，根据我国《民法通则》的规定，适用的归责原则是过错责任原则。过错责任原则是指当事人的主观过错是构成侵权行为的必备要件的一种归责原则，根据过错责任的要求，在一般侵权行为中，只要行为人尽到了应有的合理、谨慎的注意义务，即使发生了损害后果，也不能要求其承担责任。在过错责任下，对一般侵权责任实行“谁主张谁举证”。2002年4月1日起施行的《最高人民法院关于民事诉讼证据的若干规定》第四条（八）款规定：“因医疗行为引起的侵权诉讼，由医疗机构就医疗行为与损害后果之间不存在因果关系及不存在医疗过错承担举证责任。”根据这一司法解释的规定，我国将医疗侵权行为列为一种特殊侵权行为，对医疗侵权诉讼实行因果关系推定和过错推定，两者都实行举证责任倒置。举证责任倒置是与过错推定责任紧密相连的，是过错推定的重要特征。过错推定责任仍以过错作为承担责任的基础，是过错责任原则的一种特殊形式。我国实行举证责任倒置的根本原因在于医患双方在诉讼中的地位不平等，医患双方掌握的信息不对称。通过在医疗侵权诉讼中实行举证责任倒置，改变了以往医疗侵权诉讼中的“谁主张谁举证”原则给患者造成的不利局面。这与英美法系的“事实本身证明”原则，大陆法系的“表见证明”理论、“大概推定”原则和“妨碍证明”等理论的宗旨和目的是一致的，都在于力图改变原告（患方）因举证困难或举证不能而可能承担不利后果的状况。但这种举证责任倒置仅是由医疗机构（被告）就医疗行为与损害后果之间不存在因果关系及不存在医疗过错承担举证责任，属于“部分举证责任倒置”，至于患方与医疗机构之间是否存在法律关系，患方是否存在损害事实，仍由患方承担举证责任。

#### 2.3.3 医疗损害赔偿

医疗纠纷的核心内容是损害赔偿问题。在2002年9月1日《医疗事故处理条例》实施以前，按照《医疗事故处理办法》第十八条规定：“确定为医疗事故的，可根据事故等级、情节和病员的情况给予一次性经济补偿。补偿费标准，由省、自治区、直辖市人民政府规定。”各省级人民政府据此规定最高补偿限额，分别为8000元、5000元或3000元。这种限额赔偿制中的赔偿范围过窄，无法保障受害人的合理损失得到全部赔偿。为了解决审判实践中究竟是依照《医疗事故处理办法》的规定给予最高限额以下的补偿，还是按照人身伤害赔偿依照《民法通则》第一百一十九 条规定处理的问题，最高人民法院曾于1992年3月24日在《关于李新荣诉天津市第二医学院附属医院医疗事故赔偿一案如何适用法律的复函》中作出司法解释，认为：“《医疗事故处理办法》和《天津市医疗事故处理办法实施细则》，是处理医疗事故赔偿案件的行政法规和规章，与《民法通则》中规定的侵害他人身体应当承担民事赔偿责任的基本精神是一致的。因此，应当依照《民法通则》《医疗事故处理办法》的有关规定和参照《天津市医疗事故处理办法实施细则》的有关规定，根据案件具体情况处理。”

与《医疗事故处理办法》相比较，我国现行的《医疗事故处理条例》明确了医疗事故赔偿的解决途径、赔偿项目和标准，扩大了赔偿的范围，提高了赔偿标准，且对医疗事故受害人是否实行精神损害赔偿做出了定论。根据其第四十六条规定，解决医疗事故的赔偿可以通过医患双方协商解决；卫生行政部门应医疗争议双方当事人的请求，对医疗事故赔偿进行调解；也可以直接提起民事诉讼由人民法院判决。医疗事故赔偿的数额主要参照的是：①医疗事故等级；②医疗过失行为在医疗事故损害后果中的责任程度；③医疗事故损害后果与患者原有疾病状况之间的关系。具体的赔偿项目主要包括医疗费、误工费、住院伙食补助费、陪护费、残疾生活补助费、残疾用具费、丧葬费、被扶养人生活费、交通费、住宿费和精神损害抚慰金等。赔偿的责任主体为承担医疗事故责任的医疗机构，医疗事故的赔偿费用，实行一次性结算。但是，《医疗事故处理条例》规定的赔偿标准比我国其他人身损害赔偿标准低很多。针对这种情况，杨立新认为：医疗事故赔偿比国家赔偿和一般民事赔偿的标准低是因为医疗机构对医疗事故受害人的赔偿最终还是要分摊在所有的患者身上，而不是由国家出资赔偿。对此，在审判实践中还是应当适用《医疗事故处理条例》规定的赔偿标准判决案件。但人民法院应当保留最终的司法决定权，如果按照《医疗事故处理条例》的赔偿标准确定的赔偿数额显失公平，不足以救济受害人的损害的，法院可以作出高于《医疗事故处理条例》规定的赔偿标准的判决。

## 2.4 我国医疗纠纷技术鉴定概况

如前所述，我国的医疗纠纷技术鉴定采用“二元化”鉴定体制，即分别通过医疗事故技术鉴定途径和司法鉴定途径对医疗纠纷中的医学专门问题进行鉴定。这两种鉴定途径各有利弊。

### 2.4.1 医疗事故技术鉴定制度

#### 2.4.1.1 医疗事故技术鉴定委员会制度下鉴定医疗事故之弊端

1987年发布实施的《医疗事故处理办法》建立了医疗事故鉴定制度，使我国的医疗事故处理有了全国统一的制度化标准，标志着我国医疗纠纷的处理进入了法制的轨道，曾发挥了积极的作用。但随着我国社会变革的纵深发展，医疗事故技术鉴定委员会制度下鉴定医疗事故暴露出的弊病和不足使其最终被废止。这些弊端主要有：①鉴定委员会的行政化色彩浓厚，“自家人给自家人鉴定”，破坏了程序中立原则；②医疗事故鉴定缺乏监督机制，三级鉴定体制难以保证鉴定公正，且与证据学原理向背；③集体鉴定制度难以落实鉴定人的责任；④医疗事故鉴定权具有排他性，不符合法制要求；⑤鉴定范围过窄。

#### 2.4.1.2 我国现行医疗事故鉴定的特征与革新

针对医疗事故鉴定委员会体制下鉴定医疗事故所暴露出的种种弊端，2002年2月20日，国务院第55次常务会议通过了《医疗事故处理条例》，自2002年9月1日起施行。与《医疗事故处理办法》相比，《医疗事故处理条例》对医疗事故技术鉴定办法进行了重大改革，主要包括以下几个方面：①由中立的学术团体——医学会组织鉴定，淡化了鉴定的行政色彩，突出了鉴定机构的中立性和鉴定结论的客观公正性；②改三级鉴定制为两级鉴定制，鉴定操作过程更趋公开化、规范化，保证了鉴定结论的公正性；③扩大了医疗事故内涵；④医疗事故责任主体范围扩大，不仅包括医务人员，还包括医疗机构；⑤判断医疗行为过错、违法的标准更加明确；⑥细化了医疗事故技术鉴定专家回避制度。

### 2.4.2 我国现行医疗事故鉴定的缺陷

随着《医疗事故处理条例》的颁布实施，我国医疗事故鉴定工作向着程序公正和结论公正的方向迈出了重要的一步。但在实践中存在的缺陷也不容回避：①医疗事故鉴定存在行业保护和地方保护；②卫生行政部门的干预使医学会尚未实现真正独立；③医疗事故集体鉴定制导致“集体负责，但集体中的每个人都不负责”；④在专家库中随机抽取专家的做法流于形式，鉴定人员没有实质上的改变；⑤对专家缺乏有效的监督机制；⑥鉴定专家不出庭，医疗事故鉴定结论的质证流于形式。

### 2.4.3 医疗纠纷的司法鉴定制度

2003年《最高人民法院关于参照〈医疗事故处理条例〉审理医疗纠纷民事案件的通

知》规定："因医疗事故以外原因引起的其他医疗赔偿纠纷需要进行司法鉴定的，由人民法院按照《人民法院对外委托司法鉴定管理规定》组织鉴定，案件审理适用民法通则的规定。"这是我国对医疗纠纷实行司法鉴定制度的主要法律依据。根据我国司法部发布的《司法鉴定人管理办法》和2005年2月28日第十届全国人民代表大会常务委员会第十四次会议通过的《全国人大常委会关于司法鉴定管理问题的决定》，我国的司法鉴定制度实行鉴定人独立鉴定的个人负责制且鉴定人负有出庭作证的义务。这与医疗事故鉴定的集体鉴定制度造成"集体负责，但集体中的每个人都不负责"的局面具有很大的区别，而且医疗事故鉴定专家不出庭更是无法对鉴定专家进行必要的监督。此外，医疗事故司法鉴定因具有鉴定机构的合法性、中立性和委托鉴定程序和公正性，使得医疗事故的司法鉴定具有很大的优势。当前法医学鉴定是医疗纠纷司法鉴定中最为常见的一种。张益鹄认为法医因兼有医学和法律知识背景，中立的法律地位和具有涉及患者死亡或伤残方面的法医学知识的优势，参与医疗纠纷鉴定既属必要，又有可行性。赵新河、孙华志等认为，我国公检法各部门的法医工作者既非临床医疗专家，也非法学专家，不宜鉴定医疗行为的违法性和医疗行为的过错性，只能进行损害后果鉴定，因此难以胜任目前的医疗事故鉴定工作。

## 3 其他国家医疗纠纷解决体系和医疗纠纷技术鉴定的特征

### 3.1 美国

#### 3.1.1 美国医疗纠纷概况

美国有记载的最早的医疗事故诉讼案件是1794年发生在康涅狄格州的Cross v. Guthrie案，病人在被施行乳房切除术后3小时死亡，死者丈夫以医生存在过失为由提出1000英镑的索赔要求。最后，陪审团的裁决支持了原告的主张，但法庭仅判决给死者丈夫40英镑的赔偿。1835—1865年美国历史上曾发生医疗事故诉讼危机，大量的医疗事故诉讼被提交到法庭，其中大约有70%～90%的诉讼案件是与骨折或脱臼治疗后出现畸形有关。如今，美国的医疗差错事故仍非常严重，据1999年美国医学研究所（IOM）的调查报告显示，美国每年有44000～98000人死于可预防的医疗差错，这个数字超过了工伤、交通事故、乳腺癌和艾滋病的死亡人数。据哈佛医疗实践研究中心通过回顾性的随机抽取30000名患者的（住院）医院记录发现，3.7%患者在医院期间受到了医疗行为的伤害，其中28%的伤害是由于医生的疏忽造成的。但这些事件中仅有1.5%最后发展成对医疗事故要求赔偿的法律诉讼。据2000年Studdert和Thomas等对犹他州和科罗拉多州的研究显示，在14700名住院病人中遭受医疗过失损害的有161人（1.1%）；仅有18名患者提出了索赔要求（0.12%）；遭受医疗过失损害的患者中仅有2.5%提出了索赔要求；在提出索赔要求的18名患者中仅有4人（22%）确是因为遭受了医疗过失损害，其余的不是因为没有明确损害事实，就是因为没有医疗过失的证据，或者两者兼有。尽管大多数的医疗事故索赔要求中没有医疗过失损害的证据，但是，遭受医疗过失损害的患者比没有遭受医疗过失损害的患者提起医疗过失索赔平均要高出20多倍。

最近30年，美国医生被起诉的数量和医疗诉讼成功的数量一直稳定增长。据美国医师协会（AMA）对其会员的调查发现，从20世纪80年代初到1985年，每100名医生中每年被要求医疗事故赔偿的从8起增加到10起以上。这些统计数据还不包括一些医生被多次要求医疗事故赔偿的。例如，在佛罗里达州，从 1975 到 1980 年间，85％的医疗过失赔偿仅由 3％～6％的被控告医生支付。医疗事故索赔数量的增长和巨额的医疗损害赔偿，特别是惩罚性赔偿使医疗责任保险公司不堪重负，目前美国陷入的严重的医疗责任保险危机，是过去 30 年中的第三次，这与 70 年代中期和 80 年代中期曾经出现过的两次危机相似之处是都导致了医疗责任保险费用的提高，并降低了购买保险人群的覆盖范围。而且，当前的医疗责任保险赔偿系统在确定是否赔偿时效率非常低下，实际上仅有 40％～45％的保险赔偿金会支付给受到医疗损害的患者。

### 3.1.2 美国的医疗纠纷解决体系

在美国，医疗事故纠纷主要通过两种途径来解决：①法庭外的调解和仲裁程序；②法庭诉讼程序。美国医疗事故诉讼的主要目的是赔偿，不是惩罚，适用的是普通的民事诉讼程序。

作为一种标准的对抗制审判模式，原告律师要想使患者的医疗损害索赔得以实现，需要说明：①自医患关系成立之时，医疗服务提供者对患者负有某种义务；②医疗服务提供者在对患者的医疗过程中违反了这种义务，即没有遵守公认的医疗原则；③医疗服务提供者违反义务与患者的实际损害后果之间具有因果关系。通常，还要将患者的损害情况作为第 4 种因素予以说明。美国实行专家证人制度，法庭允许医患双方挑选并保有他们自己的临床专家，让他们在法庭上陈述对他们最有利的证词。另一种可供选择的审判模式可以在诉讼中使用法庭指定的医学专家，而不是由控辩方挑选医学专家和付费。虽然对联邦和州的民事法庭法官调查显示，他们支持在医疗事故诉讼中使用法庭指定的专家证人，但由法庭指定专家的做法极少被使用。

对于被告医疗服务提供者来说，医疗责任保险公司在医疗纠纷解决体系中扮演了关键作用。医疗机构或医师协会通过购买医疗责任保险，与保险公司签订合同。医疗责任保险公司按照合同约定，通常负责为医生提供法律辩护，支付律师费等各项支出以及患者的损害赔偿金，这种赔偿既可以是判决赔偿，也可以是和解赔偿。

1985 年 Danzon 研究发现，医疗事故诉讼案件的原告比其他任何类型案件的原告胜诉的机会都小，然而，一旦胜诉，获得赔偿的数额就会比一般案件多得多。1986 年哈佛医疗实践研究组对纽约州医院中 30000 名患者的病历记录研究发现，在所有的医疗过失事件中，仅有 10.9％的患者提起了医疗事故诉讼。而且，在存档的索赔要求中，只有不到一半的患者能够出示可供论证的医疗损害证据。研究认为，美国的民事过失侵权解决系统并未有效地解决患者的医疗损害赔偿问题。

在美国，医疗事故诉讼案件的平均费用大约为 30000 美元，一般在 10000 美元到 100000 美元之间，甚至更多。如果在法庭外解决，原告聘请律师的费用就会大大降低，但由于费用问题以及投资回报的不确定性，会促使原告律师谨慎地选择那些通过调查具有更高胜率的案件。根据美国的一项调查，原告律师拒绝了大约 7/8 的潜在的医疗事故诉讼案件。对于那些事实上或者法律上确实复杂或者难以确定的医疗诉讼案件的原告，通常都没有辩护律师进行诉讼。讲究诉讼效益的天性使得律师通常会选择性地接手一些案件，更愿意将许多潜在的原告支走。

仲裁作为另一种审前程序，是一种相对不太正规的可替代性争端解决机制，可以没有证人参与，也不受证据规则的制约，仲裁员的仲裁决定相对不受约束。在这种程序机制下，原告和被告双方共同将案件呈递给一个由 5 人组成的仲裁小组，各方必须在 15 分钟内陈述自己的主张和观点。仲裁小组对各方的主张进行评估，如果医方确实应当赔偿的话，仲裁小组就会对原告提出一个合适的赔偿建议，然后由原被告双方自行决定是接受还是拒绝赔偿协议。值得一提的是，各方必须自行决定是否接受仲裁小组的调解赔偿金额，而不允许让其知晓对方对调解协议的看法。如果双方都接受，案件就被了结了，被告向患方支付由仲裁决定的赔偿金；如果任一方拒绝接受仲裁协议，案件将进入下一步的审判程序。但是，在某些司法区，例如密歇根州，拒绝接受仲裁裁决的一方在某些情况下还会受到惩罚。在仲裁裁决时，医方过失的明显程度是考虑的一个重要因素，这就要求医方的过失程度要和仲裁裁决的赔偿金额相一致。如果要是双方都很愿意接受仲裁裁决，仲裁小组自己必须知道裁决的赔偿金额是否准确地反映了被告方的过失程度。

### 3.1.3 美国的医疗过失认定和损害赔偿

美国的医疗事故诉讼由患方（原告）承担举证责任（burden of proof），患方为了能够赢得诉讼，必须使下面五个构成要素同时满足证据优势（preponderance of the evidence）：①存在医患关系；②医生对患者负有义务；③医生违反了这种义务；④患者发生了损害后果；⑤患者的损害是由医生违反义务造成的。另外，为了解决在很多情况下原告几乎很难得到原始证据和证明被告医生存在过失的问题，法庭发展了“事实本身说明过错”（Res Ipsa Loquitor）原则并将其运用到医疗损害赔偿诉讼中，目前美国已有 34 个州在医疗损害赔偿诉讼中成功运用了该原则。但运用该原则必须满足三个条件：①在正常的医疗行为过程中，如果采用了合理的治疗措施，事故就不会发生；②被告医生是造成损伤原因的唯一控制因素；③原告的因素没有促使事故的发生。

在侵权行为归责原则方面，美国的医疗事故诉讼实行“过错责任”赔偿原则。即医疗损害赔偿的前提是医生须存在医疗过失（breach of duty）。而医疗过失的判定是以医疗标准（standards of care）为基础的。判定某个医生是否违反了医疗标准，要看他（她）是否遵守了在相似的情况下一个谨慎的医生（prudent physician）应当遵守的标准，但并不一定要求这名医生必须发挥出全部潜能和使用最恰当的治疗原则。对于涉及医学专家的医疗事故诉讼，医疗标准的判定应以在相似的情况下相同专业的专家中的大多数人掌握和运用的标准为依据，与普通医生的医疗标准相比，医学专家的医疗标准要更高。尽管法庭承认医学知识的高技术性和特殊性，并未要求专家证人或职业团体为医疗行为设置标准，但为了能使医疗标准具有客观的可测量性，能让事实裁判者（陪审团或法官）弄清被起诉的医生是否对病人尽到了必要的义务，对法庭来说，原被告的医学专家证言都是必要的。在听取所有医学专家的证言后，医学标准最终由事实裁判者决定。

美国的医疗事故诉讼除主要实行“过错责任”赔偿原则外，还采用了无过错医疗损害赔偿制度处理医疗纠纷，在弗吉尼亚州和佛罗里达州已经选择性地采用，但仅限于与分娩有关的新生儿神经损伤和因接种疫苗导致的医疗损害。在新西兰和瑞典，无过错医疗损害赔偿制度事实上已经被实行，但导致了医疗损害索赔的急剧增长。无过错医疗损害赔偿制度是指对遭受医疗损害的患者进行赔偿，而不管医疗服务提供者是否有过错。无过错医疗损害赔偿制度具有使患者不需通过花费很多金钱和时间的对抗制诉讼即可方便快捷地获得赔偿可能的优点。但是在执行赔偿的时候无过错医疗损害赔偿制度会面临一些实际的问题。最根本的一个问题是因果关系问题，即病人的实际损害是否是由医疗行为导致的后果，实际上很难区分采用标准的治疗措施给患者造成的损害对当前患者的疾病状况有多大影响。无过错医疗损害赔偿制度存在的另一个问题是在管理上是否具有可行性。

此外，还有被称作“新无过错医疗损害赔偿制度”的混合式制度，最早由O’Connell提出，是将传统的医疗过失民事侵权赔偿系统和无过错医疗损害赔偿制度结合起来的一种方法，特别针对无过错医疗损害赔偿制度实行中所出现的问题设计的，包含了现行民事侵权赔偿系统和无过错医疗损害赔偿制度中因果关系问题的折中。混合式制度的另一种构想是加速赔偿进程。只要损害结果能被医学专业知识证明即可进行赔偿，而无需法律系统的干预。赔偿按照定期支付计划进行，包括实际的经济损失和对非经济损失的补偿。

美国虽然是世界上经济文化最发达，法制最健全的国家，但美国当前的医疗事故责任处理系统从根本上遭到了广泛的批评，它既没有使受到损害的患者得到充分的补偿，也没能使医生采取合适的预防措施以避免医疗损害。据 1990 年哈佛医学实践研究的报告，仅有 1/15 遭受医疗过失损害的患者得到了补偿，并且这些得到赔偿的案件中有 5/6 并没有明显的医疗过失的证据。更准确地说，决定医疗损害是否得到赔偿的首要因素是损伤的程度，而不是过错的程度。在美国，法院判决医方支付赔偿金额的多少主要根据对病人造成的损害程度与由于损害给病人的职业和生活带来的影响，以及根据病人预期生命的测算而确定。

## 3.2 日本

### 3.2.1 日本医疗纠纷概况

自 20 世纪 60 年代后期，日本的医疗事故诉讼突然增加起来。但与西方国家相比，日本的医疗事故情况几乎不为人知，主要是因为医疗事故索赔方面的资料被严密保管起来。Nakajima 等从日本最高法院、健康和福利保障部（the Ministry of Health and Welfare）和日本医师协会（the Japan Medical Association，JMA）获得的数据对过去 30 年的情况回顾性分析显示，尽管医疗事故索赔的频率比美国、英国和德国报道的要低，但索赔的总数也一直在增长，根据日本最高法院公布的数据，每年各地方存档的医疗事故诉讼案例数从 1970 年的 102 起增加到 1998 年的 629 起（每 100 名医生被提起诉讼的比例从 0.09 增加到 0.25）。在日本医师协会（JMA）会员中，从 1987 年到 1999 年被索赔的医生数增加了 31%，但是每 100 名日本医师协会（JMA）会员被索赔的频率保持在大约 0.3 左右。由于日本医师协会（JMA）的数据仅代表了 43.5%的日本医生，全日本的概况还不得而知。Nakajima 等指出，由于可以利用的资料受到了限制，导致几乎没有办法研究如何更好地提高医疗事故案件判决的公正性，医疗事故赔偿以及提高医患交流的水平。

### 3.2.2 日本医疗纠纷解决体系和医疗过失鉴定

在日本，医疗事故索赔可以通过三条途径解决：当事者之间对话解决、向法院提起诉讼以及日本医师协会解决。一般只有在责任非常明显的情况下才会采用当事者之间对话的方式解决，这时争论的焦点不是责任的有无，而是责任的程度和损害额的问题；而且，如果医疗过失非常明显，患者或其家庭更愿意采用庭外和解的方式解决争议，这样可以减轻很大的负担。

由于日本缺乏非官方的（informal）医疗事故争议解决机制，诉讼就成为官方唯一的医疗事故争议解决机制。然而据日本最高法院的统计，自 1998 年以来仅仅新发生 622 起医疗事故民事诉讼。这代表了不到 1%的真实的医疗事故争议数据。在日本，有许多学者认为这是因为日本人特殊的性格特征使他们愿意接受妥协，而不愿意选择公共的争端解决机制。Shoichi Maeda 等研究显示日本人不愿意提起医疗事故诉讼可能归因于日本的医疗事故诉讼系统，而非日本人的法律意识。正规的医疗事故诉讼案件平均需要耗费 3 年左右的时间，比一般案件要长得多；而且，提起医疗事故诉讼平均需要花费 220 万日元，远远超出一般病人家庭的承受能力。当然，可以不依赖于律师进行诉讼，但 90％的案件都雇佣了律师，不聘请律师要想赢得诉讼成功的概率为零。因此，考虑到时间和经济方面的巨大压力，这也是医疗事故争议方不愿提起诉讼的重要原因。有研究显示，日本医疗事故诉讼有几个明显的特征：①与其他类型的案件相比，医疗事故案件诉讼中法庭判决对患者有利的可能性更小。根据对诉讼案件的统计显示，在 1976—1987 年间，只有 37.3％的医疗事故诉讼案件被法庭判决对患者有利，而同期整个诉讼案件（包括医疗事故诉讼案件）中有 86.5％被法庭判决对原告有利。如果法庭判决将会支持患者的主张，被告医生或医院就会通过给患者赔偿的方式力求和患者和解。据调查显示，在 1988—1997 年间，在提起诉讼医疗事故案例中，有 47.2％通过和解解决，12.6％因各种原因中止了，40.2％由法院判决结案。在 1988—1997 年间，在医疗事故诉讼中通过和解和判决给患者赔偿的总比例为 60.3％。②与一般案件诉讼相比，医疗事故诉讼从提起诉讼到判决的时间会更长。根据 Rokumoto 的调查，医疗事故诉讼整个过程的时间是一般案件的两倍，平均为 36.5 个月。另外，Kainite Hagihara 等对日本 47 个地方法院中的 10 个在 1986—1998 年间判决的 435 起医疗事故诉讼案例（约占同期 47 个地方法院全部 3737 个医疗事故诉讼中法院判决的 30％）进行了收集和分析，发现医疗事故诉讼系统给医生和医院造成的巨大的经济刺激促使其避免提供不合格的医疗措施。这与 White 研究发现的美国的医疗纠错系统对于有效地保证高质量的医疗服务的结果非常一致。

日本医师协会（JMA）提供一种不受约束的法庭外纠纷解决机制，比法庭判决便捷得多。实际上，大量的医疗纠纷都在这里解决。根据 20 世纪 70 年代开始实施的《日本医师赔偿责任保险制度》，日本医师协会作为一个团体与保险公司签订合同，对已参加保险的医师协会会员的医疗过失负有赔偿责任。日本到目前为止还没有专门为了诉讼或司法的鉴定组织，也没有制定有关司法鉴定人员资格的法规。在民事诉讼中，当事人双方都会遇到找不到鉴定人的尴尬。但许多行业协会之下一般设有鉴定委员会。日本医师协会就下设调查委员会和鉴定委员会处理医疗纠纷。为保证审查的公正性，由具有中立立场的有学识经验者 10 人（医生 6 人、法律人员 4 人）对调查情况进行审议，决议以过半数通过。作为审查结果主要包括：①赔偿责任的有无；②赔偿责任额的多少；③其他为使事件处理公正所需要的对策。结果要做成文书的形式，最后以审查结果为基础，对纠纷进行处理解决。

在日本，鉴定人的法律地位相当于“法官的辅助人”。但许多医学专家拒绝充当医疗事故诉讼中专家证人的角色。2002 年 Sakamoto 等对过去十年医疗事故诉讼中使用医学专家的客观情况调查显示，医疗事故诉讼中使用医学专家的比例平均只有 22.5％，在地区之间尚存在差异；在 24.5％的案例中患方聘请了医学专家及律师，只有 3.4％的案例没有律师参与；患方聘请专家胜诉的成功率（39.1％）比没有聘请专家胜诉的成功率（29.9％）要更高；使用医学专家参与诉讼的平均时间是 4 年，而没有使用医学专家参与诉讼的平均时间是 2.7 年。当前，法庭判决一起医疗事故诉讼的平均时间为 3 年，需要如此长的时间的一个主要原因是很难找到能够胜任的专家证人。

### 3.3 加拿大

在加拿大，几乎所有的加拿大医生都是加拿大医师保护协会（CMPA）的会员。作为一种职业性自我保护组织，加拿大医师保护协会（CMPA）的主要任务是为全体成员提供法律防御保障、风险管理、教育培训计划和普通建议等最高质量的服务，以保护其成员的职业安全。它的运作并不依赖于保险业，为了不使患者的小额诉讼或投机性索赔成功，CMPA 投入大量资金来解决小额医疗事故索赔的赔偿。如果 CMPA 认为患者的索赔要求合理，它就会按照当前法庭判决的水平予以赔偿；如果 CMPA 认为患者的索赔要求不合理，必要的话，它就会不计代价地连续上诉。所以，对于患者来说，医生是个非常强大的对手，患者要提起医疗事故诉讼必须要认真考虑一下可能付出的代价。此外，加拿大的律师可以按照“不胜诉，不付费”（no wins，no pay）的原则收费，但实际上很少有律师这样做，大多数的败诉原告仍然必须支付律师费，而且，所有的诉讼提起人必须支付对方的诉讼费用。要提起医疗事故诉讼，即使本方的律师愿意因败诉不收费，原告也必须决定承担由 CMPA 支持的医生诉讼费用的风险，通常这些因素会大大降低患者提起医疗事故诉讼的积极性。

关于医生的医疗标准问题，在 1956 年 Crits v. Syl _ ester 案中法庭是这样定义的：每个医疗卫生从业者必须使自己的技能和知识达到合理的水平，并且必须加强训练使自身业务水平达到合理的程度。他有义务加强训练使其诊疗技术水平达到被期望的标准，使其成为与其经验和身份相符合的谨慎的从业者；并且，如果他坚持自己是一名专家，就要求他比那些没有声称自己经过特殊训练能力合格的人具有更高的技术水平。因此，一名医生应坚持的医疗标准就是与他（她）具有相似的医疗教育和经验背景的同行所共同采用的诊疗措施。

在加拿大，医疗事故诉讼中法庭还承认“区域原则”（locality rule），即考虑到农村和某些偏远地方医疗资源的限制，导致乡村里的普通医生和城市里的医学专家在经验、技能和知识方面的差异，在法庭诉讼中采用不一样的标准会更加准确合理。但是，“区域原则”仅适用于医疗资源受限的情况，不适用于那些无医疗资源限制却是由于当地的医生自己决定不使用这些医疗资源的情况。

加拿大的法律还承认那些与大部分从业者认可的专业标准不一致的少数人所采用的方法，有时候被称之为“值得尊重的少数原则”，比如保留一些并未失去威信的早期做法，以及采用一些更新的但非主流的方法。在医疗事故诉讼中，法官拥有确定医生专业技能水平的权利，但通常情况下，法官会认可公认的专业标准。

在加拿大，法官必须听从医学专家的意见。与美国不同的是，医疗损害是由法官认定，而不是陪审团，对损害后果的赔偿也有法律上的封顶。

### 3.4 意大利

在过去十年，意大利的医疗卫生系统，无论是公立还是私立医院，医疗事故索赔的数量都呈指数增加。大多数的医生都生活在可能会收到法庭的“辩护通知”（informing warrant）的担心之中。

与许多国家都是通过民事诉讼途径审理医疗纠纷案件不同，在意大利，大多数的原告通过刑事审判系统对被告医生提出索赔要求，但是在证明标准上采用的是裁判民事案件的“或然性平衡”的原则，而不是“排除合理怀疑”的原则。这种途径对患者来说是免费的，搜集证据和起诉的费用都由政府负担。这种救济途径对穷人来说是非常重要的，但是如此大量的医疗索赔案件通过刑事审判系统来解决是不合理的，这样容易导致对医生大量的犯罪指控、有罪判决和判处监禁。这主要是因为意大利现行的双轨制民事司法系统虽然较以前有了很大的改进，但仍存在着诉讼程序拖沓冗长甚至官僚化，对案件没有严格的管理机制和法庭审判中需要大量的专家证人等问题；再加上缺乏法律援助，而且要通过目前的民事审判系统获得赔偿，患者必须出示一份对医疗行为是否存在过失的专家意见导致了这种局面。

在意大利，医生和患者都可以聘请医学专家为自己提供证词，法庭也可以任命自己的法医学医生（medicolegal doctors），这些法医学医生对法庭审判是非常重要的，他们都是兼有医学和法律知识的专家，为法庭审判提供中立的证言。

通过刑事审判系统对医生纠缠的大多数医疗事故索赔案件最后都是由保险公司支付赔偿金，然后原告撤诉结束。在那些涉及非致命性案件中，如果在审判前案件被解决了，应原告的要求，刑事诉讼程序就会中止。

## 4 展望

通过对我国医疗纠纷解决体系及医疗纠纷技术鉴定的简要概述，并与其他国家相比较，我们发现各国在构建适合本国（本地）国情的医疗纠纷解决体系及医疗纠纷技术鉴定制度上既有相通之处，同时又千差万别。对于这种现象，应从其社会制度、法律文化传统等深层次的差异去考量。目前各国的医疗纠纷解决体系及医疗纠纷技术鉴定制度都不太完善，各有各的优点和弊端。我国的《医疗事故处理条例》在实践中已经运作了将近四年，既取得了良好的社会效应，又逐步暴露出许多在制定条例时没有想到的缺陷，通过对实践中反馈的问题进行理论上的再总结，并借鉴国外的有益做法，可以为我国将来对医疗纠纷解决体系及医疗纠纷技术鉴定制度的进一步完善指明方向。

# 代某的医疗行为构成非法行医罪吗

孙振发　刘芳芳

四川省资中县检察院

本案发生在2000年11月14日，案发后有关部门进行调解处理未果，公安机关以代某涉嫌非法行医立案侦查，医生代某于2001年2月畏罪潜逃，2011年9月被抓获归案。代某的医疗行为是非法行医，还是合法行医，是罪还是非罪，涉案人应该接受什么样的处罚，应当承担多少医疗责任的关键和原则问题，笔者将自己的观点和看法提出与大家共同探讨。

## 1 案件材料

### 1.1 病情经过

2000年11月6日上午9时许，死者赵某，女，52岁，在自家院坝内赶鸭子时不慎摔伤右前额，之后到本村的个体医疗站治疗。医生代某在诊治过程中，见患者赵某右前额创口长约5cm，宽约3cm，头皮外翻，可见头骨，乱糟糟的（即创口不整齐），头皮上附有很多渣子和灰尘，经用生理盐水（自制）冲洗伤口后（自述未冲洗干净）缝合16针，并用青霉素800万单位、庆大、抗坏血栓、三七伤药片等消炎、抗感染对症治疗，2天后赵某出现牙关咬紧、张口困难等症状。

医生代某接诊后对患者进行积极治疗，并多次叫其转院，告诉赵某我这里设备不全，技术有限，赵说没有钱，要求继续在代某处治疗。11月9日患者牙关紧闭、张口困难、颈项强痛等症状、体征进一步加重，在其弟的帮助下转到某市中区镇计划生育服务站治疗，医生进行了第二次清创缝合，开了一些输液的针药叫患者家属拿回家找就近的医生输液。11月12日又转到某市中区中医院医治，由于病情急剧恶化，于2000年11月14日19时15分抢救无效死亡。

### 1.2 背景资料

1971年农村成立合作医疗站，代某被推选为农村赤脚医生，经过乡卫生院培训三个月后，为本村群众防病治病。1992年代某取得《乡村医生医士证》。

医疗体制改革后，原农村合作医疗转变为个体性质，代某当时是该村的赤脚医生，改制后继续经营该医疗站，每年向县卫生局交管理费360元，交乡卫生院管理费120元。2000年11月3日，县卫生局派人到基层医疗机构开会，会上要求未办证的都要办证，11月5日代某写申请办证，并将办证费2700元交给乡卫生院的曾某请他代办。

2001年1月22日县卫生局关于代某行医活动的说明：1994年国务院颁布《医疗机构管理条例》后，要求所有医疗机构执业必须申请执业登记，当时代某没有提出申请登记注册，我局没有发放《中华人民共和国医疗机构执业许可证》，代某属无证行医。

## 2 分析

《刑法释义》第三百三十六条第一款规定，未取得医生执业资格的人非法行医，情节严重的，处三年以下有期徒刑、拘役或者管制，并处或单处罚金；严重损害就诊人身体健康的，处三年以上十年以下有期徒刑，并处或单处罚金；造成就诊人死亡的，处十年以上有期徒刑，并处罚金。根据规定，非法行医是指未取得医师执业资格的人从事医疗卫生工作，如私设诊所和私自挂牌行医等。“情节严重的”是指非法行医经处理后仍不改正的；缺乏基本医学知识，乱医乱治，欺骗就诊人的；由于误诊，贻误病情，使病情加重的等等。代某的个体医疗站（点）的前身是农村合作医疗站，1985年医疗体制改革后转变为个体性质，单位名称变了，但医务人员、医疗地点都未变，服务对象仍然是当地群众，履行的仍然是合作医疗的职责，与《刑法》第三百三十六条第一款规定的私设诊所、私自挂牌行医、乱医乱治、欺骗就诊人是有明显区别的，更谈不上误诊、贻误病情。

根据案情，代某未办理《医疗机构执业许可证》的原因主要是未得到办证通知，但卫生行政管理部门每年按规定收取了代某的管理费，代某在行医过程中多次向有关部门和区乡卫生院领导打听、了解办证的有关情况，案发前（2000 年 11 月 3 日）代某得知可以办证后，积极申请办证，并交纳了办证费 2700 元，这说明执业许可证正在办理过程中。

1988 年卫生部、国家中医药管理局发布《医师、中医师个体开业暂行管理办法》第五条、第六条规定：鼓励个体开业医师、中医师到缺医少药的地区开业；鼓励个体开业医师、中医师自愿组织联合医疗机构。个体开业医师、中医师由所在县（市区）卫生行政部门核发“开业执照”（注：核发开业执照，不是申请登记注册医疗机构执业许可证），进行监督管理，并收取管理费。《中华人民共和国执业医法》第四十五条规定：在乡村医疗卫生机构中向村民提供预防、保健和一般医疗服务的乡村医生，符合本法有关规定的，可以依法取得执业医师资格或者执业助理医师资格；不具备本法规定的执业医师资格或者执业助理医师资格的乡村医生，由国务院另行制定管理办法。根据上述两部法律法规可以看出，国家对乡村医疗卫生机构的管理规定与城镇医疗机构的管理要求是有区别的。代某的个体医疗站（点）应当属于国家鼓励支持的对象。20 世纪 90 年代末到 2000 年的边远地区农村缺医少药的问题仍然存在，医疗条件相对较差，一般的医疗服务站（点）都不具备储存、注射破伤风抗毒素的条件，代某劝患者转院治疗，并告诉赵某我这里设备不全，技术有限，但赵某因无钱转院，要求继续在代某的医疗站治疗而导致破伤风感染结果的发生。

破伤风感染死亡率高，但并不是不治之症，死亡率约占破伤风感染发病率的 20%～40%，从 11 月 9 日赵某离开代某的医疗站到 11 月 14 日 19 时 15 分死亡，有近 6 天抢救治疗时间。根据案情，此时患者赵某破伤风感染的症状、体征已非常典型，其他医疗机构是否采取了抗破伤风感染的救治措施，对患者死亡是否也应当承担一定的责任。根据《医疗事故处理条例》第三条规定，处理医疗事故，应当遵循公开、公平、公正、及时、便民的原则，坚持实事求是的科学态度，做到事实清楚，定性准确，责任明确，处理恰当。根据条例规定，本案的事实是否清楚，定性是否准确，责任是否明确，处理是否恰当，是否公平、公正有待探讨。

非法行医在主观方面应当是一种明知、故意，根据案情，死者方在找代某商谈私了时，代某一口回绝说不可能，我们是有组织的，你去找组织来解决等。从代某每年按规定向卫生管理部门缴纳了管理费看，主观上就没有意识到自己的医疗行为是非法的，因此代某把解决问题的希望寄托在组织上而不愿私下了结。之后卫生行政部门进行调解处理未达成协议，叫死者家属到公安机关报案。公安机关凭卫生局的一纸说明：“我局没有发放《中华人民共和国医疗机构执业许可证》，代某属无证行医”，对代某立案侦查，定为非法行医是否有些事实不清，证据不足。

卫生行政部门没有发放《医疗机构执业许可证》，属无证行医，但对于本案无证行医不能等同于非法行医，无证行医与非法行医应当有所区别。没有发放执业许可证有其客观方面的因素，一是未得到通知而延误了办证时机，二是正在办理过程中还未发放。卫生行政部门发放的《医疗机构执业许可证》是书面形式的许可，卫生行政部门按规定收取医疗机构管理费是实质上的许可，书面形式的许可与实质上的许可应当具有同等的法律效力。

再者，根据《医师、中医个体开业暂行管理办法》规定，代某的个体医疗点只需由卫生部门核发一个开业执照就可以开业行医。

本案的发生具有多因一果之特点。死者赵某先后经过村、镇、市三级医疗机构救治，笔者根据案情等材料综合审查分析提出以下观点和看法：

（1）死者赵某因摔伤右前额到本村医疗站治疗，医生代某在积极的治疗过程中，根据该医疗站设备不全，技术有限等实际情况，多次劝其转院治疗，但赵某不遵医嘱、不予配合、不听劝告，坚持要在代某处治疗以致并发破伤风感染具有一定的自我责任。

（2）代某在医治过程中，消毒不严格，清洗创口不彻底，有认为给病人应用较大剂量的青霉素、庆大霉素等药物就能控制感染，达到治愈目的的侥幸心理存在，是一种疏忽大意的过失，应当承担部分医疗过失责任。

（3）2000 年 11 月 9 日午后，患者赵某在其弟的帮助下离开代某的医疗站后转到某镇计划生育服务站医治，此时患者感染破伤风的症状、体征已非常典型，医生应当根据病情的严重程度采取相应的救治措施或者叫患者到县级以上医院住院治疗，但计生站医生由于疏忽大意，只是开了一些输液的针药（庆大、维生素 C 等）叫患者家属拿回家找就近的医生输液，进一步延误了患者抢救和诊治的时机。根据《中华人民共和国执业医师法》第三十七条第二项相关规定，该镇计生站对患者之死应负主要责任。

综上所述，代某的医疗行为不构成非法行医罪。本案以医疗事故责任由卫生行政部门按照各自应当承担的责任进行处罚更为客观、科学，公平、公正。

# 非法行医静滴头孢唑林过敏性休克致死 1 例

吴　响　王金波

浙江省乐清市公安局

## 1　案例

某男，40 岁。2011 年 4 月 20 日，因咳嗽、哮喘到一私人诊所（非法诊所）就诊。私人医生未先做皮试，对患者挂点滴头孢唑林，患者在挂点滴过程中突然出现呼吸困难，急打“120”，救护车未至患者已死亡。

尸表检查见尸斑分布于颈项部及背部未受压处，指压后均不褪色；腋下、背部及腰部皮肤见散在的出血点；左侧臀部皮肤见注射针孔一个，针孔周围皮肤无出血；两侧手背各见注射针孔一个，针孔周围小片皮肤呈褐色；余未见异常。尸解见喉头明显水肿；双肺共重 1072g，肺膜表面光滑，边缘气肿；左肾表面见一个小囊肿，大小为 0.5cm×0.6cm；其余器官未见异常，胃内可见半消化食物残渣及米粒，约 500g，未闻有机磷农药等异味。

病理组织学检查：脑皮质神经元细胞水肿，细胞周围间隙增宽，部分神经元尼氏小体消失，大部分血管淤血、扩张，血管周围腔隙增宽，脑白质疏松、水肿。大脑、小脑、脑干蛛网膜下腔血管扩张、淤血。心外膜血管淤血、扩张，心外膜、内膜、间质未见出血、炎症细胞浸润；部分心肌纤维断裂及呈波浪改变；冠状动脉内膜未见增厚；窦房结、房室结未见出血、炎症、脂肪浸润等改变。喉头会厌及悬雍垂组织疏松、水肿，部分区域见少许淋巴细胞浸润，偶见嗜酸性粒细胞浸润。气管黏膜层、黏膜下层见较多的淋巴细胞、嗜酸性粒细胞浸润；肺泡壁毛细血管明显扩张、淤血，部分区域肺泡腔内见大量的红细胞及水肿液；部分肺泡间隔断裂，形成肺气肿。肝窦、脾窦淤血，余未见异常。毒化检验：未检出有机磷农药、杀鼠剂等毒物成分。药物检验：患者输液针眼处皮肤和血液中均检出头孢唑林成分。化验检查：心血总 IgE：358 IU/mL（正常参考值 1.31～165.30 IU/mL）。

## 2 讨论

头孢唑林为β-内酰胺类广谱抗生素，为第一代注射用头孢菌素。对敏感的革兰阳性球菌与常见的革兰阴性杆菌均有较强抗菌作用。对革兰阳性球菌的作用超过第二代与第三代头孢菌素，可广泛用于耐青霉素类、对头孢唑林敏感的金黄色葡萄球菌感染。然而，使用头孢唑林前应注意询问患者是否有青霉素过敏史或患有过敏性疾患，对青霉素过敏者或处于高敏状态者应慎用。

过敏性休克死亡的法医学鉴定往往根据过敏史、临床表现及形态学改变（如肺水肿、多器官淤血、嗜酸性粒细胞浸润等），同时排除损伤、窒息、中毒及其他可导致死亡的原发性疾病等。本例尸检未见可以说明死因的原发性疾病或损伤，常规毒物筛查为阴性，且经系统尸体解剖和病理组织学检查发现，喉头明显水肿、急性肺水肿并灶性出血、多器官淤血、气管黏膜大量嗜酸性粒细胞浸润。因此，根据尸体解剖、组织病理学检验所见及有关毒物筛查结果，结合生前的临床治疗经过，可以认定本例符合静脉滴注头孢唑林发生过敏性休克，导致急性呼吸、循环功能障碍而死亡。需明确指出的是，本例心血 IgE 含量为 358 IU/mL，超过正常参考值 1.31～165.30 IU/mL，在临床实践中通常将血清中的 IgE 值作为诊断过敏性休克的一个重要指标。然而在法医学实践中，由于受死后经过时间不一、尸体保存状况、死后溶血等因素影响，很多学者对心血 IgE 值是否适合用于药物致过敏性休克死亡的诊断存在争议。本例考虑到死者生前患有哮喘，对 IgE 检测结果有一定影响，故其结果仅作参考。

近年来，屡有头孢类药物引起过敏性休克的报道。在临床实践中，部分医疗机构为了避免医疗事故的发生，使用头孢类药物前进行皮试已是常规。但在基层医疗机构中的医生及非法行医者对头孢类抗生素的常规使用方法及对可能出现的后果缺乏足够的重视。本例诊所医生未取得《医师执业证书》和《医疗机构执业许可证》，属非法行医，故笔者提议卫生行政部门应加强对非法行医的监管。

# 青春痘合并感染误诊为细小瘢痕1例

柳　昭
四川省仪陇县人民检察院

法医临床检验中，面部擦伤是常见的，但是青春痘合并感染与面部擦伤后遗留细小瘢痕的区别鉴定却鲜见，在评定中应予以重视。

## 1　案例资料

某女，14岁，学生。2008年6月9日12时30分许乘坐客车时，车辆侧翻，致伤面部，伤后入院治疗。其出院小结记载：右额部见一长约3.0cm的弧形皮肤裂口，伤口创缘不整齐，深达颅骨，有活动性出血，伤口内有较多泥砂样异物，未触及凹陷性骨折；面部见多处皮挫裂伤痕，最长约4.0cm，最短约1.0cm，伤口创缘均不整齐，伤口内有泥砂样异物。伤者于2008年10月7日经某鉴定所依据面部大量细小瘢痕评定为八级伤残，2009年2月27日申请本鉴定中心对其伤残进行重新评定，最终其伤残未构成残疾等级。

2009年2月27日本中心法医鉴定并请皮肤科专家会诊。检查：右额部见一长2.5cm×0.2cm疤痕；左眼上睑见一纵行1.1cm×0.1cm疤痕；左眼外眦有1.0cm×0.1cm线性疤痕；左颊部有一2.0cm×0.5cm瘢痕，高出皮肤0.2cm，质硬，褐色；双颊及额部见大面积青春痘区，部分青春痘已有脓液生成；NS（－）；余（－）。

## 2　讨论

### 2.1　发生机制不同

青春痘合并感染又称痤疮，是由于细菌－痤疮杆菌侵袭毛囊、皮脂腺后致使毛孔角化，皮脂排除受阻。同时入侵细菌大量繁殖并将油脂分解成游离脂肪酸，从而引发炎症和化脓；瘢痕是皮肤创伤修复和愈合过程的产物。其发生过程为成纤维细胞表达的胶原蛋白代谢机能失去正常的调控，表现为合成能力增强，而降解能力降低，引起胶原纤维蛋白过度增生，同时，细胞外基质表达量也增加，导致伤口肉芽组织过度增生，肉芽组织逐渐发生纤维化。

### 2.2　临床表现不同

痤疮初期为圆形丘疹，顶部色素沉着，呈黑头粉刺样，周围色红。稍重则为灰白色的小丘疹，以后色红，顶部发生小脓疱，破溃痊愈后遗留暂时性色素沉着或有轻度凹陷的瘢痕。如果炎症继续扩大或深入，则可在皮下形成黄豆或指头大小、淡红或暗红色结节。此种损害可较长时期存在，或渐被吸收，或化脓形成脓肿、囊肿及瘢痕等多形性损害，甚至破溃后形成多个窦道和瘢痕，严重者呈橘皮样病变。

### 2.3 发生年龄阶段和部位不同

痤疮病发的年龄段一般在12～25岁之间，发生的部位大多都是额头、双眉间、鼻头、鼻翼、脸颊、唇周边、下巴、太阳穴及后背部等油脂腺分布密集的地方；瘢痕在各个年龄阶段均可发生，但常见于30岁以下的青少年，全身各部位均可发生，但多发于上颈部、耳垂、肩部、胸部及上臂等处。

### 2.4 影响因素不同

痤疮发生受激素分泌、家庭病史、生活习性、药物、饮食及采摘或挤压粉刺等因素影响；瘢痕形成的影响因素不仅有种族、年龄、体质、皮肤色素、家族遗传、部位、皮肤张力、代谢状态等内在因素，也包括伤口与手术切口、组织损伤程度、创面失活组织、创面异物、血肿、感染、创面愈合时间、创面修复方法及慢性刺激等因素。

### 2.5 痤疮误诊为细小瘢痕的原因

一是青春痘在采摘或挤压后形成疤痕，色素较深，类似于凹陷性瘢痕；二是青春痘在炎症旺盛期，痘周围的皮肤红肿、隆起，受到外界刺激时，往往连接成一片，形态与瘢痕疙瘩相似，如不细心甄别，二者容易误诊。

在瘢痕伤残鉴定中，如果被鉴定人是30岁以下的年轻人，鉴定人就应该根据医院病历记载，结合法医检查情况，充分考虑个人体质（如瘢痕体质、光敏等）、工作环境、伤后至鉴定时的生理健康状况（如是否妊娠）、生活习性（饮食及化妆用品等）及个人情绪等问题，严格把握好鉴定时间，综合各种影响因素，进行分析与残疾评定。

# 非法行医案例分析

田　彬[1]　徐安宁[2]

1. 成都市第七人民医院；2. 四川求实司法鉴定所

## 1 简要案情

某市公安局《提请批准逮捕书》记载：2011年4月26日约16时，死者金某（女，3岁）癫痫病发作，在其租住房东张某的介绍及带领下，其母带其到大井村4组方某处治疗。此时，金某已经全身抽搐，口鼻不停涌出白沫。方某立即用点燃的药艾条在金某的全身大部分穴位灼烧，大约30分钟后不见金某病情好转，方某又测了金某的体温，为40.1℃，方某随即又在金某臀部肌肉注射了0.5mL的“维丁胶性钙”。在约1小时后金某病情仍未好转，方某又将0.25支“庆大霉素”、0.3克的“先锋霉素”以及0.25支“利多卡因”三种药剂混合后向金某臀部肌肉注射，约19时许在见金某病情越来越严重的情况下，由方某的儿子拨打了“120”急救电话，并由方某儿子骑摩托车送金某母女前往医院，在送至某镇太平桥村卫生室附近时，金某停止了心跳和呼吸，随后赶到的“120”救护人员确定金某已经死亡。

据2008年11月27日四川某医院金某的《录像脑电/地形图监测报告》（脑电号：0811156）结论：异常小儿脑电图：额、中央尖波多次发放。2009年10月28日，该院金某的《门诊病历》记载：患者因“EP复诊”入院，现病史：VPA（癫痫康）7.5　B6　1年无发作，语言发育差，运动发育可，未见患儿。查体：一般情况可，神志清楚，颈无阻力，咽部充血，双侧扁桃体Ⅰ－Ⅱ度，未见脓性分泌物。双肺呼吸音无异常，未闻及干湿啰音，未闻有痰鸣，心无异常。神经系统无异常发现。门诊诊断：EP（癫痫）。

据2011年4月26日某市人民医院金某的《院前急救记录》记载：$4^{+}$小时前患儿出现抽搐、口吐白沫。患儿在当地诊所诊治（具体不详），无好转，遂患儿出现意识丧失，呼之不应，四肢冰凉，急呼“120”。既往有“癫痫病”史，神志丧失，面色苍白，双侧瞳孔直径5mm，口角无歪斜。双肺未闻及呼吸音，未闻及心音。心电图路导联示一直线。初步诊断：癫痫，窒息。

某法医学鉴定中心《法医学鉴定书》记载：金某死亡原因符合双肺间质性肺炎、间质性心肌炎引起猝死。该中心《毒物分析鉴定报告》记载：所送1号检材至5号检材中分别检出与瓶上标示相同的药物；后补送金某心血中检出利多卡因、头孢唑啉和庆大霉素。

某市卫生局卫医公字［2011］001号《公告》记载：我局依法对某市某镇大井村五组方某进行检查，经查实你单位（个人）系未取得《医疗机构执业许可证》从事医疗活动，根据《医疗机构管理条例》第四十四条规定，依法予以取缔。某市卫生局《证明》记载：方某，男，身份证号码：51102719××××××2914，经查，我市乡村医生注册系统和全国医师联网注册及考核管理系统内均无此人。

## 2　分析

非法行医是指无医生执业资格从事诊疗活动，包括在医疗机构中从事诊疗活动和擅自开业从事诊疗活动。行医是关系到人民生命健康的特殊职业，因此，国家对这一行业的管理极为严格。不仅对行医者的资格加以严格限制，要求行医者除要有良好的政治思想条件外，还要具备一定的技术资格，以保证医疗质量，保障人民的生命健康安全。

（1）据某市卫生局卫医公字［2011］001号《公告》记载：我局依法对某市简城镇大井村五组方某进行检查，经查实你单位（个人）系未取得（伪造）《医疗机构执业许可证》从事医疗活动，根据《医疗机构管理条例》第四十四条规定，依法予以此《公告》经当地卫生主管部门确认方某在某市某镇大井村五组所从事的医疗活动属于非法活动，并予以取缔。据某市卫生局2011年5月19日对方某执业资格的《证明》记载：我市乡村医生注册系统和全国医师联网注册及考核管理系统内均无此人。根据《乡村医生从业管理条例》第十五条“乡村医生经注册取得执业证书后，方可在聘用其执业的村医疗卫生机构从事预防、保健和一般医疗服务。未经注册取得乡村医生执业证书的，不得执业”和《中华人民共和国执业医师法》第二章“考试和注册”第十四条“医师经注册后，可以在医疗、预防、保健机构中按照注册的执业地点、执业类别、执业范围执业，从事相应的医疗、预防、保健业务。未经医师注册取得执业证书，不得从事医师执业活动”相关规定，说明方某没有取得《医疗机构执业许可证》开办医疗机构的资格，也没有从事乡村医生的执业证书和执业医师的执业证书。2011年4月26日，方某对金某进行诊疗，根据最高人民法院《关于审理非法行医刑事案件具体应用法律若干问题的解释》法释〔2008〕5号第一条具有下列情形之一的，应认定为《刑法》第三百三十六条第一款规定的“未取得医生执业资格的人非法行医”：①未取得或者以非法手段取得医师资格从事医疗活动的；②个人未取得《医疗机构执业许可证》开办医疗机构的；③被依法吊销医师执业证书期间从事医疗活动的；④未取得乡村医生执业证书，从事乡村医疗活动的；⑤家庭接生员实施家庭接生以外的医疗行为的。说明方某属于《刑法》第三百三十六条第一款①、②、④项的情形。因此认为，方某对金某的医疗行为涉嫌非法行医。

(2) 2011年04月26日，方某对金某进行治疗，后金某停止了心跳和呼吸，随后赶到的“120”救护人员确定金某已经死亡。据某法医学鉴定中心尸体解剖检验的结论为：金某死亡原因符合双肺间质性肺炎、间质性心肌炎引起猝死。

间质性肺炎是儿科常见疾病，发病以幼儿及学龄前小儿为多。间质性肺炎大多由于病毒所致，主要为腺病毒、呼吸道合胞病毒、流感病毒、副流感病毒、麻疹病毒等。其中以腺病毒和流感病毒引起的间质性肺炎较多见，也较严重，常形成坏死性支气管炎及支气管肺炎，患病小儿多属体弱营养不良，免疫功能欠佳，或由感染支原体、病毒及卡他布兰汉球菌等引发。病儿以频发，反复的咳嗽为主要临床表现，也可伴有发热如急性肺炎的表现。其诊断主要根据临床症状，肺X线改变及肺功能测定。确诊有赖于肺活检，支气管肺灌洗液检查可见中性粒细胞，有巨噬细胞增多及胶原酶增加。间质性肺炎的最大特点是：起病隐袭，进行性加重，最终导致肺、心功能衰竭。本病成为不可预防、不易早期发现、不好治疗、进行性损害的严重病症。

间质性心肌炎是小儿临床较常见的一种，在发病过程中，由于患儿体质较差，防御能力不佳，而易并发感染引起发热。此时应积极控制感染，选用有效抗生素及保护心肌药物和大量维生素C等。心肌炎指心肌中有局限性或弥漫性的急性、亚急性或慢性的炎性病变。根据病情轻重不同，表现差异很大，婴幼儿病情多较重，轻者可无明显病状，严重者可见脸面浮肿、不能平卧、气促等心脏功能不全及并发严重心律失常，导致急性脑缺血，引起抽风发作或意外发生，直接威胁到生命引起猝死。

对于急诊患儿的诊断主要根据病史，体格检查以及必要的辅助检查，例如：心电图、X线检查、化验等。而方某的所谓诊所缺乏相应的仪器和设备及治疗、抢救药物，其医学知识、诊断能力、临床经验、危重症的抢救措施均严重不足。将双肺间质性肺炎、间质性心肌炎引起的高热性惊厥误认为是单纯性癫痫。因此认为，方某对金某所患急病没有诊断条件和能力。

(3) 方某草率地对金某的急病诊断为癫痫病，如果确为癫痫，在发病时长时间抽搐，就应当考虑为癫痫持续状态，应立即抢救治疗。而方某给予患儿的治疗药品中，未见使用抗癫痫药物，也未见紧急先用物理降温处理患儿超高热（40.1℃以上为超高热）的病情，方某对危重患儿却首先使用民间疗效不确切的土办法艾条在金某的身体穴位上“烧灯花”，大约30分钟后不见金某病情好转，又对金某肌肉注射了0.5mL的“维丁胶性钙”，这种药主要用于治疗不宜口服的各种维生素D缺乏症，对治疗金某的疾病没有因果关系。医生应当对高热惊厥患儿使用物理降温（如35%酒精擦浴、温水洗澡、冰袋冷敷）后，积极寻找引起患儿高热的病因，找出病因后再进行治疗。虽然方某在对金某治疗时又使用了抗生素、抗心律失常药，但是在病情未诊断清楚的情况下使用的药物也是盲目用药。方某对金某所患急病在没有诊断条件和能力的情况下，特别是对于超高热没有进行及时有效的处理，对于幼儿的急性危重病来说，抢救时间就是生命，需要争分夺秒，方某在无乡村医生的执业证书和执业医师的执业证书及《医疗机构执业许可证》的情况下，对金某进行了所谓的治疗时间约 3 小时，未能使患儿得到正规医院的救治，说明方某对于危及金某生命的重大疾病的严重性认识不足，延误了对金某生命的抢救时机。

(4) 某法医学鉴定中心对金某进行尸体解剖检验后，结论为：金某死亡原因符合双肺间质性肺炎、间质性心肌炎引起猝死。这两种疾病对于幼儿来说属于严重疾病，属于不可预防、不易早期发现、不好治疗、进行性损害的严重病症。

## 3 司法鉴定意见

方某对金某的诊疗行为涉嫌非法行医，并且方某对金某所患急病没有诊断条件和能力，抢救措施不当，延误了抢救时机，具有过错，但是，金某自身所患双肺间质性肺炎、间质性心肌炎为严重疾患，在正规医院救治也比较棘手，金某的死亡与金某自身所患疾病和方某的医疗过错行为均有因果关系。

## 4 讨论

该案例为典型涉嫌非法行医，方某在未取得医师资格和乡村医生执业证书及其诊所的《医疗机构执业许可证》情况下，从事医疗活动。在鉴定此类案件中要特别注意从事医疗行为的个体或机构相关证件是否齐全，以明确是否满足非法行医的范畴。

# 法医物证学

## Forensic Genetics

# 刑事案件中生物学检材的提取与DNA检验分析

田崇华　张以宁　张　明
成都市公安局金牛区分局刑警大队

刑事案件现场勘查的目的在于发现并设法提取各种犯罪证据和物证，通常基层刑侦人员对手印、足迹等传统上的痕迹物证比较重视，研究得较多，但对生物学检材重视不够。数据显示，2009年全美现场物证DNA数据比中率高达33.9%，2005年新西兰国家DNA数据库中现场数据与人员数据存在关联的达52%。在我国，犯罪现场生物学检材的提取与分析也逐步受到重视，这将对刑事案件的侦破发挥越来越重要的作用。

本文通过收集四川省成都市金牛区2007—2011年5年间的611件刑事案件中的生物学检材，并对其种类、提取部位、检验方法及其发挥的作用进行统计分析，所得到的结果希望为广大基层法医的刑事案件现场勘查提供参考及帮助。

## 1　材料与方法

收集我市2007—2011年发生的611件刑事案件中的生物检材，进行提取、检验及结果分析，分别统计案件基本情况、检材基本情况、检材起作用的情况。

## 2　结果

### 2.1　案件的基本情况

611件刑事案件的种类共有十四类，包括命案（故意杀人、伤害致死、过失致人死亡）、故意伤害案、盗窃案、强奸案、抢劫案、绑架案、走私贩卖运输制造毒品案、扰乱公共秩序案、猥亵案、诈骗案、爆炸案、非法拘禁案以及抢夺、非法持有枪支弹药案。其中，盗窃案184件（占30.11%），命案123件（占20.13%），故意伤害案116件（占18.98%），强奸案92件（占15.06%），抢劫案61件（占9.98%）。

通过分析，结果显示2007年提取生物学检材案件数为100，2008—2011年，生物学检材采集的数量及提取率均逐步增多，其中2010—2011年提取检材数量及提取率分别超过160例及10%以上（见表1）。

**表1　2007—2011年提取生物学检材刑事案件数量分析**

| 年份（年） | 勘验案件总数（件） | 提取生物学检材案件数（件） | 提取率（%） |
|---|---|---|---|
| 2007 | 1332 | 100 | 7.51 |

续表1

| 年份（年） | 勘验案件总数（件） | 提取生物学检材案件数（件） | 提取率（%） |
|---|---|---|---|
| 2008 | 1578 | 65 | 4.12 |
| 2009 | 1284 | 87 | 6.77 |
| 2010 | 1455 | 162 | 11.13 |
| 2011 | 1853 | 197 | 10.63 |

### 2.2 生物学检材基本情况

#### 2.2.1 生物学检材的检出率

将全部检材划分为血斑、精斑、烟蒂、组织、毛发、骨骼、微量。其中血斑为现场、工具上及相关人员身上提取；烟蒂为现场提取；精斑、组织、毛发、骨骼、微量为现场、受害人身上提取；精斑为可能含有精子成分的可疑斑迹；微量包括现场遗留的可能与人嘴部接触物品（如饮料瓶口、杯口、吸管、果核、牙刷等）上遗留的斑迹以及可能有人体表皮细胞的接触性检材（如刀柄、乳头拭子、衣物等），结果表明，从骨骼中提取DNA的检出率最高，为100%，其次为血斑（93.55%）和烟蒂（90.08%），从组织及毛发中检出率较低，分别为45.24%及21.43%（见表2）。

表2 不同生物学检材的检出率

| 检材种类 | 提取数 | 检出数 | 检出率（%） |
|---|---|---|---|
| 骨骼 | 21 | 21 | 100 |
| 血斑 | 2340 | 2189 | 93.55 |
| 烟蒂 | 595 | 536 | 90.08 |
| 精斑 | 165 | 131 | 79.39 |
| 微量 | 558 | 271 | 48.57 |
| 组织 | 42 | 19 | 45.24 |
| 毛发 | 14 | 3 | 21.43 |

#### 2.2.2 生物学检材的提取率

检材中血斑、微量、烟蒂的提取率（提取案件数/案件总数）分别为60.39%、38.13%、24.55%，相应的检出率（检出案件数/案件总数）分别为60.06%、23.40%、23.24%（见表3）。

表3 不同检材在案件中的提取率、检出率

| 检材种类 | 提取率（提取案件数） | 检出率（检出案件数） |
|---|---|---|
| 血斑 | 60.39%（369） | 60.06%（367） |
| 微量 | 38.13%（233） | 23.40%（143） |
| 烟蒂 | 24.55%（150） | 23.24%（142） |

续表3

| 检材种类 | 提取率（提取案件数） | 检出率（检出案件数） |
|---|---|---|
| 精斑 | 15.87%（97） | 13.25%（81） |
| 骨骼 | 3.44%（21） | 3.44%（21） |
| 毛发 | 1.15%（7） | 0.33%（2） |
| 组织 | 0.65%（4） | 0.65%（4） |

## 2.3 生物学检材在案件侦破中的作用

众所周知，现场痕迹物证（包括生物检材）的提取与检验能够证实犯罪现场，本文仅依据认定嫌疑人、认定作案工具、发挥其他作用三方面分析生物学检材在刑事案件中所起的作用，结果如表4所示。

表4 生物学检材在案件侦破中作用情况

| 所起作用 | 案件数（件） | 占总案件数的百分比（%） |
|---|---|---|
| 认定嫌疑人 | 92 | 15.06 |
| 认定作案工具 | 75 | 12.27 |
| 发挥其他作用 | 255 | 41.73 |

具体在不同类别的刑事案件中，认定嫌疑人占比最高的为强奸案30件（占32.61%），其次为命案35件（占28.45%）；认定作案工具占比最高的为故意伤害案36件（占31.03%），其次为命案31件（占25.20%）；发挥其他作用占比最高的为盗窃案125件（占67.93%），其次为强奸案44件（占47.83%），命案21件（占17.07%）；命案中认定尸源5件（占4.06%）。

我们将生物学检材在刑事案件中的作用进一步比较发现，2007—2011年间，生物学检材在对于认定嫌疑人和认定作案工具时占总案件的比例在10%～20%之间，而在发挥其他作用的过程中有着明显的增加，由25%（2007年）逐步增至52.3%（2011年）（图1）。由此可以说明，生物学检材在基层的刑事案件侦破过程中发挥着越来越重要的作用。

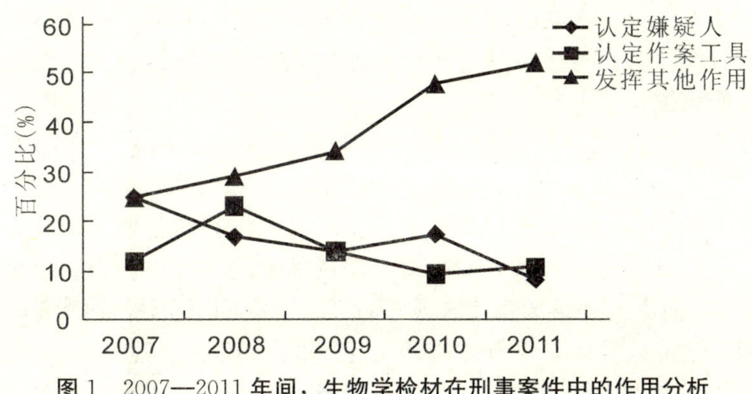


图1 2007—2011年间，生物学检材在刑事案件中的作用分析

## 3 讨论

根据统计数据，生物学检材的提取已经基本涵盖了现场勘查的所有案件种类，案件中检材的提取率与检出率（见表1）提示，在全部刑事案件中，最易提取、检出的检材分别为血斑、微量及烟蒂。因此，在现场勘查中，有目的、有重点地提取生物学检材将会起到事半功倍的效果。

在检材的检出方面，传统意义上的生物学检材如血斑、骨骼、烟蒂的检出率均在90%以上，精斑的检出接近80%，而提取数量较多且犯罪分子容易遗留的微量检材，其检出率也达到了48.57%。其中原因，一是基层人员发现提取生物学检材的意识、经验、技术以及装备在不断增加，二是近年来法医DNA技术及设备的不断改进与更新。而对于组织及毛发的检出率较低，主要是由于样本数量较少，不易发现及保存，同时从中提取DNA的难度也较大，因此需要我们在检材的提取与保存中更加小心谨慎，严格按照相应的程序规范操作。

在对案件的作用方面，除了命案中的生物学检材能在认定嫌疑人、认定作案工具、认定尸源、发挥其他作用中全面发挥外，更多的生物学检材是发挥其他作用（见表4），大量这样的检材，随着不断完善的DNA数据库将越来越多地转化为更直接的作用。

正如Sensabugh在法医应用DNA早期时的断言“在DNA数据库建立之前，DNA检验技术的作用是微不足道的”，本文通过对于本区生物学样本的检验分析，希望对于DNA数据库的建立起到一定的作用，相信不久之后，随着全国DNA数据库的不断增加，会有越来越多的生物学检材能直接认定嫌疑人，也必将有越来越多的积案告破。

# 联合运用DNA检验技术服务命案侦破

郑瓯翔[1]　叶　钻[2]

1. 浙江省温州市公安局刑科所；2. 浙江省乐清市公安局技术室

目前，Y-STR检验、常染色体STR检验等技术已是DNA实验室的常规检验技术，但是在命案侦查阶段，实验室可以联合运用上述检验手段，发挥出特殊的优势，创新破案的手段，为命案侦破提供更大的帮助。

**案例**1：某年1月29日，在某路段桥下涵洞里发现一具被焚烧的尸体。经勘查，死者全身多处被锐器砍伤致死。现场发现有一把雨伞，一个空香烟盒，这些物品表面均有血迹，现场还有多处血迹。在河道中打捞到一件制式大衣，衣内包裹一把菜刀，菜刀缝隙中有少量血迹。经检验现场血迹均系死者所留，现场雨伞的支撑扣表面脱落细胞做出一陌生男子的DNA分型。而大衣和菜刀由于在水中浸泡过久，其表面提取的可疑斑迹常规检验未检出有效结果。物证检验后，没有直接认定犯罪嫌疑人的直接证据。实验室听取了现场勘查情况后，认为大衣可能和案件有关，但不能确认雨伞是否和案件有关。经过努力，在大衣衣领上检测出两名男性脱落细胞的混合DNA分型，进一步分析发现雨伞上的脱落细胞分型包含在混合脱落细胞分型中。再行Y-STR检验，雨伞的Y-STR分型也包含在大衣衣领的混合Y基因分型内。因此确认，大衣和案件有关，大衣上的脱落细胞虽然是混合样本，但可以排除大衣是死者的衣物，大衣是嫌疑人案发后丢弃的；大衣上混合脱落细胞中DNA分型包含留下雨伞上的脱落细胞的男子，雨伞是犯罪嫌疑人遗留在现场的。现场提取的雨伞立即成为侦破此案最有价值的物证，后根据此物证排摸，一举抓获嫌疑人。

此案件中，现场的雨伞上检出了STR分型，但是难以认定此物证和案件是否有关联。通过常规检验和Y-STR检验联合运用，将现场提取看似无关的、分散的物证（菜刀、大衣、雨伞）进行关联，确认了现场的雨伞和案件是直接相关的，为侦查提供了方向，也为破获案件后认定嫌疑人提供证据。

**案例**2：某年4月4日，某镇发生一起入室抢劫杀人案，村里陈某某（女，60岁）被人杀死在家中，被抢走现金、手机及金银首饰等物品，共价值一万多元。通过检验、分析，现场大多数血迹为死者及伤者所留，仅现场抽屉内一笔记本上采集到的血迹中检测为混合斑迹，主峰为死者陈某某所留，其中夹杂有一陌生男子的DNA分型。此时勘查人员又送检一只在案发现场对面的路边提取到的白色“医用口罩”，但是随后认为可能是医护人员到现场抢救时遗留的。实验室在口罩上提取到一个陌生男子完整的DNA分型。通过对笔记本上的混合斑及口罩上DNA的综合分析，发现它们在很多位点上相互包含。加做Y-STR检验，证实口罩DNA的Y染色体与笔记本上DNA的Y染色体来自同一父系。实验室确定现场提取的口罩并不是医务人员的，是罪犯遗留在现场的，口罩成为侦破此案最有价值的物证。侦查人员立即重新分析这只口罩，口罩外层面料是“的确良”（其他的口罩一般都是纱布），有一定的特殊性。针对这个口罩的产地、使用、销售范围展开调查，重点调查现场周边的县镇的厂家使用口罩的情况，发现它是该镇一工厂的防尘口罩，案发后此厂覃某某两兄弟突然失踪。随后，实验室得知覃某某两兄弟还有一大哥在温州打工。安排侦查员提取了其大哥的牙刷进行检验，经鉴定，其大哥的Y-STR分型与现场提取DNA的Y-STR分型一致。侦查人员直接锁定覃某某两兄弟有重大嫌疑，后抓获对象破获案件。

此案件中，实验室对命案现场中提取到的可能发生作用的生物物证，无一遗漏地进行检验，并且充分运用Y-STR检验方法，印证物证的关联。Y染色体为父系遗传，除非发生突变，它将毫无变化地从父代传递到子代，具有父系遗传特征，因此，家族识别率高。首先，对侦查员放弃的现场口罩不放弃，通过Y染色体检验，证实了口罩DNA的Y染色体与笔记本上DNA的Y染色体来自同一父系，从而推理出口罩的关键地位，为案件侦查提供了方向。其次，通过对嫌疑人兄弟行Y-STR检验，进一步确认了犯罪嫌疑人。

# "4.10" 特大分尸案法医技术分析

黄瑞润[1]　刘建锋[2]

1. 浙江省瑞安市公安局技术室；2. 浙江省温州市公安局刑科所

## 1　案例

某年 4 月 10 日，在某县一塘河内发现三段大腿、一段小腿，经技术勘查分析，确定为杀人分尸案。随后，专案组组织力量在此河段开展搜索，又陆续发现、打捞到多段尸块。

### 1.1　现场勘查

塘河由北至南流经此县，又分成多条支流分散到各乡镇，当天发现的 4 块尸块河面相隔的距离有 5 公里之远，但都在某镇塘下大桥以南的塘河中。4 月 12 日，专案组在塘下大桥的桥下河底又捞起 5 块尸块（均捆有砖块）和一块从尸块中脱落的砖块。此后，在塘河内又陆续发现尸块。总共发现、打捞到 19 块尸块。

### 1.2　尸体检验

（1）打捞到的 19 块尸块有大腿 6 块、小腿 1 块、上臂 3 块、前臂连手 4 块、右小腿连足 1 块、右足 1 块、躯干胸腹部连左上臂 1 块、躯干腹部连骨盆（男性）1 块、躯干腹部连骨盆（女性）1 块；所有尸块均未见衣物穿着（详见附表）。

（2）各尸块皮肤未见明显皮下出血及创口，断端皮肤整齐，可见多处皮瓣形成，断端肌肉切面整齐；四肢尸块均从关节处离段，断端皮肤整齐，可见多处皮瓣形成，断端肌肉整齐，断端骨皮质见多处切割痕。躯干部尸块断端皮肤整齐，见多处皮瓣，断端椎体离断面可见阶梯状的锯痕，关节面见多处切割痕。

（3）打捞到四肢尸块多有铁丝缠绕断端骨质部分，铁丝另一段下坠青砖；躯干部尸块放在黑色薄膜袋内，再和砖块一起装入一编织袋内。

（4）所有尸块除断端外，未检见明显外伤作用痕迹。躯干胸腹部尸块双肺完整、萎缩，双肺膜下未见出血点，心包完整，心包腔内未见积血，心脏完整，心外膜下未见出血点。胃内充盈可见成型食物。

（5）送尸块胃内容、肝脏及小肠理化检验。未检出毒鼠强、常见有机磷农药及常见安眠药成分。

（6）送四肢各长骨进行 X 光检验，均为成人长骨。

## 2 法医技术分析

### 2.1 对尸块的分析

根据尸块检验，结合 DNA 检验、人类学检验，分析认为：死者系 3 人，2 女 1 男，年龄为成年以上，其中 2 名女性为母女关系的可能性比较大，三人身高分别约为 1.60 米、1.62 米、1.70 米；根据现有尸块检验情况，无法判断死者死亡原因；根据尸块腐败程度、气候、现场环境等情况，推断死亡时间距发现尸块时间 10 天左右；根据尸块断端的损伤形态特征，推断分尸工具为便于切割的锐器和锯子。

### 2.2 抛尸点的分析

塘下桥下休息平台为陆地抛尸点可能性大。理由主要是：①打捞起来的小尸块相对集中，尸块连砖块均沉水底（船只抛尸移动性大，一般不会停留抛尸）；②抛尸位置隐蔽，桥下平台位置处于闹中取静；③从桥下桥墩分布分析，尸块系陆地抛尸比船只抛尸理想。

### 2.3 抛尸范围选择的分析

①就近陆地抛尸，主要是沉尸灭迹的目的；②熟悉环境，对抛尸现场的位置比较了解；③抛尸位置离分尸现场可能较近。

### 2.4 运输工具的分析

三轮车类（非大型机动车）较理想。理由：①大型机动车下去比较困难；②经现场访问，在桥下斜坡和休息平台有血滴（泊），如果是机动车抛尸发现血泊，尸块附着血量将很大，在平台护栏等其他位置会留下血迹；③船只或大型机动车从较远的地方来此桥下抛尸的可能性不大。

### 2.5 对案犯的刻画

根据尸块的分尸手法分析，一人单独可以完成（分尸手法一致）；对尸体的肢解比较熟练，应对关节等解剖结构比较了解；心理素质较好，心细（肢解和捆绑动作都很细致）；案犯有一定年龄，有较强的承受能力，具有较强的自我防范意识；案犯与死者关系密切（分尸、抛尸、沉尸是为了逃避打击）；居住地或落脚点在抛尸现场附近（分尸现场被处理干净的可能性比较大，侦查摸排要细致）。

### 2.6 第一现场分析

杀人和分尸的条件，单家独户的较理想，并且具备分尸的空间，现场周围具备砖块和铁丝，死者家中为落脚点或者案发现场可能性比较大（三名死者之间相互认识并有血缘关系）。

专案组根据技术提供的分析意见，在当地开展排查，重点是人〔三人以上同时失踪有血（亲）缘关系〕和物品（现场周围具备砖块和铁丝）。4 月 18 日发现金某及其女友张某，张某母亲尹某、继父张某某在案发后失踪。技术人员对金某的出租房进行全面检查，结果发现房内床下有大量喷溅血迹，经 DNA 检验房中血迹和找到的死者尸块均认定同一。同时在房中还发现了与包捆尸块同类规格的砖块、铁丝、编织袋等物。至此，确定该出租房为杀人分尸第一现场，被害人系张某、张某母亲尹某、张某继父张某某 3 人，金某系本案重大嫌疑人。4 月 22 日，专案组抓获了金某，经审讯，金某交代 4 月 1 日下午与张某因感情纠葛发生激烈争吵，用榔头击中张某头部致死，之后又分别将回到出租房的张某母亲尹某、继父张某某用同样方法打死，然后分尸、抛尸，最后潜逃。

纵观此案的侦破过程，法医通过认真、细致的尸体检验，为专案侦查提供有利的技术支持。首先确认了死亡人数和存在的血缘关系以及死亡时间，为侦查人员针对失踪人员排查提供了依据；其次，对抛尸点和抛尸范围的确认，使侦查人员排摸范围大大缩小；第三，铁丝、砖块等物证为侦查人员开展第一现场的搜索提供了帮助。此案的顺利侦破正是得益于法医人员对现场、尸块准确的技术分析。

**附表：**

<table>
<tr><th>尸块</th><th>部位</th><th>发现位置</th><th>铁丝捆绑位置</th><th>下坠砖块</th><th>长骨最大长（cm）</th><th>重量（kg）</th></tr>
<tr><td>1 号</td><td>右大腿</td><td>莘塍董三村塘河</td><td>股骨颈</td><td>无</td><td>股骨 41.5</td><td>5.2</td></tr>
<tr><td>2 号</td><td>左大腿</td><td>塘下康欣花园对面塘河</td><td>股骨颈</td><td>有</td><td>股骨 41.5</td><td>4.85</td></tr>
<tr><td>3 号</td><td>右小腿</td><td>汀田岑歧大桥北首塘河</td><td>无</td><td>无</td><td>胫骨 38.4</td><td>2.15</td></tr>
<tr><td>4 号</td><td>左大腿</td><td>汀田加油站后塘河</td><td>股骨下段</td><td>无</td><td>股骨 42.2</td><td>5.1</td></tr>
<tr><td>5 号</td><td>左上臂</td><td>塘下大桥桥下塘河</td><td>肱骨颈</td><td>有</td><td>肱骨 29.5</td><td>1.3</td></tr>
<tr><td>6 号</td><td>左上臂</td><td>塘下大桥桥下塘河</td><td>肱骨颈</td><td>有</td><td>肱骨 29.8</td><td>1.55</td></tr>
<tr><td>7 号</td><td>右前臂+手掌</td><td>塘下大桥桥下塘河</td><td>前臂下段</td><td>有</td><td>桡骨 22、尺骨 23.8</td><td>1.05</td></tr>
<tr><td>8 号</td><td>左前臂+手掌</td><td>塘下大桥桥下塘河</td><td>前臂下段</td><td>有</td><td>桡骨 22.4、尺骨 23.8</td><td>1.1</td></tr>
<tr><td>9 号</td><td>右上臂</td><td>塘下大桥桥下塘河</td><td>肱骨颈</td><td>有</td><td>肱骨 30</td><td>1.5</td></tr>
<tr><td>10 号</td><td>右大腿</td><td>汀田宣中村塘河支流</td><td>股骨颈</td><td>无</td><td>股骨 42</td><td>4.65</td></tr>
<tr><td>11 号</td><td>左大腿</td><td>汀田宣余村塘河支流</td><td colspan="2" rowspan="3">11、12 号放在黑色薄膜袋内，13 号放在另一黑色薄膜袋内，然后和砖块一起装入一编织袋</td><td>股骨 45</td><td>5</td></tr>
<tr><td>12 号</td><td>右大腿</td><td>汀田宣余村塘河支流</td><td>股骨 45</td><td>4.85</td></tr>
<tr><td>13 号</td><td>胸部+上腹部+左上臂</td><td>汀田宣余村塘河支流</td><td>尸块长 49</td><td>12</td></tr>
<tr><td>14 号</td><td>左前臂+手掌</td><td>塘下陈宅村塘河支流</td><td colspan="2" rowspan="2">14 号放在黑色薄膜袋内，15 号放入另一薄膜袋中，然后和砖块一起装入一编织袋内</td><td>尸块长 43</td><td rowspan="2">14.5</td></tr>
<tr><td>15 号</td><td>下腹部+男性盆腔</td><td>塘下陈宅村塘河支流</td><td>尸块长 30</td></tr>
<tr><td>16 号</td><td>下腹部+女性盆腔</td><td>塘下陈宅村塘河支流</td><td colspan="2">16 号放在黑色薄膜袋内，再和砖块一起装入一编织袋内</td><td>尸块长 30</td><td>20</td></tr>
<tr><td>17 号</td><td>右小腿+右足</td><td>塘下陈宅村塘河支流</td><td>小腿下端</td><td>有</td><td>尸块长 43，足长 22.5</td><td>2.2</td></tr>
<tr><td>18 号</td><td>右足</td><td>塘下陈宅村塘河支流</td><td>无</td><td>无</td><td>足长 23</td><td>0.5</td></tr>
<tr><td>19 号</td><td>右前臂及右手</td><td>塘下陈宅村塘河支流</td><td>无</td><td>无</td><td>尸块长 43</td><td>0.95</td></tr>
</table>

# 盗窃案件现场勘查中的DNA信息应用

史　良　王勇庆
成都市公安局刑警支队技术处现勘大队

近年来，各级公安机关不断强化现场勘查工作，积极拓宽思路，不断总结经验，摸索新方法，积极总结典型案例经验，提升自身技术水平。结合我市工作实际，入室盗窃案件面临勘查工作量大、勘查取证难等困难，如何在勘查中提取到破案定罪的关键证据，如何应用现场物证，特别是DNA信息，成为当前我们需要研究的主要问题。

## 1　案例情况

2010年10月13日，我市某高校内“好美佳”超市财务室发生盗窃案，我们对现场展开勘查。在对财务室房门、地面、室内电脑主机箱体、桌面、保险柜体以及一些相关物品进行勘查检验后，发现地面残缺足迹两枚，但不具备同一认定条件，未发现有价值指纹，种种迹象表明嫌疑人作案时戴有手套。勘查工作陷入僵局，但勘查队员并未放弃，而是积极拓宽思路，缜密分析任何一个嫌疑人可能脱掉手套并留下指纹或DNA的动作。此时，勘查队员注意到现场地面正中放有一块电源插线板，该电源插板插头一直连接到靠门一侧墙上的插孔上，若平时该电源插板就在此位置，则极易被室内来回走动的办公人员踢动和踩踏，因此该插线板出现在此位置属反常现象。现场勘查队员分析该插线板有可能被嫌疑人移动使用过，并极有可能在电源插头上留下指纹或DNA，于是将整个电源插线板原物提取。后经检验检出一男性DNA物质。DNA室将检验结果入全国DNA数据库比对后，比中五起跨省盗窃高校财务室系列案件。

## 2　讨论

通过对该系列案成功串并破案经验的总结，我们有以下几点体会：

（1）细致勘查，认真分析。

现场勘查要力求做到“细致、细致、再细致”，勘查人员从主观思想上要重视、要认真，要把以往重命案轻盗案，重大案轻小案，重系列案轻个案的思想观念彻底改变，认真勘查每起现场，做到事无巨细，同时要认真分析，合理推断，对进出口、作案过程、作案人数、作案手段、作案工具等分析清楚，弄明白。这样我们才能在对案件有整体把握的同时，有针对性地进行现场勘查，抓重点，同时又不放过细节。

（2）依托系统，积极串并。

目前各类公安数据信息系统建设已见规模，在系统录入中要牢固树立“不积跬步，无以至千里”的想法，认真细致，将每一个案件的每一条详细信息录入系统，充实数据，为今后的利用打牢数据基础。同时积极利用库内资源按照串并案“三步法”，以案找案、以物找案等方法开展串并，拓展思路，为侦查破案提供线索及技术支持，缩小目标，打击犯罪。

第一，串并案“三步法”。首先，通过可进行同一认定的物证，如DNA、指纹、枪弹痕等进行串并，认定同一的可确定串并案，未认定同一的视具体情况可排除串并案，无认定条件的进入下一步分析。其次，通过对现场勘查提取的各类痕迹物证（如足迹、工痕、特痕等）进行同类分析，认定不是同类的可视具体情况排除串并案，剩余部分进入下一步分析。第三，通过现场分析，对案件的侵害对象、作案时机、侵害处所、侵入方式、作案手段、损失物品、作案人特点、其他特点等方面进行研判，并结合是否有同类型痕迹（如足迹、工痕、特痕等）进行综合分析认定。

第二，以案找案，全面地毯式深挖系列案。目前，各类信息系统的信息录入仍然存在部分信息录入质量不高的问题，严重影响搜索系统使用的可靠性和稳定性，故根据现有案件信息，组织人员按案件类别进行逐案查询，可有效地提高信息研判的质量和深度，同时通过对案件的逐一查询，也可提高民警对发案情况的动态了解，做到大案小案心中有数，为以后案件研判打下高效的基础。

第三，以物找案，以案串案。利用DNA、指纹等并案之后，可以对现有明确的并案案件信息进行研判，深挖特征点，再利用信息系统进行串并案查询，往往可以取得意想不到的效果。

（3）科学提取，合理利用。

我们在现场勘查中除鞋印、指纹等常规痕迹物证以外，尤其要重视遗留有烟蒂、牙签、矿泉水瓶、毛发等可能遗留生物学检材的物品的发现提取，并注意各种实验室处理手段的合理利用。对检材的发现，要做到细致入微，绝不遗漏；对检材的提取送检，要做到与现场分析相结合，提高检材的准确性，从而提升检出率，降低案件侦破成本。

通过对原有经典案例的总结、学习，有效地提高了现场勘查技术人员的业务水平和工作能力，现场勘查人员专业素质要求多样性，法医专业、痕迹专业、图像专业都应相互融合，打破专业壁垒，才能更好地胜任现场勘查工作的要求。

# 织物上脱落细胞提取 DNA 三种方法的比较

郑瓯翔[1]　叶　钻[2]

1. 浙江省温州市公安局刑事科学技术研究所；2. 浙江省乐清市公安局刑事科学技术室

在犯罪现场中，侦查员越来越多地提取脱落细胞类物证送检，给DNA的检验工作带来了新的挑战。对DNA实验室来讲，如何更有效地提取脱落细胞类检材一直是研究的重点方向。而利用自动核酸提取仪提取脱落细胞是可能的解决途径之一。本实验室分别利用Chelex－100＋ Microcon浓缩柱、磁珠法及EZ1提取法进行各类常见织物载体脱落细胞的提取，经实验比较可以确信EZ1在提取织物脱落细胞上有优势。

## 1 材料与方法

### 1.1 材料

取材于本实验室日常案件中受理的120例常见织物载体的脱落细胞检材，包括手套48例、鞋垫17例、衣服28例、帽子15例、口罩12例。

### 1.2 主要仪器与试剂

脱落细胞提取仪（公安部二所），EZ1 Advanced自动核酸提取仪（瑞士QIGEN公司），9700型PCR扩增仪（美国AB公司），ABI－3130XL型基因分析仪（美国AB公司），EZ1 DNA提取试剂盒（瑞士QIGEN公司），Identifiler Plus扩增试剂盒（美国AB公司），DNA IQ™ system提取试剂盒（美国Promega公司），Chelex－100 200－400目（美国Bio－Rad Laboratoties公司），Microcon浓缩柱（美国Millipore公司），蛋白酶K（美国SIGMA公司）。

### 1.3 方法

1.3.1 检材脱落细胞的转移

用脱落细胞提取仪吸取各类检材上的脱落细胞到滤膜上，剪取膜的第二层、第三层合并，平均分成3份至1.5mL的离心管中，分别使用下述三种方法进行提取检验。

1.3.2 3种提取方法

取其中一份检材加300μL 10％浓度的Chelex－100，10μL 10mg/mL的蛋白酶K，56℃过夜消化，再用Microcon浓缩柱浓缩，浓缩液待扩增。

取另一份检材加300μL磁珠裂解液，95℃消化30分钟，离心，取上清液加磁珠提取，所得产物待扩增。

取最后一份检材加290μL G2稀释液（G2缓冲液：$H_2O$=1：1，EZ1 DNA提取试剂盒提供），10μL蛋白酶K，56℃消化15min，离心，取上清液放置EZ1提取DNA，产物待扩增。

1.3.3 STR扩增、检测及分析

所有产物均采用Identifiler Plus试剂盒扩增，扩增体系10μL，DNA模板2μL，在9700型PCR扩增仪上扩增，ABI－3130XL型基因分析仪电泳检测，GeneMapper ID－X分析软件进行数据分析。

## 2 结果

利用3种不同方法提取120例生物检材的DNA，经扩增、检测，STR位点检出情况见下表。

| 检材类型 | 提取方法 \ 位点检出数 | 15 | 9～14 | <9 | 有效检出率 |
|---|---|---|---|---|---|
| 手套 | Chelex－100＋Microcon | 6 | 8 | 26 | 35％ |
| | 磁珠法 | 8 | 10 | 22 | 45％ |
| | EZ1 | 12 | 13 | 15 | 62.5％ |
| 鞋垫 | Chelex－100＋Microcon | 0 | 3 | 14 | 17.64％ |
| | 磁珠法 | 2 | 2 | 13 | 23.52％ |
| | EZ1 | 2 | 5 | 10 | 41.18％ |
| 衣服 | Chelex－100＋Microcon | 3 | 4 | 21 | 25％ |
| | 磁珠法 | 3 | 7 | 18 | 35.71％ |
| | EZ1 | 5 | 10 | 13 | 53.57％ |
| 帽子 | Chelex－100＋Microcon | 1 | 2 | 12 | 20％ |
| | 磁珠法 | 2 | 2 | 11 | 26.67％ |
| | EZ1 | 4 | 3 | 8 | 46.67％ |
| 口罩 | Chelex－100＋Microcon | 3 | 4 | 5 | 58.33％ |
| | 磁珠法 | 5 | 2 | 5 | 58.33％ |
| | EZ1 | 7 | 2 | 3 | 75％ |

注：位点数 9 个以下不能有效入库上报比对，故视为未检出。

## 3 讨论

众所周知，织物上脱落细胞主要是通过皮肤接触而遗留在客体表面，它的特点是：①有限的表皮脱落细胞分布在面积较大的载体之上，难以收集；②脱落细胞与载体及污物紧密结合，难以洗脱；③脱落细胞角质化程度高，DNA 或降解，或微量；④载体织物多经洗涤，含 PCR 抑制剂。影响织物上脱落细胞 DNA 提取成功率因素主要有：个体差异，遗留时间长度，接触时间长短，提取检材是否及时、正确，包装是否合理，检验方案是否合适等。由于实验室常规做法都是直接受理检材，提取与包装检材一般由现场勘察民警完成，故我们最有可能提高检验成功率的就是运用最合适的方法提取检材上的脱落细胞。本实验室尝试对 Chelex－100 ＋ Microcon、磁珠法、EZ1 等三种方法进行平行比较实验，力图得出一种最有效的提取方案。

由上表统计可见：在有效提取率得分上，Chelex －100＋ Microcon<磁珠法< EZ1。

究其原理：Chelex－100 对于螯合多价金属离子，尤其是选择性螯合二价离子，比普通离子交换剂具有更高的金属离子选择性和较强的结合力，并通过结合金属离子，防止 DNA 在高温加热时降解，同时在高温低离子环境下能催化 DNA 的释放，它的优势在于提取过程中 DNA 的损失较少，但同时脱落细胞提取仪吸附了很多载体上的杂质，如灰尘、纤维等，这些非金属离子抑制剂不能得到充分的去除，通过 Microcon 浓缩柱浓缩，后果是同时增加了DNA模板浓度与抑制剂的浓度，从而降低了检材的检出率。磁珠法利用磁性硅胶吸附细胞，用细胞裂解液裂解细胞，游离处出来的DNA分子被吸附到磁性颗粒表面，蛋白质等分子不被吸附而留在溶液中，在磁场作用下，磁性颗粒与液体分开，回收颗粒，再用纯水或TE洗脱吸附的DNA，它的优势在于纯化过程磁珠只吸附DNA，不吸附蛋白等其他杂质，也减少了抑制剂的干扰，但由于整个试验操作过程中多次移液，造成DNA模板的一定损失，从而影响了检材的检出率。EZ1 Advanced自动核酸提取仪的原理为磁珠法。与常规的磁珠提取法相比，EZ1在提取过程中可以使用“tip dance”操作方案，在这一过程中，过滤头做往复运动，直接在样本离心管中处理拭子、带血纸片或烟蒂等固体材料，无需通过其他操作去除可能堵塞过滤头的固体物质，减少了DNA的损失。配套的EZ1 DNA提取试剂盒含有载体RNA，提高了DNA与磁珠表面硅胶膜结合的能力，因此特别适用于DNA含量较少的样本（<100 ng），载体RNA可能通过以下两种方式提高DNA与磁珠的结合：①载体RNA可以封闭离心管壁上的非特异DNA结合位点，减少DNA损失；②载体RNA通过改变DNA与磁珠结合的热力学熵值，促进DNA与磁珠的结合。数据显示使用载体RNA可从法医检材等DNA含量低的样本中更高效地纯化DNA。除了以上特点外，EZ1 Advanced自动核酸提取仪提取过程完全密封，减少手工操作失误并防止污染，仪器配套的程序卡简化了DNA提取过程，减少提取所需时间的同时提高了产量，对微量样本的操作，提取回收率更高。

# 一起“被碎尸”案现场勘查的回顾

陈　波　都进明　陈建州

四川省简阳市公安局刑警大队

## 1　案例资料

### 1.1　案情简介

2011年3月25日15时40分，某市公安局110接警中心接到群众报案称：某某镇10组的沱江河边发现三个塑料编织袋，袋内装有尸块。

### 1.2　现场情况

现场位于简阳市某某镇新庙村十组，东侧为沱江河、西靠山坡、南接某某镇常家坪村。

中心现场位于新庙村十组沱江河西岸边的树林地中，该林地距南侧有河砂石厂，相距350m，西侧为常家坪至猫猫寺电站的公路；树林内，距西侧公路路边沿200cm处地上有一根规格为45cm×20cm×60cm的蓝底编织袋，印有“JIM MINA”字样和米老鼠图案，袋内装有用黑色塑料袋包裹在一起的双上肢、用黑色塑料袋包裹在一起的双小腿；距编织袋 200cm 的东侧地上有一张黏附有红色可疑痕迹的卫生纸；卫生纸东侧 1100cm 地上有一根规格为 45cm×20cm×60cm 的红底编织袋，印有“JIM MINA”字样和米老鼠图案，袋内装有一块鹅卵石，一张规格为 145cm×80cm，印有“MY FRIEND”“POOH”字样和维尼熊图案的淡黄色浴巾，双大腿及相连的骨盆、臀部；红底编织袋北侧有一根规格为 50cm×30cm×85cm，红白蓝花纹相间的花格编织袋，袋内装有一张规格为 142cm×100cm，印有“小羊”图案和“Wool Quilt”字样且带有拉链的粉红色被子，用一张规格为 180cm×170cm，印有小绿色蝴蝶结塑料布包裹的躯干，一条破损的三角裤，一张规格为 45cm×25cm 的毛巾和一件破损的 T 恤衫；红底编织袋东侧 1200cm 处地上有一个无皮肤的颅骨和一个无皮肤的下颌骨，颅骨北侧地上 30cm 处有一根规格为 10cm×10cm×23cm，印有“旺仔牛奶 我爱”字样和旺仔图像的红底手提袋，袋内可见人毛发。

## 2 尸体检验情况

通过尸体检验，所检各尸块均未见生前机械性损伤、机械性窒息改变，可排除机械性损伤、机械性窒息，不排除中毒致死，死因不能确定，系死后被锐器碎尸后抛尸。

## 3 提取检材及检验鉴定情况

（1）提取死者的十指指纹及掌纹输入远程指纹比对系统进行比对，经指纹系统碰撞比对，与捺印卡号为 R5101010009992003004594、姓名为周某的捺印指纹在花纹类型、纹线流向、相同部位细节特征上反映一致，结论为：送检的尸体十指指纹与指纹库中周某的十指捺印指纹同一。

（2）提取各段尸块组织做 DNA 检验，认定是同一尸体，同时与疑是死者周某的儿子 DNA 进行比对，认定是周某。

（3）提取死者的胃及内容物中未检出常见的安定类药物、有机磷类农药、拟除虫菊酯类农药、毒鼠强。提取尸体肺组织及肝组织中均检出磷化氢成分；其中肝组织检材中磷化氢的含量为 0.38μg/g。

## 4 死因

磷化氢中毒死亡。

## 5 案件侦破经过

案件发生后，技术员通过现场勘查、尸体检验及指纹比对确定了碎尸案中的死者系周某。周某，男，曾经于 2003 年 4 月因涉嫌盗窃被警方处理。经专案组调查，周某在刑满释放后就一直没回家，长期与社会上的一些闲散人员混在一起，其中有一个叫谢××的人与其关系密切，在案发后谢××就再未主动与周联系，于是专案组将谢××纳入视线调查，将谢××、谢××的妻子及情人，以及死者周某的情人一起挡获。经审讯，谢××很快就交代了与周某在2010年认识后就长期聚在一起，二人商议，由谢××出钱，周某出技术，在一出租房内合伙制造冰毒的违法事实，而对其他情况就没有任何交代。

对谢、周二人的出租房进行现场勘查，发现主卧室的一木质衣柜上，距地151cm的柜门上发现有一0.15cm×0.15cm大小的暗褐色点状可疑痕迹，经检验系人血，在同一柜门的不同地方又发现了12处暗褐色点状可疑痕迹，痕迹中距地最高的为178cm，痕迹中距地最矮的为12cm，分别提取其中三处检验均是人血。同时，在房内其他地方又发现有碘、赤磷、葡萄糖注射液等化学药品。血痕经DNA检验认定为周某血迹。

在证据面前，谢××交代，在3月十几号，两人一直在出租房内制造冰毒，当周某把麻黄碱、赤磷、碘、酸及水混合后，房内产生了大量刺鼻的浓烟，两人感到头昏脑涨，恶心，他就叫周某暂时停止，周某却一直坚持在做，后来他就出去了，第二天回家一看，周某已死在卧室的床上。谢××看人死了，就想出了先碎尸分尸，再抛尸的办法，找来朋友，买了菜刀、高压锅、塑料袋等工具，一同在主卧室内将尸体碎尸后，驾车到某镇河边抛尸后逃离。抓获其朋友的交代与谢××的交代一致，现场勘查，尸体检验印证了其交代的客观性，至此，该案成功告破。

## 6 讨论

本案中，刑事技术人员反复多次勘查现场及检验尸体，发现和提取各种痕迹物证，为案件的侦破打下了重要基础。

### 6.1 死者身份判断

根据尸体左侧胸部左乳头内侧二条陈旧疤痕，右腹部16cm×0.6cm纵行陈旧疤痕，左、右上肢多部位10处大小不等的灰白色疤痕，微凸出于皮肤表面，这些疤痕形成时间长，分布部位特殊，特别是左侧胸部左乳头内侧两处疤痕和腹部长达16cm手术疤痕，判断死者应该不是很守法人员，很可能有前科劣迹。

### 6.2 提取到死者指纹和DNA，在最短时间内明确了尸源

提取死者指纹录入指纹自动识别系统数据库在全省比对，很快比中死者在20世纪80年代因盗窃被人工采集的指纹，并串出因违法行为被多次采集指纹的信息，很快通过DNA检验锁定了死者。

### 6.3 及时勘查获取证据

技术员积极跟进侦查进展，及时勘查获取证据，为使嫌疑人交代提供了强力支持。死者的身份确定后，专案组通过调查及时发现了嫌犯，在没有更多的证据下，嫌犯拒不交代犯罪事实，使案侦工作陷入僵局。技术人员主动跟进，了解并参与分析案情，针对被碎尸尸体检验情况，判断碎尸现场在相对密闭、干净的室内，结合嫌犯近期先转租原出租房，后另租新出租房这一反常行为，及时对嫌犯的原租房进行勘查，在现场找到了多处喷溅点状血迹，使嫌疑人交代了犯罪事实。

### 6.4 毒物检验

毒物检验确定死者系磷化氢中毒死亡，证实了嫌犯口供，为案件的成功侦破画上了句号。本案中当嫌犯供述出周某系制毒过程中中毒死亡，其害怕“制毒”的犯罪事实暴露而

碎尸抛尸的事实，同案嫌疑人供述也基本一致，明确死因，成了案件定性、确定罪名的关键。经查阅资料及与相关专案咨询，制造新型毒品“冰毒”的方法很多，嫌疑人供述的方法中，其产生的烟雾是致人中毒的毒源，从烟雾进入人体的途径分析，提取了肺组织、肝脏组织经公安部物证鉴定中心检验，在肝、肺组织中检出磷化氢成分，确定了死亡原因，从死因上证实了供述的客观，明确了该案的案件性质是“非法制造毒品罪和侮辱尸体罪”。

### 6.5 初期的死亡时间判断出现失误

在尸体检验后，根据尸块所附血迹呈鲜红色，切开肌肉组织大部较鲜红，虽然部分组织出现污绿色，考虑其包裹物，分析在室内存放、碎尸的情况，定为一周内死亡，导致在侦查中，以此时间段侦查嫌疑人，一定程度上延误了嫌疑人的确定。在回顾尸检情况时，发现忽略了对盆腔部位等组织已长有较多霉斑的分析。由于 2011 年 3 月，当地遇上极寒天气，气象记录只有 10℃左右，比常年气温明显偏低，加之抛尸地点处于河边，被碎尸等条件综合考虑，符合死亡在检验前 15 天左右的事实。因此，对于冬季的尸体死亡时间判断，以腐败最严重的现象作为判断的基础，结果更接近。

### 6.6 指纹入库比对不及时

对碎尸案件查找到尸源是破案的关键。该具尸体在没有面容可供辨认的情况下，现阶段指纹、DNA 数据库信息成了及时找到尸源的关键，如果尸体检验后及时将死者指纹录入指纹数据库比对，确定尸源将明显提前。

# 凶手是“牛”的现场勘验检查 1 例

杜　江[1]　刘　伟[2]

1. 四川省资阳市公安局；2. 四川省资阳市公安局雁江区分局

## 1 案情

2012 年 2 月 25 日 8 时许，有群众举报称：某区 12 组村民庞某某被人杀死在村公路上，全身沾满泥土，肠子外露，还有多处伤口。庞某某，男，67 岁，一人独居，靠养牛帮人耕地为生。初步调查情况：庞某某于 2012 年 2 月 24 日帮人耕地，傍晚在帮耕地的人家吃饭时，牛跑了，死者只喝了点酒，吃了点花生就离开耕地人家，找牛去了，但当晚未回到自己家，养的耕牛也失踪了。发现尸体后，当地村民在现场附近的山坡上找到了死者的耕牛。

## 2 现场情况

尸体仰位于堰塘湾处的村公路上，尸体头北脚南，上身衣服卷于胸部乳头上，外衣右侧外包内有手表一只，左侧外包内有“天下秀”香烟一盒，两条毛裤褪于膝关节处，右脚穿一只长筒胶靴，左脚赤足，胸部、腹部及右大腿有创口，部分肠管从腹部创口漏出，被压在尸体臀部下，尸体头面部和躯干上黏附大量泥土，尸体周围有大量、凌乱的牛蹄印。

从尸体中心现场寻牛蹄印到找见耕牛区间，耕牛一路上有啃食土中菜叶的情况，被啃食菜叶部位在不同的土块中，被啃食点在土中分布零散，有靠近土埂边的，也有在土中间部位的，在牛所带绳子长度范围内，沿牛蹄印分布路线上，没有人足迹。

## 3 讨论

### 3.1 死者所受损伤符合牛角撬拗、牛蹄踩踏

通过现场勘验、尸体检验有下列依据支持其损伤符合牛角撬拗、牛蹄踩踏形成：①所穿衣裤破损符合钝力作用所致。庞某某所穿衣服及裤子上有 21 处新近破损和衣服裂缝，最长的裂缝 22cm，最短的破损 1cm，其边缘不规则，符合钝力作用所致；②尸体损伤体表广泛而轻，内部损伤显著严重，有伸展创，符合被牛角撬拗、牛蹄踩踏等牛钝性暴力所致。头面颈部、胸腹部、背腰臀部及四肢皮肤的挫擦伤、创口共有 40 处，最长的创口长 11cm，最短的创口长 3cm，皮肤创口边缘不整齐，伴挫伤痕，创角均呈撕裂状，胸骨、两侧肋骨广泛多发多根骨折出血，纵隔近脊柱处广泛出血，左下腹部创口对应皮下肌肉组织挫裂出血，该创口周围有 11cm×10cm 表皮挫擦伤，沿皮肤纹路方向有广泛、细小、表浅的皮肤裂纹样创口，左侧腹部组织广泛挫裂，腹腔内肠系膜及后腹膜广泛挫裂出血；左肾破裂，脾脏广泛碎裂，胰腺体、尾部挫裂，胃壁多处破裂，边缘不整齐；这些损伤特征明显，外轻内重，特别是两侧下腹部创口周围沿皮肤纹路方向的广泛、细小、表浅的皮肤裂纹样创口，属于典型的伸展创，在特殊的现场条件下，以及现场尸体周围大量牛蹄印情况，说明死者损伤符合生前遭受牛角撬拗、牛蹄踩踏所致。

### 3.2 符合离开耕地人家后不久死亡

（1）庞某某胃内空虚，可见少量白色碎粒等说明庞某某系在最后一次进餐后 4 小时以上死亡。

（2）庞某某尸斑浅淡，存在于身体后侧，重压褪色，尸僵存在各大关节，双眼瞳孔清楚可见，结合环境温度及气候条件说明庞某某死亡系超过 12 小时以上。

（3）死者心血中检出乙醇含量为 225.31mg/100mL，处于醉酒状态，与死者在耕地人家饮酒相符，其浓度反映系在饮酒后不久，是一种醉酒状态。

### 3.3 死亡性质

庞某某在醉酒状态下被自家养的牛牛角撬拗、牛蹄踩踏致死。

## 4 现场重建

死者庞某某在帮人耕完地准备在耕地人家吃晚饭，在喝酒吃花生时，拴在树桩上的牛挣脱跑了，死者立即离开去追牛，并牵牛回家，在路上，死者在饮酒呈酒醉状态下，因某

种行为激怒了牛，被牛角撬拗、牛蹄踩踏致死，牛在没有被绳子牵引情况下，自然行走到了山上。

# 阴道拭子 PSA 阴性检出混合 DNA 1 例

赵 刚 欧 娟
四川省资阳市公安局

## 1 简要案情

2012 年 3 月 8 日，某市一按摩店发生一起“抢劫”杀人案，按摩女洪某被嫌疑人刺成重伤，嫌疑人逃脱，对象不明。侦查中。洪某只陈述被人抢劫，其他情况不配合调查。由于 2 月 1 日，距此按摩店不远的另一家按摩店发生一起杀人案，店主按摩女被杀身亡未破，办案民警很重视，仍按程序提取了现场和伤者体内生物学检材等相关物证。

## 2 检验

受害者洪某阴道拭子经 PSA 检验为阴性，显微镜下也未检见精子，现场生物物证均只检出受害人洪某的 DNA。无法锁定嫌疑人，但受害人的陈述疑点重重，遂对受害人阴道提取拭子仍按二步提取法继续提取、检验，使用 AB 公司的 ID－Plus 试剂盒 10μL 反应体系进行扩增，扩增产物经 ABI－3130 型 DNA 测序分析仪分析检测，获得清晰完整的男女混合 STR 分型图谱，继续做 Y－STR 检验，成功检出一男性个体的 Y－STR 结果。肯定洪某受害前与某男性（嫌疑人可能性极大）发生了“性关系”。

## 3 破案

经过侦查，抓获嫌疑人罗某，罗拒不交代。提取其样本检验，结果阴道拭子的混合 DNA－STR 中，符合受害人与罗某混合样本的特征。经 Y－STR 检验，混合样本的 Y－STR 分型结果与罗某相同。借此证据进一步审讯，嫌疑人罗某交代：到按摩店后，与受害人洪某发生了性行为，但只是口交，因嫖资发生争执，转为抢劫杀人。

## 4 体会

此案如果按一般常规处理案件物证理念，在 PSA 阴性、高倍镜下未检见精子的情况下，就不再继续检验，而该案嫌疑人在对按摩女进行口交时，在会阴留下的男性口腔上皮脱落细胞，这一锁定嫌疑人的物证就会流失，就不能给案件侦破、诉讼提供有力证据。通过该案检验，体会到实验室检验人员需要充分了解案情，突破惯性思维，创造性开展检验，同时，侦查人员在办理涉及“性”的案件时，物证的提取要考虑充分、全面，或许就有意想不到的收获，从而及时破案。

# 交通医学

## Traffic Medicine

# 模糊图像处理在道路交通事故处理中的应用

郭 雪[1] 周 斌[1] 孔 斌[2] 李伦杰[2] 王 良[2]
1. 四川省道路交通事故技术鉴定中心；2. 成都市公安局交通警察支队

随着社会经济的发展，机动车在人们的日常生活已经普及，机动车在给人们生活带来方便的同时，也带来了诸如环境污染、能源消耗等负面影响，尤其是道路交通事故的上升带来的大量人身财产损失。而在现实生活中事故逃逸、事故纠纷也常常浮现于人们的视线当中，给社会的稳定和谐造成了潜在隐患。随着道路交通管理科技化水平的飞速发展，特别是“天网工程”的实施，对城市、乡村的路口、街道、收费站、银行、学校、小区、商铺等地点越来越多的安装了视频监控系统，视频监控覆盖面广信息量大，这些监控成为交通事故经过的重要“目击者”。在道路交通事故处理中常常能提取到监控视频，但大部分监控主要以宏观大场面为目标，在判断交通行为方式、信号灯情况、车辆特征、车牌等信息时常常发生信息模糊的情况，有效视频的采用率极低，给道路交通事故处理带来了难度。因此，模糊图像处理技术在一定程度上成为了道路交通事故案件侦破的关键手段。

## 1 模糊图像处理技术

数字图像处理（Digital Image Processing）是指用计算机对图像进行处理。通过运用计算机学和物理学的原理和技术，把图像信息进行处理以满足实际需要。

数字图像处理技术起源于20世纪20年代，数字图像处理的最早应用当属遥感航天与医学领域。随着数字图像处理技术的发展，该技术再现性好、处理精度高、灵活性强等一系列特点显露无遗，现已被广泛应用在军事、农业、医学、交通监控等领域。

而模糊图像是指由于设备、环境等因素造成视频质量较差因而对视频中的信息识别造成影响，导致真实信息无法正常读出，这些信息往往是交通事故处理的关键，为了让这些隐藏的信息能够发挥其价值，常常需要通过对模糊图像进行处理改变图像的一些参数，让需要的信息显现出来。

## 2 模糊图像处理常用方法及基本流程

模糊图像处理的方法常常分为常规处理、高级处理、特殊处理及序列图像处理四大类。常规处理包括图像增强、图像滤波、正交变换、形态学操作、图像运算等；高级处理包括噪声处理、模糊处理、超分辨、图像复原等；特殊处理包括去雾、色彩分离、奇偶场等；序列图像处理包括稳定化、多帧平均、多帧融合等。模糊图像大致分为模糊图片和模糊视频，模糊图片通常被认为是单一或不连续的图片。模糊视频的处理则通常将其转化为序列图像，在序列图像中挑选单帧或者多帧进行处理分析。最常用的方式包括以下几类。

### 2.1 图像增强

图像增强是指按特定的需要突出一幅图像中的某些信息同时削弱或去除某些不需要的信息。图像增强主要包含了亮度/对比度、曲线、直方图、空间域锐化等，其中直方图是最为直观、实用的处理方法之一。图像增强几乎存在于每一次的处理中，有些信息通过图像增强后就能被人识别，有些信息则还需要进一步的处理，但应该明确的是，这种增强在凸显某些信息的同时也会损失一些其他的信息。

### 2.2 模糊处理

图像去模糊是整个模糊图像处理当中相当重要的一部分。模糊处理主要针对由于聚焦不准产生的散焦模糊和物体运动速度过快产生的运动模糊。散焦模糊和运动模糊最好的判别点在于散焦模糊特点是模糊部分由点发散成圆（光斑），而运动模糊的特点是模糊部分由点发散成线，沿一个方向模糊（带状）。图像去模糊为了让图像更为清晰而改变了原始图像的质量，在去模糊的同时也加入了新的模糊，只是新加入的模糊对处理结果影响较小，时常忽略不计。

### 2.3 多帧平均

多帧平均是对多帧图像的积分过程，多帧平均的结果不会从本质上提高复原图像的分辨率，但是可以去除图像中的噪声。多帧平均处理视频中静止物体可以直接使用，对于运动的物体需要先对其进行稳定化后再使用多帧平均。处理后的图像边缘更加柔和清晰，有一定降低噪声的作用。

### 2.4 单帧图像超分辨

在图像处理中常常遇到处理目标过小的情况，单单使用图像缩放常常让图像更模糊，我们可以通过图像超分辨提高图像的分辨率，使图像中的细节更加丰富，边缘更加清晰。图像超分辨与图像缩放是不同的，图像缩放的算法是采用固定的二维和函数来进行行插值，而图像超分辨在算法上更为灵活不同的算法差距很大。图像超分辨能使图像放大，处理后的质量比缩放后的质量通常要好。

模糊图像处理不同于其他分析有固定流程，根据不同图像条件和不同的处理要求处理流程不尽相同，模糊图像处理的基本流程如下图所示，细节部分则根据图像条件再做进一步处理分析。

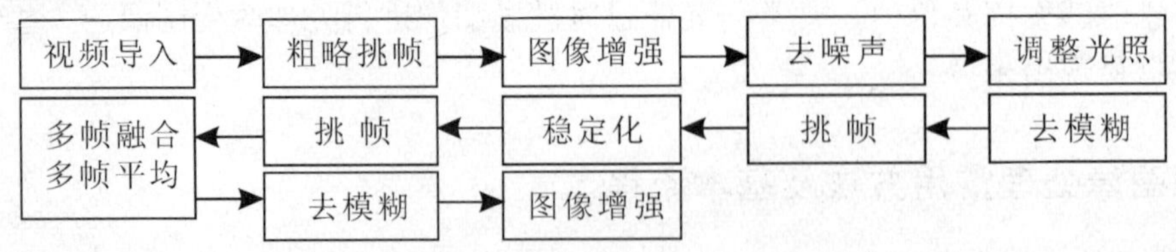


## 3 模糊图像处理在交通事故处理中的应用

### 3.1 车牌号

车牌号处理是图像处理工作中最常遇到的情况，车牌号通常是车辆的唯一性标识，确定车牌号就基本确定了车辆。我国车牌一共有 7 位通常包括首位汉字和 6 位数字或字母，模糊图像处理过程中要能基本数出 7 位分离边缘较为清晰的字符，若数出的字符少于 7 位就说明字符出现了重叠或拉伸的情况，这是由于图像发生扭曲、变形等造成的。字符存在拉伸或重叠再经过模糊图像处理很容易出现虚假信息，就算处理出几乎可辨的字符也不建议采信。下面就是通过模糊图像处理后得出的车牌，在处理过程中首先是对整个视频进行粗略挑帧，然后进行图像增强使整个车辆信息突出，由于图像不存在运动模糊，就直接进行多帧平均，针对图像出现运动的情况进行稳定化处理，基本就获得了较为清晰的图像，在对其进行图像增强，调整车牌部分的直方图，得到最终处理结果。

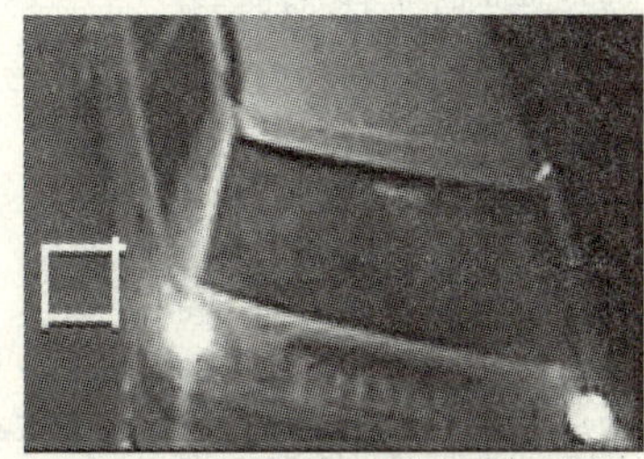

原始图像

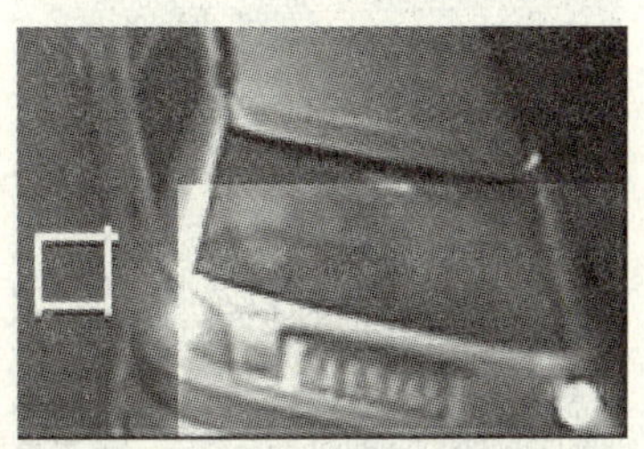

处理后效果

### 3.2 车辆特征

不是每个图像中的车辆都能处理出完整的车牌号码，有的车牌号码可能只能处理出一两位，但如果能通过图像处理发现车辆特征，同样能为道路交通事故处理提供线索。首先对模糊图像应仔细观看，对视频整个情况要有充分的了解，然后有目标地去处理视频，注意发现车辆的特征点，如车标、车身上的广告或文字、驾驶室物品的摆放、车身残缺等，有的特征点不是一眼就能看见，所以要对模糊图像进行基本的挑帧、图像增强，发现特征点后再进行进一步处理。下面是通过模糊图像处理后得到的车身信息。

原始图像

处理后效果

### 3.3 信号灯

在路口发生的交通事故，常常因为当事人对事实阐述不一致导致是谁违反交通信号灯的判定困难。正常情况下视频中信号灯是很好分辨的，但也有一些特殊情况，如雨天、大雾等天气异常造成的信号灯颜色辨识困难。这时就需要将视频转换为序列图像一帧一帧地仔细观看，在一秒 25 帧的情况下能看出灯光闪烁的瞬间。找到闪烁的一定规律，结合周围其他车辆的行为，判断信号灯的情况。在实际工作中可以同时拍摄一组同一路口信号灯正常工作的清晰视频，可以对照清晰视频来验证判断信号灯的情况是否合理。

### 3.4 交通行为方式

交通行为方式的判定也是道路事故责任认定中很重要的一部分，比如当事人是否处于人行道、车辆驾驶人的判定等。如以下案例：一摩托车发生交通事故后，车上两人均抛出车外死亡，谁是机动车驾驶人成了一个谜。而提取到的监控由于雨天模糊不清，只能隐约看到乘客的背影。经过模糊图像处理，首先对视频进行图像增强，视频呈现很多分布均匀的小斑点，噪声影响严重，经过去噪声后图像基本清晰，再改变图像灰度，基本上能够辨识清楚乘客的衣着特征，结合其他技术手段，就可以从衣着特征上判断出乘客与驾驶人。

原始图像

处理后效果

### 3.5 人像

人像处理在交通事故处理中较少遇到，人像处理对视频条件要求较高。首先视频中人物不能为侧面，面部最好无遮挡，一般人物在视频中都处于运动状态，因而在人像重建时选择姿态人像重建；建立人像模型的核心是眼耳口鼻的位置，所以在处理时要准确确定人像的五官，然后进行姿态运算，就能得到较为理想的人像。

### 3.6 其他

车速鉴定、现场测量等也可以通过图像技术处理，但这些不能单纯地仅依靠视频，还需要一些前期的准备工作。通过图像处理技术来完成车速鉴定、现场测量等工作可以大大缩短现场勘查的时间，及时恢复路段交通。

## 4 小结

模糊图像处理技术是这几年才运用在道路交通事故处理中的新技术，随着道路的科技化发展，路口视频监控设备的增加，通过模糊图像处理来侦破道路交通事故案件是一个重要的方向。

# 红外显微镜检验交通事故中油漆物证的优越性分析

许 伟[1] 孔 斌[2] 李伦杰[2] 王 良[2]

1. 四川省道路交通事故物证鉴定所；2. 成都市公安局交通管理局

在交通事故发生的过程中，车辆与车辆、车辆与行人、车辆与其他物体之间一般会发生强力碰撞或擦挂，因此交通事故现场常常会掉落一些肇事车的油漆、橡胶等车辆物证，而其中又以油漆物证较为常见，测定油漆种类、结果等为侦破和处理交通事故和确证肇事车辆提供有力的证据变得尤为重要。各种车辆在车体和零件表面都会涂敷多层油漆，而且不同的型号和牌号的汽车涂漆层数、面漆颜色和漆层化学成分往往有较大的差异，尤其是旧车修补涂装后更易鉴别。油漆一般由主要成膜物质、次要成膜物质、辅助成膜物质和挥发性物质组成，再经过配料、热炼、研磨、稀释等繁杂的工序而制成，因此不同厂家生产的油漆均存在一定差异。

油漆物证分析方法已有较为成熟的加入稀释剂压片分析方法和显微镜分析法。压片法是将样品进行分离处理（除去表面杂质如：尘土、油脂等），再与稀释剂溴化钾（KBr）研磨制成样品片，使用 FTIR－21 红外光谱仪对样品进行扫描得到红外图谱；显微镜法则是直接选取实验对象加入到金刚池，在显微镜经过红外光照射测定。

## 1 实验部分

### 1.1 仪器及药品

岛津 IR－21 傅里叶变换红外光谱仪，岛津 AIM－8800 显微镜，压片磨具，制样工具，溴化钾（KBr 5000 $cm^{-1}$～400 $cm^{-1}$），金刚池（5000 $cm^{-1}$～720 $cm^{-1}$）。

### 1.2 实验条件

样品扫描次数：16，背景扫描次数：16，分辨率：4$cm^{-1}$，检测器：MAC。

### 1.3 环境条件

温度：20℃～25℃，湿度：＜50％。

## 2 结果与讨论

以红色现代伊兰特原厂漆为例：红色现代伊兰特在某路段与一辆电动自行车发生交通事故后，逃离现场，在现场电动自行车后行李箱上提取的红色油漆编号为 1#，在挡获的红色现代伊兰特前保险杠上提取的片状白色油漆编号为 2#。

### 2.1 使用加入稀释剂压片法测定

在两车碰撞过程中发生物质交换，转移到电动自行车后行李箱上的油漆已呈现为粉末状，不能判断此油漆出自何层，只能选取该比对样本无差异的进行碾磨压片。同时对照样本（嫌疑样本）也只能选取全部漆层进行实验。它们分别得到以下图谱：

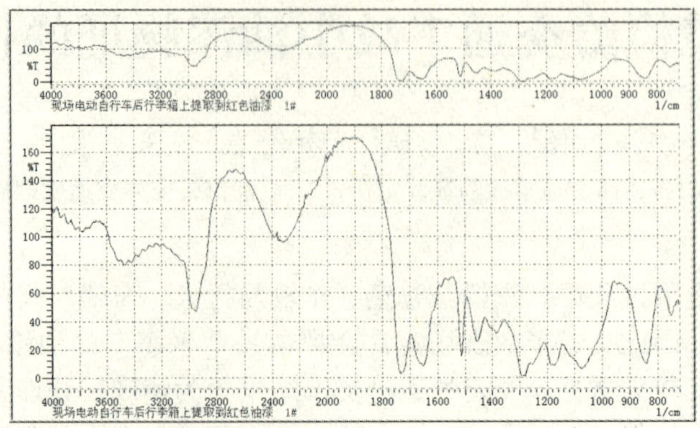


现场电动自行车后行李箱上提取的红色油漆编号为 1#

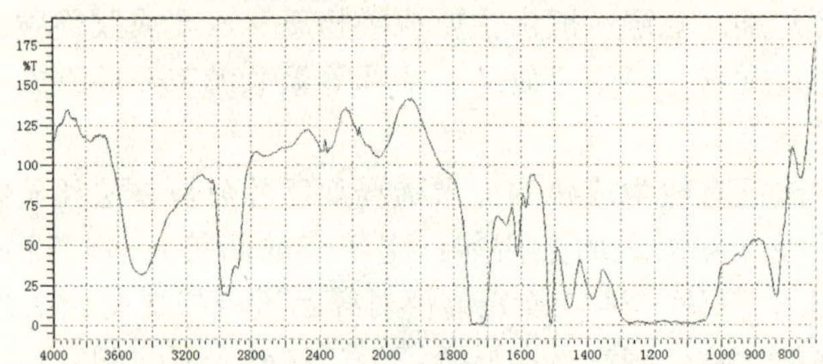


挡获的红色现代伊兰特前保险杠上提取的片状白色油漆编号为 2#

结果分析：将 1# 和 2# 图谱的比对分析得出图谱存在明显差异，但能够确定部分有机基团是相同的，不能确定 1# 是否是红色现代伊兰特前保险杠上脱落的油漆。

### 2.2 使用红外显微镜分析

选取 1# 样本中具有代表性且微粒较小的样本，放置于金刚池中央，再压紧使其平摊分布开；置于显微镜下使用可见光观察，可明显观察到透明的白色层和红色漆层，分别对其做红外光谱扫描，得到如下图谱：

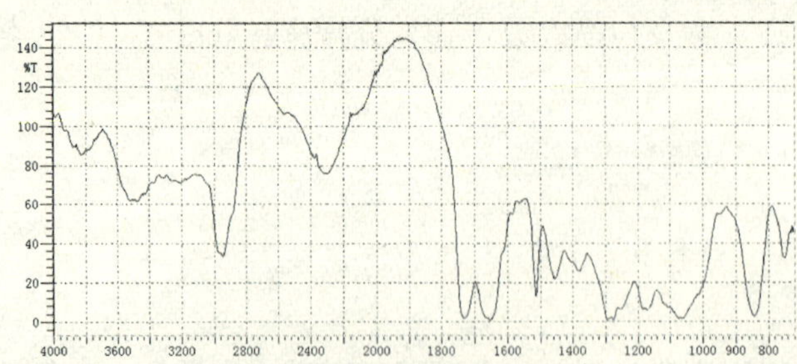


电动自行车后行李箱上提取的红色油漆编号为 1# −1（白色透明层）

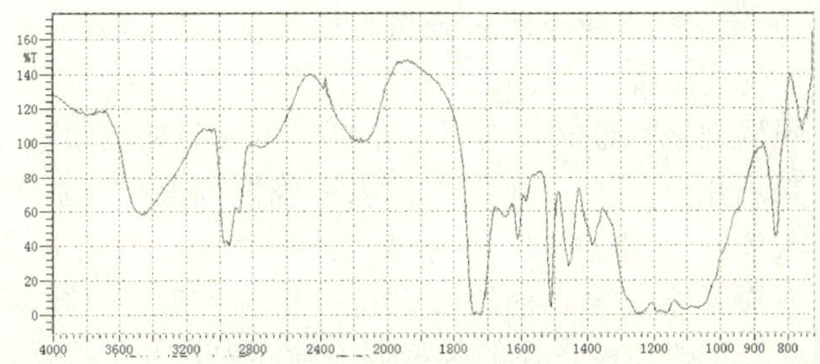


**电动自行车后行李箱上提取的红色油漆编号为 $1^{\#}-2$（红色油漆层）**

再对嫌疑车上提取到的比对样本进行分离，用刀片轻轻刮取油漆上表面白色膜层结构，并扫描得到红外光谱；同样道理刮取红色油漆层获得红外图谱。

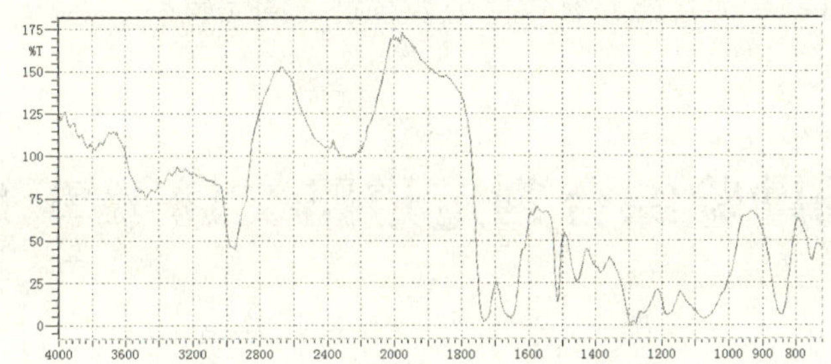


**挡获的红色现代伊兰特前保险杠上提取的片状白色油漆编号为 $2^{\#}-1$（白色透明层）**

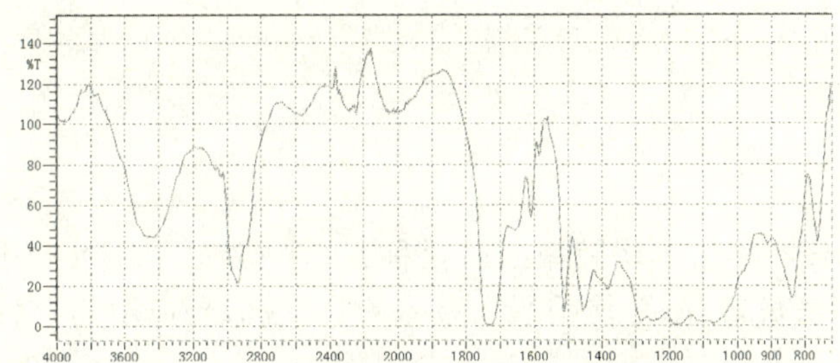


**挡获的红色现代伊兰特前保险杠上提取的片状白色油漆编号为 $2^{\#}-2$（红色油漆层）**

结果分析：分别比较图谱 $1^{\#}-1$（白色透明层）与 $2^{\#}-1$（白色透明层）、$1^{\#}-2$（红色油漆层）与 $2^{\#}-2$（红色油漆层）可以看出它们两两完全相同，可知道电动自行车后行李箱上提取到红色油漆是来自嫌疑车上，再根据其他办案依据即可确定。在比对 $1^{\#}-1$（白色透明层）与 $1^{\#}-2$（红色油漆层）、$2^{\#}-1$（白色透明层）与 $2^{\#}-2$（红色油漆层）可以看出它们存在差异，由此可以解释稀释剂压片法测定存在差异的原因。

讨论：压片法测量红外光谱要求被测物质量较多，量多才能均匀分散于稀释剂中。如果现场提取到整块油漆，可以使用油漆整体层分析，但是由于快速运动中物质交换或很轻微，提取到的有效微量物证有可能很少，可能是出至其中某一层或几层，但是并不能判断油漆出自于油漆层的那层，给使用稀释剂压片法检验微量物证工作带来大量阻碍（需使用不同油漆层分层组合的方法，经过多处重复测定，可以确定现场样本的来源，但是选取油漆量较大可能也会存在较大差异）；研磨过程中，未能完全研磨均匀导致粉末样品粒度大，不能压制出透明的薄片，红外光散射严重。样品和溴化钾混合物要求研磨到颗粒尺寸小于 2.5$\mu$m 以下，颗粒尺寸如果大于 2.5$\mu$m 就会引起光的散射，当出现光散射时，吸收峰的强度会降低，峰型越趋于直线不利于比对分析。压片法在实验过程中破坏了样本原始形态，不能保存涉案物证的完整性。

使用红外显微镜测量微量物证时，对样本量要求低，只要肉眼观察到的物证即可。在显微镜下观察，可以判断出油漆出自那层，可以准确判断其他干扰杂质（如：泥土、铁锈、现场车辆自身油漆等），选取多处不同油漆层进行测试，并与相应嫌疑样本油漆层比对，获取更加精确的油漆样本信息。使用显微镜分析样本时，不破坏实验样本的整体形态，保证物证完好，同时也避免因选择的稀释剂不纯而引入的干扰。但使用显微镜分析也存在局限性，选取的待测样品压制过程中偏厚，则会导致红外光透过性差，能量低，光谱在某些区间出现直线，影响测量结果判定。

综上所述，使用红外显微镜测定样本虽然增加对实验设备仪器的要求，但该方法操作简单快捷、准确、可靠，而且能够有效保证涉案物证的完整。

# 现场勘验综合判定道路交通肇事1例

鄢文学　刘　伟　吕志睿

四川省资阳市公安局雁江区分局

## 1　案情简介

2012年1月24日，某区丰裕镇派出所报称：“丰裕镇祠堂村7组高速公路下斜坡坎上发现一具男尸，请派员查处。”接报后，技术人员立即赶到现场，对现场进行勘查。

## 2　现场勘查情况

现场位于某区丰裕镇祠堂村七组地界厦蓉高速公路成渝段2111km+200m下行道处（成都至重庆方向），该高速公路呈南北走向，高速公路西侧路面下呈45℃坡状，斜坡坎上长有杂草及树干等。距现场高速公路2111km+200m路标处南侧24.5m，高速公路路面西侧230cm斜坡上有一具男尸，尸体俯侧卧于地面，头南脚北，左下肢伸直，右下肢屈曲，踝关节搭于一树干上，树干高60cm，直径8cm。尸体上身外衣外翻于双肩胛角外缘，赤足，脚底附有淤泥。将尸体移开后可见被压踏的枯草，枯草上附有血迹。尸体东侧系成渝高速公路，南侧系斜坡坎，西侧系屯水田，北侧系斜坡坎。尸体南侧9m，高速公路西侧530cm的草丛中有一只右脚黑色休闲鞋。尸体南侧180cm，公路西侧120cm处有一棵树，树根处有7.3cm×3.2cm，6.3cm×2.8cm两块不规则玻璃碎片。尸体东侧230cm处系高速公路路边铁护栏，铁护栏上缘距地面高80cm，下缘距地高50cm，中间横条宽30cm，护栏中间铁柱每根间距350cm，铁护栏上缘有一处16cm×6cm陈旧性擦划痕，在距高速公路路边铁护栏东侧20cm处有一只左脚黑色休闲鞋，与尸体南侧鞋子系一双。鞋子南侧 150cm 处距高速公路路边铁护栏东侧 50cm 处路面上有玫红色编织袋，袋内装有纸钱，在路面上的鞋子和编织袋四周散落有 21.6cm×2.4cm 范围大小不等的 8 块玻璃碎片，其中最大 9cm×3.7cm，最小 3cm×2.3cm。

## 3 尸体检验

### 3.1 衣着情况

上身由外向内依次着咖啡色棉衣一件，蓝色中山服一件，蓝、白竖条纹衬衣一件；下身由外向内依次着蓝色长裤一条，灰色短裤一条，腰间系一条绿色塑料绳；赤脚，双脚附有淤泥。

### 3.2 尸表检验

尸体长 153cm，发育正常，营养中等，尸冷，未腐败。尸斑呈浅淡红色，指压不褪色；尸僵存在于各大关节，皮肤黄白色。发式：短发，发长 7cm。发色：花白。两侧瞳孔等大等圆，直径 6mm，眼球结膜苍白，角膜透明。双鼻腔附有血迹，双耳道附有血迹，头枕顶部有 5cm×0.5cm 挫裂创，创周伴 2cm×1cm 的皮肤擦挫伤。胸腹部及腰背部附有黑色淤泥，左肋缘至中腹部有 17cm×10cm 的皮肤擦挫伤。四肢无外伤及骨折。

### 3.3 解剖检验

枕骨有纵形 11cm 延伸至枕骨大孔的颅骨骨折。颅后凹有纵形 5cm 延伸至枕骨大孔的颅骨骨折，颅后凹右侧后缘有弧形 7.8cm 的线形骨折，右侧蝶鞍至左侧蝶鞍中部有 8cm×2cm 的碎裂性骨折，小脑底部有 4cm×3cm 的挫伤出血；颈部气管、食管内未见异常，舌骨无骨折，颈项部寰枢椎体组织处有 2cm×1cm 出血，寰枢椎椎体脱位，延髓有 2cm×1cm 挫伤出血；左胸部腋前线 10、11 肋肋间肌有 2cm×1cm 出血，左侧肋弓 8、9 肋间横断骨折，左侧肋弓 9、10 肋间横断骨折，左 11 肋腋前线处骨折，左 12 肋腋中线处横断骨折，左 4-7 肋腋后线处横断骨折，左肺浆膜下广泛性出血，左肺下叶肋面有 5cm×0.6cm×0.4cm 破裂，左侧胸腔内有约 50mL 积血；腹腔内左侧大网膜有 15cm×10cm 出血，脾脏有 3cm×2cm 破裂，胃内空虚，胃粘膜未见腐蚀、出血。

### 3.4 检材提取及检验情况

提取死者胃及胃组织中未检出常见的安定类药物、有机磷类农药、拟除虫菊酯类农药、毒鼠强。

### 3.5 现场痕迹物证检验情况

尸体南侧 180cm，公路西侧 120cm 树根处有 7.3cm×3.2cm、6.3cm×2.8cm 两块不规则玻璃碎片经检验系汽车大灯内侧聚光罩碎片。高速公路路面上四周散落有 21.6cm×2.4cm 范围大小不等的 8 块玻璃碎片，经检验其中 4 块玻璃碎片系汽车大灯玻璃碎片，3 块系汽车大灯外罩壳碎片和一块汽车大灯内侧聚光罩碎片，其中高速公路路面的一块汽车大灯内侧聚光罩碎片与尸体南侧的两块汽车大灯内侧聚光罩碎片颜色、质地、新旧程度均一致。将现场尸体旁散落的两块汽车大灯内侧聚光罩碎片与高速公路路面上的一块汽车大灯内侧聚光罩碎片经拼接，其碎片的颜色、质地、花纹及新旧程度等表明系同一整体分离物品。

## 4 讨论

该男子符合道路交通事故致其死亡。

现场勘查判定系交通事故现场。依据：①尸体位于高速公路边斜坡坎上，呈俯卧位，尸体旁散落有两块汽车聚光罩碎片，碎片程度较新，其上未见粘附有泥土等污物，高速公路路面上散落在 21.6cm×2.4cm 范围有大小不等的 8 块玻璃碎片，高速公路路面碎玻璃位置与铁护栏上缘擦划痕及尸体位置在一条直线上；②高速公路路面的一块汽车大灯内侧聚光罩碎片与尸体南侧的两块汽车大灯内侧聚光罩碎片颜色、质地、新旧程度均一致。

尸体损伤符合交通事故所形成。依据：①外表损伤轻：体表仅见头枕顶部 5cm×0.5cm 挫裂创及左肋缘至中腹部 17cm×10cm 的皮肤擦挫伤；②内部损伤重，偏于一侧：枕骨及颅底多处骨折，小脑挫伤出血；寰枢椎椎体脱位，延髓挫伤出血；左侧左 4-12 肋多根多端骨折，左肺浆膜下广泛性出血，左肺下叶破裂，腹腔内大网膜左侧有出血，脾脏破裂。

# 200 例道路交通事故死亡法医学分析

邹韵哲　龙成云

四川省遂宁市人民检察院

交通事故是指在道路上因过错或意外造成人身伤亡或财产损失的事件（摘自《中华人民共和国道路交通安全法》第一百一十九条）。近年来，交通事故酿成了许多悲剧，破坏了无数家庭，也越来越引起国家和人民的重视，是全世界都承认的一大公害。特别是我国，人口众多，安全意识和法治意识还相对薄弱，交通事故死亡人数居高不下。日益严重的交通事故威胁到和谐社会的建立，采取必要的预防措施是必需的。

## 1 资料与方法

### 1.1 一般资料

四川省遂宁市两区（除市城区外）2007—2009 年发生的交通事故死亡案例 200 例。

### 1.2 方法

采用相关性分析方法、Excel 2003 表进行分析。

## 2 相关结果及分析

### 2.1 死者年龄分析

| 年龄（岁） | 死亡人数 | 构成比 |
|---|---|---|
| <10 | 11 | 5.5% |
| 10～19 | 13 | 6.5% |
| 20～29 | 16 | 8.0% |
| 30～39 | 24 | 12.0% |
| 40～49 | 43 | 21.5% |
| 50～59 | 36 | 18.0% |
| ≥60 | 57 | 28.5% |

### 2.2 死者性别、职业分析

| 职业 | 男 | | 女 | | 共计 | | 男女比例 |
|---|---|---|---|---|---|---|---|
| | 人数 | 构成比 | 人数 | 构成比 | 人数 | 构成比 | （X：1） |
| 农民 | 92 | 46.0% | 65 | 32.5% | 157 | 78.5% | 1.42 |
| 教师 | 1 | 0.5% | 2 | 1.0% | 3 | 1.5% | 0.50 |
| 学生 | 13 | 6.5% | 9 | 4.5% | 22 | 11.0% | 1.44 |
| 工人 | 7 | 3.5% | 0 | 0.0% | 7 | 3.5% | ∞ |
| 干部 | 2 | 1.0% | 0 | 0.0% | 2 | 1.0% | ∞ |
| 其他 | 8 | 4.0% | 1 | 0.5% | 9 | 4.5% | 8.00 |
| 总体 | 123 | 61.5 % | 77 | 38.5% | 200 | 100% | 1.60 |

### 2.3 交通工具分析

| 交通方式 | 例数 | 构成比 | 交通工具相关性 | 例数 | 构成比 |
|---|---|---|---|---|---|
| 轿车－摩托车 | 5 | 2.5% | 与摩托车相关的 | 101 | 50.5% |
| 轿车－行人 | 16 | 8% | 与货车相关的 | 55 | 27.5% |
| 轿车－自行车 | 2 | 1% | 与客车相关的 | 29 | 14.5% |
| 轿车－客车 | 2 | 1% | 与拖拉机相关的 | 20 | 10.0% |
| 轿车自翻 | 5 | 2.5% | 各种车型自翻自撞的 | 33 | 17.5% |
| 客车－行人 | 10 | 5% | 与行人相关的 | 98 | 49.0% |
| 客车－客车 | 3 | 1.5% | | | |

续表

| 交通方式 | 例数 | 构成比 | 交通工具相关性 | 例数 | 构成比 |
| --- | --- | --- | --- | --- | --- |
| 客车一摩托车 | 11 | 5.5% | | | |
| 货车一摩托车 | 18 | 9% | | | |
| 货车一行人 | 26 | 13% | | | |
| 货车一自行车 | 4 | 2% | | | |
| 货车一电动车 | 3 | 1.5% | | | |
| 货车一货车 | 2 | 1% | | | |
| 摩托车一摩托车 | 6 | 3% | | | |
| 摩托车一行人 | 33 | 16.5% | | | |
| 摩托车一电动车 | 1 | 0.5% | | | |
| 摩托车一自行车 | 2 | 1% | | | |
| 摩托车自翻自撞 | 15 | 7.5% | | | |
| 拖拉机一行人 | 8 | 4% | | | |
| 拖拉机一摩托车 | 3 | 1.5% | | | |
| 拖拉机一自行车 | 2 | 1% | | | |
| 拖拉机自翻 | 6 | 3% | | | |
| 其他 | 17 | 8.5% | | | |
| 总计 | 200 | 100% | | | |

注：交通工具相关性分析有交叉现象。

### 2.4 死因、死亡方式分析

| 死亡原因 | 例数 | 构成比 | 死亡方式 | 例数 | 构成比 |
| --- | --- | --- | --- | --- | --- |
| 颅脑损伤 | 139 | 69.5% | 碰撞、撞击 | 136 | 68% |
| 颈部损伤 | 12 | 6.0% | 碾压 、挤压、压扎 | 31 | 15.5% |
| 胸部损伤 | 17 | 8.5% | 自翻碰撞、压扎 | 33 | 16.5% |
| 腹部损伤 | 16 | 8.0% | | | |
| 胸腹部联合伤 | 4 | 2.0% | | | |
| 其他 | 12 | 6.0% | | | |
| 总计 | 200 | 100% | | 200 | 100% |

### 2.5 死亡时间分析

| 死亡时间 | 例数 | 构成比 |
|---|---|---|
| <1 天 | 171 | 85.5% |
| 1≤X<3 天 | 13 | 6.5% |
| ≥3 天以上 | 16 | 8.0% |

## 3 讨论

遂宁市地处四川盆地的中部，属丘陵，有国道 318 线、省道 205 线、206 线以及成南高速、成渝高速、遂绵高速通过，所辖的两区（不包括城区）主要是农村人口居住，对该区域的致死人员交通事故相关性资料法医学分析，为丘陵地区的交通事故指导与预防具有重要意义。

### 3.1 死者年龄分析

从年龄分布上看，年龄较大的发生交通事故的可能性也增大，并且 40 岁以上中老年人占 68.0%。其原因有三：一是农村青年人外出务工，中老年人守家干活；二是中老人听力、视力和反应力逐渐迟钝，对交通事故的应急能力弱；三是中老年人交通安全意识淡薄。特别要重视和警惕的是，20 岁以下的青少年也占本次调查的 12%，对家庭、社会的影响极大。

### 3.2 死者职业、性别特点分析

农民、教师、学生、工人、干部和其他分别占交通事故死亡总人数的 78.5%、1.5%、11.0%、3.5%、1.0%、4.5%，男女比例为 1.6∶1.0。其原因有三：一是遂宁两区（不包括城区）主要以农民活动为主；二是农民交通安全意识普遍淡薄；三是交通事故死亡性别差异在国内外报道均是有差异的，总的来说，男性发生事故的概率大于女性。但在农村，70 岁以上交通事故死亡的，女性却多于男性，这主要是 70 岁以上男性少于女性。

### 3.3 交通工具分析

与摩托车、货车、客车、拖拉机、行人相关的事故分别占总例数的 50.5%、27.5%、14.5%、10%、49.0%，各种车型自翻的占总例数的 17.5%，其中摩托车−行人、货车−行人、货车−摩托车分别占总例数的 16.%、13.0%、9.0%，属前三甲。从资料研究分析显示，摩托车、货车是农村地区交通事故致人死亡的主要危险因素。其原因，一是现今农村以摩托车为主要交通工具；二是摩托车驾驶速度快，遇到紧急情况，不能有效采取避让措施；三是摩托车驾驶者普遍缺乏交通安全意识；四是货车超速、超重，破坏性极大。

### 3.4 死因、死亡时间分析

事故中颅脑损伤占 69.5%，居首位，其次胸部、腹部损伤；1 天以内死亡的占 85.5%。颅脑损伤是所有交通事故致人死亡的主要原因，并具有损伤重、难治疗、致死快的特征。

## 4 预防与建议

道路交通事故是人类社会面临的主要杀手之一，也是社会热点、难点问题，涉及多个领域、多个行业、多种人群和多个部门，是每个国家必须正视的公共安全问题。特别是在中国，交通事故更是频发。从上述交通事故案例研究表明，在以农民为主要居住者、摩托车为主要交通工具的地区，应加强对农村人口道路安全知识教育和摩托车的管理，促进道路交通秩序的正常、有效运转，预防和减少交通事故的发生。同时，也要求政府要对道路、人群、车流情况进行彻底摸清，按照不同的路段、不同的人群、不同的车流、不同的区域，采取相应得当的措施，预防和减少交通事故的发生，促进社会文明进步、和谐发展。

# 道路交通事故伤残评定中伤病关系鉴定探讨

万洪林　陈雪凌　杨越人
四川求实司法鉴定所

国家标准《道路交通事故受伤人员伤残评定》（GB18667—2002）附则 5.3 条评定道路交通事故受伤人员伤残程度时，应排除其原有伤、病等进行评定。《编制说明》第八条关于伤者原有伤病问题规定“本标准所谓各种异常（Abnormal）均以正常人体为前提条件。根据现代医学模式和 WHO 的 ICIDH 中的有关精神，正常人体不仅是生理功能和解剖结构上的完整，还包括精神心理的完满。依照实事求是和科学的原则，在伤残评定中，必须对伤者原有伤、病予以扣除，否则加重车方利益损伤”。在司法鉴定实务中，在对该附则 5.3 条的理解上，众说纷纭，莫衷一是。在对伤者原有伤病的扣除方式上存在多种观点，缺乏统一、客观和公正。

第一种观点认为：对存在既往病残的伤者进行伤残等级评定时，只考虑本次交通事故对其造成的实际伤残进行评定，不考虑原已存在的病残情况，对其既往病残视为“正常”，完全忽略，仅以本次交通事故造成的直接损伤评定伤残等级。比如一伤者伤前左眼盲目，此次交通事故导致右眼盲目。在评定伤残等级时，对原左眼盲目不管，只以本次交通事故导致的右眼盲目评定为Ⅷ（八）级伤残。这种观点把伤前左眼盲目认为与本次交通事故无关，直接以《标准》第Ⅷ（八）级 4.8.2.a）条“一眼盲目 4 级以上”之规定评定为Ⅷ（八）级伤残。

第二种观点认为：对存在既往病残的伤者进行伤残等级评定时，应先按《道路交通事故受伤人员伤残评定》（GB18667—2002）评定其既往病残的伤残等级，然后再以本次交通事故造成的直接损伤评定伤残等级。比如一伤者伤前左眼盲目，此次交通事故导致右眼盲目。在评定伤残等级时，先对原左眼盲目评定为Ⅷ（八）级伤残，再以本次交通事故导致的右眼球缺失评定为Ⅷ（八）级伤残。并写明伤者目前总的伤残等级为Ⅱ（二）级伤残。由法院或相关部门去自行定夺。

第三种观点认为：对存在既往病残的伤者进行伤残等级评定时，应先按《道路交通事故受伤人员伤残评定》（GB18667—2002）评定其既往病残的伤残等级，然后再按现在实际检查的伤残评定出现有残疾程度，用现有实际伤残程度减去原有病残等级，所得出的差即为本次交通事故伤残等级。比如伤者在交通事故前一眼球缺失，另一眼正常，在交通事故造成另一眼球缺失，目前伤者是双眼球缺失，根据该标准Ⅱ（二）级 4.2.1.c）条“双眼盲目 5 级”之规定评定为Ⅱ（二）级伤残，对于该伤者既往存在的一眼盲目，根据《道路交通事故受伤人员伤残评定》4.8.2.a）“一眼盲目 4 级以上”之规定评定为Ⅷ（八）级伤残，伤者因交通事故受伤的致残等级为Ⅱ（二）级伤残减去Ⅷ（八）级伤残，评定为Ⅴ（五）级伤残（赔付比例 60%）。

笔者认为，第一种观点对其既往病残视为“正常”，仅以本次交通事故造成的直接损伤评定伤残等级是不妥当的。因为当左眼受伤盲目后，右眼的价值绝不仅是一只眼睛的问题，右眼视力的好否是其工作、学习、生活的全部依靠，是其精神生活的全部寄托。因此，当其一眼盲后对其工作、生活、学习的影响并不很大，但当双目失明后，就可能丧失工作能力和学习能力，大部分或部分丧失生活能力。如果仅以本次交通事故造成的直接损伤评定伤残等级，从表面上看来是合情合理的，但实际上就有些显失公正。

第二种观点先对原左眼盲目评定为八级伤残，再以本次交通事故导致的右眼盲目评定为Ⅷ（八）级伤残，并写明伤者目前双眼盲目的伤残等级为二级伤残，由法院或相关部门去自行定夺。这种评定方法从表面上看无可挑剔，完全实事求是。但细究起来，仍然属于一种“踢皮球”的方法，没有从实质上解决本次交通事故导致的右眼球缺失的价值取向和对伤者造成的精神生活的重大影响。

第三种观点符合《道路交通事故受伤人员伤残评定》（GB18667—2002）附则 5.3 条“公平合理原则”，达到伤者损失补偿原则，维护了伤者和车方的利益。

现以双眼盲目均属前后两次交通事故受伤为例，分析其实际得到的赔偿比例。按照第一种观点评定为Ⅷ（八）级伤残；按照第三种观点评定为（五）级伤残。作为双眼盲目的伤者，目前的实际伤残程度为Ⅱ（二）级伤残。按照第一种观点评定，伤者此次受伤的伤残等级为Ⅷ（八）级伤残，得到 30%的赔偿，加上既往得到的 30%赔偿，总共得到的赔偿为 60%，伤者损失了 30%的补偿。按照第二种观点评定伤残程度，伤者究竟能得到多少赔偿，取决于车方、保险公司以及法院三方面的博弈、认知和共识，但按照“任何人只对自己的行为负责”的这种理念，多数情况下得到的赔偿与第一种观点差不多。如果按照第三种观点评定，伤者此次的伤残等级评定为Ⅴ（五）级伤残，可得到 60%的赔偿，加上既往得到的 30%赔偿，总共得到的补偿为 90%，获得法律规定应有的补偿。

上述情况在双肾、肢体伤残中经常见到，在司法鉴定和司法实务随处可见。按照第一种观点进行伤残评定，不同时间伤及相同器官，其赔付比例之和比伤者在一次事故中相同的两个器官同时受伤的赔付比例低得多。伤者的损失没有得到应有的、充分的补偿。而按照第三种观点评定伤残时，伤者不同时间伤及同样的器官，不同的伤残程度，其赔付比例之和与伤者在一次事故中相同的两个器官同时受伤的赔付比例相同，伤者得到了充分的补偿。虽然按照第三种观点进行伤残评定，出现同样器官的相同损伤得到不同的伤残补偿，其后一次的伤残补偿多于前一次的伤残补偿，这样对伤者是非常公正的。因为双眼、双肾等器官在正常情况下，其一眼、一肾损伤致功能完全丧失或切除，对伤者工作、生活、学习有一定的影响，但其另一正常眼、肾或器官可起到一定的功能代偿作用，对伤者的工作、学习、生活、社会交往虽有一定影响，但患者尚可完成和正常人基本一样的工作、学习、生活和社会交往。但对于已经一眼、一肾功能完全丧失或切除的情况下，其另一眼或肾脏受到损伤致功能完全丧失或切除时，对伤者的影响就非同一般，以至丧失工作能力，丧失学习能力，大部分或部分丧失生活能力，甚至产生医疗依赖，护理依赖。完全需要他人的帮助才能生存。由于第三种评残方法，对伤者来说，不仅仅是一种经济赔偿，更重要的是一种价值补偿，是法律公平正义的价值体现。

按照第三种观点进行评残时，并不都是增加伤者的补偿，也有损害伤者利益的情况。如既往有一上肢肘以上缺失，在交通事故中造成了另一肢肘以上缺失的损伤。按照第一种观点，根据《道路交通事故受伤人员伤残评定》（GB18667—2002）Ⅴ（五）级 4.5.10 b）"一肢缺失（上肢在肘关节以上，下肢在膝关节以上）"为Ⅴ（五）级伤残（赔付比例为60%）。伤者既往一上肢肘以上缺失时评定为Ⅴ（五）级伤残，得到了 60%的赔付，本次交通事故致另一上肢肘以上缺失评定为Ⅴ（五）级伤残，再次得到了 60%的赔付，其得到的赔付总额为 120%，超出了 20%。如此赔付从表面上看，显然加重了的车方或保险公司负担，有失公正。但按照第三种观点，伤者既往一上肢肘以上缺失评定为Ⅴ（五）级伤残，得到了 60%的赔付，本次交通事故致另一上肢肘以上缺失，根据《道路交通事故受伤人员伤残评定》[（GB18667—2002）Ⅱ（二）级 a] 二肢缺失（上肢在肘关节以上，下肢在膝关节以上）；为Ⅱ（二）级伤残（赔付比例为 90%），Ⅱ（二）级（90%）减去Ⅴ（五）级（60%），应评定为Ⅷ（八）级伤残，得到 30%的赔偿，两次赔偿之和为 90%。这种评定方法，使伤者少获得 30%的赔偿。

按照第一种观点进行伤残评定有时会出现伤者得到的补偿超过 100%的情况，而按照第二种观点进行伤残评定虽不会出现伤者得到超过 100%补偿的情况，就有损害伤者利益的情况出现。因此，笔者认为按照第一种观点进行伤残评定会加重车方利益损失的观点是不全面的。交通事故伤残评定标准，从客观上讲，是一个很严苛的标准，由于它没有很好地与《劳动能力 职工工伤与职业病致残等级》（GB/T 16180—2006）互相平衡，而且《道路交通事故受伤人员伤残评定》（GB18667—2002）标准内部，条文与条文之间，同一伤残级别之间的内部也缺乏很好的衔接与平衡。同时，像双目失明、两肢缺失、三肢缺失、双肾功能丧失或缺失等严重残疾，伤者损伤的不仅是身体，更重要的是精神。身体和精神的严重受损，金钱永远是不能弥补的。生命、健康、幸福是无价的。因此，笔者认为，在司法鉴定实务中，在保证科学、客观、公正的前提下，应以公平正义为准则，以社会价值取向为目标，在涉及伤病关系的鉴定中，在引用附则 5.3 条评定道路交通事故受伤人员伤残程度时，在扣除原有伤病时，特别是在涉及双眼盲目、双肾功能丧失或缺失、双肢缺失或三肢缺失时，一定要考虑到本次交通事故所致残肢的社会价值取向，以及精神心理的损伤，全面分析，综合评定，要以"就高不就低"的原则，尽可能地保护伤者的合法权益。

# 外伤参与度在交通伤亡事故法医学鉴定中的运用 1 例

王成松　赖国雄
四川省广元市公安局物证鉴定所

## 1　简要案情

某年 6 月 29 日，一小轿车在行驶途中与一行人相撞，致行人左股骨粗隆间骨折入院经手术治疗出院后卧床护理，于当年 9 月 16 日突然死亡。死者 79 岁，既往高血压病史 $20^{+}$ 年，曾因“脑中风”住院治疗。

## 2　尸体检验

尸体新鲜完整，消瘦；尸僵存在于全身各大关节；尸斑呈紫色，分布于项、腰、背等低垂未受压部，指压不易褪色。头面、颈、胸、腹未见机械性损伤，左髋外侧手术缝合瘢痕。解剖检验颅脑无机械性损伤，脑萎缩。双肺色泽灰暗，心脏重 450g，左心室壁厚 1.5cm，右心室壁厚 0.5cm，室间隔厚 1.4cm，三尖瓣瓣膜轻度卷曲，二尖瓣质地较硬，各级冠状动脉肉眼未见异常，主动脉弓及其分支各大血管管腔内见暗红色条索状异物，表面光滑、质韧，与血管壁粘连，肝脏大血管管腔内亦有上述特征异物，脾、肾等部解剖未见异常。病理学诊断：心肌纤维增生肥大，排列紊乱，符合高血压性心脏病变改变；肺部感染，肺炎形成；肝淤血。

## 3　论证

本例死者在行走途中被机动车撞击致左股骨粗隆间骨折入院经手术治疗，出院后卧床护理，于伤后 2 月余突然死亡。死者年事已高，既往高血压病史 $20^{+}$ 年，曾因“脑中风”住院治疗。检验见左髋外侧手术缝合瘢痕，双肺色泽灰暗，主动脉弓及其分支各大血管管腔内见暗红色条索状异物，表面光滑、质韧，与血管壁粘连，肝脏大血管管腔内亦有上述特征异物。病理诊断：心肌纤维增生肥大，排列紊乱，符合高血压性心脏病变改变；肺部感染，肺炎形成；肝淤血。结合既往病史及病理诊断，说明其高血压病已至失代偿状态，失代偿状态时血管透明变性、管壁增厚、管腔狭窄易致血栓形成，发生栓塞；交通事故致股骨粗隆间骨折，术后长期卧床，血流速度减缓，加速了血栓形成的发生及发展。交通事故伤致股骨粗隆间骨折虽不致命，但其伤后长期卧床加速了高血压病失代偿状态下的血栓形成，亦为肺炎形成的原因之一，其高血压病失代偿状态下的血栓形成、血栓栓塞和肺炎为该例的死亡原因，其本身存在高血压心脏病特异性改变，交通事故伤后卧床诱发和加速了血栓形成，导致血栓栓塞，引起本例伤者死亡，即交通事故伤为疾病加重的诱发和促进因素。因此，遵照《外伤在与疾病共同存在的案件中参与度的评判标准（草案）》第三章第十七条（三）“既有外伤，又有疾病，若前者为诱发或加重因素，即外伤比较轻微，对人体重要器官没有直接危害，但能诱发或促使疾病恶化致死亡，参与度如下：被鉴定人原有组织器官的特异性改变，或者其系特异体质，参与度为30％”之规定，其交通事故伤占死亡参与度的30％。

## 4 总结

外伤参与度在因交通伤亡的法医学鉴定中鲜有涉及，本例中死者本身患有高血压病，且已有心脏等靶器官特异性改变，交通事故伤后长期卧床加重和诱发了靶器官病变，最终导致血栓栓塞及肺炎形成而死亡，因此其交通事故伤占死亡参与度的比值符合《外伤在与疾病共同存在的案件中参与度的评判标准（草案）》第三章第十七条（三）之规定，其参与度为30％。

# 道路交通事故命案现场再现1例

郭 雪[1] 周 斌[1] 孔 斌[2] 李伦杰[2] 常文明[2] 黄家才[2]

1. 四川省道路交通事故技术鉴定中心；2. 成都市公安局交通警察支队

在道路交通事故处理中，经常需要判断驾驶人。对于一般案件而言，某些特征性损伤如：方向盘损伤、安全带损伤、保险杠损伤等，就能反映出伤者、死者的交通参与身份或交通方式；但一些特殊案件，没有特征性损伤，就需要全面细致的检查尸体、事故现场、事故车辆以及监控资料，综合各个学科意见得出最终鉴定结论。

## 1 案情简要

2012年11月25日晚，赵某驾驶蓝色轻型自卸货车由西向东方向行驶，行驶至一公交站台处时车辆发生故障，赵某将车停在非机动车道内等待维修。20时30分许，一无号牌轻便二轮摩托车由西向东方向行驶至该处，与赵某停在路边的轻型自卸货车的左后角发生碰撞，造成轻便二轮摩托车人员曾某、李某当场死亡。为明确驾驶人，办案单位要求对事故发生时的驾乘关系进行判断。

## 2 检验

### 2.1 尸体勘查

曾某上身衣服为蓝色有帽保暖服，下身为灰黄色长裤带深色后裤包，鞋底侧面有一圈黄色。尸表：口鼻内有大量血迹，眉心处有 3.0cm×1.0cm 片状擦伤，右眶外份有 2.5cm ×1.5cm 挫裂伤，右额上份有 5.0cm×3.0cm 片状擦伤，双唇多处有小挫裂创，多颗门齿折断并残留蓝色附着物，左季肋部有 6.0cm×2.0cm 长方形擦挫伤，皮瓣方向由下向上，右手背有 4.0cm×3.0cm 片状擦伤，左大腿上端内份有 17.0cm×4.0cm 擦挫伤，左股骨上段骨折，左小腿上端内份有（13.0cm+10.0cm）×2.0cm“」”型擦挫伤。解剖：颅骨整体骨缝分离严重并伴额部粉碎性骨折，顶枕部广泛头皮血肿，胸腔大量积血，心脏破裂，肝脏挫裂伤。

李某上身衣服为深蓝色无帽保暖服，裤子为纯黄色，外裤左大腿外侧有 9.0cm× 2.0cm 破口，鞋底侧面有一圈白色。尸表：口鼻内有大量血迹，左耳内有血迹，下颌骨骨折，右下多颗牙齿缺失，颏部有 1.5cm×1.0cm 三角形裂创，左额有 8.0cm×3.0cm 横行刷状擦伤，左手臂散在多处点片状擦伤，左手食指指腹及中指指腹皮下出血，右腕背侧 2.0cm×1.0cm 范围内有多处不规则排列线状划擦伤，右手背近腕处 2.0cm×2.0cm 片状皮下出血。解剖：右颞部头皮有 4.0cm×5.0cm 血肿，颅内见广泛出血，左侧大脑半球为重，脑挫裂伤，颅底骨折，腹腔积血，肝脏挫裂伤。

### 2.2 车辆勘查

蓝色轻型自卸货车：货箱后栏板左侧有擦划痕迹，该痕迹长度约为 10.50cm，宽度约为 2.0cm，痕迹表面有油漆脱落，该擦划痕迹下边缘距地约为 135.50cm；痕迹左下部有一凹陷痕迹，该痕迹长度约为 0.40cm，宽度约为 0.20cm，深度约为 0.10cm。

二轮摩托车：车头严重受损，左侧车把已脱落，右侧车把长约为 10.50cm，直径约为 3.20cm。

### 2.3 微量物证

在轻型自卸货车货箱后栏板左侧擦划痕迹附近提取蓝色油漆一份；在死者曾某门牙处提取蓝色附着物一份。将提取的蓝色油漆和蓝色附着物，使用岛津 IR－21 以及 AIM－8800 红外显微镜，依据 GA/T823.2－2009、GB/T1926.1－2008 方法分别对样品进行红外光谱分析，其红外谱图一致。

### 2.4 模糊图像

提取到该路段视频监控，通过模糊图像处理可见摩托车上乘坐两人，其中后部乘客可见其黑色短发，深色无帽上衣背部无可见花纹、黄色长裤无杂色。前驾驶人只见头部呈灰色。

### 2.5 血液中乙醇含量

提取曾某、李某心血，采用气相色谱法，参照 GA/T 842－2009 进行检验；曾某血液样品中未检出乙醇（检出限为 1.0mg/100mL），李某血液样品中未检出乙醇（检出限为 1.0mg/100mL）。

## 3 驾乘关系分析

（1）曾某尸体牙齿残留蓝色附着物，与货车尾箱油漆颜色相类似，且货车货箱后栏板离地 135.50cm 处有擦划痕迹，此高度与人正常骑行坐高吻合。通过微量物证鉴定，曾某牙齿残留的蓝色附着物与在货车尾部擦划痕迹旁提取的油漆为同一物质，因此可以用驾驶员正面与尾箱接触来解释。

（2）曾某尸体左季肋部见6.0cm×2.0cm类长方形擦挫伤，皮瓣方向为由下向上，其形状和皮瓣走向可用摩托车把手损伤解释。

（3）曾某尸体胸腹腔脏器损伤重，心脏破裂、肝脏挫裂；李某尸体胸腹腔脏器损伤较曾某轻，现场照片显示摩托车是正面垂直追尾货车尾箱，故驾驶员损伤应重于乘客损伤，乘客由于由驾驶员的前方缓冲，内脏损伤应相对驾驶员轻。

（4）曾某尸体颅骨整体骨缝分离严重并伴额部粉碎性骨折，可用驾驶员正面高速撞击解释，乘客颅骨损伤由于有驾驶员缓冲，应轻于驾驶员损伤。

（5）李某尸体下颌部损伤可用与前方驾驶员头部发生碰撞解释。

（6）视频监控中后部乘坐人特征与死者李某特征吻合，均为黑色短发，着深色无帽上衣，黄色长裤无杂色。

综上所述，可以判断摩托车驾驶人为曾某。

## 4 小结

交通事故的发生具有极大地偶然性和复杂性，交通工具对人体造成的损伤也具有多样性和复杂性。交通事故现场再现不能仅依靠单一学科鉴定，需要多学科的分析得出综合分析意见，这样的结论才更具科学性和客观性。

# 利用交通工具作案的故意杀人案法医学分析

田崇华　罗　阳

成都市公安局金牛区分局刑警大队

道路交通损伤的形成过程尽管复杂，但本质仍属于钝性的机械损伤。碾压伤（run-over injury）是人体被机动车轮胎碾压形成的损伤，它是交通损伤中比较严重的一种。据2000例交通损伤统计，因碾压致死者占总死亡的20%，其中头部碾压占47%，腹部碾压占27%，胸部碾压占18%，四肢碾压占7%，颈部碾压占1%。

## 1 案例简介

2012年3月6日凌晨1时58分，川×．×××××东风大卡车的车主吴××（男，39岁，四川省崇州市××乡××村×组人）将车停放于成都市金牛区蓉都大道天回路162号“成都××有限公司”门前绿化带边时发现有男子在偷其车的油，遂下车与其搏斗，男子跳进停放在路边的一辆越野车逃跑，途中将吴××撞倒后逃走，后吴××被送往成都军区总医院抢救无效死亡。

### 1.1 尸体检验

#### 1.1.1 尸表检验

死者发育正常，体形中等，营养状况良好。尸长 164cm，头发长 2cm，黑发。角膜轻度混浊，左右睑、球结膜苍白，双侧瞳孔等大等圆直径约 0.4cm。尸僵形成于全身各大关节，较强。尸斑于肩背部未受压处形成，呈暗红色，指压稍褪色。右侧顶部有一 3.5cm×2.0cm 挫裂创。右侧颧弓处有一 5.0cm×3.0cm 擦伤，右侧腮部有一 6.0cm×1.5cm 擦伤。颈项部未见损伤及异常。左侧胸部有捻发感。左锁骨中线平第四肋平面处有一 3.0cm×1.5cm 擦伤。左侧腰部有一 8.0cm×3.0cm 擦伤。右侧肩胛骨骨折，右上臂外侧 25.0×9.0cm 范围内有多处斜行条状皮下出血，方向为左下至右上。右肘关节外侧有一 2.5cm×1.5cm 擦伤。左侧膝关节及胫前 14.0cm×10.0cm 范围内有多处擦伤。左小腿外侧上份有一 4.5cm×1.0cm 擦伤。右侧膝关节内侧有一 5.0cm×0.8cm 擦伤。会阴部未见损伤及异常。

#### 1.1.2 解剖检验

死者右侧顶部有一 6.0cm×3.0cm 头皮下血肿。颈部肌肉群未见出血及异常。舌骨未见骨折，气管内见少量血性液体。左侧胸部左锁骨中线处第 3 至第 5 肋骨折，可见骨折断端；左侧腋中线处第 2 至第 12 肋骨折，可见骨折断端；右侧胸部右锁骨中线处第 2 至第 6 肋骨折，可见骨折断端。左侧胸腔积血约 500mL，右侧胸腔积血约 500mL。双肺可见肋骨压迹，双侧肺组织淤血，右肺上叶可见一 1.5cm×1.0cm 肋骨刺破口。心包完整，心包腔积血约 30mL，心脏未见异常，肺动脉于心脏连接处可见一 0.5cm×0.5cm 破口。腹腔积血约 500mL。肝右叶脏面可见一 2.0cm×1.5cm 挫裂创。双肾淤血。胃内可见褐色食糜，量约 50g。

### 1.2 法医学分析

#### 1.2.1 死亡原因

根据尸体解剖检验情况：死者双侧肋骨多发性骨折，双侧肺组织淤血，肺部可见肋骨断端所致刺破口，肺实质损伤程度重，双侧胸腔积血总量约 1000mL；肝组织上可见挫裂创，双肾淤血，腹腔可见积血，量约 500mL，腹腔脏器不同程度淤血。吴某死亡原因为多器官损伤合并失血性休克死亡。

#### 1.2.2 致伤方式

根据尸体检验情况，结合案情调查，死者体表多处擦伤、双侧肋骨大范围骨折、肺组织损伤、肺动脉破口、肝脏挫裂创、右侧肩胛骨骨折均符合巨大外力挤压造成。死者右侧顶部挫裂创及头皮下血肿为死者跌倒时头部撞击地面形成。死者右上臂外侧多处斜行条状皮下出血，推断由汽车轮胎碾压时轮胎表面花纹造成。

#### 1.2.3 死亡时间及性质

根据尸体现象及案情调查访问，死者吴××的死亡时间为 2012 年 3 月 6 日凌晨 4 时 15 分。根据案情及损伤部位，判定为他杀。

## 2 讨论

本案属于故意杀人案件中比较特殊的类型——利用交通工具为作案工具的犯罪，在侦查破案中会有一些难度。但本案犯罪事实清楚，作案动机明确，加上目击证人提供的证据使侦查破案过程化繁为简，在较短时间内就将犯罪嫌疑人缉拿归案，使本案顺利告破。

从法医学专业角度看来，此案的尸体解剖反映了一个引人思考的问题——低位肋骨骨折与内脏器官损伤情况不符。

肋骨骨折被分为：上部骨折（1－4 肋），中部骨折（5－8 肋）和下部骨折（9－12 肋）。合并肋骨骨折的钝挫伤常与实质脏器损伤密切相关，国内外相关文献中均有肋骨骨折方式、数量与实质脏器损伤程度的相关性研究。在外力作用于胸壁的钝性损伤中，一侧的肋骨骨折会导致其覆盖着的内脏器官损伤出现的概率和程度增加，此所谓肋骨骨折的“多米诺”现象。

本案中作案车辆行驶时从左下腹到右上腹碾压死者胸壁造成左侧 2－12 肋骨骨折（上、中、下肋骨骨折），脾脏并无损伤，右侧 2－6 肋骨骨折（上、中部肋骨骨折），造成肝挫裂创和成右肺上叶刺创、肺动脉破裂。可见，左侧低位肋骨骨折未合并实质脏器损伤（脾脏损伤），右侧低位无骨折却出现了实质脏器损伤（肝挫伤），与固有理论的损伤模式不符。

Ammar Al－Hassani 等的研究发现，低位肋骨骨折合并腹部实质脏器损伤的致伤机制不完全依赖“多米诺”现象。大量的临床案例统计分析表明，左侧损伤越严重会提高脾脏损伤的概率，右侧损伤越严重会提高肝脏损伤的概率。笔者认为，碾压外力按照“肋骨－胸壁－实质脏器”的方向传导是碾压伤（胸部钝挫伤）的主要致伤机制，绝大多数案例也符合该规律。而对于本案这种特殊情况，笔者综合各种研究资料，提出一尚不能证实的假说：外力碾压肋骨时胸廓的完整性尚存在，力会沿着胸廓的方向传导，单侧肋骨受到的压力会借以脊柱为轴的杠杆传导到对侧，导致对侧实质脏器的损伤。换言之，在损伤发生的瞬间，两侧肋骨以脊柱为轴心，像跷跷板一样运动，暴力传导到对侧，导致受压对侧的实质脏器损伤。

由于类似的案例不足以及实验条件的限制，笔者不能证实此假说。且希望此案例分析和假说能对广大法医工作者在今后的工作、科研中有所提示。

# 法医毒物分析

# Forensic Toxicology

Advances & practices in Forensic Medicine 8

# 羟亚胺的气相色谱－质谱法分析鉴定

黄思成　李　岩　舒　鹏
四川省成都市公安局刑事科学研究所

本文采用气相色谱－质谱联用法（GC/MS）对疑似制毒原料的一种检材进行鉴定，该检材成分在商业化的标准质谱库中无对应的标准谱图，通过人工解析质谱图，并通过公安部指定厂家购买的标准品做对照，鉴定其为盐酸羟亚胺。

## 1　案情简介

2009 年 10 月 23 日，在成都市金牛区某小区内，群众举报一制毒工厂，经现场勘查，提取疑似制毒原料的土黄色粉末，重约 500kg。

## 2　实验部分

### 2.1　仪器与试剂

Agilent 6890/5973 GC/MS 联用仪。

三氯甲烷（分析纯）。

### 2.2　检材预处理

分别取检材、标准品，以三氯甲烷溶解，适当稀释后，待进行气相色谱－质谱测定。

### 2.3　色谱与质谱条件

（1）色谱条件：HP－5MS 弹性石英毛细色谱柱（30m×0.25mm×0.25μm）；进样口温度 250℃；程序升温：80℃（stay 3min），以 10℃/min 的速度升至 280℃（stay 10min）；载气 He，流量 0.9mL/min；进样量 1.0μL；分流比为 10∶1。

（2）质谱条件：电子轰击（EI）离子源，电子能量 70 eV，质量扫描 m/z 29～600。

## 3　结果与讨论

### 3.1　色谱－质谱分析

该样品主峰的化学成分检索结果为氯胺酮。该物质的分子离子峰 m/z 237 与氯胺酮相同，碎片离子峰也有相似之处，因此极易误认为是氯胺酮；但该物质的色谱保留时间与氯胺酮不同，且基峰 m/z 152 也与氯胺酮的基峰 m/z 180 不同。根据与公安部制定厂家购买的羟亚胺标准品的平行试验，可得知检材应为羟亚胺。

### 3.2 质谱图解析及成分鉴定

盐酸羟亚胺在加热时转化为游离态的羟亚胺，其相对分子质量为237。该主峰成分的质谱分子离子峰 m/z 237 为游离态羟亚胺，基峰 m/z 152 为α－断裂脱去1个羟基环戊基所得，再丢失1个甲基得碎片峰 m/z 138。因此，通过气相色谱－质谱鉴定这种检材的化学成分为盐酸羟亚胺，其化学名称为1－羟基环戊基－2－氯苯基－N－甲基亚胺基酮盐酸盐；英文名为1－［（2－chlorophenyl）（methylimino）methyl］cyclopentanol hydrochloride；分子式为 $C_{13}H_{16}ClNO \cdot HCl$；相对分子质量为274.2。

### 3.3 讨论

由于盐酸羟亚胺不存在于标准质谱库中，无法检索到，故目前为止尚未见盐酸羟亚胺的检测方法的报道。本工作通过气相色谱－质谱分析，人工解析质谱图鉴定盐酸羟亚胺，并通过公安部指定厂家购买的标准品做对照，方法准确、可靠，能满足司法鉴定的要求。

# 对两起警用喷射器引发嫌疑人受伤事件的分析检验和探讨

廖　敬　舒　鹏　周达江

四川省成都市公安局刑科所

警用催泪喷射器属于防护性微型特种警用器材，主要用于公安民警在执行公务时，短时间、近距离内迅速制服、抓捕犯罪嫌疑人以及自身防卫。它虽无刀斧之刃，却比拳脚棍棒更具威胁，挥手间制敌，可谓是以柔克刚。在公安部出台的《公安单警装备配备标准》中，警用催泪喷射器成为公安单警的必配装备，其优越的性能和极强的实用性使它成为公安民警在执行公务时的得力助手，对于鼓舞公安民警士气，震慑和打击犯罪活动将起到重要作用。但在实际工作中，催泪喷射器的不正确使用，会造成被制服对象的伤害，使公安工作陷入被动，甚至引起赔偿纠纷。

## 1 简要情况

2011年9月某日上午，某分局巡警大队两名民警在街面进行例行盘查时，突遇一嫌疑男子激烈抵抗，民警立即拿出警用催泪喷射器对其进行喷射，喷射距离约2米，喷射时间4秒，喷射部位为该嫌疑男子的胸、颈部和面部，该男子随即被民警制服，在带回派出所进行讯问过程中，该男子称其被喷射的部位疼痛难忍，眼睛、鼻腔刺激严重，在用自来水对其进行清洗后，疼痛症状减轻，随后进行了讯问，押送看守所，在看守所当晚，该嫌疑男子疼痛加剧，后送医院检查，诊断为胸、面部三度烧伤。

2011年10月某日，某分局派出所在制止一起打架事件中，使用催泪喷射器将一男子制服，后该男子面部、眼睛、颈部红肿、起泡，经医院检查，诊断为二度烧伤。

## 2 分析检验

### 2.1 检材的提取

（1）嫌疑男子烧伤部位棉签拭子，用三氯甲烷浸泡，离心，取下层清液浓缩备检。

（2）嫌疑男子上衣领口布片，用三氯甲烷浸泡，离心，取下层清液浓缩备检。

（3）编号为 CWX372427 的催泪喷射器 1 支（中国人民武装警察部队工程学院科研部生产），将其喷嘴伸入试管内，轻压喷雾按钮，取出喷液，加入 2mL～3mL 三氯甲烷溶解，离心，取下层清夜备检。

（4）编号为 CWX372436 的催泪喷射器 1 支（中国人民武装警察部队工程学院科研部生产），同上操作处理。

### 2.2 TCL 分析

吸附剂：硅胶 G

展开剂：① 苯：乙酸乙酯：环己烷（8：1：1）

②苯：乙酸乙酯（8：2）加入 0.04 mL 二乙胺

显色：自然显色

结果：检材（3）、（4）出现相同的色谱斑点；在检材（1）中未检出与检材（3）、（4）同样的薄层斑点；检材（2）和（3）在两种展开剂中的薄层行为如图 1 所示。

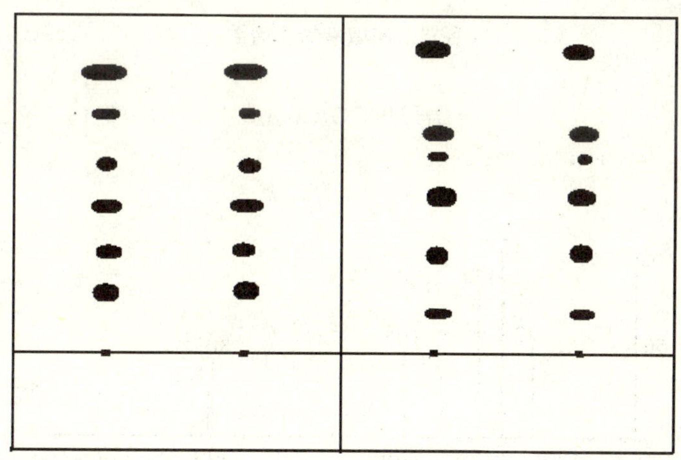

图 1 检材（2）、检材（3）在不同展开剂下的薄层色谱图

### 2.3 GC/MS 分析

检验条件：Agilent 6890－5973 型气相色谱/质谱联用仪，HP－5MS 柱（30m×0.25mm×0.25μm）—30℃/min—280℃（17min）；进样口温度：280℃；分流比：50：1；载气：高纯氦气。取上述检材（3）提取液进行 GC/MS 分析，如图 2、图 3、图 4 所示。

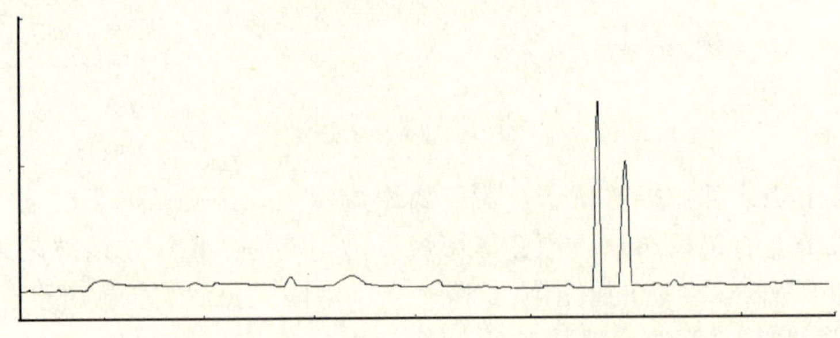

图 2　检材（3）提取液的总离子流色谱图

OCH

$CH_2NHCO(CH_2)CH{=}CHCH(CH_3)_2$

HO

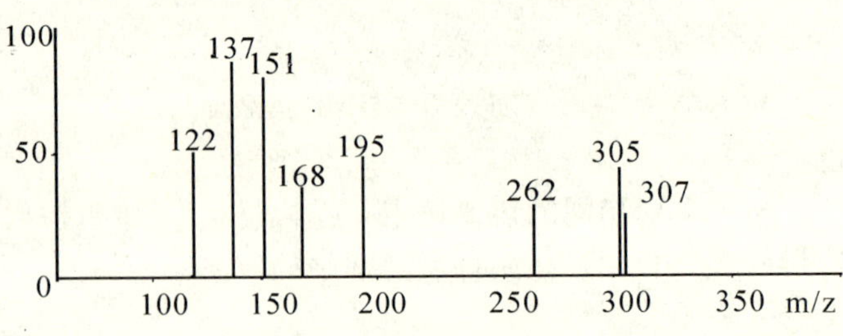


图 3　辣椒素的质谱图

$H_3CO$

$CH_2NHCO(CH_2)_4CH{=}CHCH(CH_3)_2$

HO

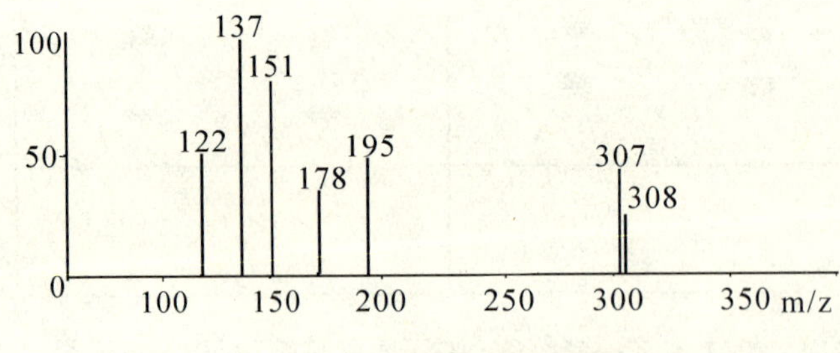


图 4　二氢辣椒素的质谱图

## 3　讨论

在我国，催泪喷射器作为非致命性制服性警械，目前已经广泛装备到各地公安机关。催泪喷射器中主要刺激剂成分为 4S（高浓度辣椒素），溶剂为磷酸三酯。喷射剂主要通过呼吸道、黏膜、皮肤三个途径产生作用：喷射剂溶液和气溶性云团通过鼻孔进入鼻腔、呼吸道直到肺部，可立即使人感觉到疼痛、咳嗽、胸闷、呼吸困难，直至窒息；通过刺激眼睛、口腔等黏膜丰富的部位，可立即使人大量流泪，眼睛灼痛，喉痛甚至恶心呕吐；当皮肤接触后，可立即使人感到辛辣、红肿、刺痛、灼痛、发痒，并造成暂时性技能故障，使暴徒或者犯罪嫌疑人失去抵抗能力。染色剂喷射到人体的面部、皮肤和着装上，立即显示出鲜红色，可造成精神恐惧感。在日常勤务工作中要掌握正确使用催泪喷射器，避免制服对象不必要的伤害现象发生，关于日常使用“催泪喷射器”给出如下说明和建议：

（1）日常使用时，不可直接喷射至人的面部，尤其是眼睛、口腔等部位。

（2）直接喷射至肢体皮肤部分清洗后 3～4 小时内有灼热、刺痛感，如未清洗 7～8 小时内有灼热、刺痛、瘙痒、过敏感。

（3）当使用量过大时，如未清洗皮肤，24 小时后会出现红疹，若遇水、冰雪、部分有机溶剂，皮肤会出现水泡、溃烂、刺痛、过敏、难受直至虚脱等现象（对免疫能力较差的人员特别明显）。

（4）出现上述症状时使用“皮炎平”可缓解。

（5）在 3m～4m 为最佳使用距离，喷射至对方的胸腔部位，但对于有哮喘病、心脏病、呼吸道过敏等疾病的人员应慎用。

在近期工作中发现，全国公安机关共有多起警用催泪喷射器造成嫌疑人受伤的事件发生，此文以为借鉴。

# 气相色谱法检测人血中酒精含量的介质筛选

杜长麟[1]　曾　珍[1]　韩静雅[1]　孔　斌[2]　朱　全[2]

1. 四川省道路交通事故技术鉴定中心；2. 成都市公安局道路交通事故物证鉴定所

酒精学名乙醇，结构简式为 $C_2H_5OH$，在常温、常压下是一种易燃、易挥发的无色透明液体。乙醇水溶液具有特殊的、令人愉快的香味，并略带刺激性。

在对人血中酒精含量的检测中，标准曲线主要采用人全血作为实验介质，但由于人全血在来源、保存等方面对实验室要求严格，本文拟通过实验研究建立以水为介质的标准曲线对血中酒精含量进行检测。

## 1　实验仪器及材料

### 1.1　仪器

气相色谱仪，配以 DB－ALC2 色谱柱及 FID 检测器，EZchorm 气相色谱仪化学工作站；顶空进样器。

### 1.2　试剂

超纯水（电阻大于 18.3MΩ）；分析纯叔丁醇和无水乙醇；200mg/100mL 和 300mg/100mL 乙醇标准品。

### 1.3 内标物及已知对照品

分析纯叔丁醇，纯度≥99.9%，吸取 1.28mL 置于 500mL 容量瓶中，用超纯水定容至刻度，即得 200.082mg/100mL 的内标物。

分析纯无水乙醇，纯度≥99.9%，吸取 0.5mL 置于 500mL 容量瓶中，用超纯水定容至刻度，即得 78.921mg/100mL 的对照品。

空白水样：取超纯水 0.5mL。

全血样品：取人全血 0.5mL，添加已知对照品。

水样品：取超纯水 0.5mL，添加已知对照品。

## 2 实验方法

### 2.1 仪器条件

选用配备进样针的顶空进样器。各环节设置按照国标 GA/T 842－2009《血液酒精含量的检验方法》标准参数。

气相色谱仪配以分流进样器，分流比设置为 30∶1，其他各部位采用国标 GA/T 842－2009《血液酒精含量的检验方法》标准参数。

### 2.2 标准曲线制作

分别吸取 0.2mL，0.4mL 分析纯无水乙醇，置于 500mL 容量瓶中，用超纯水定容至刻度，即得 18.941mg/100mL 和 63.137mg/100mL 乙醇溶液。

分别吸取 18.941mg/100mL，63.137mg/100mL 与 78.921mg/100mL 乙醇溶液 0.5mL，加入 0.1mL 内标物，进行检测，得到水介质标准曲线。

曲线公式：线性拟合 $ax+b$，$a=4.80867$，$b=0.0300869$，拟合度（$r^2$）：0.999。

### 2.3 样品前处理

取全血 0.49mL 三份，分别加入已知对照品 0.01mL，同时加入 0.1mL 内标物。

### 2.4 实验结果

实验结果如表 1。

表 1　全血样品中乙醇含量的检测结果

| 样品编号 | 理论值 | 实际值 | 偏差 |
| --- | --- | --- | --- |
| 样品 1 | 18.941mg/100mL | 18.001mg/100mL | 4.96% |
| 样品 2 | 63.137mg/100mL | 59.902mg/100mL | 5.12% |
| 样品 3 | 78.921mg/100mL | 74.965mg/100mL | 5.01% |

### 2.5 回收率考察

取超纯水 0.49mL 两份，分别加入 200mg/100mL 和 300mg/100mL 乙醇标准品，按上述 2.2 步骤得到水样品，以内标法计算含量，如表 2 所示。

表 2 水样品中乙醇回收试验（$n=3$）

| 添加量 | 含量 | 回收率 | 平均回收率 |
|---|---|---|---|
| 0.02mg | 0.0176 | 88% | 89.5% |
| 0.03mg | 0.0273 | 91% | |

## 3 讨论

### 3.1 超纯水干扰峰讨论

全血样品检测，得到乙醇在全血溶液中被检出的时间在 1.85076±2.5%min 之间。水样品检测，乙醇出峰时间在 1.8425±2.5%min 之间，与全血样品中的乙醇出峰时间相距未超过±2.5%，利用水介质作为乙醇含量检测标准曲线能够检测出样品中的乙醇。同时，在空白水样检测中实验 10min 内未见其出现异常峰组，基线稳定平滑。因此选择超纯水作为乙醇含量检测的介质，能够满足日常工作中对血中乙醇检测的需要，且杂峰干扰少。

### 3.2 色谱柱讨论

在使用色谱柱时，本文参照国标 GA/T 842－2009《血液酒精含量的检验方法》选用 DB－ALC2 毛细色谱柱，该色谱柱具有与 Rtx－BAC1 和 Rtx－BAC2 相似的专有 Crossbond ©固定相，专门应用于分析血液中的酒精。经过实验结果发现：DB－ALC2 在对空白水样进行检测时，未出现杂峰，基线稳定平滑；柱温设置为 50℃时，未出现水蒸气冷凝回流的现象。同时，在对水样品进行检测时，内标物叔丁醇与乙醇峰能够准确分离，峰形良好；并且在检测时间内未出现无缝或峰严重拖尾的情况，上述的检测情况亦出现在使用 DB－ALC2 对全血样品进行检测中。所以用水为介质进行血中乙醇含量检测能够使用国标 GA/T 842－2009《血液酒精含量的检验方法》推荐的色谱柱。

### 3.3 对来源、储存的讨论

实验室使用的试验用血主要来源为人全血，根据我国《血液制品管理条例》，实验室如需购买人全血进行试验检测，须经当地卫生部门审批，方能购买实验用血。同时，根据各地区血液中心的实验用血包装不同，每次购买的实验用血大概在（100～200）mL/袋之间，然而，每一袋人全血的规定保存方法为 4℃恒温保存 30 天。所以，对于普通检测实验室在获得了购买实验用血的情况下，根据《血液酒精含量的检验方法》标准要求进行实验时，每 30 天所需的实验用血约 15mL～20mL，远远低于购买量，不仅对血液造成了不必要的浪费，同时如果长期或超期使用血液会造成实验流程不规范，造成实验结果不准确，还会因为血液腐败而造成一定的污染，甚至危害到实验人员的身体健康。因此，普通检测实验室选取超纯水作为乙醇含量检测的标线介质，即方便获取，又易于保存，同时，水对于实验室的污染及实验人员的健康危害也远小于血液。

### 3.4 对检测数据的讨论

通过实验采集到 3 组数据，经过计算检测样品中的乙醇含量理论值发现利用水介质制作的标准曲线检出的数据略低于理论值数据。乙醇人体内主要代谢场所为肝脏，肝脏的乙醇脱氢酶与乙醇结合，将其氧化为乙醛，在经过其他代谢，最终排出体外，而根据个人的差异，乙醇脱氢酶在肝脏的含量是不同的，因此，所谓血中乙醇含量检测，其主要检测对象为细胞外液（血液中即为血浆或血清）。然而乙醇在血浆或血清中的溶解度与在水中的溶解度是不同的。在大多数实验体系中，为方便计算，血液的溶解度等物理性质又基本可以看作为水的物理性质。因此，在进行普通的血中乙醇含量检测时，可以使用水作为介质，来替代人全血。

本文所建立的方法充分发挥了水的易保存、易获取、检测要求条件灵活、干扰条件少等特性，在一定程度上达到了替代原始的以全血为介质的标准曲线法对乙醇含量检测，能够让普通检测实验室在节约成本的情况下开展该类项目的检测，但根据 GB 19522－2010《车辆驾驶人员血液、呼气酒精含量阈值与检验》中对不同浓度乙醇含量驾驶员的定义：血中乙醇含量大于等于 20mg/100mL，且小于 80mg/100mL 为饮酒驾驶，大于等于 80mg/100mL 为醉酒驾驶，因此，不论使用水介质替代血液介质或者使用空白人全血为介质进行乙醇含量检测时，在 20mg/100mL 和 80mg/100mL 两个检测点上，均需要引入不确定度进行计算。

# 氯美扎酮中毒死亡的法医学分析

刘建锋[1]　陈冬冬[2]

1. 浙江省温州市公安局刑科所；2. 浙江省泰顺县公安局技术室

某年 11 月 14 日，某小区二幢二单元 605 室发现一男一女躺在卧室怀疑中毒，男子蔡某（男，47 岁）已经死亡，其妻子毛某送医院抢救。

## 1　现场勘查

现场为三室一厅二卫的商品房，房间内各物品摆放整齐，未见明显凌乱。男性尸体仰躺在主卧室床上，头东脚西，上身光身，下身着黑色短裤。头部在两枕头之间，右手向北呈张开状放在北侧的枕头上，右手臂处和腋下有白色的固体状颗粒，右手肘部和下方的枕头套上有白色的固体状颗粒，面积为 41.1cm×7.4cm，检查右手下方红棕色的枕头套，发现枕头呈湿状。在床单上发现白色的固体状颗粒，面积为 25.5cm×6.2cm，在床底处的地板上有两颗白色药片，药片外形一致呈圆形，直径大小为 0.9cm。在餐厅的大理石餐桌上发现一颗白色颗粒，颗粒大小为 0.3cm×0.2cm，在桌子西北角正下方的地上有一颗白色的颗粒（提取），颗粒大小为 0.4cm×0.2cm。

## 2　尸体检验

死者蔡某，成年男性，尸长约 175cm，尸斑呈暗红色，左侧球结膜、睑结膜苍白，右侧球结膜、睑结膜充血，唇黏膜及甲床发绀，体表未见明显客观损伤。解剖：大脑和小脑表面、切面未见明显出血，镜下见大脑蛛网膜下腔血管扩张充血，额顶叶、枕叶蛛网膜下腔出血，脑实质血管扩张充血，血管及细胞周围间隙增宽，神经细胞变性，尼氏小体消失，延髓局部见淀粉样小体聚集。心脏背侧外膜见一范围为 3.5cm×2.0cm 的点片状出血，镜下见心肌细胞嗜酸性变，部分呈波浪状，部分心肌纤维断裂，间质血管扩张充血，冠状动脉未见狭窄，窦房结未见明显病变。肺表面光滑，未见渗出粘连，切面暗红色，镜下见肺泡壁及间质血管扩张充血，部分肺泡腔不规则扩大，间隔断裂，部分肺泡腔内充满水肿液，肺泡腔内见红细胞。肝脏表面光滑，质软，切面灰白淡红色，镜下见肝细胞轻度水肿，局部肝窦淤血，汇管区间少量淋巴细胞浸润。脾脏被膜皱缩，切面暗红色，质中，镜下见脾窦扩张淤血，红髓增宽，白髓减少。肾脏表面光滑，切面暗红，质中等，皮髓质分界清，皮质厚 0.8cm，镜下见肾小球毛细血管扩张充血，肾小管上皮变性自溶，肾间质血管扩张充血。病理学诊断：①心、脑、肝、脾、肾等脏器缺氧性改变及淤血；②肺淤血水肿；③大脑额顶叶、枕叶蛛网膜下腔出血。

## 3 理化检验

死者心血、胃内容物及尿液中均检见氯美扎酮成分，其中心血中含量为 113.77μg/mL；心血中检出乙醇成分，含量为 12.1mg/100mL。

## 4 案件侦破情况

经询问嫌疑人毛某，自述因欠债被人逼债，产生自杀念头，但因舍不得蔡某，想和他一起死，故而将氯美扎酮药片碾碎装入胶囊，于 11 月 13 日晚，以吃补药为由骗蔡某吃下氯美扎酮药片，后在确定蔡某死亡后，自己再服用氯美扎酮药片自杀的犯罪事实。

## 5 讨论

本例病理检验结果，结合尸检，未见暴力性损伤，未见颅内及心脏基础性疾病，可以排除机械性损伤或心、脑原发性疾病引起的死亡。理化结果：心血中氯美扎酮含量为 113.77μg/mL，血中乙醇成分含量为 12.1mg/100mL。氯美扎酮和酒精有协同作用并导致药物作用增强，容易引起中毒，出现明显的呼吸抑制，使机体严重缺氧，毛细血管通透性增加，出现漏出性出血。本例病理发现死者大脑额顶叶、枕叶蛛网膜下腔出血，心外膜下点片状出血，双手指发绀等改变支持上述观点。故分析死者为口服大剂量的氯美扎酮片剂后中毒，导致呼吸功能障碍而死亡。

氯美扎酮又名芬那露、非脑乐，成人口服剂量为 0.2g/片，最低致死量为 100mg/kg，为中枢神经镇静剂和肌肉松弛剂，具有抗忧虑、缓和精神紧张的作用，临床上用于治疗神经紧张、失眠、肌肉疼痛及痉挛，与酒精有协同作用。其作用部位主要在丘脑、大脑基底核、大脑边缘系统、中脑网状体等部位，对自主神经无影响，也无抗肾上腺素作用及抗胆碱作用，对循环系统无明显影响。该药对脊髓的单突触反射的抑制作用很小，对复突触反射抑制作用明显，因而呈现中枢性肌肉松弛作用。该药过量所引起的中毒，呼吸抑制很明显，除了常规治疗洗胃、导泻、输液、利尿、脱水、中枢兴奋剂外，高压氧对意识的恢复疗效很好，它可迅速提高血氧分压，增加组织氧含量，改善组织无氧或低氧及代谢性酸中毒。高压氧环境中对血管的收缩作用，可克服脑水肿、肺水肿，高压氧可使脑干网状系统的氧分压提高，有利于促进昏迷者清醒。

# 尸体血液中乙醇含量的判定4例

左　量　黄志刚
四川省资阳市公安局物证鉴定所

公安机关在办理各类死亡案件中，死者生前是否有饮酒及酒后状态，有时对案件的定性有着重要的作用。作为检验机构，对尸体血液中乙醇定量的判定必须准确、科学。

## 1　引言

在对尸体血液中乙醇含量的检验过程中，为了准确判定尸体生前体内乙醇量，必须考虑尸体因腐败产生的乙醇量。尸体血液的乙醇含量测定必须及时进行，如不能及时进行，必须冷冻保存。一般情况，死后立即冷冻保存的尸体，在低温状态下不易发生腐败产生乙醇。

如尸体在常温下存放超过1天，不可忽视死后组织腐败过程中产生的乙醇。腐败尸体在产生乙醇的同时，平行地产生正丙醇。据GA/T842—2009《血液酒精含量的检验方法》，如果同时检出乙醇和正丙醇，且乙醇量在正丙醇量20倍以内，可判定是死后尸体腐败产生的乙醇；如果血液中乙醇量超过正丙醇量20倍，可判定是生前血液中已有乙醇，用乙醇量减去20倍正丙醇量，得到生前血液中乙醇量的下限。

## 2　案例

**案例**1：2012年3月4日，我市某区张某驾驶二轮摩托车与汽车相撞后，造成张某当场死亡。同年3月7日，对张某尸体进行了尸检，并抽取张某尸体心血送检。

尸体保存条件：常温保存。

经检验，张某血液中同时检出乙醇、正丙醇，乙醇含量为24.74 mg/100mL，正丙醇含量为2.84 mg/100mL。

结果分析：张某血液中乙醇量在正丙醇量20倍以内，判定其血液中乙醇系死后尸体腐败产生。

**案例**2：2012年2月15日，我市某区周某驾驶二轮摩托车撞上路旁防撞墩，造成魏某当场死亡。同年2月19日，对周某尸体进行了尸检，并抽取周某尸体心血送检。

尸体保存条件：勘查现场后立即冷冻保存。

经检验，周某血液中检出乙醇，乙醇含量为24.42 mg/100mL，未检出正丙醇。判定周某生前有饮酒。

**案例**3：2012年6月11日，我市某县陈某在朋友家吃了午饭后出走，后与家人失去联系。6月13日，公安机关在天池镇公园水池中发现尸体。6月14日，公安机关对陈某尸体进行了尸检，并抽取张某尸体心血送检。

尸体保存条件：水中浸泡约30小时左右，打捞后送往殡仪馆冷冻保存。

经检验，陈某血液中同时检出乙醇、正丙醇，乙醇含量为12.56mg/100mL，正丙醇含量为1.20mg/100mL。

结果分析：陈某血液中乙醇量在正丙醇量20倍以内，判定其血液中乙醇系死后尸体腐败产生。

**案例**4：2012年7月13日，我市某县赵某于7月13日晚在岳阳河边失踪，7月14日在岳阳河中发现死者。同年7月15日，公安机关对赵某尸体进行了尸检，并抽取赵某尸体中血液送检。

尸体保存条件：水中浸泡约12小时左右，打捞后送往殡仪馆冷冻保存。

经检验，赵某血液中同时检出乙醇、正丙醇，乙醇含量为138.82mg/100mL，正丙醇含量为1.57mg/100mL。

结果分析：赵某血液中乙醇量大于正丙醇量20倍，判定其生前血液中已有乙醇。用乙醇量减去20倍正丙醇量，得到生前血液中乙醇量的下限。故赵某生前血液中乙醇含量的下限为107.42 mg/100mL。处于醉酒状态。

## 3 讨论

(1) 尸体在常温下存放易发生腐败而产生乙醇。案例1中张某死亡时气温为13℃左右，尸体未冷冻保存，于3日后进行尸检并抽取血液送检。肉眼观察尸体未见明显腐败，但从检验结果分析，张某尸体已经发生腐败。

(2) 案例2周某死亡时气温为10℃左右，死亡后尸体及时冷冻保存，延缓了腐败的尸体腐败，检验中未检出正丙醇，可以判定其体内乙醇均是生前进入。

(3) 水中浸泡尸体易发生腐败。案例3中陈某死亡时气温25℃左右，在水中浸泡30个小时左右，溺死时水进入血液，加速了尸体的腐败。陈某尸体被打捞后，冷冻保存在一定程度上延缓了腐败的进程，但其体内已经产生了乙醇。

(4) 案例4赵某同样为水中浸泡尸体，浸泡时间12小时左右，由于天气炎热，气温为30℃左右，水温较高，故赵某尸体同样发生了腐败。从检验结果看，赵某血液中乙醇量超过了20倍正丙醇量，说明其生前血液中已有乙醇，通过减去20倍正丙醇量，得到了赵某生前乙醇量下限。

## 4 结论

尸体的腐败速度、程度与存放尸体的环境有很大的关系，包括温度、湿度、个体差异、微生物条件、存放时间、存放地点等。

由于血液、尿液中正丙醇的出现表明尸体已经开始腐败，其量的大小与腐败程度成正比，因此，在一些需要推断死亡时间案件中，提取尸体心血、膀胱尿液进行乙醇、正丙醇定量检验，对于大体解剖貌似未腐败的尸体，在与其他早期尸体现象相结合推断死亡时间上可能更接近实际，可以把提取尸体心血、尿液进行乙醇、正丙醇定量检验作为常规。

# 利用离子色谱法检测亚硝酸盐中毒 1 例

黄思成　舒　鹏　廖　敬

成都市公安局刑事科学技术研究所

对亚硝酸盐中毒检材的检验方法主要有化学法、分光广度法等，本文采用离子色谱法对一起亚硝酸盐投毒案件检材进行了检验分析。

## 1　案情简介

2010 年 9 月 5 日，在成都市某建筑工地食堂内，发生一起疑似投毒案件，多人在食用了食堂提供的菜汤后出现呕吐、腹痛、腹泻等症状，经现场勘查，提取相关检材后进行送检、检验，最终检出亚硝酸钠成分。

## 2　仪器与试剂

Dionex ICS－1600 离子色谱仪（美国戴安公司），配 EGC 淋洗液自动发生器，Dionex IonpacTMAS11－HC 色谱柱，Chromeleon 6.8 色谱工作站，Dionex AS－DV 自动进样器。

实验所用 $NaNO_2$ 标准品，购自公安部物证鉴定中心，0.22μm 微孔滤膜（希波氏）。实验用水均为“屈臣氏”的纯净水。

## 3　色谱条件

色谱柱：Dionex IonpacTMAG11－HC 保护柱，Dionex IonpacTMAS11－HC 分析柱。流动相：25mmol/L KOH 溶液，流速 1mL /min。进样体积：25μL。柱温：30℃。

## 4　样品处理

取现场呕吐物检材 5g，加入石英砂充分研磨，加入 10mL 去离子水，震荡超声提取 30min，离心取清液，经反相 C18 预处理小柱与 0.22μm 滤膜过滤后，取滤液进样分析。

## 5 结果与讨论

标准品进离子色谱仪，按上述条件进行分析，其离子色谱图为图 1。

检材制样后进离子色谱仪，按上述条件进行分析，其离子色谱图为图 2。

将标准品和检材离子色谱图 1、图 2 叠加、比对为图 3。

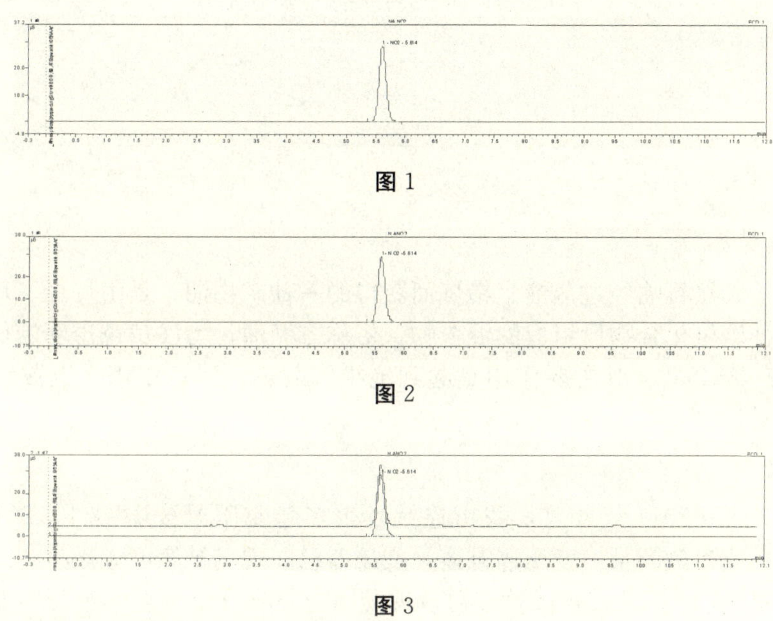

图 1

图 2

图 3

亚硝酸盐的检测方法有很多，但是笔者认为以下两个问题较难解决：

（1）利用化学法检测亚硝酸盐中毒的准确定性问题。

（2）利用仪器检测过程中杂质成分的干扰问题。

利用新型的离子色谱仪能够准确、高效、迅速地进行亚硝酸根离子的检验，能够很好地解决化学法定性不准且操作繁琐以及其他仪器设备在检测过程中其他成分的干扰问题，能够很好地解决生物学检材中亚硝酸盐的检测问题。

# GC/MS 分析变压器油成分及其运用的探讨

李 瑞 武 湖 神 伟
四川省广元市公安局物证鉴定所

## 1 综述

### 1.1 变压器油简介

变压器油是天然石油经过蒸馏、精炼而获得的一种矿物油，是由烷烃、环烷烃、芳香烃和烯烃等各种碳氢化合物所组成的混合物，俗称方棚油，为浅黄色透明液体，相对密度0.895。凝固点＜−45℃。其主要作用是起到绝缘、散热、消弧作用，也被广泛用作液压安全阀内的油封。

### 1.2 简要案情

2010年11月至2011年4月，我市连续发生多起变压器被盗案件。2011年4月16日，群众报案：我市剑阁县一变压器被盗，变压器已在现场被嫌疑人破拆，地面留有大量油性液体。2011年4月17日，民警在对该现场周边公路设卡盘查的过程中发现一可疑轿车，在该车后备箱垫上发现大量不明油渍，遂提取送检以确定油渍成分。

## 2 检验

### 2.1 检材与样本

2.1.1 检材

沾有不明油渍的轿车后备箱垫，剪取油渍部分一块，塑料自封口物证袋包装。

2.1.2 样本

现场地面的油性液体，脱脂棉签转移，塑料自封口物证袋包装。

### 2.2 仪器设备与试剂

2.2.1 仪器

日本岛津 SHIMADZU GC/MS2010plus 气质联用仪，Rxi－5ms 毛细管柱（30m×0.25mm×0.25μm），HW－2 涡旋混合仪，80－2 型离心机（$R_{max}$=4000r/min）。

2.2.2 试剂

三氯甲烷（分析纯）。

### 2.3 前处理

将三氯甲烷 3mL 注入一次性塑料试管（容积 15mL）中，做空白对照使用。

取检材约 2g，剪刀剪碎，置于一次性塑料试管（容积 15mL）中，加入 3mL 三氯甲烷，涡旋振荡 2min，置于离心机中 4000r/min 离心 3min，取下层液待检。

取样本棉签脱脂棉部分，置于一次性塑料试管（容积 15mL）中，加入 3mL 三氯甲烷，涡旋振荡 2min，置于离心机中 4000r/min 离心 3min，取下层液待检。

### 2.4 GC/MS 分析条件

进样口温度 260℃，分流比 5 分流进样，程序升温。初始温度 50℃，保持 3min；10℃/min 升至 120℃，保持 3min；再 10℃/min 升至 280℃，保持 20min。EI 源，电子能量 70eV，离子源温度 200℃，接口温度 260℃。SCAN 扫描方式，扫描范围 40amu～500amu，扫描速度 1000。载气使用高纯氦。

### 2.5 进样

以空白对照、样本、空白对照、检材的顺序各取 1μL 分别进 GC/MS 分析。

## 3 结果

样本中检出主要成分为：2－甲基十七烷（CAS 号 1560－89－0，在 TIC 图中出现 14 处峰）、4－甲基十三烷（CAS 号 26730－12－1，在 TIC 图中出现 11 处峰）、3－甲基十三烷（CAS 号 6418－41－3，在 TIC 图中出现 4 处峰）、4－乙基，5－甲基壬烷（CAS 号 1632－71－9，在 TIC 图中出现 2 处峰）、2，6－二甲基庚烷（CAS 号 1072－05－5，在 TIC 图中出现 1 处峰），空白对照中未检出相同成分。

检材中检出与样本相同的主要成分，且各成分保留时间高度接近、峰出现次数及谱库比对结果一致，空白对照中未检出相同成分。

## 4 讨论

认定依据。检材中检出与样本相同的主成分，各成分保留时间高度接近、峰的出现次数及谱库比对结果均一致，两者之间的此特点可作为成分相同认定的主要依据。

另外，检材因受黏附物上外来成分的影响，其 TIC 图与样本 TIC 图在形态上差异很大。但可以发现，部分截取 TIC 图并调整分辨率后，两者之间，依旧能找到形态上高度相似的部分，这一特点可作为本检验方法的辅助认定依据。

# 三唑仑的法医毒理学研究现状

杨 明[1] 吴 松[12] 张 伟[2]
1. 四川省南充市公安局；2. 川北医学院法医系教研室

## 1 三唑仑的毒性及代谢

### 1.1 毒性

大剂量三唑仑能抑制中枢神经系统、抑制呼吸系统，导致呼吸肌麻痹出现呼吸衰竭。大剂量口服三唑仑急性中毒，如不及时抢救会在较短时间因呼吸衰竭死亡。对于服用三唑仑过量致死的案例国内外文献曾有过多次报道，Takayasu T 曾报道在 1 例三唑仑中毒死亡案件中，从死者心血中检出三唑仑的浓度为 83.9ng/g（88.1ng/mL）；Levine B 报道的死者心血浓度为 0.12mg/L（120ng/mL）；Rossi R 报道的死者心血浓度为 1100ng/mL；Moriya F 报道的死者心血浓度为 62ng/mL ~251ng/mL；黄光照曾记载 6 例服用三唑仑死亡者平均死后血药浓度为 0.039μg /mL（范围 0.010μg /mL~0.057μg /mL）。国内王云河曾实验证明三唑仑灌服剂量在 7.692mg/kg 时，小白鼠 17h 内死亡率为 85.7%，又比照安定推算出三唑仑对人的相对中毒量为 0.011 mg/kg ~0.044mg/kg，相对致死量为 2.222mg/kg ~11.11mg/kg；高元对家兔间隔 1h 灌服共 0.7mg/kg 后，有明显的中毒症状。在国外以往的试验中，常采用对大鼠的灌服剂量为 5mg/kg，使大鼠出现急性中毒的症状，再进行毒定量分析。

### 1.2 吸收与代谢

三唑仑口服后通过消化道吸收快而完全。口服 1.5min~3min 生效，2min 血药浓度达峰值。血浆蛋白结合率约为 90%，半衰期（$T_{1/2}$）为 1.5min~5.5min。国外也有报道，在人体内的代谢 $T_{max}$ 为 1.5min，$T_{1/2}$ 为 2min~4min。

三唑仑大部分经肝脏在肝药酶（细胞色素 P450）作用下进行生物转化，其主要代谢产物是 1－羟基三唑仑和 4－羟基三唑仑（1－hydroxymethyltriazolam and 4－hydroxytriazolam)，最终均与葡萄糖醛酸结合而失活，经肾排出，仅少量以原形排出。以往认为多次服用很少体内蓄积，但国外报道，三唑仑在人体志愿者试验（0.25mg/1 次，0.5mg/2 次/60min，0.75mg/90min）$T_{max}$ 和 $C_{max}$ 随着剂量的增加而增加，表明其短时间多次服用在人体内会蓄积。

由于三唑仑血浆结合率及脂溶性很高，当机体摄入后能使之能迅速向组织中分布并在脂肪组织中蓄积。Takayasu T 等在因三唑仑中毒致死的案例中，在人体各种组织和体液中均检出了三唑仑：心血 83.9 ng/g、尿 741 ng/g、脑 106 ng/g、肺 165 ng/g、肝 507 ng/g、肾 293 ng/g、骨骼肌 125 ng/g、胃内容物 343 ng/g。

## 2 三唑仑的毒理作用

### 2.1 中枢神经系统毒性

研究发现，三唑仑作用于中枢神经系统的苯二氮卓受体（Benzodiazepine receptor，BZR），BZR 主要存在于与情绪有关的边缘系统中隔区、海马和杏仁核中。BZR 分为Ⅰ型和Ⅱ型，Ⅰ型受体兴奋可以解释 BZ 类药物的抗焦虑作用，而Ⅱ型受体与该类药物的镇静和骨骼肌松弛等作用有关。三唑仑作用主要是加强中枢抑制性神经递质 γ—氨基丁酸（γ—aminobutyric acid，GABA）与 GABAA 受体的结合，增强 GABA 系统的活性。一般情况下，γ—氨基丁酸受体被调控蛋白所掩盖，妨碍了 γ—氨基丁酸受体的暴露与激活，因而抑制了受体与 γ—氨基丁酸的结合能力。苯二氮卓类药物与其受体结合后，可改变调控蛋白的构型，解除了 γ—氨基丁酸受体的抑制，于是呈现中枢抑制作用。目前认为这是苯二氮卓类药物用于镇静、催眠的机理。随着用量的加大，临床表现可自轻度的镇静到催眠甚至昏迷。三唑仑可引起依赖性，表现为身体依赖和心理依赖，停药后出现戒断症状。有文献报道，滥用三唑仑会导致中枢神经系统的 4 种不良反应：①精神病人出现谵妄、妄想症状；②老年人出现谵妄、妄想症状；③停药反应；④ 顺行性遗忘症。

### 2.2 其他系统毒性

三唑仑急性中毒后常并发心律失常，有文献报道三唑仑会增快心率。研究表明主要是因为三唑仑降低了迷走神经兴奋性，而对交感神经几乎没有影响。有文献报道三唑仑急性中毒后常并发肺水肿，这可能与该药造成的肌肉松弛、呼吸表浅、缺氧等因素有关。有文献报道，三唑仑急性中毒后常导致胃组织坏死，其产生的机理可能与胃内酸、碱失去平衡有关。当含有大量有毒碱性基团的三唑仑侵入胃时，胃酸的中和能力受到了破坏，这种破坏作用随着碱基和毒素的不断释放而进一步加强，从而引起组织缺血，蛋白质变性、脱水，最后导致组织凝固坏死。坏死区域多见于胃小弯、喷门附近、胃大弯上部，可呈块状或点状，分析与胃的充盈程度和蠕动减弱有关。有文献报道，三唑仑急性中毒可以并发急性肾衰竭，这可能与病人原有肾脏疾病，肾小球滤过功能降低，该药经肾脏排泄产生甲型不良反应，从而引起急性肾功衰竭。

### 2.3 生殖与发育毒性

近年来，对于三唑仑影响生殖发育的毒性研究并不多，三唑仑属于苯二氮卓类药物，而本类药大都可以通过胎盘。孕妇长期使用可引起成瘾，使新生儿呈现撤药症状。在妊娠最后数周用于催眠，可使新生儿中枢神经活动有所抑制，在分娩前或分娩时用本类药，可导致新生儿肌张力降低。国外有报道提示，孕妇长期服用三唑仑，新生儿出生后会出现呼吸暂停。三唑仑能否增加胎儿致畸的危险，尚未有动物实验以及案例报道。

## 3 急性中毒表现

三唑仑在临床上主要用于治疗失眠、麻醉前给药，也适用于焦虑、神经紧张等症状。与地西泮相比，其催睡作用强 45 倍，其肌松作用强 30 倍，其安定作用强 10 倍。三唑仑

0.25mg～0.5mg 与硝西泮 5mg 或氟西泮 15mg～30mg 的疗效相当。三唑仑急性中毒后的临床表现分为轻度、中度和重度三种。轻度：嗜睡或精神萎靡，反应迟钝，判断力差，步态不稳，说话模糊不清，个别有幻觉。生命体征正常，各种生理反射存在。中度：浅昏迷，呼吸浅慢，血压稍低，肌腱反射弱。重度：深昏迷，呼吸浅慢、不规整，血压下降，肌腱反射亢进，瞳孔散大，其他反射消失，肌肉松弛等。

## 4 急性中毒死亡尸检及病理所见

急性中毒者呈一般窒息症状，尸斑较显著，口唇、指甲青紫。内脏淤血，肺水肿、脑水肿明显，支气管内可有白色泡沫。膀胱内尿潴留。心、肺表面可有点状出血。胃内可发现残留的药末或药片。病程迁延死亡者，经常并发支气管肺炎（坠积性肺炎），肺水肿显著。大脑半球苍白球可有对称性软化灶形成，伴神经胶质细胞反应。脑实质内小血管周围可见漏出性出血。王云河等对三唑仑急性中毒死亡小鼠观察发现，脑回变宽，脑沟变浅，脑组织有针尖状出血，水肿；左右心房、心室淤血，心腔被大量凝血块填塞；肺萎缩，广泛性出血、淤血、气肿、水肿；胃粘膜点状出血，染药处组织里灰白色、干燥性凝固坏死，胃内可见淡蓝色药渣；病理切片检验见胃组织坏死，细胞结构消失，肾淤血，病理切片检验见肾小球坏死；对染毒未死的小鼠于 9h 后处死剖验，见脑组织轻度水肿，胃粘膜点状、片状出血，染药处组织呈灰白色，轻度凝固性坏死，肾被膜下点状出血。

## 5 三唑仑中毒的实验室检测

### 5.1 检材的前期提取

由于三唑仑剂量少，在生物检材中的三唑仑及其代谢产物含量均很低，因此对其提取检验困难。戴维列等使用酶水解、液－液萃取法提取、GC－ECD 及 GC－MS/MS 检测法，成功地解决了体内三唑仑和 a－羟基三唑仑的提取检验；邢若葵等使用 HCX 固相柱，对 a－羟基三唑仑进行提取检验，获得较好效果。

### 5.2 检测方法

目前国内外检验三唑仑及其代谢物 a－羟基三唑仑的方法有：免疫分析法、GC－NPD 法、GC－ECD 法、HPLC 法、GC/MS 等。

## 6 死后分布及再分布

### 6.1 死后分布

大量的案例报道以及动物实验表明，由于口服三唑仑经消化道吸收后，其主要代谢产物 1－羟基三唑仑经肾排出体外。各脏器、体液中三唑仑的含量分布顺序为胃组织＞胆汁＞尿＞肝＞ 肾≥心血＞心＝肺＞脑，并随时间不同而有一定的变化；而 1－羟基三唑仑的含量分布顺序为尿＞胆汁＞肾＞肝。

### 6.2 死后再分布

死后再分布（Postmortem Redistribution，PMR）即毒（药）物浓度在尸体内随时间和位置的变化而变化。特别是心血和关键器官中毒物浓度的变化。这种毒（药）物浓度随着取材部位的不同、检材收集和死亡时间间隔的不同而发生变化。

Kudo K、Nagata T 等研究发现，三唑仑灌胃大鼠（5mg/kg）一小时后处死，在死后 0、1、2 天取材，发现三唑仑可穿过胃黏膜对周围组织造成影响，脾脏、腹肌、肝脏和肾脏中的含量明显的升高，血液和肺中的含量也有轻微的升高；腿部肌肉和脑组织几乎不受到影响，腿部肌肉和脑的含量与死亡当时血液中三唑仑含量相近。

Shiota H 等在动物模型中对三唑仑和地西泮的死后浓度变化进行了研究。将大鼠灌服 1.65mg 三唑仑 1 小时后处死，分别在死后 0、12、24 小时提取胃、小肠、大腿肌肉、心血，发现胃肠的含量减少，肝和肾的含量则显著升高，肺和心血的含量轻微升高，而大腿肌肉的含量没有变化。说明安定和三唑仑可通过胃肠道弥散入周围组织，同时指出死后再分布要受到生前药理性质的影响。

## 参考文献（略）

# 法医精神病学

## Forensic Psychiatry

# 男性服刑人员冲动性及影响因素研究

张东军[1]　杨世昌[1]　于　毅[1]　胡泽卿[2]

1. 河南新乡医学院；2. 四川大学华西基础医学与法医学院

服刑人员是指触犯我国刑法，被依法追究刑事责任，处予一定刑罚而接受监狱改造的人。此类人员接受服刑改造的主要目的之一是矫正其犯罪心理，预防再次犯罪的发生。冲动性通常指缺乏考虑、草率地进行一些不恰当或冒险的行为，多与环境不相称并经常导致令人不快的结果。冲动性是影响服刑人员教育改造效果的重要因素之一，国外研究显示，冲动性可对其改造生活带来不良的影响，甚至是其是否再次发生违法犯罪行为的重要预测因子。因此，从服刑人员犯罪心理矫治的角度来看，探讨服刑人员冲动性及其影响因素具有一定的理论和现实意义。

## 1　对象与方法

### 1.1　研究对象

研究对象来自河南省某两所监狱的男性服刑人员。研究组入组标准：①18 岁≤年龄≤60 岁；②小学毕业文化以上；③已服刑 6 个月以上；④同意参加；⑤排除有严重的精神、躯体疾病与视力残疾。对符合入组标准的服刑人员采用随机抽样的方法，共发放问卷 500 份，剔除漏答、规律作答等不符合要求的问卷 44 份，回收有效问卷 456 份。对照组来自河南省某医院体检中心男性体检者及某驾校的男性学员，入组标准：①18 岁≤年龄≤60 岁；②小学毕业文化程度以上；③无违法犯罪经历；④同意参加；⑤排除有严重的精神、躯体疾病与视力残疾。共发放问卷 200 份，回收有效问卷 178 份。

研究组的最小年龄 19 岁，最大 60 岁，平均年龄为 33.05±9.28 岁；未婚 164 人（36.0%），已婚 233 人（51.1%），离异 59 人（12.9%）；小学毕业 117 人（25.7%），初中 222 人（48.7%），高中 57 人（12.5），大专及以上者共 60 人（13.2%）；城镇来源者 148 人（32.5%），农村来源者 308 人（67.5%）；平均服刑时间为 53.74±20.40 个月；暴力犯罪者 360 人（78.9%），非暴力犯罪者 96 人（21.1%）；初次犯罪者 361 人（79.2%），两次及以上犯罪者共 95 人（20.8%）。对照组平均年龄为 31.22±7.57 岁。

### 1.2　研究工具

（1）服刑人员一般资料调查表（自制）主要包括服刑人员一般人口学资料、犯罪学资料、服刑情况等。

（2）Barratt 冲动性量表第 11 版（Barratt Impulsiveness Scale 11th version，BIS−11）中文由 Barratt 于 1959 年制定，目前已修订至第 11 版，并被翻译成多种文字在许多国家使用，均有较好的信度和效度。周亮等修订的 BIS−11 中文版共有 26 个条目，采用 1～4

四级评分法，分注意力冲动性、运动冲动性、无计划冲动性三个因子，得分越高，冲动性的特征越突出。

(3) 自我接纳问卷（Self-Acceptance Questionnaire，SAQ）。由丛中等编制，共16个条目，采用四级评分，包括自我评价和自我接纳两个因子，两因子分之和为量表总分。总量表得分越高，表明被试的自我接纳程度越高；反之，则越低。该量表具有较好的信度和效度，被广泛应用于对正常人的自尊，尤其是自卑心理特征测定。

(4) Snyder自我监控量表个人反应问卷（Synder' Self-Monitoring Scale，SSMS）。由Snyder于1974年编制，共25个项目，被试选择“是”或“否”进行回答，与答案相符得1分，否则不得分，得分的高低反映了被试自我监控力的高低。自我监控力的高低反映了个体对社会情境的需要及据此采取相应行动的敏感性及灵活性。SSMS中文版在成年人群体中的信度和效度良好。

(5) 内在-外在心理控制源量表（Internal-External Locus of Control Scale，I-ELCS）。I-ELCS包含23个项目和6个插入题，每个项目均为一组内控性陈述和外控性陈述，要求被试必须从中选择一个，对外控选择计分，得分范围在0（极端内控）到23（极端外控）之间。量表的内部一致性信度为0.70，间隔一月的重测信度为0.72。该量表被用于测量被试对行为或事件结局的一般性看法，内控性指个体相信自己应对事情结果负责，外控性是指个体认为事情结果主要由外部因素影响。

### 1.3 施测方法

由参加研究的研究生作为施测主体，施测前对所有主试统一培训。研究组以监区为单位进行量表的集体施测。施测人员首先介绍量表施测要求并指导服刑人员填写知情同意书，然后按照统一的指导语由服刑人员填写量表，每份时间约30分钟。施测过程有监管民警全程陪同。对照组在征得被试同意的情况下在医院体检中心或驾校内进行集体施测。

### 1.4 统计方法

采用SPSS 13.0软件包进行数据分析和处理，具体包括统计描述、$t$检验、方差分析、相关及回归分析等。

## 2 结果

### 2.1 BIS-11得分情况

研究组与对照组的BIS-11总分及各因子分的得分情况见表1。

表1 研究组与对照组的冲动性得分比较（$\bar{x} \pm s$）

| 组别 | 注意力冲动性 | 运动冲动性 | 无计划冲动性 | BIS-11 |
|---|---|---|---|---|
| 研究组（456） | 13.40±2.74 | 19.87±4.05 | 24.13±4.87 | 59.55±9.23 |
| 对照组（178） | 13.01±2.35 | 18.80±3.92 | 23.26±4.15 | 57.17±8.84 |
| $t$ | 1.785 | 3.021 | 2.258 | 2.954 |
| $P$ | 0.074 | 0.003 | 0.025 | 0.003 |

研究组的 BIS－11 总分及各因子分在婚姻状况、文化程度、城乡来源、犯罪的行为方式、是否初犯等变量上的差异情况见表 2。

**表 2　服刑人员冲动性得分在人口学变量上的差异（$\bar{x} \pm s$）**

| 变量 | | 例数 | 注意力冲动性 | 运动冲动性 | 无计划冲动性 | BIS－11 |
|---|---|---|---|---|---|---|
| 婚姻状况 | 未婚 | 164 | 13.32±2.79 | 20.48±4.53 | 23.96±4.75 | 59.90±9.70 |
| | 已婚 | 233 | 13.30±2.81 | 19.25±3.40 | 23.96±5.02 | 58.54±9.20 |
| | 离异 | 59 | 14.00±2.24 | 20.58±4.67 | 25.24±4.54 | 62.59±7.10 |
| | $F$ | | 1.632 | 5.566 | 1.773 | 4.801 |
| | $P$ | | 0.197 | 0.004 | 0.171 | 0.009 |
| 文化程度 | 小学 | 117 | 13.93±2.52 | 21.42±5.63 | 26.71±4.68 | 64.35±9.70 |
| | 初中 | 222 | 13.46±2.75 | 19.50±3.34 | 24.22±4.02 | 59.37±7.73 |
| | 高中 | 57 | 12.12±3.07 | 18.46±3.18 | 20.91±5.10 | 53.65±9.95 |
| | 大专以上 | 60 | 13.40±2.74 | 19.51±2.43 | 21.78±5.05 | 56.50±7.35 |
| | $F$ | | 5.808 | 9.228 | 28.286 | 23.601 |
| | $P$ | | 0.001 | 0.000 | 0.000 | 0.000 |
| 城乡来源 | 城镇 | 148 | 13.32±2.36 | 19.81±3.07 | 22.94±4.75 | 58.27±8.86 |
| | 农村 | 308 | 13.44±2.92 | 19.89±4.46 | 24.69±4.83 | 60.17±9.35 |
| | $t$ | | −0.434 | −0.229 | −3.653 | −2.068 |
| | $P$ | | 0.665 | 0.819 | 0.000 | 0.036 |
| 犯罪行为方式 | 暴力 | 360 | 13.47±2.78 | 21.17±3.67 | 23.66±4.79 | 60.31±9.26 |
| | 非暴力 | 96 | 13.17±2.51 | 19.28±5.29 | 22.13±4.66 | 56.73±8.58 |
| | $t$ | | 0.118 | 4.629 | 2.539 | 3.416 |
| | $P$ | | 0.906 | 0.000 | 0.011 | 0.001 |
| 是否初犯 | 是 | 361 | 13.32±2.86 | 19.82±4.12 | 23.76±4.91 | 59.03±9.33 |
| | 否 | 95 | 13.84±2.20 | 20.43±3.38 | 25.46±4.56 | 62.04±8.40 |
| | $t$ | | −1.615 | −1.297 | −3.003 | −2.804 |
| | $P$ | | 0.107 | 0.195 | 0.003 | 0.005 |

以研究组的 BIS－11 总分为因变量，分别以年龄（$b=-0.090$，$P=0.057$）和已服刑时间（$b=-0.013$，$P=0.135$）为自变量进行一元线性回归分析，均未发现存在线性关系。

## 2.2 相关分析

把 BIS－11 的总分与因子分与 SAQ、SSMS、I－ELCS 的因子分与总分进行相关分析，结果见表 3。

表 3 冲动性与自我接纳、自我监控及心理控制源的相关分析（r）

| | 自我接纳 | 自我评价 | 自我接纳总分 | 自我监控 | 心理控制源 |
|---|---|---|---|---|---|
| 注意力冲动性 | −0.184** | −0.253** | −0.315** | −0.128** | 0.209** |
| 运动冲动性 | −0.174** | 0.040 | −0.108* | −0.092* | 0.063 |
| 无计划冲动性 | −0.179** | −0.358** | −0.383** | −0.117* | 0.096* |
| 冲动性得分 | −0.238** | −0.254** | −0.358** | −0.157** | 0.161** |

注：* $P<0.05$，** $P<0.01$。

### 2.3 回归分析

以 BIS−11 总分为因变量，以各人口学变量及自我评价因子、自我接纳因子、自我监控、心理控制源为自变量进行多元逐步回归分析，结果见表 4。

表 4 冲动性与其他因素的回归分析（r）

| 因变量 | 进入方程的自变量 | $b$ | $\beta$ | $t$ | $P$ |
|---|---|---|---|---|---|
| 冲动性 | 文化程度 | −3.111 | −0.319 | −7.889 | 0.000 |
| | 自我评价因子 | −0.658 | −0.250 | −6.168 | 0.000 |
| | 自我接纳因子 | −0.548 | −0.237 | −5.799 | 0.000 |
| | 自我监控 | −0.438 | −0.169 | −4.171 | 0.000 |
| | 心理控制源 | 0.297 | 0.129 | 3.175 | 0.002 |

注：$R=0.716$，$R^2=0.513$。

## 3 讨论

本研究显示，男性服刑人员的冲动性水平高于正常男性，这与国内外的研究结果一致。究其原因，一方面可能与服刑人员曾具有违法犯罪经历，冲动性水平偏高有关；另一方面可能与服刑人员长期生活在限制自由的监狱环境中，缺乏合理的宣泄途径和充分的社会支持，容易产生负性情绪和冲动性有关。冲动性作为一种人格维度或特质，会对人类的活动产生广泛地影响。冲动性水平高的个体倾向于对内、外部刺激迅速且不加思考地做出反应，而忽视行为可能带来的负性后果。因此，高冲动性的服刑人员更容易出现各种不良行为。研究发现，冲动性水平高的服刑人员不仅再次发生犯罪的风险要高，且其在监管期间发生欺负他人、自杀、自伤的风险亦较高。Butler 研究发现，降低重复暴力犯罪者的冲动性可显著减少其再次发生犯罪的风险，这也反向证明了冲动性与违法犯罪之间的相关性。

服刑人员的冲动性水平受婚姻状况的影响，已婚者的运动冲动性及 BIS−11 总分显著低于未婚者和离异者，这与已婚者能获得更好的社会支持，面对问题时能更理性地应对有关。服刑人员的冲动性水平也受其文化程度的影响，文化程度高者其冲动性水平偏低，可能与文化程度较高者在面对内、外部刺激时能更理智地应对有关。农村来源的服刑人员的冲动性水平高于城镇来源者，尤其是在无计划冲动性因子上的差异更加显著，这可能与其自控能力偏弱和对外界事物认知相对简单有关。Spinella研究发现，冲动性与年龄呈负线性相关，本研究虽然发现服刑人员冲动性水平与年龄大致呈负性关系，但线性关系并不显著，与吴岩峰等人的研究结果基本一致，这可能与不同年龄阶段的服刑人员的犯罪类型存在差异有关。犯罪学特征也对服刑人员的冲动性具有影响，暴力犯罪者的冲动性水平显著高于非暴力犯罪者，且在运动冲动性因子上更为明显，这说明暴力犯罪的个体具有更高的冲动性。同时，非初犯者的冲动性水平高于初犯者，这与多次实施犯罪者的犯罪心理相对稳定，犯罪行为已内化为固定的行为方式，人格特点上具有易冲动、情绪不稳等特点有关。另外，本研究发现服刑人员冲动性水平受其服刑时间的影响不明显，其原因还值得进一步探讨。

影响个体冲动性的因素较多，国外研究发现，高冲动性与社会成熟度低、自尊水平低、自我控制能力差、人际关系不良具有较高的相关性，本研究中纳入了评价服刑人员自尊水平、自我监控力及心理控制源的相关量表。相关分析发现，服刑人员的冲动性与自我接纳、自我评价、自我控制均呈负相关，而与内外控制源呈正相关。这一方面说明高冲动性的服刑人员对自我价值、长处和重要性等方面具有较低自我评价和自我接纳，自尊水平较低，不利于其发掘自身的积极资源和理性地接受服刑改造；另一方面说明其自我监控能力低，常根据自己内心的态度及自己的性格而行动，行为方式缺乏灵活性；再者也说明其倾向于对事情的结局进行外部归因，遭遇不良刺激后易对外界出现冲动攻击行为。

进一步进行多元逐步回归发现，进入回归模型的有文化程度、自我评价因子、自我接纳因子、自我监控及内外控制源等变量，说明上述变量对服刑人员冲动性水平具有较好的预测作用（$R^2=0.513$），这也一定程度上支持了冲动性是受多因素综合影响的理论假设。同时也提示在服刑人员的监管工作中，对于文化程度偏低、自尊水平低、自我监控力低和外控性的服刑人员，应重点进行心理监测与预防，并进行针对性地矫治和教育，通过综合施治降低其冲动性水平，提高教育改造的效果，避免其再次出现违法犯罪等不良行为。

**参考文献（略）**

# 浅议精神病人责任能力评定之“三分法”

王　霞[1]　张启禄[2]　杨光辉[3]

1. 四川省绵阳市三医院妇女精神科；2. 四川省绵阳市游仙区人民检察院；3. 四川省绵阳市人民检察院

随着我国法制的逐步健全和社会的发展，在司法实践中，时常可以遇到在办理某刑事案件时，对某嫌疑人所作的司法精神病鉴定意见为，某某患轻度精神发育迟滞或轻度精神分裂症等被评定为限制刑事责任能力的情况。限制责任能力是责任能力“三分法”的中间值——部分责任能力的范畴，我国《刑法》第一十八条第三款明确规定“尚未完全丧失辨认或者控制自己行为能力的精神病人犯罪的，应当负刑事责任，但是可以从轻或者减轻处罚”。按照上述规定，在司法工作实践中难以掌握“从轻或者减轻处罚”的比重，需要办案人员根据全案证据，综合分析后裁定。

**案例** 1：龙××，男，45 岁，于 2011 年 8 月 5 日凌晨，趁张×醉酒熟睡之际，将张×裤包内 1600 元现金盗走，经当地公安机关立案，据调查：龙××13 岁时就患过精神病，1987 年曾在绵阳市第三人民医院住院治疗，病情有一定好转出院，但每年夏秋两季他的病都要复发。发病后他经常出走，经检测其智能较低、理解力较差、抽象思维能力较差、行为幼稚。韦氏智能测验：总智商为 67，诊断为轻度精神发育迟滞。被鉴定人作案前后的相关证人证明材料证实：龙××作案时意识清楚，目的明确，辨认能力良好，但由于受智能障碍的影响，行为控制能力有所削弱，被某司法鉴定所评定为限制刑事责任能力，被判处有期徒刑 1 年。

**案例** 2：李×，男，39 岁，2010 年 3 月 23 日下午，到赵××家玩耍时听赵说“昨天取了钱去买农用车，因事耽误没有买成”。李×趁赵××不在意时将其身上挎包的现金 3100 元盗走后隐藏，据调查：李×小时候精神就不正常，小学未毕业，时常傻笑，爱和同龄人打架等，曾在多家医院住院治疗，诊断为轻度精神发育迟滞。经检测其智商较低、理解力较差、幼稚行为。韦氏智能测验：总智商为 69，诊断为轻度精神发育迟滞。结合案情和证明材料，李×作案目的明确，辨认能力较好，但行为控制能力较弱等，被某司法鉴定中心评定为部分刑事责任能力，被判处有期徒刑 6 个月。

综上两案件的相同处都是作案者患轻度精神发育迟滞，盗窃案件；不同处是两人为限制刑事责任能力和部分刑事责任能力，分别盗窃 1600 元和 3100 元，刑期 1 年和 6 个月。

我国 1997 年 10 月 1 日实施的《刑法》中规定：对尚未完全丧失辨认或者控制自己行为能力的精神病人，可以减轻刑事处罚。但如何辨别精神病人尚未完全丧失辨认能力或者控制自己行为能力，从医学方面看，精神疾病有轻有重，如轻度的脑器质性损伤，轻度精神分裂症，轻度精神发育迟滞等。对于较严重的精神病人（完全丧失辨认能力，不能控制自己的行为）涉案，鉴定为无责任能力。较轻微的精神病人（未丧失辨认能力，能够控制自己的行为）涉案，评定为有责任能力。但介于两者之间的精神病人（尚未完全丧失辨认或者控制自己行为能力）涉案被鉴定为部分责任能力。部分责任能力处于有无责任能力的中间状态。在司法实践中经常遇到，办案人员也易于理解，是责任认定的“三分法”。根据我国现行的审判惯例，是由法官依据调查结合相关证据自由裁量原则，法官可以根据司法精神病鉴定意见作为证据使用，从而结合调查情况和其他相关证据自由感性衡量。若将“三分法”中的部分责任能力再分，如相对责任能力、减轻责任能力和限制责任能力等，就为办案人员以及法官提出了更高的医学知识要求，也增添了办案人员的办案难度。在精神病患者中有一部分人病情不重，或者缓解不全，意识模糊的情况下犯案应当承担什么责任，将他们评定为有完全责任或无责任能力有失公道，就必然形成中间的部分责任能力。这是目前在办理精神病人涉案案件中责任能力评定的“三分法”。要做好精神病人责任能力鉴定之“三分法”，应做好以下工作：

（1）司法精神病人责任能力鉴定的鉴定机构应按照全国人大 2005 年 2 月 28 日通过的《司法鉴定管理问题的决定》相关事项规定进行司法鉴定机构登记，并严格按照《司法鉴定管理问题的决定》第五条有关决定执行。

（2）精神病人责任能力鉴定人的资格。按照新《刑事诉讼法》第一百四十四条规定：为了查明案情，需要解决案件中某些专门性问题的时候，应当指派、聘请有专门知识的人进行鉴定。对有专门知识的人员应按照《司法鉴定管理问题的决定》规定：从事司法精神病减轻责任能力的鉴定人应当具有相关的高级专业技术职称；具有相关的专业执业资格或者高等院校相关专业本科以上学历，从事相关工作五年以上；从事相关工作十年以上经历，具有较强的专业技能等。

（3）精神病诊断的医学要件。精神病泛指各种符合国际疾病诊断标准分类第十版（ICD－10）中精神与行为障碍分类或中国精神疾病诊断标准（CCMD－3）的精神障碍，包括急性的或慢性的，功能性的或器质性的，先天性的或后天性的等。

（4）司法精神病责任能力鉴定程序。充分收集相关病史证明资料，尽量了解被鉴定人在涉案时的精神状态，案发后的精神变化情况，综合分析被鉴定人的临床表现和有关检查是否符合 CCMD－3 或 1CD－10 的诊断标准，进一步分析其病态是否影响了作案时的辨认和控制能力。

（5）责任能力的评定。对作案时不受精神障碍直接影响者，则可考虑为有完全责任能力；反之则考虑为无责任能力；部分受影响即考虑为部分责任能力。

通过上述工作的落实，将为司法精神病责任能力更为公正的评定奠定基础，有利于强化司法公正，有利于社会法治，造福于民。

# 问题探讨

# Question and Discussion

# 检测实验室如何开展实验室认可工作体会

郭 雪[1] 杜长麟[1] 周 斌[1] 孔 斌[2] 吴 勇[2] 黄家才[2]
1. 四川省道路交通事故技术鉴定中心；2. 成都市公安局交通警察支队

## 1 实验室认可

中国合格评定国家认可委员会（CNSA）（以下简称“认可委”）成立于2006年，由原中国实验室国家认可委员会（CNAL）和原中国认可委员会（CNAB）合并而成，承担国家的统一认可。认可是指正式表明合格评定机构具备实施特点合格评定工作的能力的第三方证明。简单来说，就是由权威机构来证明实验室的技术和管理满足规定要求。通过实验室认可促进实验室以公正的行为，严谨的态度，科学的手段，准确的结果，更有效地服务社会各界。

## 2 实验室认可申请条件及流程

实验室要向认可委提出认可申请要满足认可申请条件：①机构具有明确的法律地位，具备承担法律责任的能力；②符合CNAS颁布的认可准则；③遵守CNAS认可规范文件的有关规定，履行相关义务；④符合有关法律法规的规定。满足认可申请条件后，首先向认可委表示认可意向，认可委会为申请人提供最新版本的认可规则和其他相关文件；然后提出正式申请并交纳申请费用，正式申请资料提交后认可委会根据提交的材料出具文件审核意见，根据返回的文件审核意见进行相应的修改并反馈认可委；在文件审核通过后认可委指定现场评审组对实验室进行现场评审并公布评审结果；最后认可委向获准认可的实验室颁发有CNAS授权人签章的认可证书。实验室认可流程如下：

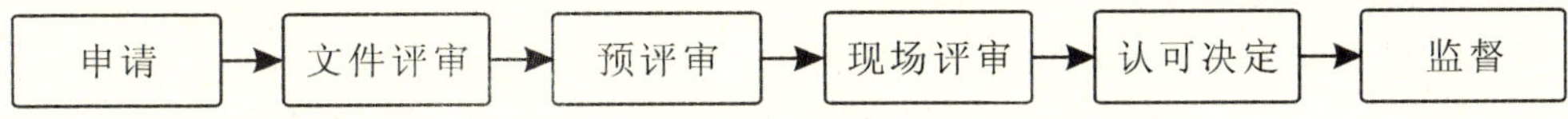


## 3 实验室认可前期准备工作

### 3.1 管理体系的准备

管理体系的建立是实验室认可的第一步，管理体系文件中应包括CNAS中所有要素和规定。通常管理体系包括质量手册、程序文件及管理规范。质量手册是纲领性文件，包含了质量方针、质量目标以及为了实现质量方针和目标而制定的一系列的规定。程序文件是对质量手册的补充说明，对应质量手册中每一规定进行了详细的规定，可操作性强。管理规范则是根据每个实验室自身情况而自行制定的一些规章制度，如作业指导书、职业道德规范、实验室安全作业规范等。

管理体系要根据CNAS的要求并切合实验室自身情况来建立。首先要建立组织结构图，明确岗位及分工；质量手册在组织结构图的基础上根据CNAS的要求制定，要注意岗位与岗位间职责的冲突或遗漏；程序文件则需要在质量手册的基础上进一步地详细阐述规定的具体要求，落实每一项工作，落实每一份责任。

管理体系建立后进入管理体系试运行阶段，管理体系发布后应尽快组织全体人员进行学习，在日常工作中认真落实管理体系，检验管理体系的有效性和适应性最好的方法就是内部审核以及管理评审。

#### 3.1.1 内部审核

内部审核的目的在于确认实验室的质量活动运行符合CNAS和管理体系文件的要求，并通过审核保持管理体系改进的有效性。内部审核由参加培训并获得审核资格的人员进行，审核人员应熟悉CNAS及管理体系文件，做到公正客观。内部审核一年至少审核一次，审核的方法一般分为按CNAS要素审核和按岗位审核。内部审核应包含CNAS的所有要素、实验室的所有部门和区域。通过内部审核可以发现管理体系上很多问题，这些问题大致可分为三类：一是管理体系有漏洞没有相关规定；二是管理体系有规定没有实施；三是管理体系有规定也得到实施，但实施效果不好。通过发现问题来对管理体系的有效性及适应性进行评价。

#### 3.1.2 管理评审

管理评审不同于内部审核，管理评审是由实验室最高管理者组织实施，其目的在于确保管理体系的适用和持续有效性，最重要的是对管理体系进行必要的修改和提高。管理评审是由各关键岗位负责人提前收集资料，就管理体系的适应性、有效性、充分性等进行综合分析，对管理体系运行进行总结，对存在的问题提出意见或建议，最后形成管理评审报告。在管理评审中提出的意见、建议、决策等，应及时记录，并在规定的时间范围内实施。

通过内部审核和管理评审，可以发现管理体系存在的问题，根据具体情况对管理体系做出修改，使管理体系符合实验室的运行，在管理体系运行6个月后方能提出实验室认可申请。

### 3.2 技术方面的准备

技术直接决定了实验室检测结果的正确性和可靠性，所以在实验室认可中技术方面的准备是很重要的。

#### 3.2.1 方法确认

在明确认可项目后首先确保从事实验的人员具备从业资格，实验室环境符合从业要求，接下来就是对项目所使用的方法进行再次确认。方法确认可采用用标准物质进行校准、与其他方法比对、实验室比对等方法进行。在确认非标准方法时，应聘请多名具备高级职称的外部专家进行确认，确保其可行性、有效性和结果重复性、复现性的要求。

#### 3.2.2 量值溯源

量值溯源是为了确保实验室数据的准确性、可靠性和量值可溯源性。在使用对实验室结果有影响的仪器设备、量器、参考标准、标准物质时，应按照国家相关的技术规范或标准进行鉴定或校准，以保证结果的准确性。量值溯源的主要实施方式包括：送法定单位鉴定或校准、内部校准、设备比对、参加能力验证、实验室间比对等。

#### 3.2.3 测量不确定度

测量不确定度简单来说就是定量表示对测量结果的怀疑程度。测量不确定度的重要性不言而喻：①测量结果的质量和水平的科学表达；②通过评定测量不确定度分析影响测量结果的主要成分，从而提高测量结果的质量；③通过测量不确定度可以评价实验室间比对的结果。对测量不确定度进行合理的评定，能确保结果的表达准确无误，也是实验室认可中特别重视的一部分。

#### 3.2.4 能力验证

能力验证是由认可机构策划组织的，利用实验室间比对，按照预先制订的准则评价参与者的能力。参加能力验证能提高一个实验室结果的准确度和可信度，保证实验室检测质量与水平。能力验证活动按照领域制订了每年参加的最少次数，参与能力验证活动并取得满意结果是申请实验室认可的必需条件。

### 3.3 人员学习准备

实验室认可是一个全体参与的工作，所以进行全体动员和学习 CNAS 准则及相关文件是非常重要的。在提出认可申请前就需要召集实验室所有人员进行学习，学习重点在于：①什么是实验室认可，全面了解实验室认可的意义、目的、流程以及注意事项是为之后的实验室认可打下良好的基础，只有全面了解熟悉才能在实验室认可中发现问题，提出问题，解决问题。②检测和校准实验室能力认可准则 CNAS－CL01（以下简称 CL01）。CL01 非常简洁的对一个实验室该如果管理做出了规定，仔细学习每一个条款，理解所要表达的意思，把 CL01 中的规定与实验室自己的规定相融合。③管理体系的学习。系统学习实验室的管理体系，在熟悉的基础上结合 CL01 对照学习，融会贯通。只有切实应用管理体系才能保证实验室运行合理，管理规范。

### 3.4 认可申请

认可申请的准备需要在管理体系和技术方面都准备完成后再进行。认可申请包括：实验室认可申请书、申请书附表和随申请书提交的文件资料。

#### 3.4.1 实验室认可申请书和申请书附表

实验室认可申请书填写的主要是实验室的一些基本情况，申请书中更主要的是提出了需要填写的认可申请书附表目录和需要随申请书提交的文件资料目录。认可申请书附表填写前首先阅读填写注意事项，有的表格需要中文英文分别填写一份，注意保持信息的一致性。其中质量管理体系核查表和《检测和校准实验室能力认可准则在化学检测领域的应用说明》是需要根据实验室实际情况来回答，在回答中要注意：①理解问题想问的本质是什么；②对应实验室的质量管理体系文件的名称、编号填写正确无误；③自查结果说明中最好能找出证据证明这条已经完成了；④实验室不涉及的问题不要盲目回答。

#### 3.4.2 随申请书提交的文件资料

随申请书提交的文件资料主要包括：实验室法律地位的证明文件、现行的质量手册和程序文件、最后一次内审和管理评审资料、实验室组织架构图、实验室平面图等。随申请书提交的文件资料整理完毕后，制定一张资料清单，按清单顺序依次摆放，清单随文件一同提交，方便评审组的查阅。

### 3.5 文件审核和预评审

文件审核是指评审组对实验室提交的认可申请书以及相关材料进行审核。当发生文件不符合要求的时候，评审组会以书面方式通知实验室。文件审核意见主要分为三大部分：

第一，要点：要点主要是概括性的总结了本次文件审核发现的问题。

第二，申请书审查情况：申请书的审查情况主要是对认可申请书、申请书附表和随申请书提及材料进行审核后提出的意见。

第三，体系文件审查情况：体系文件审核情况是对根据 CL01 对体系建立的框架到每一条详细规定进行审核。

这三个部分就构成了《审查记录表》，实验室在接到《审查记录表》后，对提出的问题仔细阅读，有不明白的地方及时与评审组进行沟通，对于出现的问题则需要逐条修改。修改时要注意每一条问题的修改都要留下证据，在修改完所有问题后形成修改报告，针对每一条问题进行说明并附证据，随《审查记录表》再一同交回评审组。文件审核一般会进行 2～3 次，直到收到文件审核通过的通知。

文件审核通过后评审组会指定现场评审组长和组员，形成现场评审小组，并将所有材料移交给现场评审组长。现场评审组长在收到材料后会进行再次梳理审核。若出现尚不能确定现场评审的有关事宜、实验室申请认可的项目对环境设施有特殊要求等情况时，则需要由现场评审组长实施预评审。在预评审中发现的问题一般口头告知实验室，不做解答。预评审结束后由现场评审组长提出近期安排或暂缓安排现场评审的意见。

### 3.6 现场评审的准备

在接到现场评审通知后，实验室需要做最后最关键的迎接现场评审的准备。首先制定现场评审工作安排计划表。一般现场评审时间为 2 天，详细规划从在机场接到现场评审组开始的每一件事，包括时间、地点、负责人以及注意事项等，在计划表制定之后通知到每一个相关人员，并由实验室负责人与现场评审组组长就评审工作安排进行沟通交流，最终取得一致意见。其次准备好体系文件以及相关记录表单，再次核实填写是否正确完整。最后要准备好实验室、会议室、休息室，方便召开会议和让评审组中途休息。所有前期的工作都是为实验室现场评审工作做好准备。

## 4 小结

通过实验室认可工作有条不紊的进行，才能使实验室在管理体系、技术水平、思想观念获得提高，一个科学合理的前期准备，是实验室认可成功的关键。

# 新《刑事诉讼法》下司法鉴定制度改革之思考

陈 朗
四川省攀枝花市人民检察院

在当代司法证明活动中，大量运用科学证据的证明方法是现代诉讼制度的重要特征。司法鉴定是运用多种科学技术手段对案件中的专门性问题进行鉴定，以证明案件事实的一种重要方法和手段。它既是一种严谨的科学活动，又具有显著的法律本质，这种特殊性要求其必须受到制度规制。司法鉴定制度是一个国家的法律规定的规范司法鉴定活动的各项规则、规章和体制的总称。司法鉴定制度包容于司法制度中，是诉讼制度的重要组成部分。我国现有的司法鉴定制度虽然经过多年的探索和改革，仍然存在许多不足。笔者在长期的检察技术工作中观察到，由于司法鉴定制度的缺陷导致司法实务中有关鉴定的问题频出，有些甚至在某种程度上影响了司法的公正性和权威性。2013 年 1 月 1 日正式实施的修改后的《中华人民共和国刑事诉讼法》（以下简称修改后的《刑事诉讼法》）有诸多条款内容与司法鉴定活动密切相关，对我国司法鉴定制度提出了更高更迫切的要求，势必积极推动司法鉴定制度改革，也引起包括笔者在内的广大司法鉴定工作者之思考。

## 1 要求司法鉴定活动的主体合法，将医院和临床医生排除在司法鉴定活动之外

1996 年《中华人民共和国刑事诉讼法》（以下简称旧的《刑事诉讼法》）第一百二十条规定“人身伤害的医学鉴定有争议需要重新鉴定或者对精神病的医学鉴定，由省级人民政府指定的医院进行”。该法条应该说具有很强的时代特征，符合当时我国的现实情况，即：法医学教育滞后，法医人才缺乏，而临床医学教育相对发达，临床医生人才济济的情况。临床医学与法医临床学、病理学二者同属医学的分支学科，有较多共通之处。由临床医生担任司法鉴定主体，可以说是解当时一段时期司法诉讼中人体损伤程度评价难题的燃眉之急而采取的权宜之举。但不是任何一个临床医生都可以担此重任，必须是“省级人民政府指定的医院”，似乎更多了一层保障。

多年的实践看，问题的存在一目了然。从学理上看，临床医学和法医学的目的及指向对象有明显区别：临床医学注重诊断、以治病救人为目的，法医学则是为立法和司法服务，它们的研究手段和思维方式都各不相同。比如病人到医院就医一般都会如实描述自己的不适，而被鉴定人就极有可能夸大甚至伪装伤病。从资质上看，临床医生们并无法医学专业知识和职业道德的培训教育经历，也无法医学专业技术资格，更不具备从事司法鉴定必需的法律知识和法理思维。从机构上看，医院属卫生系统，它本身不是司法鉴定机构，临床医生也不是司法鉴定人。即使早在 2005 年《全国人民代表大会常务委员会关于司法鉴定管理问题的决定》（以下简称《关于司法鉴定管理问题的决定》）和继后司法部颁布的

《司法鉴定人登记管理办法》《司法鉴定程序通则》等法律法规就规定，从事司法鉴定业务的鉴定人和鉴定机构实行登记管理制度，并对鉴定种类、管理主体、管理形式都做了详细规定，对申请登记从事司法鉴定业务的人员资质也有严格要求。然旧的《刑事诉讼法》第一百二十条却将医院和临床医生规定为地位更高的司法鉴定主体，他们的鉴定行为得不到应有的约束，成为监管死角。即使是明显错误和不规范的鉴定，都无法追究其责任。

随着时代和社会的进步，旧的《刑事诉讼法》越来越不能适应我国法制建设进程。其第120条的内容明显和其他有关法律法规相矛盾，造成司法鉴定实务中的诸多混乱。特别是2010年7月1日起实施的《最高人民法院 最高人民检察院 公安部 国家安全部 司法部关于办理死刑案件审查判断证据若干问题的规定》(以下简称《办理死刑案件证据规定》)中法院在审判时不予采纳的鉴定意见的主要情形之一就有鉴定主体、鉴定人不合格。修改后的《刑事诉讼法》直接废除这一条款，将医院、临床医生完全排除在司法鉴定这一司法活动之外，在内容和逻辑上与上述法律法规保持一致，对于理顺鉴定机构管理体制、规范鉴定机构的设置和市场管理有重要意义。

## 2 司法鉴定活动的结果——“鉴定结论”这一提法被“鉴定意见”全面替代，不再具有之前理所当然的作为证据的证明力

司法鉴定的结果，是鉴定人运用科学技术或专门知识对诉讼中涉及的专门性问题进行鉴别和判断后综合给出的意见，具有鉴别证据真伪、转换证据种类的作用，其行为本身需要鉴定人秉着科学、客观、公正的精神来完成。旧的《刑事诉讼法》将鉴定结果统一称为“鉴定结论”，这种提法一定程度上承认了其理所当然的作为证据的证明力和权威性。在当时的历史条件下，将这种理论上客观科学的结论以立法的形式承认其在诉讼活动中的证据价值，是一大进步。但在司法实务中，由于我国相关基础学科教育的滞后、配套法律法规的缺陷、市场监管的不到位以及受经济利益驱使等等原因，以至于鉴定机构设置不合理、管理混乱，多重鉴定、人情鉴定、金钱鉴定层出不穷；鉴定人员专业技术水平低，鉴定的科学性难以保障。上述问题的存在妨碍了司法公正，人民群众意见很大。

把“鉴定结论”改为“鉴定意见”，是十届全国人大常委会第十四次会议通过的《关于司法鉴定管理问题的决定》中提出来的。一般认为，“结论”具有“终结性”，“意见”则具有可参考性。鉴定结果固然有其客观公正的一面，但它也只是鉴定人个人的认识和判断，不可避免地具有一定程度的主观性，表达的也只是鉴定人的个人意见。对整个案件来说，这些意见只是诸多证据中的一种证据（如果被审判人员采信的话），所以，用“鉴定意见”来表示更为恰当。鉴定意见不再具有之前理所当然的作为证据的证明力，而需要进行严格审查，并经过法庭质证才能作为定案的根据。

正因如此，修改后的《刑事诉讼法》较旧的《刑事诉讼法》对于“重新鉴定”（除对要求重新鉴定的主体有明确规定外）本身未再作规定。这意味着无论初次鉴定还是重新鉴定，都只是“鉴定意见”，都需要在诉讼程序中，控辩双方围绕鉴定意见证明能力和证明力问题进行询问、质疑、说明、解释、咨询，从而确定证据能力的有无、证明力的大小或强弱。这就避免了审判受制于鉴定，“打官司”变成“打鉴定”。面对一个案件中对某一事项多种不同鉴定结论的情况下，审判人员不再以鉴定人员的学历高低、资历深浅，或者鉴

定机构的级别来决定对鉴定结论的取舍，而是通过质证，进而审查其鉴定结论的科学性、可靠性，从中选择正确的鉴定意见。

修改后的《刑事诉讼法》将“鉴定结论”的提法全面修改为“鉴定意见”，与《关于司法鉴定管理问题的决定》和《办理死刑案件证据规定》等法律法规的提法保持一致，环环相扣，体现了立法的严谨性，有利于摆正这类证据在诉讼中的位置，转变办案人员的观念，以便发挥办案人员在审查判断鉴定意见时的主动性和能动性，减少其主观臆断，提高办案质量。

## 3 明确了鉴定人出庭作证义务，对拒不出庭作证的惩罚措施及其执行值得探讨

旧的《刑事诉讼法》虽然将鉴定人列为诉讼参与人，但并未明确鉴定人的出庭义务，如果应当出庭作证的鉴定人拒绝出庭作证，将有何法律后果，法律也没有规定，这实际上是把义务性的法律规范变成了一个提倡性的口号，对鉴定人是否出庭作证没有约束力。

直接言词规则要求在鉴定人该出庭不出庭的时候法庭可以排除鉴定意见的可采性。大陆法系的直接言词原则与英美法系国家的传闻规则有异曲同工之处，它要求法官必须亲自在法庭上直接听取控辩双方的证人以及其他诉讼参与人的陈述，案件事实和证据必须以控辩双方辨认、质证的方式进行审查。凡是没有在法庭审判过程中以言词或口头的方式进行的诉讼行为，均应视同没有发生，不具有程序的效力，不得作为法庭裁判的依据。修改后的《刑事诉讼法》第一百八十七条对鉴定人出庭提出了明确要求，对不履行出庭义务的鉴定人规定了法律后果。它虽然没有明文规定直接言词原则，但在许多条文中蕴涵了直接言词原则的精神，在鉴定人出庭作证的问题上贯彻该原则，来个“釜底抽薪”，必将极大地促进鉴定人出庭作证。

修改后的《刑事诉讼法》对鉴定人出庭硬性规定的另一个效应就是放大了《关于司法鉴定管理问题的决定》第十三条对鉴定人和鉴定机构“拒不出庭作证”的处罚力度。虽然该决定从 2005 年 10 月 1 日就生效实施，但由于实际条件的限制、相关配套法律法规的缺陷以及司法实务部门对于鉴定人不出庭的思维惯性，造成鉴定人实际出庭率很低，其“拒不出庭”的处罚条款成了一纸空文。修改后的《刑事诉讼法》实施以后，鉴定人出庭几率势必大增，《关于司法鉴定管理问题的决定》第十三条的规定“经人民法院依法通知，拒不出庭作证的”给予“停止从事司法鉴定业务三个月以上一年以下处罚”，“情节严重的，撤销登记”，与修改后的《刑事诉讼法》第一百八十七条第三款“鉴定意见不得作为定案的依据”相比，要严厉得多，足以引起鉴定机构和鉴定人的高度重视。

作为检察机关工作人员，笔者还考虑到一个问题，如果鉴定人拒不出庭作证，人民法院仅仅是将其鉴定意见排除在定案依据之外的话，其余的处罚措施的监督程序如何启动？检察机关作为法律监督机关固然具有不可推卸的法律监督职能，但是法院作为审判主体，同样有保证审判顺利进行的义务。而且鉴定人是否有必要出庭是由人民法院决定，出庭通知亦由人民法院发出。根据《关于司法鉴定管理问题的决定》，其处罚主体是省级人民政府司法行政部门。除省级人民政府司法行政部门外，其他国家机关以及其他各级人民政府司法行政部门都不能依照本条的规定对鉴定人或者鉴定机构予以处罚。在这个问题上如何

协调不同级别的法、检、司三家的关系，值得讨论，如果没有相应的法律规定予以保障，该条款有可能继续成为摆设。

另外，上述法律法规都只对“拒”不出庭的情形做了规定，对于需要鉴定人出庭作证，但由于客观原因不能出庭的情形未作规定。如德国刑事诉讼法对于符合法定条件不到庭的鉴定人作了例外的规定值得我国借鉴，在这种情形下，以法官的询问笔录代替询问鉴定人。其例外情形为：①鉴定人已经死亡、发生精神病或者居所不明的；②因患病、虚弱或者其他不能排除的障碍，鉴定人在较长时间或者不定时间内不能参加法庭审判的；③因路途十分遥远，考虑到其证词意义，认为不能要求鉴定人到庭的；④检察官、辩护人和被告人同意宣读的。

## 4 “有专门知识的人出庭”使检察技术人员从幕后走向台前

当一个案件出现多个鉴定意见，甚至对于同一个基本事实出现数个相矛盾的鉴定意见时，修改后的《刑事诉讼法》规定“可以申请法庭通知有专门知识的人出庭”（“有专门知识的人”以下简称“专家证人”）。作为长期从事法律工作和拥有专业技术的检察技术人员从幕后走向台前参与诉讼有着巨大的优势。

检察技术人员长期从事的文证审查工作是检察技术部门的一项主业，被誉为“履行法律监督职能的‘杀手锏’”。是检察技术部门按照法定程序，对侦查预审、批捕起诉、抗诉申诉、审判执行案件中起证据作用的技术性证据材料的客观性、科学性、可靠性、规范性、合法性进行的专门审查。文证审查的重要意义和价值在于它是对原文证有无瑕疵的质量评估，是对原文证能否采用的责任担保，并对原技术性证据材料薄弱部分有补充强化的作用。对于庭审来说，文证审查是对原证据权威评析的专家证言。检察技术人员作为“专家证人”通过对案件中原本难以为法官所理解的涉及专业问题的证据资料进行分析、研究、加工后，可以将专业性很强的证据资料转化为浅显易懂的专家意见，帮助法官发现事实真相，形成内心确信；通过“专家证人”对一些普遍性的规则和惯例进行权威讲解和说明，帮助法官正确理解和判断真实的案情。

此处有必要分清检察技术人员出庭作证和检察技术人员出庭协助支持公诉的区别。首先是申请主体不同：修改后的《刑事诉讼法》赋予控辩双方均有申请专家证人出庭的权利；其次是身份不同：“专家证人”的身份同证人，而“协助支持公诉”则是以检察官的身份出庭；其三是立场不同：“专家证人”立场是中立的，“协助支持公诉”的检察技术人员则是公诉人的有力助手；第四是他们的权限不同：修改后的“刑诉法”限定了“专家证人”出庭是仅“就鉴定人做出的鉴定意见提出意见”；而“协助支持公诉”则在庭长许可的情况下不仅可以对鉴定意见发表意见，还可以对拒不认罪的犯罪嫌疑人进行驳斥，并且参与到法庭辩论之中。

“专家证人”和鉴定人出庭质证的重要意义在于：①在控辩式庭审中，控辩双方在法庭上平等对抗，法官居中裁判，专家证人和鉴定人出庭是直接言词原则的要求，也是人民法院庭审方式改革的必然要求；②鉴定意见的瑕疵可以被及时发现并得到纠正、补充，当事人对鉴定意见的疑问可以得到全面、科学、合理的解释，从而增强当事人对鉴定意见的信任，避免多次鉴定，提高了案件审结率；③可以提高人民法院审判的公正性、权威性，增加科学办案力度，一定程度上减少错案、冤案的发生；④目前我国司法鉴定机构林立，鉴定水平良莠不齐，鉴定人出庭作证，必将直面法庭控辩双方的质询，拒绝出庭又将面临严厉的处罚和市场信誉度、鉴定权威性的损失，这无疑对鉴定人和鉴定机构的专业技术水平、法律素养、客观公正的科学态度、出庭质证能力提出了更高的要求，能积极促进我国司法鉴定市场的良性发展。因此“专家证人”和鉴定人出庭制度一定程度上体现了我国立法为适应犯罪日趋智能化和社会对更公正高效的司法效果要求所做出的变化。

## 5 “专家证人”和鉴定人出庭的人身安全和其他权益需要立法来保障

与《刑事诉讼法》第一百八十七条内容相辅相成的是修改后的《刑事诉讼法》第六十二条，它将鉴定人及其近亲属与证人一道列入法定的受保护对象，是全新的内容。该规定与旧的《刑事诉讼法》相比具有的历史进步性，但其局限性也是显而易见的。对于鉴定人来说，其鉴定意见关乎当事人财产、生命权利，有重要的证据价值；鉴定人本身则需要在法庭上公开直面当事人及其亲属，不可能没有顾虑。单靠修改后的《刑事诉讼法》第一百八十七条的硬性规定，强制其出庭是行不通的。在刑事诉讼中，大多数案件的被告人具有明显而严重的社会危害性，被告人及其亲属完全有可能通过非正当手段影响鉴定人出庭作证。比如，在出庭作证之前，被告人可能威胁、恐吓鉴定人，使其不敢作出不利于被告人的鉴定；在出庭之后，被告人可能实施报复行为，给鉴定人或其近亲属造成实际的人身或财产损失。因此，鉴定人出庭的人身风险应该引起立法者的重视。

第六十二条虽然规定了鉴定人的保护办法，但同时也仅限于“危害国家安全的犯罪、恐怖活动犯罪、黑社会性质犯罪、毒品犯罪”；只规定了“予以保护”，但对于鉴定人因作证而本人或其近亲属受到的人身伤害、致残或死亡的并没有赔偿措施。笔者认为既然鉴定人出庭的案件种类都没有限制，那么鉴定人受保护的案件种类也不应该有限制。其赔偿可按国家赔偿法规定的赔偿标准，由加害人或国家设立基金进行赔偿，并及时追究侵害者的刑事责任。

另外，修改后的《刑事诉讼法》第六十三条对证人出庭规定了经济补助的内容和办法，却对“专家证人”和鉴定人出庭的经济补助问题只字未提。“专家证人”和鉴定人作为与案件完全无关的第三人，与一般证人出庭还有所区别，其言辞证据具有知识和技术的含金量，理所应当享有经济补偿权。为了保障“专家证人”和鉴定人的权益，鼓励鉴定人出庭作证，保障修改后的《刑事诉讼法》第一百八十七条顺利实施，法律应当规定合理可行的“专家证人”和鉴定人出庭的经济补偿办法。

其他还有鉴定人接受质询的程序、出庭的权利和义务等，都有较大的立法空间。权利和义务是相辅相成的，只享受权利而不承担义务，或者只承担义务而不能享受权利，都不是法律生活的常态。只有从权利保障上使鉴定人免除后顾之忧，鉴定人才能积极的、坦然的出庭作证、真实客观地陈述，达成相关立法的初衷。

# 浅谈检察机关法医如何进行文证审查

柳 昭
四川省仪陇县人民检察院

在办理人身伤亡案件过程中，公安机关法医鉴定意见书的质量直接决定着检察机关的批捕、起诉质量。为防止错捕漏捕，提高批捕、起诉质量，检察机关在审查批捕和起诉环节，必须要有自己的专业法医对公安机关出具的鉴定文书从鉴定程序是否规范合法、送检材料是否齐全、鉴定机构及鉴定人员是否具有鉴定资格、鉴定过程中所运用的方法、技术标准是否科学有效，作出鉴定意见的依据是否充分等方面进行全方位的文证审查。

## 1 审查报案材料，了解发案过程

报案材料是关于发案情况最直接、最详尽的第一手资料，一般能客观地反映出双方当事人发生纠纷的真实情况。详阅报案材料，了解发案过程及伤者损伤情况、委托鉴定单位、法医检验时间等，从而审查其鉴定程序是否合法、鉴定材料是否真实充足、证据提取是否合法、检验操作是否规范。

## 2 审查病历及诊断资料，严格把握鉴定时限

病历是不能追补，不能涂改，不能伪造和添枝加叶的。由于医疗部门的诊断与法医工作性质不同，部分医疗部门的证明材料不符合法医鉴定要求。因此，检察机关的法医在审查病历过程中，要重点对病历书写的可靠性、病人主诉的真实性、辅助检查和实验检查的准确性、诊断的正确性进行文证审查。对病历记载不详尽、有歧义的疑点，及时询问当事医生。审查影像学资料时，先审查伤者姓名、年龄、片号、检查时间和医院名称等是否与病历相符；然后认真阅读影像学片子，由法医写出阅片意见。最后结合病历及相关的诊断资料，综合分析两者所反映出的信息之间的关系，判断是否能够相互印证，是否符合疾病发生发展的规律，当不能解释或出现矛盾时，要认真分析其原因，综合考虑各种可能的因素，必要时予以复查或者由检察机关法医亲自检查；对涉及功能障碍的鉴定，如有疑点时，检察机关法医应当亲自对被鉴定人进行活体检查，精确地测量出被鉴定人功能丧失程度。

鉴定时限是影响法医学鉴定科学、客观的重要因素。鉴定时限总的原则是：以伤情稳定为基础，全面分析、综合考虑为原则，限制过早鉴定为条件，防止错误鉴定为目的。凡是以原发性损伤为主要评定依据的，原则上可在 3 个月以内进行；凡是以容貌毁损或器官（脑、听器、视器等）、肢体功能损害为主要评定依据的，须观察、检测损伤后果或结局的，一般在损伤后 3 至 6 个月以内进行；皮肤瘢痕、神经损伤、视觉、听觉功能障碍等则

至少需要伤后 6 个月后才能进行鉴定；颅脑中重度以上损伤后致智商下降或癫痫发作、精神病的鉴定，一般至少要伤后 8 个月到 1 年的时间。但是在实际工作中，由于办案时间紧迫，公安机关经常出具“临时鉴定意见书”。这种“临时鉴定”仅适用于提请逮捕办案期限将届满，确因客观原因未能制作出正式鉴定书，但能够确认鉴定结论最低限度为轻伤的情况。案件承办部门在受理案件后，均要求公安机关于七日之内补送正式鉴定书。

## 3 准确理解鉴定标准，严格审查鉴定结论

准确理解和运用轻重伤鉴定标准是科学客观作出鉴定意见的前提。在法医学文证审查中，检察机关法医要坚持实事求是、科学、客观、公正的原则，结合标准条文和临床医学的相关规定做到定准“性”、把准“度”。多种损伤均未达到《轻伤》或《重伤》标准的，不能简单地相加为轻伤或重伤。若有三种（类/处）损伤均接近《轻伤》或《重伤》标准相关条文的，视具体情况，综合评定为或不评定为轻伤或重伤；对于损伤程度处于临界状态的，坚持就低不就高的原则；对于损伤程度一时不能确定的，则坚持先轻后重的原则；在损伤与疾病并存时，判定伤病直接因果关系，直接参照《标准》有关条文进行损伤程度评定；判定伤病“临界型”因果关系时，鉴定意见参照《标准》有关条文降低一个级别进行损伤程度评定。

此外，还应依法审查鉴定意见书结论是否正确，文书制作是否规范、标准，鉴定后续工作说明是否完整。伤者病情可能发生较大变化的，及时提出补充鉴定的建议和时限。全面、综合审查司法鉴定意见书，确保鉴定意见的科学性、客观性和公正性，实现检察机关法医文证审查的评估功能、补充功能、保障功能和答疑功能，是法医文证审查工作的根本。

## 4 加强公检法医交流沟通，保证办案质量

审查批捕、审查起诉是检察机关实行法律监督的重要环节。检察机关通过开展法医学文证审查，能够及时发现问题，为依法批捕、公诉提供科学可靠的法医学鉴定意见。在实践中，检察机关法医要注意工作方法，加强与公安机关法医的联系和沟通，研究探讨有关技术问题，不仅提高了两部门办案人员的证据意识，而且加强了两部门的监督制约和协作机制。

# 检察机关法医工作的格局变化及发展

王　青
成都市郫县人民检察院

检察技术机构的设立已有二十余年，但早在技术部门成立之前检察机关就已开展法医鉴定的工作。1988 年 1 月 28 日最高人民检察院颁发的《人民检察院法医工作细则（试行）》对检察机关法医技术工作做出了详细的规定，即检察机关法医工作的主要任务是运用现代法医学理论和技术，对检察机关直接受理的案件和公安机关移送审查批捕、审查起诉的案件中，有关人身伤亡和涉及法律的各种医学问题进行检验鉴定，对起证据作用的法医鉴定书、司法精神病学鉴定书、医疗事故鉴定意见书、病历以及现场勘验、调查访问等文证材料进行审查，并出具文证审查意见书。也就是说检察机关的法医工作包括两部分，其一是法医病理学和法医临床学鉴定，其二是法医文证审查。

随着司法鉴定体制的改革及检察技术的发展，检察机关法医技术的工作范围和任务也发生了变化，现就检察机关法医技术工作的格局变化及发展谈一下粗浅的认识。

## 1　检察机关法医工作格局的变化

### 1.1　法医临床鉴定的工作范围缩小

《全国人民代表大会常务委员会关于司法鉴定管理问题的决定》（以下简称《决定》）在 2005 年 10 月 1 日正式颁布实施，《决定》第七条规定："侦查机关根据侦查工作需要设立的鉴定机构，不得面向社会接受委托从事司法鉴定业务，人民法院和司法行政部门不得设立鉴定机构。"为此，最高人民检察院也对此做出了明确要求："自 2005 年 10 月 1 日起，检察机关的鉴定机构和鉴定人一律不得面向社会接受委托提供司法鉴定服务；检察机关的鉴定机构和鉴定人不得在司法行政机关登记注册从事面向社会服务的鉴定业务。"

鉴定体制改革至今已基本形成了一定的模式，社会鉴定机构承接了大部分的法医临床学鉴定，公安侦察机关的法医主要工作侧重于法医病理学鉴定。检察机关的法医学鉴定主要用于检察机关的自侦案件中，如对被监管人员非正常死亡的尸体检验、体罚虐待被监管人员、刑讯逼供致人伤亡的活体及尸体检验等，较鉴定体制改革之前受理各类案件中有关活体损伤程度的鉴定等内容来讲，鉴定范围缩小了很多。

### 1.2　法医文证审查的重要性凸显

第一，法医文证审查是监督权的体现。人民检察院在履行法律监督职能时，其中一个主要工作是审查案件的事实是否清楚，证据是否确实充分。《刑事诉讼法》第四十二条规定：证明案件真实情况的一切事实，都是证据。同时明确要求：证据必须经过查证属实，才能作为定案的依据。鉴定意见属于七种证据之一，也就是说，鉴定意见也必须经过查证属实，才能作为定案的依据。《人民检察院法医工作细则（试行）》第二十条规定：“法医文证审查主要是对起证据作用的法医鉴定书、司法精神病学鉴定书、医疗事故鉴定意见书、病历以及现场勘验、调查访问等文证材料进行审查，并出具文证审查意见书。”第二十一条规定：“文证审查重点是审查材料的科学性、可靠性、准确性。检验记载是否全面、细致；检验方法是否规范、可靠；论点是否明确、清楚，论据是否科学、充分；结论是否客观、正确，以及是否符合鉴定目的和要求等。”由此规定可见，法医文证审查就是对鉴定意见进行查证属实的必要手段。“文证审查”是检察机关的法医区别于公安机关和社会鉴定机构法医职能的重要标志，具有明显的监督含义。

第二，现阶段检察机关开展法医文证审查非常必要。各社会鉴定机构鉴定水平参差不齐，鉴定意见难免出现错误及瑕疵。《决定》规定，各司法鉴定机构均处于平等地位，无论是司法鉴定所（或者司法鉴定中心），还是公安机关出具的法医鉴定文书，均为合法有效的文书，具有平等的法律效力。现阶段全国各地司法鉴定机构数量众多，鉴定水平良莠不齐，而且司法鉴定所是一种自主经营自负盈亏的经营实体，不可避免会有较强的“利益驱动”倾向，不该鉴定的乱鉴定，鉴定意见漏洞百出。鉴定人员又多属医院聘请医师或公检法退休人员，管理不规范，不到位，因人为因素导致的差错鉴定甚至虚假鉴定已引起社会多方高度关注。

检察机关案件审查要求专业技术提供保障。当前，检察机关的侦监、公诉部门承办的故意伤害、故意杀人、交通肇事、寻衅滋事等涉及人身伤害的刑事案件数量一直居高不下，而办理这类案件的过程中经常会遇到涉及损伤程度和死亡结果的法医学鉴定，其鉴定意见是办案人员对案件事实认定的一种重要的诉讼证据。法医学鉴定意见的正确与否，直接关系着罪与非罪、重罪与轻罪、争议事实的存在与否等重大事实或情节的认定。审查、认定法医鉴定意见是检察办案人员在诉讼活动中履行监督职责的一部分，而法医学鉴定意见所反映的案件事实往往是非法医专业人员所不能认识和理解的，需要法医专业人员进行认真、细致、严谨的审查。要使鉴定意见在现有的历史条件下正确地反映案件客观事实，就必须由法医专业人员对鉴定意见本身进行审查判断，包括鉴定所运用的理论、技术是否正确，鉴定人的认识水平是否具备，技术方法是否恰当，检验步骤、方法是否符合规范等。通过法医专业人员对鉴定意见本身的审查判断，明确鉴定意见的证明力，看是否存在其他问题，是否需要补充鉴定或重新鉴定，使办案人员对鉴定意见有更深入、更准确的认识，从而更客观、科学地认定鉴定意见所证明的案件事实。

## 2 检察机关法医工作的发展

### 2.1 健全文证审查的工作机制，为执法办案提供技术保障

检察机关法医工作应该坚持以规范程序、强化监督为出发点，不断强化传统检察技术的法律监督职能，积极探索新时期检察技术的新路子、新方法。法医文证审查工作应该建立以“每案必审，每错必究”为目标的工作思路。

#### 2.1.1 与检察机关各部门建立协调配合的长效机制

技术部门应该与侦查监督、公诉部门、自侦部门等建立协调配合的长效机制，形成规范的案件审查制度，对凡是涉及法医技术方面的文证材料均按照程序委托技术部门进行文

证审查。

与此同时，还应加大与民事行政及控告申诉检察部门之间的工作配合力度，积极拓展检察机关法医监督服务渠道。凡是对原有鉴定意见存在疑问并且可能影响到民事案件审判的，可由民事行政或者控告申诉检察部门提请委托，然后转由检察机关法医进行文证审查，查微析疑，甄别真伪，从而有效防止由于人为或水平因素而导致的虚假或者错误鉴定，保证案件质量。

#### 2.1.2 建立案卡跟踪查漏机制

坚持定期（一般每月一次）对业务部门的相关数据，如故意伤害案、故意杀人案、交通肇事案等可能涉及法医技术类证据的案件数量进行跟踪，并与本部门文证审查案件的数量加以核对，避免涉及文证审查的案件被遗漏，切实做到“每案必审”。

#### 2.1.3 建立疑难案件请示机制

对于疑难案件及技术水平有限不能及时做出回复的文证审查案件，法医技术人员应该通过电话或网络向上级技术部门请示，或者聘请专家进行会诊，同时形成记录，确保案件质量。

### 2.2 严格按照相关机制开展工作，为办案质量提供智力支持

#### 2.2.1 依法审查，严把技术关

在文证审查过程中，法医技术人员应该严格按照省、市检院下发的办案细则，认真仔细地审阅全案材料，力争为办案部门提供客观、科学、准确的技术证据。审查过程中发现有疑问的，主动与原鉴定机构交换意见，加强磋商，以达成共识，共同提高。对依据不足或材料不全的，及时退回补充材料或鉴定；对结论错误的，坚持原则，坚持标准，及时予以纠正。

#### 2.2.2 实行监督，促使公安机关提高办案质量

审查批捕、审查起诉是检察机关实行法律监督的重要环节，而技术证据的文证审查则是其中必要的监督手段。通过开展文证审查，及时发现问题，及时做出文证审查意见，为正确处理案件提供科学的依据。在实践中应该特别注意工作方法，加强联系和沟通，研究探讨有关技术问题，让公安机关的技术人员愿意接受我们的意见，及时补充材料或重新鉴定，这不仅提高了证据质量，而且通过和公安法医的交流，使鉴定水平都得到提高。

### 2.3 充分利用网络资源，形成规范的网上委托办理流程

随着三级检察专网的开通和逐步运行，检察机关网上法医文证审查办案软件也投入使用，各业务部门对办案中遇到的法医鉴定直接从网上委托至技术部门，技术部门受理并审查后将审查意见从网上直接回复给办案单位，整个过程快捷、便利。

同时由于各级检察院之间的联系因网络而更加密切，利用网络就可以实现法医技术资源的共享。有些无法医技术人员的检察院也可以从网上将需要审查的案件委托到上一级技术部门进行审查，使检察技术监督从无到有，为办案质量提供保证。

### 2.4 凸显监督职能，为业务工作保驾护航

法医文证审查工作，是检察机关加强法医技术监督力度，切实维护司法公正的一项行之有效的工作办法。由于文证审查相关机制的健全，使检察机关技术部门利用文证审查这一手段在诉讼过程中纠正错误鉴定，从法医技术审查角度避免各类“重罪轻判”“轻罪重

判”或者是“错捕错诉”“漏捕漏诉”发生，有力地维护当事人的合法权益，更好地为检察执法工作保驾护航。

# 结合案例探讨法医鉴定错误的原因

王 青[1] 万 平[2]

1. 成都市郫县人民检察院；2. 成都市青羊区公安分局

法医鉴定是法医学鉴定人运用所具有的法医学和法医学专门理论知识和技术，对案件中涉及的专门性问题进行检验、分析、对比而得出的具有高度科学性、真实性和符合客观实际结论的过程，其所运用的科学技术手段已成为查明案件事实的一种重要方法和手段，其结论是法定的证据之一。对法医鉴定进行审查是司法人员诉讼活动的一部分，简单地审查鉴定程序是否合法，送检材料是否齐全，鉴定机构及鉴定人是否具有鉴定资格，鉴定人是否具备相应专业知识，鉴定中有无私情等等，这种审查方式是远远不够的，因为法医学鉴定所反映的案件事实往往是非法医专业人员所不能认识和理解的，就必须由法医专业人员对鉴定进行审查判断，包括鉴定所运用的理论、技术是否正确，鉴定人的认识水平是否具备，认识方法是否恰当，检验步骤、方法是否符合规范等等。通过专业人员的审查判断，明确该鉴定的证明力，看是否存在其他问题，是否需要补充鉴定或重新鉴定，使司法人员对鉴定结论有更深入、更准确的认识，从而更客观、科学地认定鉴定结论所证明的案件事实。

对法医鉴定文证审查工作实践中发现的错误鉴定案例进行分析，发现其形成原因各不相同，有共性也有个例，主要表现在以下几方面。

## 1 鉴定时机不成熟

法医临床学规定以功能障碍、容貌毁损等后遗症为主要依据的伤情鉴定，应当在伤者治疗终结并达到临床稳定后方能进行，一般是在伤后 3 个月，有的要在半年以上才能鉴定，有的损伤，比如肢体关节部位进行了骨折内固定等甚至需要在内固定钢针或钢板取出后数月才能进行鉴定。但有的法医在伤后几天或月余就做出损伤程度鉴定，就容易将轻伤鉴定为重伤或将轻微伤鉴定为轻伤。例如：2007 年 3 月，黄某某涉嫌故意伤害案中的两份法医鉴定书就存在这个问题，法医对这两份结论为“重伤”的鉴定书进行审查后发现两名伤者系 2007 年 3 月 2 日被犯罪嫌疑人用硫酸泼洒导致全身多处深Ⅱ度烧伤，烧伤面积分别达体表总面积的 15%及 13.5%，侦查机关报送材料中的两份法医鉴定书的鉴定时间为 3 月 13 日，仅是伤后 10 天。根据《人体重伤鉴定标准》第八十二条第一款“成人烧烫伤总面积在 30%以上”的规定，其烧伤面积不构成重伤。而做出该两份鉴定书的鉴定人所依据的却是《人体重伤鉴定标准》第二十八条第二款“特殊部位（如面、手、会阴等）的深Ⅱ度烧、烫伤，严重影响外形和功能”的规定，鉴定两名受害人的伤情“目前已构成重伤”。且据该两份鉴定书的法医临床学检查记录被鉴定人“现正在医院抢救中”，即该两名伤者的伤情均未达到临床稳定。所以这两份鉴定结论明显属鉴定时间提前，鉴定结论缺乏科学性。后经重新鉴定，该两名伤者的伤情均未构成重伤。

再如：2007 年 5 月 9 日，吴某某涉嫌故意伤害直诉案中的法医鉴定书结论为“被鉴定人的损伤程度目前属重伤”，经审查发现该鉴定书也存在鉴定时间不符合规定的问题。

该案中的伤者系 2006 年 10 月 22 日被犯罪嫌疑人吴某某用拳头击伤左眼，引起左眼白内障伴晶体脱位。法医临床学检查时间为 2006 年 11 月 29 日，仅是伤后一个月零七天，检查结果视力为右眼 0.6，左眼光感，晶体混浊。鉴定机关据此检查结果于 2006 年 11 月 30 日出具了“被鉴定人的损伤程度目前属重伤”的鉴定结论。该结论明显存在鉴定时间提前，鉴定结论缺乏科学性、严密性的问题。

## 2 鉴定时不复查受害人，以医院临床诊断为主要依据

笔者在对 17 件送审案件中的法医鉴定进行文证审查时，发现其中有 6 份鉴定书存在严重的程序问题，占总送审案件的 35%。这些鉴定书到了法庭上一旦有律师提出质疑，将会导致整个诉讼处于被动局面，甚至引起错案的发生。

出具这 6 份鉴定的鉴定人在鉴定时未与受害人见面，未对受害人进行临床法医学检查，照抄医院病历诊断，以病历为主要依据进行鉴定，草率出具鉴定书，其中鉴定结论为重伤的 3 例，鉴定结论为轻伤的 3 例。

例如：费某被故意伤害一案。费某被人持刀杀伤后送医院救治，办案机关出具的鉴定书对医院病历进行了详细的摘录，在法医临床学检查项缺如的情况下，分析说明项内容如下：“根据案情及文证材料认为：被鉴定人费某全身多处遭受锐器损伤，致使其颈部裂创、腹壁穿通伤、肝裂伤、小肠系膜及胃结肠韧带、横结肠浆膜层裂伤，参照《人体重伤鉴定标准》被鉴定人所受损伤属于重伤范围。”最后鉴定结论为“被鉴定人费某所受损伤评定为重伤”。

姑且不说以上鉴定的结论是否正确，首先它的科学性、真实性、客观性就受到质疑。一般来说，法医学鉴定结论，是通过法医学鉴定人利用所具有的法医学专门理论知识和技术，对鉴定客体进行检验、分析、对比而得出的具有高度科学性、真实性和符合客观实际的结论，是法医学鉴定人提供的“理性认识”证据。而所谓的客体不只是医生的病历诊断，更主要的是被鉴定人本身，如上例中的受害人费某，其身体上原始创口留下的瘢痕、手术创口留下的缝线瘢痕及引流口瘢痕等就是最客观的临床学特征。对该特征进行检验固定并与医院的病历进行对比，由此而得出的结论才是科学的、经得起推敲和审查的。而缺少这重要环节的鉴定书所依据的材料仅仅是医生的诊断，假如医院的病历资料受到质疑，那么这份鉴定书将不能作为证据使用。并且临床医生与法医之间最大的区别在于职责不同，临床医生是治病救人，对病人的情况可以考虑得比实际严重一些，病历写错了还有更改的机会，而对法医来说必须客观真实、科学准确地描述被鉴定人的伤情，一份鉴定书的错误就意味着一起冤假错案的形成。

这样的案例还有很多，之所以没有及时地得到纠正与检察机关没有条件开展法医文证审查有很大的关系。

同样是送审这17件案件的单位，2008年又将1例不服判决的故意伤害申诉案中的法医鉴定书提请我院审查，接到该鉴定后发现还是同样的问题，缺乏对伤者的法医学检查，这样的鉴定书无论其结论是否正确都是不能作为证据使用的，其效力与文证审查应该是相同的，只是相当于对临床病历的文证审查结论。这样一来，这件案件自身就存在着很大的软档。

## 3 鉴定人在某些方面缺乏应具备的专业知识

有的鉴定人虽然是医学专业毕业，但未参加过系统的法医学专业培训，仅仅参加了法医学资格考试过关取得鉴定资格后便开始进行法医鉴定，缺乏鉴定专业知识必将导致法医学鉴定失误。

例如：秦某被他人用啤酒瓶和手、脚分别击伤头部、面部、胸部、腹部而倒地，经送医院抢救，诊断院外死亡。病理检验发现：死者脑回增宽，脑沟变窄，蛛网膜血管扩张充血，右侧颞叶蛛网膜下腔出血，小脑左叶腹侧蛛网膜下腔出血，大小2.5cm×1.5cm，小脑右叶外侧蛛网膜下腔出血，大小3cm×1.5cm。原鉴定人分析："死者尸体解剖未发现致死性损伤，病理切片未见致死性病理性改变，结合调查材料，死者腹部受外力作用后倒地死亡，符合神经反射性抑制死亡。结论为：死者系神经反射性抑制死亡。"后经检察法医文证审查认为，该鉴定分析意见及结论不妥，应为死者头部遭受突然暴力，致小脑等部位出血形成脑疝压迫脑干，或出血填塞小脑延髓池直接压迫脑干等原因而致死亡。后经重新鉴定，结论为：死者头部遭受突然暴力致小脑出血形成脑疝等原因压迫脑干而致死亡。该法医学鉴定结论对认定行为人的犯罪性质起了至关重要的作用。

## 4 鉴定人员不正确运用人体轻、重伤鉴定标准

目前我们鉴定时所依照的人体轻、重伤鉴定标准是1990年施行的，由于多年未做修改，有很多不完善的地方。但在新的鉴定标准未施行之前仍是我们鉴定工作的主要依据，在鉴定时应该严格遵守，不能片面理解或断章取义地运用，否则会造成鉴定的错误。

例如：2008年7月28日，支某某涉嫌故意伤害案的案卷中结论为"轻伤"的法医鉴定书就存在这方面的问题。住院病历记载，被鉴定人右侧胸壁外侧有一约（2×5）$cm^2$的不规则裂伤，深约5.5cm，可扪及肋骨，右侧腹壁一约（2×6）$cm^2$不规则裂口，斜向左上浅行约10cm。法医临床学检查见右胸、腹部分别可见5cm及（2.5+2）cm"L"形皮肤裂伤。综上可知，被鉴定人的胸腹部裂口均未入胸腹腔，其创口长度单条不足10cm，累计不足15cm。鉴定人在明知创口长度不符合《人体轻伤鉴定标准（试行）》中的规定的情况下，引用了该标准的总则部分的第二条"轻伤是指物理、化学、生物等各种外界因素作用于人体，造成组织、器官结构的一定程度损害或者部分功能障碍，尚未构成重伤又不属于轻微伤害的损伤"做出了"轻伤"的鉴定结论，其引用过于牵强，鉴定的科学性有待商榷。

2008年8月7日经另外一家鉴定机构重新鉴定，该伤者的伤情为轻微伤。

## 5 盲目采信临床病历辅助检查，缺乏复查、印证

临床治疗过程中，医院对伤者往往会进行X片、CT片、B超等方面的辅助检查，辅助检查对明确伤者的伤情也起到了显著的作用，但临床医生对辅助检查的诊断水平却是良莠不齐的，存在失误的可能性很大。对这类伤者进行鉴定的过程中，如果盲目采信辅助检查诊断结论，不对所占有的原始病历材料进行仔细的审查，不对被害人受伤部位重新摄片加以核对，就很有可能出现错误鉴定。

例如：2001年5月，两邻居发生纠纷，在互殴过程中双方都受伤。其中一人经鉴定锁骨骨折构成轻伤。公安机关将另一方刑事拘留一人，另一方中的伤者也住进了郫县人民医院，在此期间共摄CT片4张，其中一张报告为：疑似有薄层血肿，并诊断为：蛛网膜下腔出血。随后几张均未见异常。伤者便只将这张CT片提供给法医要求做出伤情鉴定，其他的情况却予以隐瞒。法医并未认真地对其病情进行审查，也未询问是否还进行过其他辅助检查，草率地根据这张CT片做出了“轻伤”鉴定。公安机关又刑事拘留一人。在检察机关对这两例鉴定进行审查时，将该CT片提请影像学专家进行会诊，专家读片后出具了：该薄层血肿系伪阴影，无蛛网膜下腔出血征象的诊断意见，否定了“轻伤”结论。

2011年9月，曾某某等8人涉嫌寻衅滋事一案中结论为“轻伤”的法医鉴定书也存在盲目采信的问题。该鉴定书中所根据的“血气胸”诊断仅仅是依据“X片”所显示的“液气胸”做出的，缺乏临床检查胸腔穿刺及临床治疗闭式引流等证据的支持，同时伤者仅有皮外软组织挫伤的表现而无肋骨骨折等损伤的形成，血气胸缺乏形成的病理基础，所以得出“轻伤”鉴定结论的依据明显不足。公安机关在向其他两个鉴定机构委托重新鉴定时均被告知无鉴定条件。于是公安机关因证据不足将该案从检察院撤回。

## 6 鉴定人工作态度草率、不认真细致

有的鉴定人对一些案件的检验不负责，也就难免出现马虎、草率，导致鉴定错误。例如：2006年8月，在对陈某涉嫌交通肇事罪一案中的两例尸表检验报告进行文证审查时，对案卷中现场照片等其他材料进行比对后发现，该两例尸表检验报告中所书写的内容与现场及尸体情况的照片不能吻合，出现了严重的张冠李戴错误。

该案中两名死者系两母女，母亲骑电动自行车搭乘女儿连人带车被卷入大货车下，母亲当场因头颅被车轮辗压致整体变形、崩裂而死亡，女儿被送往医院抢救无效死亡。在尸检报告中，鉴定人将两名死者身体各部位的损伤情况及尸表衣着描述等互相对调，最终导致两名死者的死亡原因推断也出现了错误。

# 对 HIV 阳性罪犯保外就医相关问题的思考

蒋 师
成都市人民检察院

"艾滋病毒反应阳性者"为司法部［1990］247 号"关于印发《罪犯保外就医执行办法》的通知"中《罪犯保外就医疾病伤残范围》（以下简称《病残范围》）中第二十九条之规定，但随着艾滋病发病率的上升，该条规定存在的问题日益突出。

首先，此类犯罪可否保外就医法律溯源存在问题。《刑事诉讼法》第二百一十四条规定，"被判处有期徒刑或者拘役的罪犯，有严重疾病需要保外就医的，可以暂予监外执行；对于适用保外就医可能有社会危险性的罪犯，或者自伤自残的罪犯，不得保外就医"。《监狱法》对保外就医也作了相应的规定。但对于哪些疾病属于保外就医中的"严重疾病"，二者均没有明确规定。而司法部、最高人民检察院、公安部制定的《罪犯保外就医执行办法》的附件《罪犯保外就医疾病伤残范围》对此曾作了规定，其中"艾滋病毒反应阳性者"属于其中一种情形。但是，《罪犯保外就医执行办法》的制定依据是《中华人民共和国劳动改造条例》，而该条例已于 2001 年 10 月 6 日被废止，故该办法的法律效力就存在问题。因此，法律上的缺失使司法人员无所适从。

其次，各地区审批保外就医时，病情执行标准不统一。根据《病残范围》第二十九条规定，"艾滋病毒反应阳性者可办理保外就医"。但在实际工作中，由于四川省的艾滋病罪犯情况比较严重，而凉山地区更为严重。为此，四川省在针对艾滋病罪犯办理保外就医时，病情标准执行更为严格，即 CD4 细胞要在 200 以下（通常指艾滋病患者处于发病状态），而外省艾滋病罪犯只要检测呈阳性便会为其办理保外就医。如此一来，就造成了执行标准的不统一。这就导致在对罪犯办理继续保外就医手续时，若采用外省标准，则可以办理继续保外就医；若采用我省标准则应该收监执行，如何解决不同标准带来的冲突问题？

另外，实践中艾滋病罪犯保外就医弊大于利。我国法律已明确规定"可能有社会危险性的罪犯，不得保外就医"。而艾滋病罪犯的社会危险性主要体现在：①艾滋病罪犯监外执行再次犯罪的概率较高。由于很多艾滋病罪犯在社会生活中没有稳定的生活来源，在回到社会不久，因生活和疾病所迫，很快就会重蹈覆辙。②个别艾滋病罪犯还有报复心理。个别艾滋病罪犯由于心理不健全，在得知自己患病后，就可能会采取报复社会的手段来平衡自己的心理或者满足自己的变态心理。此外，保外就医时出于人道的角度，而"艾滋病罪犯"保外就医带来的结果与此背道而驰。主要是有的"艾滋病罪犯"保外就医后，被送回户籍地，由于其家属没有能力照顾、医治，当地监督机关也不会对其如何监督，从而使艾滋病患者生活极其困难。

解决上述问题应当从以下几个方面着手：

第一，建议从法律规定上对保外就医相关标准予以明确。建议最高人民法院、最高人民检察院尽快出台相关的解释。进一步细化暂予监外执行的有关法律，对保外就医的具体疾病特别是“艾滋病罪犯”可否暂予监外执行等作出可操作的司法解释。

第二，对《病残范围》第二十九条规定进行修改或附加条件。从临床上讲初始感染HIV到终末期是一个较为漫长及复杂的过程，根据2001年中华人民共和国国家标准制定的《HIV/AIDS诊断标准及处理原则（试行）》的规定，将艾滋病的全过程分为急性期、无症状期和艾滋病期。其中急性期通常发生在初次感染HIV后2~4周左右。部分感染者出现HIV病毒血症和免疫系统急性损伤所产生的临床症状。大多数病人临床症状轻微，持续1~3周后缓解。以发热最为常见，可伴有咽痛、盗汗、恶心、呕吐、腹泻、皮疹、关节痛、淋巴结肿大及神经系统症状；无症状期为可从急性期进入此期，或无明显的急性期症状而直接进入此期。在此期，感染者体内HIV持续复制，具有传染性，故又将无症状的病人称为HIV感染者，此期持续时间一般为6~8年且HIV反应为阳性。其时间长短与感染病毒的数量、型别，感染途径，机体免疫状况的个体差异、营养条件及生活习惯等因素有关；艾滋病期则为感染HIV后的最终阶段。可以看出，只有在艾滋病期才是其最严重阶段。因此建议在使用第二十九条时应当附加“艾滋病期”这一条件。

第三，对在监狱的HIV阳性者，应当纳入当地疾病预防控制中心的监测治疗体系。目前应当改变疾病预防控制中心只确认和监测而治疗管理滞后的现象，按照规定，一旦发现HIV/AIDS病人，应立即向所在地疾病预防控制中心报告，列入疾病预防控制中心的监测体系，因此，监狱所在地的疾病预防控制中心和卫生局、民政局等职能部门应当将所在地监所监狱列入疾病预防控制中心的监测治疗体系，并按照国家在艾滋病防治上“四免一关怀”的政策及对经济困难的艾滋病病人免费提供抗病毒药物的规定，将其纳入政府救济范围。这样做比将HIV阳性者罪犯放归社会更有利于管理和防治。

第四，对HIV阳性暂予监外执行的罪犯要进行双重注册管理。首先，监所监狱有责任在罪犯释放前和其户籍所在地或暂住地的疾病预防控制中心联系，实行注册管理；其次，监所监狱在和其户籍所在地的公安机关办理移交时，更要告知，并能在公安内部网络建立一个有关HIV阳性人员的专门管理目录。使这类人员回归社会后，能处在有序的控制范围内，不成为社会隐患。

# 浅析新《刑事诉讼法》对法医学鉴定的影响与应对

邹韵哲

四川省遂宁市人民检察院

《全国人民代表大会关于修改〈中华人民共和国刑事诉讼法〉的决定》已由中华人民共和国第十一届全国人民代表大会第五次会议于2012年3月14日通过，自2013年1月1日起施行。刑诉法的修改对于惩罚犯罪与保障人权、惩治犯罪与维护司法公正等方面做出了更全的规定。其中一些鉴定相关条款的修改对鉴定产生了极大的影响，引起了人们的高度关注。作为一个法医学鉴定工作者，如何应对修改后的刑诉法对鉴定方面的影响已提上日程。

## 1 《刑事诉讼法》涉及法医鉴定的相关条款的变化

（1）增加保障鉴定人合法权利条款。第十四条、第六十二条明确提出了保障鉴定人的诉讼权利、保障鉴定人或其近亲属的人身安全，从而为鉴定人依法履行职责提供了坚强的法律后盾。

（2）将“鉴定结论”改为“鉴定意见”。第四十八条“可以用于证明案件事实的材料，都是证据。证据包括……（六）鉴定意见……”。

（3）明确规定鉴定人故意虚假鉴定的法律后果。第一百四十五条规定“鉴定人进行鉴定后，应当写出鉴定意见，并且签名。鉴定人故意作虚假鉴定的，应当承担法律责任”。这一规定要求鉴定应具备更高的职业操守与职业责任。

（4）明确鉴定意见的告知及异议鉴定。第一百四十六条规定“侦查机关应当将用作证据的鉴定意见告知犯罪嫌疑人、被害人。如果犯罪嫌疑人、被害人提出申请，可以补充鉴定或者重新鉴定”。

（5）强调鉴定人出庭。第一百八十七条规定“……公诉人、当事人或者辩护人、诉讼代理人对鉴定意见有异议，人民法院认为鉴定人有必要出庭的，鉴定人应当出庭作证。经人民法院通知，鉴定人拒不出庭作证的，鉴定意见不得作为定案的根据”。

（6）引入具有专业知识的人抗辩机制。第一百九十二条规定“……公诉人、当事人和辩护人、诉讼代理人可以申请法庭通知有专门知识的人出庭，就鉴定人作出的鉴定意见提出意见。法庭对于上述申请，应当作出是否同意的决定”。

（7）对人身伤害的医学鉴定有争议需要重新鉴定或者对精神病的医学鉴定的不再仅限于由省级人民政府指定的医院进行。旧《刑事诉讼法》第一百二十条规定“……对人身伤害的医学鉴定有争议需要重新鉴定或者对精神病的医学鉴定，由省级人民政府指定的医院进行。鉴定人进行鉴定后，应当写出鉴定结论，并且由鉴定人签名，医院加盖公章”。而新《刑事诉讼法》不再有此规定。

## 2 新《刑事诉讼法》实施后对法医鉴定的影响

（1）鉴定人不出庭作证，鉴定意见不得作为定案依据。新《刑事诉讼法》明确规定，经人民法院通知，鉴定人拒不出庭的，鉴定意见不得作为定案依据。同时《全国人民代表大会常务委员会关于司法鉴定管理问题的决定》第十三规定“……鉴定人或者鉴定机构有下列情形之一的，由省级人民政府司法行政部门给予停止从事司法鉴定业务三个月以上一年以下的处罚；情节严重的，撤销登记……（三）经人民法院依法通知，拒绝出庭作证的……”因此，鉴定人拒不出庭作证，将引起一系列后果，如被鉴定人蛮缠、上访，鉴定人、鉴定机构受到处罚，鉴定人、鉴定机构名誉受损等。

（2）鉴定作虚假鉴定应承担相应的法律后果。新《刑事诉讼法》第一百四十五条阐明：鉴定人作虚假鉴定的，应当承担法律后果。《全国人民代表大会常务委员会关于司法鉴定管理问题的决定》第十三规定“……鉴定人或者鉴定机构有下列情形之一的，由省级人民政府司法行政部门给予停止从事司法鉴定业务三个月以上一年以下的处罚；情节严重的，撤销登记……鉴定人故意作虚假鉴定，构成犯罪的，依法追究刑事责任；尚不构成犯罪的，依照前款规定处罚”。以上表明，鉴定人作虚假鉴定，轻者受到处罚，重者追究刑事责任。

（3）鉴定人需与指定具有专门知识的人进行必要的论辩。新《刑事诉讼法》引入具有专门知识的人在法庭上对鉴定意见涉及的相关问题，可以提问，若法医鉴定人知识浅薄，将一问三不知，或者被别人牵着鼻子走。显然，法医鉴定对此将面临巨大的挑战与风险。

（4）鉴定机构和鉴定人的执业范围更加广泛。新《刑事诉讼法》没有限定对人身伤害的医学鉴定有争议需要重新鉴定或者对精神病的医学鉴定的由省级人民政府指定的医院进行，因此，现行的所有鉴定机构只要具有相关的资质，都可以从事这些方面的法医学鉴定。这些鉴定的补充，扩大了鉴定范围，也壮大了法医鉴定队伍。

（5）鉴定人执业更具保障性。新《刑事诉讼法》明确提出了保障鉴定人的诉讼权利、保障鉴定人或其近亲属的人身安全，从而使法医鉴定人更有精力投入到鉴定之中。

## 3 如何应对新《刑事诉讼法》的实施

（1）掌握现行有效的法医学鉴定知识，做好思想准备。法医学鉴定是指在诉讼活动中法医鉴定人运用法医学科学技术或者专门知识对诉讼涉及的专门性问题进行鉴别和判断并提供鉴定意见的活动。为了应对新《刑事诉讼法》带来的影响，首先，法医鉴定人要以积极的心态去应对；其次，要认真学习掌握《刑事诉讼法》及相关鉴定配套法律法规。

（2）加强法医鉴定人出庭作证训练、模拟演练。一是法医鉴定人应当以现有的司法实践为基础，从出现对鉴定意见异议较大的疑难、复杂案件开始，开展鉴定人出庭作证训练、演练，从而掌握出庭技巧。比如针对一些特殊体质被害人死亡的案件、精神病鉴定意见出现差异极大的个案等情况开展鉴定人模拟出庭。二是对要出庭作证的应做好出庭前的准备工作，比如掌握鉴定的法律依据、熟悉案情、准备出庭提纲等。

（3）增强道德观念，遵守法医鉴定人执业操守。我国目前的法医鉴定人员中，鉴定的技术专业水平差距较大，职业道德素养参差不齐，虚假鉴定也屡见不鲜。作为一名法医鉴定人，应当客观、公正、合法地进行鉴定，出具科学、可靠的鉴定意见，要对得起自己的良心。随时给自己敲响警钟，预防和杜绝弄虚作假。

（4）加强学习，提高素质，积极应对与具有法医学专门知识的人的各种抗辩。为了更好应对具备专门知识的人就法医鉴定意见对鉴定人进行提问，法医鉴定人一要全方面学习法医专业知识，并将这些专业知识内化于心；二要提高自己的语言表达能力和逻辑思维能力；三要提高用通俗易懂的语言阐释鉴定结论论证过程的能力，让鉴定意见为案件事实的认定提供有力的证明。

（5）抓住机遇，扩展法医精神病鉴定门类，促进法医鉴定全面发展。精神病鉴定全面放开，为法医鉴定人提供了机遇，因此，法医鉴定人应乘势而上，争取获得精神病鉴定资格或进行精神病鉴定。

总之，新《刑事诉讼法》既让法医鉴定面临挑战，又带给法医鉴定更多机遇，法医鉴定人应以积极的态度、乐观向上的精神、实事求是的作风、勇于攀登的胆量，不断推进法医鉴定健康、协调、可持续发展。

# 对 1 例面部损伤鉴定的分析

王仕模
四川省广元市人民检察院

## 1 基本案情

梁××，男，46 岁，2010 年 8 月 20 日，因他人与其言语不周被殴伤颜面部后到当地卫生院治疗，经清创缝合见：左额部近鼻梁处约 3.5cm 斜行裂创，边界整齐，深见颅骨，全层缝合 6 针。2010 年 9 月 6 日，某县公安局物鉴所对梁××伤情检查后以“额部近眉弓处有一 3.5cm 条状瘢痕，影响容貌”鉴定为轻伤。同时某司法鉴定机构（两个鉴定，第一鉴定人为同一人）以“面部有瘢痕，植皮，异物色素沉着或脱失大于 2cm（仅长度，应为平方厘米）”鉴定为伤残十级。而某公安局以轻伤附带民事移送起诉。

## 2 审查结果

2010 年 11 月，由于当事人不服鉴定结论，某部门将案卷呈送我处要求对梁××的损伤程度及伤残等级作审查。经阅送审资料认为：3.5cm 长裂创，缝合了 6 针，其轻伤已构成。但该伤残等级鉴定是以面部瘢痕面积为条件，而鉴定时间是在伤后半个月即作出，并法医临床检查只有 3.5cm 长度，而没有宽度。经复查检测：左眉弓上方斜向内眦部外一 3.3cm 线条状愈合痕，其中邻眉弓内侧有 0.5cm 长愈合痕略皱折，创缘较整齐，创痕较软，推之可活动。据此认为，梁××的损伤轻伤成立，而不构成伤残等级，出具了审查意见。

## 3 分析总结

（1）对瘢痕的认识差异。《劳动能力鉴定 职工工伤与职业病致残等级鉴定》A.14 瘢痕诊断界定“指创面愈合后的增生性瘢痕，不包括皮肤平整、无明显质地改变的萎缩性瘢痕或疤痕”。交通事故伤残等级鉴定的释义为：瘢痕是伤口愈合过程的最终产物，表面光滑，无毛发，无皮沟，无弹性，新鲜者呈褐黄或褐红色，晚期呈灰白色。瘢痕可分为增生性和萎缩性两种。增生性瘢痕指：隆起明显，呈暗红色，有瘙痒感；萎缩性瘢痕指：较正常皮肤稍下陷，表皮变薄，毛细血管扩张，皮肤松弛，光滑，毛发缺少。

（2）对鉴定标准条款的认识、理解差异。鉴定标准对瘢痕的计算有按长度或面积的计算，而应究条款要求及瘢痕形态、性质而定。

（3）对鉴定瘢痕的时间掌握不够。因皮肤软组织损伤后具有一定的恢复时间，瘢痕是自损伤后从肉芽组织纤维化开始，以增生的纤维结缔组织玻璃样变而告终，确定瘢痕一般应在受伤后三个月以上进行。

# 由死亡现场分析死亡原因

曾德兵　王勇庆
成都市公安局刑警支队技术处现勘大队

在法医检验工作中，对于自杀事件的定性尤为重要，根据现场勘查、法医检验及案情调查综合分析后，判断案件性质并不困难，实际检案中由于损伤及现场环境复杂等原因，找到自杀者的自杀动机成为指出调查方向及家属解释工作的重要依据。

## 1　案例资料

### 1.1　尸检情况

死者汪某，女，45 岁。2010 年 12 月 27 日上午 8 时许，汪某被发现死于我市某小区其亲戚家的厨房地面上。当日下午进行尸表检验。尸表检验所见：中年女性尸体，发育正常，营养中等。双眼角膜轻度混浊，双侧瞳孔等大等圆，双眼睑球结膜苍白。耳鼻口腔未见异常。左颈至右颈见巨大融合性切割创，创周可见试切创，伴左颈静脉完全断裂。左手腕部见砍创，致尺、桡骨粉碎性骨折，创周可见试切创。左大腿内侧下段见砍创，深达骨质。左踝内侧见并列、平行的多处砍切创，深达骨质，可见胫、腓骨粉碎性骨折。

### 1.2　现场情况

死亡现场为一套三室二厅的单元房，死者仰卧于厨房地面上，右手握有一把菜刀，厨房地面上及灶台上可见血泊，厨房地面及橱柜上可见喷溅状血迹、抛甩状血迹及溅落状血迹。现场未见遗书。

## 2　讨论

（1）本案例中死者致命伤为颈部切割创致颈部血管破裂大出血死亡，另全身可见多处砍创，主要集中在左上肢及左小腿、左脚踝，创口形态及砍击方向一致。部分创口周围可见试切创，根据损伤形态分析，死者右手持刀切割、砍击可以形成。

（2）从现场分析看，现场门窗完好，厨房内摆设正常，无搏斗痕迹，其他房间亦无反常现象。现场血迹形态及 DNA 检验结果分析均符合为自杀现场，尸体未被挪动。

（3）本案中死者自伤过程复杂，分别多次反复砍击左上臂及左腿，致尺、桡、胫、腓骨粉碎性骨折。同时切割颈部致颈部严重损伤，未留遗书，根据以上自杀行为分析死者自伤心态严重，其自杀动机可能与身体疾病有关。展开调查后获知死者生前长期患系统性红斑狼疮、狼疮性肾炎，久治不愈，此次到本市一家医院治病，可能是疗效不佳使其产生了自杀念头。

# 凉山地区凶杀案件的特点分析

边昌林　贾晋雄
四川省凉山州公安局刑事侦查支队

凉山彝族自治州是我国最大的彝族聚居区，位于四川省西南部川滇交界处，辖区面积6万余平方公里，总人口473.04万人，境内有汉、彝、藏、蒙古、纳西等10多个世居民族。20世纪50年代初，凉山大部分地区还保留着较为完整的奴隶社会形态；1956年实行民主改革后，凉山从奴隶社会跨入社会主义社会。因其地区的特殊性，发生在该地区的命案，在作案动机、作案工具、作案特点、嫌疑人特点及作案后的行为动向上，也有许多不同于其他地区的特点。

## 1　命案发生原因

### 1.1　因婚姻诈骗、婚姻纠纷问题而发生的命案

传统彝族男女之间的嫁娶、彩礼等问题往往由家族来决定，出现矛盾问题（夫妻之间相互猜疑、婚外情、生活作风恶习等）后，也是由两个家族来解决；若协调不好，往往会出现两个家族之间的械斗，严重者会发生血案。随着社会的发展，一些不好的社会风气在凉山地区流行开来，女方收取男方彩礼后，又嫁给另外的人，由此产生婚姻诈骗（当地俗称“放飞鸽”）而引起的命案也时有发生。以下几个案例就是因婚姻诈骗、婚姻纠纷而发生的血案。

**案例**1：2003.12.27，昭觉县黄某杀人案。

嫌疑人王某（男，汉族，36岁，四川省仁寿县人）因几次到昭觉县寻找妻子未果，怀恨在心、产生杀意，将正在睡觉的丈母娘刘某（女，彝族，57岁，昭觉县人）及其两个孙女（3岁、6岁），用菜刀砍死在床上后王某在屋内自杀。

**案例**2：2009.6.11，金阳县石一比日杀人案。

犯罪嫌疑人石一比日（男，彝族，23岁，金阳县人）怀疑妻子地莫日作（女，彝族，18岁）与石一古博（男，彝族，27岁，金阳县人）、尔古沙吉（男，彝族，26岁，金阳县人）有不正当男女关系，遂于2009年6月11日20时许，将妻子地莫日作用绳索捆绑在家中木床上，并用钉子将妻子双手钉在床头上，用匕首割掉其左耳、鼻子；后又用匕首将石一古博和尔古沙吉杀死后潜逃。石一比日母亲毛鲁扎（女，彝族，58岁，金阳县人）闻讯后服毒自杀。于2009年6月18日在临县将犯罪嫌疑人石一比日抓获。

**案例** 3：2012.3.20，普格县吉则色组杀人案。

2012 年 3 月 20 日 21 时许，犯罪嫌疑人吉则色组（男，彝族，45 岁，普格县人）因夫妻矛盾将自己的妻子俄底么尔作（女，彝族，39 岁，普格县人）和儿子吉则日呷（不足 1 岁）用斧头砍死在自家门前的菜地里。后嫌疑人吉则色组在村后山上服毒自杀。

### 1.2 因劳资关系、债务纠纷或毒品而引起的非法拘禁致人死亡

随着社会的发展，凉山各地经济也在不断地发展，受传媒、网络、社会风气和各种思潮的影响，人们的思想观念发生了巨大的变化。为改变穷困面貌，外出打工者也越来越多，但随之而来的劳资纠纷也越来越多，往往得不到解决后会发生命案。为了金钱铤而走险，因贩卖毒品产生纠纷而发生的命案有上升趋势。

**案例** 4：2009.5.11，非法拘禁致人死亡案。

2009 年 5 月，犯罪嫌疑人黄某（男，32 岁，彝族，美姑县人）因在内蒙古打工时未得到相应报酬，遂将工头王金龙（男，汉族，29 岁，内蒙古自治区人）从内蒙古非法带到四川省美姑县家中。王金龙逃跑时不慎掉到当地电站水渠内死亡。

**案例** 5：2010.8.8，土比只火死亡案。

嫌疑人阿比（男，彝族，39 岁，宁南县人）因债务纠纷将土比只火（男，彝族，57 岁，宁南县人）绑架到一旅店内，并对其进行殴打；2010 年 8 月 8 日上午，土比只火在该旅店内用自己的裤腰带上吊（自缢）死亡。

**案例** 6：2011.5.23，什黑莫俄吉死亡案。

什黑莫俄吉（女，彝族，42 岁，雷波县人，有吸毒史）参与运输毒品，因在运输途中毒品丢失，被毒犯非法拘禁；2011 年 5 月 23 日 13 时，被人发现死于（被掐死）一公路边树林中。

**案例** 7：2012.2.8，阿力菲近死亡案。

死者阿力菲近（男，彝族，23 岁，布拖县人，有吸毒史）与嫌疑人且沙科日（男，彝族，30 岁，布拖县人）因贩卖毒品发生纠纷。2012 年 2 月 6 日凌晨 3 时许，阿力菲近被且沙科日从攀枝花绑架至布拖县且沙科日家中；2012 年 2 月 8 日阿力菲近死在且沙科日家中。经检验阿力菲近系感染性休克及多器官功能衰竭死亡。

### 1.3 因仇恨关系而引起的命案

在凉山地区因仇恨而引起的杀人，在凶杀案件中占有很高的比例。其有一显著特点为往往因为小矛盾、小误会而引起恶性杀人案较多；其矛盾关系不突出，多有激情杀人案的特点，往往会给案侦工作带来一定的误导。

**案例** 8：2003.4.28，比布张龙杀人案。

2003 年 4 月 28 日晚，嫌疑人比布张龙（男，彝族，28 岁，喜德县人）在吉地拉鬼（男，彝族，43 岁，喜德县人，系比布张龙的舅舅）家中，因吃饭时发生口角，比布张龙遂用随身携带的匕首将吉地拉鬼一家四口（妻子及两个女儿）杀死，并挖去四人的眼珠。

**案例** 9：2007.2.17，盐源县沈尔底持枪杀人案。

2007 年 2 月 17 日上午 9 时许，犯罪嫌疑人沈尔底（男，彝族，36 岁，盐源县人）因 50 元钱发生纠纷，用气枪改制的小口径步枪将其堂弟沈阿牛（男，彝族，32 岁，盐源县人）、其叔叔沈挖扎（男，彝族，60 岁，盐源县人）、婶婶马巫力（女，彝族，60 岁，盐

源县人）打死，并将沈阿牛的嫂子马阿甲（孕妇）击伤后携枪潜逃。在抓捕时沈尔底因拒捕被我公安机关击毙。

**案例** 10：2011.3.7，美姑县沙马尔日一家四口被杀案。

2011 年 3 月 7 日上午 8 时许，犯罪嫌疑人海来马以（男，彝族，38 岁，美姑县人）到沙马尔日（男，彝族，30 岁，美姑县人）家中借斧头、刨子做锄把，嫌疑人对所借的刨子不满意，越想越生气、产生杀人念头，用斧头分别将沙马尔日（妻子、儿子、父亲）一家四口砍死。

## 2 作案工具的选择

因地域、风俗习惯、作案原因的特殊，在其作案工具的选择上也有其特殊性，选择的作案工具多为日常生活中常见的，常就地取材、不会特意去准备，如菜刀、斧头（几乎每户人都有）、匕首（彝族男子习惯随身携带匕首）等。案例 9 中嫌疑人沈尔底使用的步枪（自制），在当地较多家庭中都有，作打猎用。作案工具在作案后常都留在现场，若为自己携带的随身物品（如匕首）常在作案后随身带走，抓获嫌疑人后在其身上能搜出。如案例 1 中嫌疑人作案使用的菜刀，案例 3、案例 10 中嫌疑人作案使用的斧头，均为死者家中的，作案后均遗留在现场。案例 2、案例 8 中嫌疑人作案使用的匕首，案例 9 中嫌疑人作案使用的步枪，均为嫌疑人随身携带，在被抓获后从其身上搜出。

## 3 作案特点

从以上多起案件中可以看出其作案手段凶残，场面血腥，伤亡人数多且婴幼儿占有较大的比例（案例 1 中死亡 3 人，案例 2 中死亡 3 人伤 1 人，案例 3 中死亡 2 人，案例 8 中死亡 4 人，案例 9 中死亡 3 人伤 1 人，案例 10 中死亡 4 人），损伤重且多。案例 1 中刘某等 3 名死者均为女性（57 岁、6 岁、3 岁），其损伤主要集中在头面部及颈项部，均为锐器砍创；其中刘某双手掌及手指有抵抗创。其死因为全身多处砍创，失血性休克死亡。案例 2 中嫌疑人手段极其残忍，将妻子用钉子钉在床上，并用匕首割去左耳及鼻子；又用匕首将石一古博和尔古沙吉刺伤胸腹部内脏器官，致其失血性休克死亡；其嫌疑人母亲毛鲁扎闻讯后服毒自杀；此案引起 3 死 1 重伤。案例 1、案例 3、案例 8、案例 10 中嫌疑人对婴幼儿也不放过，造成多起灭门惨案。案例 8 中嫌疑人将 4 名死者杀死后（由于该地区有一种传言认为“人被杀后被杀者的双眼能记录被杀时的情况，如杀人后把眼睛打烂或挖掉，那么记录就会消失”），又将其眼珠挖出。案例 4、案例 5、案例 6、案例 7 中均有非法拘禁的情节，尸检时均发现 4 名死者身上有不同程度的软组织损伤，有被殴打、被虐待的痕迹。

## 4 犯罪嫌疑人的特点

以上案例中，嫌疑人多是中青年男性彝族（年青体状），作案人数多为一人。他们在家庭乃至整个家族中具有主导地位，对自己、家庭、家族的面子问题看得很重。其文化程度普遍较低，多为文盲或小学一二年级文化，有的甚至汉话都讲不清楚，受教育程度较低；没有法律意识及法律观念，出了问题靠自己的武力解决。

## 5 作案后嫌疑人的行为动向

（1）嫌疑人作案后多会慌忙逃离，会选择离开自己的住处，投奔亲戚（家族成员常会隐藏包庇）或搬迁到偏远的高山上居住，有的甚至搬到无人居住的老林区，或选择到外地盲流；选择的居住地一般都是不容易接近的高山，并常有多个住处（有养狗看家报信的习惯），常不定时更换。嫌疑人逃跑后常比较警觉，白天常在山林中隐蔽，晚上再回家睡觉；抓捕时常会反抗。如案例 9 中嫌疑人沈尔底在抓捕时因拒捕被公安机关击毙。

（2）若为杀亲案件，由于个人及家族的面子问题（家族成员对嫌疑人也会仇恨、看不起，不会为其提供隐匿条件、不会资助其逃跑），嫌疑人作案后多选择自杀；家庭成员有时也会因为怕受害人家族寻仇而自杀。如案例 1、案例 3 中嫌疑人作案后自杀，案例 2 中嫌疑人母亲服毒自杀。

## 6 总结

上述几宗案例虽不能完全概括出彝族地区凶杀案件的特点，但每个案件都有其相应的特点，也反映出现阶段彝族地区凶杀案件中一些比较特殊、带有地域特色的典型特点。随着时代的不断进步，彝族地区这将会有不断地发展，地域特点、人们的思想观念也会不断变化，其凶杀案件也会出现新的特点，这将给案侦工作带来新的挑战。

# 浅析职工工伤与职业病致残等级晋级原则存在的问题与对策

邹韵哲

四川省遂宁市人民检察院

《劳动能力鉴定 职工工伤与职业病致残等级》（GB/T16180－2006）4.5 晋级原则（以下称《晋级原则》）规定，对于同一器官或系统多处损伤，或一个以上器官不同部位同时受到损伤者，应先对单项伤残程度进行鉴定；如果几项伤残等级不同，以重者定级；如果两项及以上等级相同，最多晋升一级。该晋级原则的初衷是为了进一步保护受害者的权益，让其获得更多的经济补偿。然而，在实践中，笔者发现该晋级原则容易被一些鉴定人不加区分地滥用。因此，笔者认为，对晋级原则使用进行探讨是必要的。

## 1 晋级原则存在的问题

### 1.1 晋级原则被滥用

晋级原则明确表明："……如果两项及以上等级相同，只能晋升一级。"笔者在从事文证审查时发现，很多鉴定机构在从事鉴定时，几乎不留余力地使用这一原则，使加害人的合法权益不能得到应有的保护。

### 1.2 晋级原则界定不明确

从社会公平正义层面上看，晋级原则是对受害者的权益的进一步保护，具有存在的现实意义。如果权益使用不当，加害者的合法权益将会受损。从晋级原则的阐述来看，"如果两项及以上等级相同，最多晋升一级"。该描述并没明确界定什么条件可晋级，什么条件不可晋级。

## 2 晋级原则正确使用的对策

### 2.1 进一步明确晋级原则使用的条件

晋级原则前部分使用没有异议。只要对"如果两项及以上等级相同，最多晋升一级"进行释义，就可达到预想目的。笔者认为可以这样限制：①同一器官或系统两处以上损伤，单项作出鉴定后，如果两项以上等级相同，且造成该器官或系统缺损或功能丧失为一项的两倍以上；②一个以上器官两个以上部位同时受到损伤，单项作出鉴定后，如果两项以上等级相同，且两个部位损伤程度基本一致。如果符合上述限制 1 项以上，可使用最多晋升一级，否则，不用。

### 2.2 删掉晋级原则后部分

如果一个条款有滥用之嫌，删掉具有更大的意义，应当选择剔除。"如果两项及以上等级相同，最多晋升一级"这一小部分删掉，鉴定人在进行伤残鉴定时就不用在晋级原则上打歪脑筋，也不会有滥用的可能，对鉴定也不会出现争议。

总之，晋级原则使用目前存在诸多问题，要改变这一现状，需要引起有关管理部门注意，在制定标准时加以慎重考虑。

# 浅议医疗纠纷鉴定书之外的责任认定

宋祥志　刘　川

四川省资阳市雁江区人民检察院

《中华人民共和国侵权责任法》（以下简称《侵权责任法》）实施前，医疗行政机构和人民法院在处理医疗事故纠纷案时，对于涉及医学领域中的专门问题，一般都要通过鉴定结论来认定。所以，法院在受理医疗纠纷诉讼时往往要求当事人提供医疗事故鉴定书，并主要依据鉴定结论做出判决。可以这样理解，一个主审法官对医疗知识的了解并不比普通老百姓多，他（她）要对医疗纠纷案件正确作出判定很大程度上要依据诸如医疗事故鉴定书一类有明确结论的鉴定书。但是，鉴定书也有一定的局限性，它对事故责任的描述往往是建立在医疗损害结果发生以后，对医疗行为和损害结果之间的因果关系的考量上，因为鉴定书表述的是结论性的东西，虽然民诉法解释规定了医疗纠纷适用“举证责任倒置”来加以弥补，但对于对很大程度上属于推论性的医疗过错责任，鉴定书结论却无法清晰表达。《侵权责任法》第七章对医疗损害责任作出了新规定，这些规定对于建立和完善医疗侵权法律体系无疑将起到决定性的统领作用。同时，该法的相关规定解决了司法机关审理该类案件时涉及鉴定书之外的医疗纠纷责任认定问题。

## 1 医疗行为与患者所受损害之间的因果关系不再是法律考量的因素

《侵权责任法》第五十四条规定：“患者在诊疗活动中受到损害，医疗机构及其医务人员有过错的，由医疗机构承担赔偿责任。”该条规定把“医疗行为与损害结果之间的因果关系”排除在法律考量的范围之外。“医疗行为与损害结果之间的因果关系”不再是医方承担责任的前提条件。这在很大的程度上纠正了以往因《最高人民法院关于民事诉讼证据的若干规定》中“因医疗行为引起的侵权诉讼，由医疗机构就医疗行为与损害结果之间不存在因果关系及不存在医疗过错承担举证责任”的规定带来的医疗行为要承担侵权责任，至少要具备医疗过错、医疗行为与损害结果之间的因果关系这两个基本要素的相关规定。

## 2 重要的病历资料成为法定证据，不可被鉴定书所替代

《侵权责任法》第五十五条规定：“医务人员在诊疗活动中应当向患者说明病情和医疗措施。需要实施手术、特殊检查、特殊治疗的，医务人员应当及时向患者说明医疗风险、替代医疗方案等情况，并取得其书面同意；不宜向患者说明的，应当向患者的近亲属说明，并取得其书面同意。”“医务人员未尽到前款义务，造成患者损害的，医疗机构应当承担赔偿责任。”我们知道病历是整个医疗过程的重要记录，关于手术治疗、特殊检查、特殊治疗的风险说明、替代方案说明义务的规定，把证明这些义务的书面证据，包括知情同意书、告知书、其他经患方签字认可的病历记载等都能充分说明医患在医疗过程中的实际情况。在过去的诉讼中，医方经常主张病历需要由懂医的医学会（医生）来鉴定。鉴定之后，病历就不具有单独的证据价值。这为医疗事故技术鉴定设置了被强势的医方人员操控的空间。《侵权责任法》将病历资料作为了证明医务人员是否尽到“前款义务”的充分必要证据，不再需要通过鉴定来认定，也不可用任何方式的鉴定来替代，这就大大地维护了处于弱势的患方的合法权益。

## 3 未尽到说明义务的过错

《侵权责任法》第五十五条规定：“医务人员在诊疗活动中应当向患者说明病情和医疗

措施。需要实施手术、特殊检查、特殊治疗的，医务人员应当及时向患者说明医疗风险、替代医疗方案等情况，并取得其书面同意；不宜向患者说明的，应当向患者的近亲属说明，并取得其书面同意。”“医务人员未尽到前款义务，造成患者损害的，医疗机构应当承担赔偿责任。”在这些诸如手术治疗等有创治疗领域，只要医疗机构不能举出书证证明其尽到了说明义务，而患者又因此受到了实际损害，医疗机构就应当承担赔偿责任。未尽到说明义务和患者受损害成为承担赔偿责任的充分条件。

## 4 未尽到相应诊疗义务的过错

《侵权责任法》第五十七条规定：“医务人员在诊疗活动中未尽到与当时的医疗水平相应的诊疗义务，造成患者损害的，医疗机构应当承担赔偿责任。”在今后的医疗纠纷中，医务人员在诊疗活动中是否尽到与当时的医疗水平相应的诊疗义务将是法律考量的重要内容。未尽到与当时的医疗水平相应的诊疗义务，以及患者受损害，是医疗机构承担赔偿责任的充分条件。其实这项规定的可操作性是受到质疑的，就是当地医疗水平的评定必须有细则规范，医院和医务工作者的水平在同一地区也是参差不齐的。

## 5 医方违法违规就推定其有过错

《侵权责任法》第五十八条第（一）项规定：“违反法律、行政法规、规章以及其他有关诊疗规范的规定”，“推定医疗机构有过错”。违法本来就是严重的过错。《侵权责任法》直接明确了在医疗侵权诉讼中，只要能够证明医疗机构及医务人员的行为违反了法律、行政法规、规章的规定，就可直接推定医疗机构有过错。在此情况下，只要患者受到了损害，医疗机构就应当承担责任。

## 6 医方对病历“动手脚”就推定其有过错

《侵权责任法》第五十八条第（二）项、第（三）项规定：“隐匿或者拒绝提供与纠纷有关的病历资料”；“伪造、篡改或者销毁病历资料”，“推定医疗机构有过错”。过去在发生医疗纠纷后，医疗机构及其医务人员常常采取隐匿或者拒绝提供与纠纷有关的病历资料，以及伪造、篡改或者销毁病历资料的方式对病历资料“动手脚”，阻止患方维权的现象带有普遍性。这些做法不仅损害了医疗机构诚信的形象，加剧了医患矛盾，也在相当程度上损害了法律的正当性和权威性。《侵权责任法》第五十八条规定了这两种违法行为的侵权法律后果：可直接推定医疗机构有过错。只要患者受到了损害，医疗机构就应当承担责任。

## 7 医疗用品缺陷先行赔偿责任

《侵权责任法》第五十九条规定：“因药品、消毒药剂、医疗器械的缺陷，或者输入不合格的血液造成患者损害的，患者可以向生产者或者血液提供机构请求赔偿，也可以向医疗机构请求赔偿。患者向医疗机构请求赔偿的，医疗机构赔偿后，有权向负有责任的生产者或者血液提供机构追偿。”

从合同法的角度看，《侵权责任法》的新规定有着这样的含义：医疗机构对其向患者提供的药品、消毒药剂、医疗器械的缺陷，输入患者体内的血液的合格性负有先行赔偿的担保义务。

## 8 医疗机构免责的条件和法定义务

《侵权责任法》对医方也加大了保护力度，同时也规定了医德医风方面的法定义务。因为医务工作风险大，技术难度高，如果不对医务人员的权利的保护进一步规定，就有可能使医务人员在诊疗护理工作中瞻前顾后，从而限制了他们工作的积极性和创造性。

(1)《侵权责任法》第六十条规定，医疗机构单纯因患者或者其近亲属不配合医疗机构进行符合诊疗规范的诊疗、由于在抢救生命垂危的患者等紧急情况下已经尽到合理诊疗义务、由于受当时的医疗水平限制难以诊疗等原因，即使存在患者受损害的后果，也可免责。

(2)《侵权责任法》第五十六条规定：“因抢救生命垂危的患者等紧急情况，不能取得患者或者其近亲属意见的，经医疗机构负责人或者授权的负责人批准，可以立即实施相应的医疗措施。”紧急情况下医方有单方行医权，有不得拒绝抢救的义务，抢救生命垂危的患者等紧急情况下，是否必须经过患者亲属的签字才能实施抢救。以往法律法规和规章对此规定不明。法律赋予医疗机构履行必要程序后的单方行医权，也排除了医疗机构非经患方签字而拒绝抢救的理由，医疗机构有不得拒绝抢救的义务。这与《执业医师法》第二十四条的规定衔接了起来，是对执业医师法的发展。

(3)《侵权责任法》第六十一条规定医疗机构及其医务人员对一些种类的客观病历资料有按照规定填写并妥善保管的客观病历上的义务；医疗机构有根据患者要求提供查阅、复制的义务。这些客观病历包括：住院志、医嘱单、检验报告、手术及麻醉记录、病理资料、护理记录、医疗费用等病历资料。

(4)《侵权责任法》第六十二条规定：“医疗机构及其医务人员应当对患者的隐私保密。泄露患者隐私或者未经患者同意公开其病历资料，造成患者损害的，应当承担侵权责任。”规定了医疗机构对患者的隐私保密义务和侵权责任。

(5)《侵权责任法》第六十三条规定：“医疗机构及其医务人员不得违反诊疗规范实施不必要的检查。”规定了医疗机构对患者不得实施过度检查的义务。

(6)《侵权责任法》第六十四条规定：“ 医疗机构及其医务人员的合法权益受法律保护。干扰医疗秩序，妨害医务人员工作、生活的，应当依法承担法律责任。”规定了医方合法权益受法律保护的权利。

为了更好实施《侵权责任法》，避免与化解医疗纠纷，有关立法、司法和行政部门一定要做好该法与其他相关法规的衔接与调整工作，及时修订、完善与该法相冲突与不协调的地方。医疗行政部门更应该督促指导医疗机构根据相关法律法规制定医疗规范，完善各项管理制度。只有这样，我们才能在今后的医疗工作中始终以法律法规为准绳，更加妥善解决和处理好各类医疗纠纷，为建立和谐社会而努力奋斗。

# 谈容貌（毁损）的法医学鉴定及文审的思考

唐清泉
四川省绵竹市人民检察院主检法医师

## 1 容貌鉴定与文审情况

法医内容的容貌是指人体颜面的皮肤及眼、耳、鼻、口的外露部分所协调组合的一个统一的整体。正常的容貌外形完整对称，功能完整协调，无明显瘢痕和色素改变。而容貌毁损是指人体颜面部受到各种伤害，使正常的皮肤组织，器官发生形态结构的改变，并产生难以复原的损伤，致使容貌显著变形，丑陋或者功能障碍达到法定规定的标准时，就应当认定为容貌毁损。导致容貌毁损的，常有：面部造成明显条状、块状疤痕；面部显著变形；感觉器官的缺损或者变形；表皮肌瘫痪，如外伤性面神经损害等；咀嚼障碍，如牙齿折断或脱落 7 颗以上等。上述情况在《人体重伤鉴定标准》（以下简称《标准》）第十至十六条分别作了详细规定，所以笔者就对面部瘢痕或色素的评定作的简要概述，请同仁指正。

对面部瘢痕或色素的评定，同对面部畸形的评定一样，都是对外伤后果进行的，但对瘢痕形成或色素改变的评定，宜采用综合评定法。这是因为：容貌损伤，以多个组成区域受损较常见，而且由于其他彼此联系紧密，即使个别区域损伤，并可累及邻近的区域；再者，容貌是一个协调的整体，还要求整体的综合评价。其实，在对畸变或皮肤缺失的评定中也应在分区的基础上进行严谨客观的综合评定。

根据《标准》第十六条的第一项和第三项规定，瘢痕形状可分为块状、条状和片状细小的瘢痕，从性状上分为明显瘢痕和萎缩性瘢痕，色素仅从性状上分为色素沉着或者色素减退。

对于片状细小瘢痕，明显色素沉着或者明显色素减退的，《标准》规定其范围超过面积的 30％时，应评定为重伤。对于明显的块状瘢痕、条状瘢痕、《标准》也做了相应的规定。但对于萎缩瘢痕，无论是条状的或是块状的，“标准”均未作相应的规定。学者郑会斌等人认为：对容貌毁损的评定主要依据瘢痕大小，和规定的数字长短，导致器官功能障碍程度，通过器官、特殊瘢痕等 4 个方面综合评定，并从瘢痕大小、瘢痕性质、瘢痕分布部位，器官功能障碍情况对上述 4 项指标进行定量分级，计分评定，该方法具有一定的科学性，减省了对容貌毁损评定的主观因素，值得同道推荐和借鉴。笔者认为，对于面部萎缩性瘢痕的评定，主要是对其面积大小与数目，外观有无失美感及分布部位瘢痕严重程度进行评估，因为萎缩瘢痕既难以致容貌组织器官的畸变，又很难的导致其功能障碍。笔者参照此方法，按照不同的瘢痕大小、程度、外形状况而评定为轻伤或重伤。对颜面部增生性瘢痕，有明显的块状疤痕，单块面积大于 4 平方厘米，两块面积计数在 7 平方厘米，三块以上总面积大于9平方厘米，或者留明显条状疤痕，单条长于5厘米以上，其疤痕应位于眼鼻口等面部的中心区域。对于片状大小瘢痕，明显色素沉着或者明显色素减退，按照《标准》规定其范围超过面部面积的30%以上，应评定为重伤。对于明显的块状瘢痕、条状瘢痕《标准》也做了相应的规定，并应依据是否对面部构成严重毁损程度（丑陋、功能障碍、血管神经断裂）等全面判定，明确轻伤或重伤程度。但对于萎缩瘢痕，无论是条状的或是块状的，《标准》均未作相应的规定。有法医学家认为，对容貌毁损的评定主要依据瘢痕大小，导致器官功能障碍程度，并通过器官的特殊瘢痕等4个方面进行综合评定为宜。并从瘢痕大小、瘢痕性质、瘢痕分布部位，器官功能障碍等情况，对上述4项指标进行质量分级，计分评定。该方法具有一定的科学性和客观性，降低了对容貌毁损程度评定的主观因素，值得相互学习借鉴。笔者认为，对于外伤性萎缩瘢痕的评定，主要是对其面积，大小与数目，外观及分布部位进行评估，因为萎缩瘢痕既难以致使容貌组成器官的明显畸形，又难以导致功能障碍。近期笔者严格按照《人体重伤鉴定标准》之规定和灵活掌握的训练技能。真实客观的评定一起面部损伤的重伤鉴定结论，并成功纠正了本例面部损伤的重伤鉴定结论为轻伤的文证审查意见。由此，推荐仅供同仁考证。

本案伤者袁某于2011年5月20日下午从四川什邡市赶至绵竹市肖某家，因经济纠纷互殴，用砸破的啤酒瓶刺划伤袁某左面部，当即住什邡市人民医院治疗，临床治愈后，公安机关于2011年8月29日以损伤程度符合《人体重伤鉴定标准》第三章容貌毁损第十六条第一款之规定，评定为重伤。案件于2011年9月8日被检察机关批准逮捕。检察法医对该案进行全面文证审查，法医检验见：伤者左前额发际下致左眼外眦及左面部有一斜形较暗褐红色浅表不明显的线形痕痕1cm，左颧部有两处浅表线形疤痕，累计长6cm，左面颊部耳垂下额角处有一斜形长2.8cm线形疤痕，其损伤的面部疤痕不明显，亦无明显增生凹陷。经综合分析认为：根据《人体轻伤鉴定标准（试行）》第十五条、第十六条之规定，作出文证审查意见：袁某的面部损伤程度以轻伤为宜。2011年9月27日，绵竹市人民检察院将本案呈报德阳市检察院技术处，罗先明处长组织召集德阳市遍区检察法医，并邀请德阳市公安局主任法医师雍泽忠和德阳市正源司法鉴定中心主任陈洪文共同对本案伤者袁某的伤情程度进行了研究分析：一致认为伤者袁某目前面部无明显条状、块状瘢痕，面部无显著变形、丑陋及功能障碍。其最后会诊意见，同意笔者对袁某损伤程度由重伤纠正为轻伤鉴定的文证意见。2011年10月20日，公安再次将本案上送德阳市公安局对袁某的面部损伤程度进行重新鉴定。10月25日德阳市公安局最终作出了袁某损伤程度为轻伤结论，肯定了绵竹市检察院检察法医所作出的纠重伤为轻伤的文证审查意见。

## 2 分析讨论

在对一般容貌毁损的法医学检验鉴定中，多应在损伤治愈后三至四个月进行。本案例法医检验鉴定时间是在伤后3个月进行法医学伤情鉴定，笔者是在伤后4个月进行原重伤文证审查，在伤情检验时，面部瘢痕经过一段时间恢复，其面部瘢痕总长度为10cm，其中长6cm为划痕表浅、基本恢复如初，无明显瘢痕色素沉着，长4cm为线形疤痕，无明显增生，无明显容貌丑陋及功能障碍。因此，对本案袁某容貌毁损程度的法医学鉴定，原鉴定单位只按其面部伤痕长度认定为重伤，未对其面部疤痕的形状特征，疤痕对面部影响的整体美感进行综合分析，主观武断的评定为重伤，在进行面部伤情鉴定时要全面分析，综合评定，以避免鉴定结论的偏差和违背实事求是的本意，同时要有效地杜绝错案发生。

在法医学鉴定工作中，面容毁损的伤害，客观上存在一个面皮的修复和逐渐恢复的慢进过程，而《人体重伤鉴定标准》第五条和《刑事诉讼法》第一百二十一条明确规定，法医学伤情鉴定应在法院开庭判决之前完成，其犯罪嫌疑人、被害人申请可以补充鉴定或者重新鉴定。当有效解决这一矛盾应从鉴定时限，损伤当时的严重程度，损伤长度和深度，是否伤及血管、神经，是否有骨折，送医院治疗是否在损伤（治愈）后 3～4 个月后的恢复情况，以及遗留后遗症的严重程度，是否构成容貌重度毁损，丑陋及功能障碍等，并作全面分析判定，同时应努力做到不偏不倚，恰到好处，准确无误，真实客观。对预测轻重伤有可能恢复良好，从全面观察面部尚未构成严重毁损、丑陋的损伤，要有预测和评定轻伤的概念，要有慎重作重伤鉴定结论的客观意识。其原因时间恢复的长短直接影响其轻重伤的鉴定结果。

对《人体重伤鉴定标准》第十六条规定的损伤在掌握面部疤痕符合规定的长度或者面积外，还应严格掌握损伤后遗留的疤痕是否属明显疤痕，应从以下两点去把握。第一，面部明显的疤痕是指除萎缩性疤痕外的其他疤痕，如增生疤痕、萎缩疤痕、疤痕疙瘩、凹陷疤痕、桥状疤痕、敖状疤痕、蹼状疤痕等，瘢痕类别的不同都有可能造成不同程度面容毁损。第二，疤痕是否全部或者部分位于眼睑、鼻、口唇、面颊等引起功能障碍。如遗留面部不属于上述明显疤痕，又不至于引起眼睑、鼻、口唇、面颊部位功能障碍的损伤，应慎作重伤鉴定。

综上对颜面部损伤的法医学检验鉴定，鉴定人应具备高素质的法医道德风范和扎实的分析判断能力，坚持实事求是的原则。注重实地调查研究，以民命和百姓的切身利益为重。避免主观偏见的工作作风，全面了解案情和搜集证据，客观认定文证材料，综合分析评定，本着为民命负责的高度责任感，只有这样才能客观、科学地做出正确的鉴定结论。

# 对 1 例盲眼损伤文证审查的体会

刘　川　宋祥志

四川省资阳市雁江区人民检察院

由于眼球是人体的暴露器官，眼组织精细而脆弱，故眼损伤在法医学鉴定中经常遇到。眼损伤的法医学鉴定是临床检案实践中的难点之一，常因视力障碍的量化、检测手段的局限、受检者的主观因素、伤病关系的复杂性等方面而产生鉴定分歧。本文是作者在对 1 例盲眼受损后的两份鉴定进行文证审查时的体会，与大家共同探讨。

## 1　案例情况

张某，男，68 岁，因与人发生纠纷被人用拳头打伤头部、右额部及右眼，伤后昏迷、呼之不应，额部出血、右眼出血。约半小时后清醒。查右眼凹陷，瞳孔欠圆，直径0.3cm，对光反射消失。诊断为“右眼穿通伤”。入院后行右眼内容物去除术，术中见鼻背部裂伤长约5cm，内眦裂伤1cm、外眦裂伤2.5cm。眉部裂伤5cm，角膜颞上方裂口长约8mm，眼球内陷，全前房积血。伤前残疾人残情鉴定记录为“左眼先天性失明、右眼视力0.03”。

法医鉴定时出现两种意见。一种意见认为，被鉴定人伤前右眼视功能已经为盲眼视力，受伤与右眼视觉障碍没有直接的因果关系，不符合《人体重伤鉴定标准》第十九条（一）“损伤后，一眼盲”之规定，不构成重伤，应根据《人体轻伤鉴定标准》（试行）第九条（四）“眼球部分结构损伤，影响面容或功能的”规定评定为轻伤。另一种观点认为，被鉴定人伤前右眼虽为盲眼，但作为面部容貌的重要组成并无缺陷，而本次遭受外力打击，致右眼穿通伤，进而手术摘除右眼球，造成伤者容貌严重毁损，本次受伤是造成手术摘除右眼球的直接因素，应根据《人体重伤鉴定标准》第十条（一）“一侧眼球缺失或者萎缩”之规定评定为重伤。法院在审理时最终支持了第二种意见。

## 2 体会

作为眼损伤鉴定参照的人体轻、重伤鉴定标准，其损伤程度更主要地取决于视觉功能障碍的程度（主要是视力的水平及视野的度数)。这一规定看似简单而又科学，实则可操作性极难把握。正因为如此，眼损伤鉴定被认为是鉴定难度较大，易引起鉴定争议而又极具法医临床学代表性的一个分支。

世界卫生组织关于盲和低视力的标准规定，一眼的最佳矫正视力<0.05时为盲，被鉴定人伤前左眼先天性失明、右眼视力0.03，因此，其伤前应属盲人无疑。故笔者认为，不能依据以视功能评价为主的《人体重伤鉴定标准》第十九条第（一）款作为评定本案张某损伤程度的依据。由于人眼同时参与容貌组成，眼球的缺损无疑对个体容貌的影响是巨大的，这也是《人体重伤鉴定标准》第十条（一）将其列为重伤的依据。从参与容貌的角度看，被鉴定人的右眼伤前基本正常，因此，其损伤程度应属此条款范畴，根据被鉴定人右眼的损伤情况，我们不难推断出，张某右眼所受到的暴力相当强大，这种暴力作用的后果和伤眼的功能是否正常已经无关了，如果外力强大，已引起眼部结构的严重损伤，这些损伤性改变即使发生在正常的眼球，也足以导致视力丧失。《人体重伤鉴定标准》第十九条（一）与第十条（一）的规定，一条强调了视觉功能，另一条则强调了形态结构的完整性，二者之间从理论上来讲应该是平等的 但是对于盲人，其功能已经丧失，那么形态结构的完整性是否具有和正常人一样的重要性呢？从标准本身来看，似乎《人体重伤鉴定标准》第十条（一）“一侧眼球缺失或者萎缩”的界定并未涉及被损害眼球的功能问题，只要是因损伤导致的一侧眼球缺失或者萎缩，即应判为重伤。因此，被鉴定人因损伤导致右眼球被摘除后缺失，亦符合该条款之规定，损伤程度应该评定为重伤。在进行伤残评定时，对伤者伤前视力情况应在评定时适当考虑。

# 通过对杀亲命案的分析，浅议其发生的原因及预防发生的几点建议

边昌林　贾晋雄
四川省凉山州公安局刑事侦查支队

## 1　案例介绍

**案例**1：2003.4.28，比布张龙杀人案。2003年4月28日晚，嫌疑人比布张龙（男，彝族，28岁，喜德县人）在死者吉地拉鬼（男，彝族，43岁，喜德县人，系比布张龙的舅舅）家中，因吃饭时发生口角，遂用随身携带的匕首将吉地拉鬼一家四口（妻子及两个女儿）杀死，并挖去四人的眼珠。

**案例**2：2003.12.27，昭觉县黄某杀人案。嫌疑人黄某（男，汉族，36岁，四川省仁寿县人）因多次带女儿到昭觉县寻找妻子（四川昭觉县人），但每次均未能找到（当地有“放飞鸽”的情况、婚姻诈骗），于是怀恨在心、产生杀意，将正在睡觉的丈母娘刘某（女，彝族，57岁，昭觉县人）及其孙女（6岁）用菜刀砍死在床上；觉得自己的女儿活着也会无依无靠，并且会受到刘某家人的报复，于是也将自己3岁的女儿用菜刀砍死在床上后王某在屋内自杀。

**案例**3：2007.2.17，盐源县沈尔底持枪杀人案。2007年2月17日上午9时许，犯罪嫌疑人沈尔底（男，彝族，36岁，盐源县人）因50元钱发生纠纷，用气枪改制的小口径步枪将其堂弟沈阿牛（男，彝族，32岁，盐源县人）、其叔叔沈挖扎（男，彝族，60岁，盐源县人）、婶婶马巫力（女，彝族，60岁，盐源县人）打死，并将沈阿牛的嫂子马阿甲（孕妇）击伤后携枪潜逃。在抓捕时沈尔底因拒捕被我公安机关击毙。

**案例**4：2009.6.11，金阳县石一比日杀人案。犯罪嫌疑人石一比日（男，彝族，23岁，金阳县人）怀疑妻子地莫日作（女，彝族，18岁）与石一古博（男，彝族，27岁，金阳县人，系石一比日的堂哥）、尔古沙吉（男，彝族，26岁，金阳县人）有不正当男女关系，遂于2009年6月11日20时许，将妻子地莫日作用绳索捆绑在家中木床上，并用钉子将妻子双手钉在床头上，用匕首割掉其左耳、鼻子；后又用匕首将石一古博和尔古沙吉杀死后潜逃。石一比日母亲毛鲁扎（女，彝族，58岁，金阳县人）闻讯后服毒自杀。于2009年6月18日在临县将犯罪嫌疑人石一比日抓获。

**案例**5：2010.3.22，西昌市杨次且杀人焚尸案。2010年3月22日下午3时许，犯罪嫌疑人杨次且（男，32岁，彝族，西昌市人）因家庭纠纷，用杀猪刀将其母亲杨子吉（女，彝族，70岁，西昌市人）、妻子毛里作（女，彝族，28岁，西昌市人）及两个女儿杨新亮（彝族，2岁）、杨英（彝族，6个月）杀死，反锁房门，自己喝下有机磷农药，放火焚尸。

**案例** 6：2010.5.26，孙子莫泥歪杀人案。2010年5月26日凌晨6时许，犯罪嫌疑人孙子莫泥歪（女，彝族，27岁，宁南县人）因为家庭矛盾纠纷（家庭暴力、常被丈夫殴打），在家中用匕首、斧头将丈夫阿力日冲（男，彝族，25岁）及其弟阿力伙聪（男，彝族，15岁）两人杀死，又将儿子阿力色聪（男，彝族，4岁）、女儿王琳（女，彝族，8个月）两人用手掐死后潜逃；当日18时被抓获。

**案例** 7：2012.3.20，普格县吉则色组杀人案。2012年3月20日21时许，犯罪嫌疑人吉则色组（男，彝族，45岁，普格县人）因怀疑妻子有外遇，将自己的妻子俄底么尔作（女，彝族，39岁，普格县人）和儿子吉则日呷（不足1岁）用斧头砍死在自家门前的菜地里。后嫌疑人吉则色组在村后山上服毒自杀。

**案例** 8：2012.6.15，会东县孟周波杀人案。犯罪嫌疑人孟周波（男，汉族，15岁，会东县人，中学生）长期以来认为父母常打骂自己，不关心自己，且父母经常吵架，家庭关系紧张，遂产生杀死父母的念头。2012年6月15日凌晨2时许，孟周波乘父亲外出不在家，持自家菜刀进入母亲唐细英（女，汉族，39岁，会东县人）及其妹妹孟姚（女，汉族，10岁，会东县人）房间，先后将母亲、妹妹杀死后，见自己的奶奶李仕群（女，汉族，70岁，会东县人）开门出来，又将李仕群杀伤后回到自己房间藏匿，早上报案谎称“他人所为”。

**案例** 9：2012.6.15，会理县莫太香投毒案。犯罪嫌疑人莫太香（女，汉族，60岁，会东县人）认为其大儿子余传才（男，汉族，35岁，会东县人）、大儿媳妇吴忠芳（女，汉族，31岁，会东县人）、丈夫余国正（男，汉族，68岁，会东县人）3人在平时家庭生活中长期对自己不好，经常因为家庭琐事责骂和殴打自己，便产生用农药毒死3人的想法。莫太香遂于2012年6月15日7时许，将有机磷农药叔丁硫磷投放到正在灶上煮酸菜的锅里，致8时许在家中吃早饭的余传才、吴忠芳、余国正3人相继中毒，余传才、吴忠芳2人于当日先后死亡，余国正经抢救无效于6月25日死亡。

**案例** 10：2012.7.22，蔡尔史杀人案。2012年7月22日下午，犯罪嫌疑人蔡尔史（男，彝族，50岁，西昌市人）酒醉后在家中与儿媳沙羊优莫（女，彝族，22岁，西昌市人）因口角发生争执，在争执过程中，犯罪嫌疑人蔡尔史持匕首将沙羊优莫杀死。

## 2 案件发生原因

以上10个案例中杀亲命案发生的原因有因婚姻纠纷、经济问题、家庭纠纷、家庭暴力、口角纠纷、家庭琐事及青春期的叛逆等。婚姻家庭关系发生变化，不仅表现为婚姻关系不够稳定，还表现为婚姻家庭内部纠纷增多，亲人之间亲情淡化，有时因一点生活琐事就反目成仇，甚至引发家庭暴力、杀亲命案。从犯罪嫌疑人来看，其嫌疑人素质较低、长期处于大山封闭之中，其文化程度普遍较低，多为文盲，受教育程度较低，没有法律意识及法律观念，缺乏心理健康方面的知识，心理处于不健康状态，出了问题靠暴力解决，对亲情淡漠甚至泯灭。

### 2.1 因婚姻纠纷或情感问题而引发

男女之间的婚姻是很美好的事，但出现矛盾时如果没有很好的处理，就往往会酿成血案。随着时代的进步、社会的发展，人们受外来各种思潮、社会风气的影响，思想观念也会随之发生改变。夫妻之间相互猜疑、不理解，夫妻之间背叛出现婚外情等，若没有很好的处理，有时就会酿成血案。案例 2 昭觉县黄某杀人案中，黄某因受到婚姻诈骗，多次寻找妻子未果，对生活产生绝望，而产生杀人念头。案例 4 金阳县石一比日杀人案、案例 7 普格县吉则色组杀人案中，嫌疑人均是怀疑妻子有出轨行为，而怀恨在心，最终酿成血案。

### 2.2 因经济问题而引发

由于经济问题而引发的命案并不少见，但因较小数额的经济纠纷而一时冲动所引起的杀亲灭门血案并不多见，因经济条件较差，当遇到涉及经济利益的问题时，家人极易引发争执，矛盾一旦升级，就有可能转化成杀人案件。案例 3 盐源县沈尔底持枪杀人案中，嫌疑人沈尔底与堂弟因 50 元钱而发生纠纷，怀恨在心、产生杀其全家的想法，于是用平时打猎的小口径步枪（气枪改制）将其堂弟沈阿牛、其叔叔沈挖扎、婶婶马巫力打死，逃跑时将沈阿牛的嫂子马阿甲击伤。

### 2.3 因家庭纠纷、家庭琐事而引发

在日常生活中，因为鸡毛蒜皮的小事而引起的家庭纠纷、矛盾比比皆是，一旦不够冷静、缺乏容忍和克制能力，产生一时冲动，处理不好就会成为引发杀亲命案的导火索。案例 1 布拖县比布张龙杀人案、案例 5 西昌市杨次且杀人焚尸案、案例 10 蔡尔史杀人案，均是因为琐事引起的家庭纠纷，一时冲动，最终酿成血案，造成家破人亡。

### 2.4 因家庭暴力而引发

家庭暴力是一个全球性问题，在世界各国家庭暴力现象都十分常见。长期受到暴力虐待，长期压抑，一旦丧失理智、爆发出来，便会酿成惨剧。案例 6 孙子莫泥歪杀人案、案例 9 莫太香投毒案中，嫌疑人长期受到丈夫的打骂、虐待，压力无处宣泄、心理承受能力脆弱，不能承受时便爆发出来，造成人间悲剧的发生。

### 2.5 因青春期的叛逆，心理不健康而引发

案例 8 会东县孟周波杀人案中，嫌疑人孟周波为一 15 岁的中学生，处于青春期，由于世界观、人生观没有形成，没有得到正确的引导，心理叛逆、不健康；家庭关系不和睦，使其长期处于封闭状态，没有法制观念，泯灭人性，而产生杀人念头，最终酿成杀亲惨案。

## 3 案件特点

### 3.1 作案手段凶残

上述案件多有激情杀人案的特点，作案手段极其残忍，场面血腥。发生矛盾激化时，不顾一切，见人就杀，造成伤亡人数较多（案例 1、2、6 中均造成 4 人死亡，案例 3、4 中均造成 3 死 1 伤，案例 5 中造成 5 人死亡，案例 7、9 中均造成 3 人死亡，案例 8 中造成 2 死 1 伤，案例 10 中造成 1 人死亡），并多有无抵抗能力的婴幼儿。

### 3.2 嫌疑人特点

上述案件均为 1 人作案。嫌疑人年龄在 15 岁至 60 岁，年龄跨度大，但以青壮年居

多，其中男性8人、女性2人。嫌疑人文化程度普遍较低，除孟周波为一在校中学生外，其他多为文盲或小学一二年级文化，有的甚至汉话都讲不清楚，受教育程度较低，长期处于封闭状态，没有法律意识及法律观念。上述案件的矛盾点主要集中在家庭暴力、婚姻纠纷、经济纠纷、家庭琐事等方面；由于文化素质偏低，发生矛盾后，没有及时得到疏通，致使一方心理压抑，想不开，便采取过激手段；有的长期受到暴力侵害，在忍无可忍的情况下，发生对抗，酿成悲剧。上述案件嫌疑人有一个特点就是作案后（激情释放后）选择自杀，作案后自己自杀或造成家人自杀的有4人。

### 3.3 案发地点偏僻

案发点多在山区、农村。由于地处大山深处，与外界接触较少，山区群众文化程度较低，法制观念淡薄，加上民族传统观念的影响（有矛盾靠家族之间解决，处理不好会发生械斗），解决矛盾的方式相对简单粗暴，致使农村山区此类案件的发案率较高。

### 3.4 案发与家庭有关

发生杀亲案件的家庭的经济条件较差，缺乏亲情。经济问题往往是引发家庭矛盾的一大因素。由于地处大山，长期的封闭落后，家庭贫困，为了几十元钱就会大动干戈，酿成血案。此外，当前农村劳力外出打工现象比较普遍，夫妻分居两地，感情疏远，婚姻家庭逐渐走向破裂，在有矛盾要家族调解等传统观念的影响下，双方势图回避矛盾，勉强维持，随着感情矛盾的不断积累，任何一方点燃导火索，都将导致矛盾爆发，引发命案，并殃及家庭其他成员。

### 3.5 案发社会影响大

这一系列案件对社会造成恶劣影响，后果深远。由于杀亲案件，犯罪主体和客体之间是亲人，往往在社会上造成很恶劣的影响，不仅仅造成家庭成员伤亡等严重后果，更严重的是给生者造成难于抚平的心理创伤，让家庭增加新的债务，陷入极度贫困之中。此外，家庭未成年子女的抚养、教育和老人的赡养，也将成为新的社会负担。

## 4 预防杀亲命案发生的几点建议

杀亲案件的多发，与人们长期以来受封闭传统的束缚，而当前社会经济快速发展，人财物的流动加剧以及人们的道德伦理、思想观念不断受到各种思潮的冲击有着很大的关系。高发于偏远山区的杀亲命案有其矛盾发生、发展、积累、激化的过程，具有一定的可防性。协调家庭矛盾，预防和打击杀亲案件需要村民委员会、基层调解组织以及乡镇司法、民政、妇联及民间调解组织等多个部门的整体协作和有效配合。作为公安机关，可以采取以下三项工作措施：

第一，公安机关必须坚持以打为主，打防结合，以打促防，快侦快破。对家庭矛盾引发的杀亲案件，要快速出击，快侦快破，并尽快将在逃的凶手抓获归案，达到震慑犯罪，教育群众的良好警示效果。以上案件中，都是在最短时间内将案件侦破，嫌疑人拘捕归案，维护了社会的稳定。

第二，加强农村法制宣传教育，积极宣扬中华民族优良的传统美德，在社会上大力倡导敦厚、容忍、谦让等良好的社会公德。杀亲案件中当事人文化素质偏低，法律观念淡薄甚至没有法制观念；大力加强农村法制宣传教育，提高法律意识，增强法制观念，搞好法律服务，引导广大山区群众学法、知法、懂法、用法是防范杀亲案件发生的最长远也是最有效的解决途径。公安机关要会同司法部门，扎实有效地加强普法教育，特别是农村普法工作，可选取典型杀亲案例，结合相关法律法规的条款规定，通过文化宣传的形式，向群众进行“以案讲法”宣传教育，引导群众树立依法解决问题的意识，分清亲情与法律的界限，防止因一时冲动走上违法犯罪的道路。

第三，健全完善矛盾纠纷调处机制。公安机关要在党委、政府的统一领导下，协调各职能部门，以村委会为依托，建立“邻里守望、及时反馈、抓早抓小、跟踪调处”的动态防范机制。充分发挥村民委员会和民间调解组织的作用，加大家庭纠纷问题排查调处力度，将可能引发重特大刑事案件的苗头消除在萌芽状态。

# 从法医文证审查看社会中介机构在司法鉴定中存在的问题

钟燕玲　蒋　师

成都市人民检察院

文证审查是检察机关的技术部门配合批捕、起诉部门进行案件审查的专项工作，由于鉴定机构出具的鉴定结论关乎案件的定性，也决定是否立案、立什么案以及罪与非罪、罪重罪轻等，因此文证审查工作，对于检察机关掌握案件事实是否确实、充分具有重要意义。在近年的文证审查工作中，我们发现社会中介机构司法鉴定中存在较为突出的问题，并且呈现逐年增多的趋势。2009—2011 年，我院纠错的 27 件法医类文证审查案件有 19 件来源于社会中介机构。我们对社会中介机构司法鉴定中存在的问题进行了归纳，并就纠正对策做一探讨。

## 1　存在问题

### 1.1　鉴定机构繁多，鉴定水平参差不齐

就我省而言，就有法医类鉴定机构 70 多家，鉴定人 2000 多名，到目前为止，鉴定机构和从业人员还在不断扩充，有的鉴定机构鉴定人员达 40 人以上，而常年接诊的只是一两个聘请人员，个别鉴定人员自注册以来未进行一例鉴定，许多鉴定机构资质低、力量弱、社会认可度低，往往由于利益驱动，违规操作甚至虚假鉴定问题突出，如超委托范围鉴定，超鉴定资质鉴定，办关系案、金钱案、人情案，乱收费，效率低下，拒不出庭接受质询等。此外，法医鉴定机构很多由医院主办，自诊、自医、自鉴的弊端明显。

### 1.2　鉴定人员专业素质缺乏

社会中介机构的大部分法医学鉴定人员是从医院临床医学转行而来，虽有丰富的临床

经验，但缺乏法医学鉴定的专业知识，对法医鉴定标准无法正确理解和把握，造成实践中错误鉴定时有发生。如四川某司法鉴定所对张某涉嫌故意伤害一案出具的鉴定书系在伤者伤后六天做出的，而且该鉴定结论依据是《人体重伤鉴定标准》第八条“肩关节强直畸形或者关节活动度丧失达百分之五十”，根据法医鉴定的程序要求涉及功能障碍的伤情应在伤者的伤情达到临床稳定才能做出，一般为三个月，该鉴定明显存在鉴定时间提前的问题。我院法医审查后作出“不同意该鉴定结论，建议办案机关重新鉴定”的审查意见。经办案机关与一省直属鉴定机构联系，该机构认为该鉴定时限未到，不予受理。2010 年 1 月 21 日，检察机关对该案做出了不予批准逮捕的决定。又如成都某司法鉴定中心对“曾某等八人涉嫌寻衅滋事一案”出具的鉴定书被我院法医审查时发现存在严重瑕疵。该鉴定书中所根据的“血气胸”诊断仅仅是依据“X 片”所显示的“液气胸”做出的，缺乏临床检查胸腔穿刺及临床治疗闭式引流等证据的支持，同时伤者仅有皮外软组织挫伤的表现而无肋骨骨折等损伤的形成，血气胸缺乏形成的病理基础，所以得出“轻伤”鉴定结论的依据明显不足。我院法医审理此案后立即要求公安机关对该案的伤者重新进行鉴定，公安机关在向另外两家鉴定机构委托鉴定时均被告知无鉴定条件。于是公安机关因证据不足将该案从检察院撤回。

### 1.3 机构的内部管理缺失

很多司法鉴定机构未依据质量管理体系要求，未严格执行三审四核的程序控制，在实际操作中，是由鉴定人负责制，一人说了算，很多鉴定结论独立完成，不讨论、不会检，不进行技术互动，管理制度一纸空文，由于缺乏相应的监管，导致鉴定结论出现错误，难以确保客观、公正。如我市一家鉴定机构就出现过遗失鉴定档案，鉴定人随意携带鉴定专用章等问题，机构的管理极不规范。我院在文证审查过程中，也发现社会司法鉴定机构内部管理混乱，导致鉴定文书经常出现各种低级错误，进而影响鉴定的科学性和严谨性。

### 1.4 主管部门缺乏管理经验及制约机制

司法鉴定主管部门只管注册、收费，无视法医专业与普通医学专业的差异，更不管鉴定机构及人员专业素质如何，只经短期培训和简单测试便发给执照及执业证书，有的单位负责人既无相关资质又无具体的工作经验，却成了司法鉴定人；许多临床医生也成了司法鉴定人；培训、年检流于形式，只收几百元费用便可顺利过关；同时，监督处罚机制不健全，国家也尚未出台相关的法律法规，所以近年来司法鉴定问题百出，经常处于风口浪尖，有些案件甚至影响了司法公正，司法鉴定在群众中的满意度呈逐年降低趋势。

## 2 对策和建议

### 2.1 大力发挥法医诉讼证据审查的作用

人民检察院现有专业技术人员要充分发挥其法律监督的职能，对案件中相关技术类诉讼证据（包括鉴定文书）要认真进行审查。根据审查的结果，分别提出对各项证据应予采信、不予采信、需再行鉴定、需组织专家论证等审查意见，真正起到监督的作用。

### 2.2 严把鉴定机构、鉴定人准入关

司法行政管理机关要严格规范鉴定机构设立审批制度，把好准入关，鼓励成立高水平

的司法鉴定机构，实行在册机构“优胜劣汰”的动态管理，年审实行量化考核。对鉴定人应严格职业准入制度，必须通过严格考试，具备专业法医学知识技能的才能获得执业资格，并定期进行考核或能力验证。

### 2.3 加强对中介机构鉴定活动的监督

目前的中介机构都是自主经营，自负盈亏的社会机构。为了更好地服务司法，保证司法审判活动公证、高效进行，应当对中介机构进行系统、科学地管理，可以为其建立信誉档案，根据对中介机构的综合评议，管理中介机构名册，对信誉不高的机构采取相应的处罚措施。司法鉴定管理机关还应对鉴定机构鉴定结论采用率进行统计，及时分析不采用的原因，对出具鉴定结论明显缺乏科学性和公正性，甚至利用鉴定结论徇私舞弊等行为，要及时通报，情节严重者可暂停或取消机构的执业资格。

### 2.4 加强公检法司等部门的联动

公检法司等部门应加强沟通联系，对鉴定机构的鉴定结论错误率进行定期相互通报，在此基础上司法鉴定管理部门要对违法、违规鉴定机构及时予以处罚。

### 2.5 切实加大鉴定机构和人员的培训力度

司法鉴定主管部门对司法鉴定机构和人员的培训，不能流于形式，应付了事，培训项目应具有针对性，专业性、实用性，只有加大司法鉴定人员的培训力度，才能不断提高司法鉴定从业人员的综合素质，使司法鉴定行业能够健康有序地发展。

# 司法鉴定机构质量管理体系建设

诸　虹　罗海玻　陈晓刚　顾　艳　叶　懿　张　霁
四川大学华西基础医学与法医学院

## 1　认证认可工作历史回顾

### 1.1 认证认可工作的准备、申请及获证

2005 年全国人大常委会通过的“司法鉴定管理条例”规定，从事司法鉴定的机构应通过实验室认可和资质认定。作为接受资质认定的单位应按照认可准则的要求，开始着手准备工作，并制定本机构的质量管理手册、作业指导书等体系文件。2009 年 2 月 1 日起，我们按照《检查机构能力认可准则》《检查机构能力认可准则的应用说明》《检查机构能力认可准则在文件鉴定检查领域的应用说明》《司法鉴定机构资质认定评审准则（试行）》的全部要素，以及相应的应用说明的要求和规定，施行质量管理体系并正式启动认可申请工作整改意见。2010 年 6 月评审专家对我机构及实验室的文件资料、鉴定书、原始记录、作业指导书、质量手册、程序文件、组织机构情况、仪器设备状态、实验室环境、人员素

质、鉴定检查检测试验、样品管理及运行记录等方面进行了认真审查并提出了整改意见。针对专家提出的整改意见，机构领导及时组织全体人员进行了认真研究，分析问题存在的原因，并组织有关责任部门落实责任人，对存在问题进行了认真整改，并由质量负责人组织相关鉴定室对其有效性进行了验证，确认整改到位。之后我们提交了整改报告。经过有效的整改，本机构于 2010 年 8 月获得了中国合格评定国家认可委员会（CNAS）颁发的“检查机构认可证书”（No. CNAS IB0224）、“实验室认可证书”（No. CNAS L4691），于 2010 年 9 月获得了中国国家认证认可监督管理委员会颁发的“资质认定审查认可证书”（20100000251）和“资质认定计量认证证书”（20100003165X）。

### 1.2 体系运行及接受监督评审和飞行检查

自 2010 年 8 月获得“认可证书”后，我们在日常工作中一直严格按照管理体系文件运行，进行了五次内审，三次管理评审工作，通过内审和管理评审，对机构自身的工作进行了不断地完善。按认可准则要求，并根据实际工作的需要，对体系文件进行了修改，新增了作业指导书，使得体系文件运行良好。根据 CNAS 工作惯例，评审专家组于 2011 年 8 月到本机构进行了现场监督评审和现场操作考查。2012 年 7 月还接受了一次 CNAS 专家组飞行检查，评审专家们分别对本机构的体系运行提出了宝贵意见和需要进一步整改的内容，我们按照专家组的要求及时进行了整改。

### 1.3 复评审

按 CNAS 管理要求，2013 年 6 月本机构接受了专家组复评审检查。在此之前，国家认证认可监督管理委员会、司法部于 2012 年 9 月 14 日联合出台了《司法鉴定机构资质认定评审准则》，规定 2013 年 1 月 1 日起实施，并规定原《司法鉴定机构资质认定评审准则（试行）》同时作废。为符合新的评审标准，我们组织了本机构中各部门的青年骨干按新的《准则》对原有的体系文件进行了系统性的修订，经过三个月的努力，新的管理体系文件于 2013 年 1 月 1 日正式颁布实施，各部门按新的文件要求运行了半年，经内部审核，实际运行有效，为顺利通过复评审打下了良好的基础。

## 2 历次评审工作对鉴定质量的促进作用

本机构的质量管理体系经过三年的运行，得到了不断地完善，经过 CNAS 专家组的三次评审和一次飞行检查，也使机构全体人员增强了质量管理意识，逐步接受了先进的管理理念和科学的管理模式，这对本机构的鉴定质量起到了积极的推动作用。具体表现在以下几个方面。

### 2.1 人员的管理

通过制订年度培训计划，对人员进行常规的业务培训和相关法律法规的宣传，尤其对新进人员和青年技术人员有针对性地进行个别辅导，开展现场考核，由各部门技术监督员提交《技术监督检查记录》，对技术人员业务水平进行评估，使他们业务水平得到不断提高。若国家有新的技术标准或相关管理准则出台，则先组织全体人员进行学习，再采取答卷方式进行考核，以确保各部门的技术水平与管理部门的要求保持同步，进而提高他们的业务能力，保证鉴定质量。

### 2.2 仪器设备的管理

对于重大的鉴定仪器设备，我们建立了一套完善的仪器设备档案，各部门都专门配备了一名设备管理员，制定了相应的作业指导书，对仪器设备进行定期维护，定期校准（检定），使得鉴定所需的仪器设备得到有效控制和管理，以保证鉴定数据的准确性。

### 2.3 实验室原材料的管理

为保证各部门的工作质量，我们对各实验室的消耗性原材料（如试剂、电泳毛细管等）的供货方（必须是通过 ISO9000 质量管理体系认证的企业）进行严格筛选，有必要时，还对关键试剂进行实验检测和质量确认，确保所有的供应品都符合我们鉴定工作规定的要求。

### 2.4 鉴定技术及方法的不断完善

鉴定的技术和方法直接决定了实验室检测结果的准确性和可信性，在实验室认可中，技术方法举足轻重。为保证技术报告的可信度，我们严格按照国家颁布的技术标准，对每一项技术方法都制定了相应的作业指导书（内容涉及检验检查、实验操作等共计 129 项），严格规定了样品的检验步骤、检验内容、流转程序、中间样品的质量控制等实施方法。并且通过参加司法部司法鉴定科学技术研究所每年一度的能力验证来印证我们技术方法的可行性。

### 2.5 日常工作的程序化管理

本机构的管理体系文件主要由《质量手册》和《程序文件》部分组成。除各部门制定的作业指导书外，《程序文件》对于“公正性和诚实性的保证程序、保密和保护所有权程序、鉴定人员职业道德和执业纪律规定、实施鉴定安全作业程序、不符合鉴定工作及纠正措施程序、预防及改进措施程序、记录控制程序、档案管理规定、设备管理控制程序、内部审核程序、管理评审程序、设施和环境条件控制程序、鉴定结果质量控制程序、鉴定文书管理规范、结果报告控制程序”进行了严格细化和规定，涵盖了本机构日常工作所有的管理要素。尤其是“内部审核”和“管理评审”程序，通过“内部审核”可以证明实验室的技术和管理满足规定要求，并发现体系运行中的不符合现象；通过“管理评审”对体系运行中的不符合现象加以改进和完善，确保体系运行的有效性，促使本机构的业务活动真正地做到“科学、客观、及时、公正”。

通过质量管理体系的建设，本机构的实验室认证认可工作有了一个系统性、计划性和持续性的发展。通过实验室认证认可工作的开展，促进本机构以科学严谨的态度，准确可信的结果，有效地为我国法制建设和社会各界服务。

# 法医学鉴定人继续教育发展趋势初探

诸 虹[1] 曾红彬[2]

1. 四川大学华西基础医学与法医学院；2. 四川省司法厅司法鉴定管理局

司法鉴定人继续教育是司法鉴定管理不可缺失的部分，其全面推广有利于提高我国司法鉴定人的业务水平、有利于推进法制建设。基于特定的历史发展时期和社会需求，发展多层次的司法鉴定人继续教育体系，促进不同层次的司法鉴定人教育协调发展，符合我国国情的需要。为此，司法部于2007年11月8日颁发了《司法鉴定教育培训规定》（司发通［2007］72号文，对司法鉴定人的继续教育以及继续教育的组织管理制定了专门的实施细则。

由于司法鉴定涉及各个行业，本文专门就法医学鉴定人的继续教育发展趋势和规划做个初步探讨，供同行交流。

## 1 法医学鉴定人继续教育培养目标

（1）热爱司法鉴定事业，将公正与科学鉴定作为自己的职业责任。

（2）具有吃苦耐劳的品质和承受不同压力的心理素质，认识有关保密的伦理和法律问题。

（3）尊重鉴定委托人，具有与委托人进行有效交流、沟通的意识与能力。

（4）具有实事求是的工作态度，对于自己不能胜任和处理的检案鉴定问题，主动寻求其他鉴定人的帮助；具有团队合作精神和协作开展工作的意识。

（5）掌握法医学的基本理论、基本知识、基本技术和案例分析的思维方法。能运用所学的基本理论和技能解决法医学鉴定的实际问题，具有独立承担法医学检案和鉴定的能力。

（6）具有细致观察和谨慎判断的能力，树立依法鉴定的法律观念，能够依法维护自身的权益。

（7）熟悉与法医学有关的我国的各项法律以及法医工作的政策和规程。

（8）具备法医专业的思维能力和运用法医学理论进行语言表达的能力，初步具有出庭接受质证的能力。

## 2 法医学鉴定人继续教育培养的发展规划

为使司法鉴定人继续教育得到稳步发展，促使司法鉴定机构人员结构的优化；发展高水平的司法鉴定人继续教育，司法部司法鉴定管理局的相关领导为此专程到我省继续教育培训基地进行了调研，对司法鉴定人继续教育培养的未来发展做了一个初步的规划意见，我们认为，要搞好司法鉴定人继续教育培养，具体应做好以下几项工作：

（1）继续教育培训基地教师队伍和基础设施的建设。

①继续教育培训基地应该有一批具备丰富经验的专业主讲老师，有足够的基础设施，确保继续教育计划得以完成。

②继续教育培训基地应该具有法医学特色的实验室，并使用先进的现代化科学仪器设备，保证继续教育的完成。

（2）参考资料和教材。

继续教育培训基地应该拥有图书馆和网络信息设施，使现代信息和通讯技术能有效地用于继续教育，有足够的文献资料和丰富的教材，有大量的实践经验用于继续教育的传授。

（3）加强行政部门的管理职责。

继续教育培训基地应设立专门机构，配备专职人员，负责继续教育的日常工作，建立完善的法医学鉴定人继续教育管理制度和档案，加强继续教育质量保证工作，定期调整（专业）培养目标、教学计划、课程结构、教学内容和方法，不断完善考核方法，确保教育计划及继续教育的顺利实施，以适应不断变化的社会需求。

## 3 法医学鉴定人继续教育培养的具体实施和规范化管理

### 3.1 培养的实施方案，持续培训的具体内容和学分制的保障

规范的继续教育是培养合格司法鉴定人的重要保证，为保证继续教育的培养质量和规范我国法医学鉴定人继续教育标准，参考我国高等院校法医学专业本科教学的模式，有针对性地对法医学鉴定人进行专业化、系统化、持续性的强化教育，为司法鉴定机构培养具备法医学基本训练，具有胜任法医学鉴定工作的能力和良好职业素质的法医学鉴定人。

法医学本科专业课程通常包括法医学概论、法医病理学、法医物证学、临床法医学、法医毒物分析学、法医毒理学、法医精神病学、法医人类学等。对于鉴定机构的法医学鉴定人，通过持续不断的继续教育，至少应掌握以下基本技能和知识：

**法医病理学** 掌握基本法医现场勘查、病理学检验的知识和技能。包括死亡、死后尸体现象、机械性损伤、机械性窒息、物理损伤、猝死、医疗纠纷鉴定等。参考学时：180学时。

**法医物证学** 了解法医物证检验的遗传学基础、DNA 多态性分析基础、DNA 长度多态性、DNA 序列多态性、红细胞血型、HLA、血清型、酶型、亲子鉴定、物证检验包括的检材提取和包装送检、血痕检验、精液斑检验、唾液及唾液斑检验、混合斑检验等。参考学时：120 学时。

**临床法医学** 了讲解法医学活体鉴定相关法律法规，侧重于损伤程度鉴定条款、损伤后遗功能障碍的评价。系统介绍法医学活体鉴定的基本原则、法律条款。并在前述课程基础上，分系统介绍人体各部位、各系统损伤特点、治疗、转归特点、后遗功能障碍的司法评估等。参考学时：180 学时。

**法医毒物分析** 毒物分析的基本原理和方法包括毒物分析的性质、特点、程序、方法概述，也包括挥发性毒物、非挥发性有机毒物、杀虫药、杀鼠药、重金属等毒物的类别、

来源、理化性质、体内代谢；从体内材料等检材中分离的方法和原理，以及利用化学检测和薄层层析、分光光度法、色谱法等各种方法检识与测定毒物的原理、方法、要求和意义，包括中毒案件的处理原则，检材采取的要求和处理原则，科学地分析辨证毒物分析所得结果。参考学时：60 学时。

**法医精神病学** 法医精神病学鉴定的原理和实践，精神障碍司法鉴定的程序和方法，精神障碍者的法律能力评定标准，以及几种精神障碍的法医学问题。参考学时：60 学时。

### 3.2 规范化管理

司法鉴定人继续教育的管理具体由各省司法管理部门组织实施，其主要职责是：制定司法鉴定人继续教育计划并组织实施；确定本地区继续教育基地；组织检查本地区司法鉴定人继续教育工作。尤其要做好以下两个方面的管理：

**考试管理**：管理部门应制定有关考试的管理规章制度，建立专门的组织机构，规定相应的人员配备等。

**注册登记和继续教育学分制管理**：管理部门应对法医学鉴定人的继续教育培养做一个长期的规划，为每个鉴定人建立一套完善的继续教育培养档案，严格按照司法部规定，完成每年的继续教育学分，作为司法鉴定人年度考核和注册登记的硬性指标。